一般公共预算收入	39.82 亿元
一般公共预算支出	80 亿元
粮食总产量	25.85 万吨
规上工业总产值	514.22 亿元
固定资产投资	226.26 亿元
进出口总额	48.3 亿元
社会消费品零售总额	179.01 亿元
旅游收入	80.84 亿元
接待游客人数	1036.6 万人次
公路总里程	2376.62 公里
航道总里程	76.63 公里
铁路里程	63.08 公里
卫生机构总数	258 个
居民可支配收入	46507.3 元
城镇居民人均可支配收入	59371.8 元
农村居民人均可支配收入	29982.5 元

2023

总第20卷

句容年鉴

句容市史志办公室 编

JURONG NIANJIAN

方志出版社
Publishing House of Local Records

《句容年鉴（2023）》

编审人员

主　　审	周必松　束克之
副 主 审	赵树锋　许俊超　郭　江　凌　华 景建国　徐　飞　张　凯　贾卫东
执行副主审	孙太元　高志祥
主　　编	吕兴齐　张　俊
副 主 编	徐彬彬　许朝斌
编辑部主任	陈龙浩
责任编辑	赵　霞　刘明亮　陈龙浩　张婉悦 朱　峰　吴　冉
编　　务	唐家亮

编辑说明

一、《句容年鉴》以马克思列宁主义、毛泽东思想、邓小平理论、“三个代表”重要思想、科学发展观、习近平新时代中国特色社会主义思想为指导，坚持辩证唯物主义和历史唯物主义的立场、观点和方法。其宗旨是通过综合整理，全面、系统、翔实地记录句容经济、社会的基本面貌和发展情况，为广大读者了解句容、研究句容进而建设句容，提供准确可靠的信息资料和基本数据，为全市精神文明建设和各项社会事业协调发展服务。

二、《句容年鉴》是句容市人民政府公报性质的综合性资料工具书。本书由句容市人民政府主办，句容市史志办公室编纂，1996 年出版第 1 卷。第 2 卷于 2001 年编辑出版，系 1996—2000 年合编。第 3 卷于 2006 年编辑出版，此后每年一卷，《句容年鉴（2023）》为总第 20 卷。

三、《句容年鉴（2023）》共设 35 个类目。个别分目下设立次分目，其标题前后加 · 表示。不同层次的标题，在字号、字体和版式设计上有明显区分。全书条目标题统一用黑体字加【】表示。“附录”中“组织机构及领导干部”中的 * 表示“兼职”。

四、本年鉴均按市政府批准的《句容年鉴》组稿大纲和撰稿要求，由各镇政府、各部门、各有关单位指定专人负责撰写，并经主要领导审定。

五、本年鉴所用统计数据，由于统计的来源、口径、方式、方法和时间不同而有一定差异，引用时请以市统计局提供的“句容市国民经济和社会发展统计资料”数据为准。

六、本年鉴人物入鉴标准：“市领导简介”，收录年度内新任职者，介绍简历；年度内职务调整者，简历参见前鉴。“模范人物简介”，收录省委、省政府以上表彰者，各类比赛国际前三名，国家前二名，省第一名，有重大贡献的新闻人物，并附有简历。省以上各类荣誉获得者和集体以名录形式收录。

七、本年鉴在排版上设目录、索引等，以便读者查阅。

八、为丰富内容，本年鉴收集部分补白资料以及随文图照，力求做到图文并茂，形象、生动地反映句容市的发展面貌。

句容市行政图

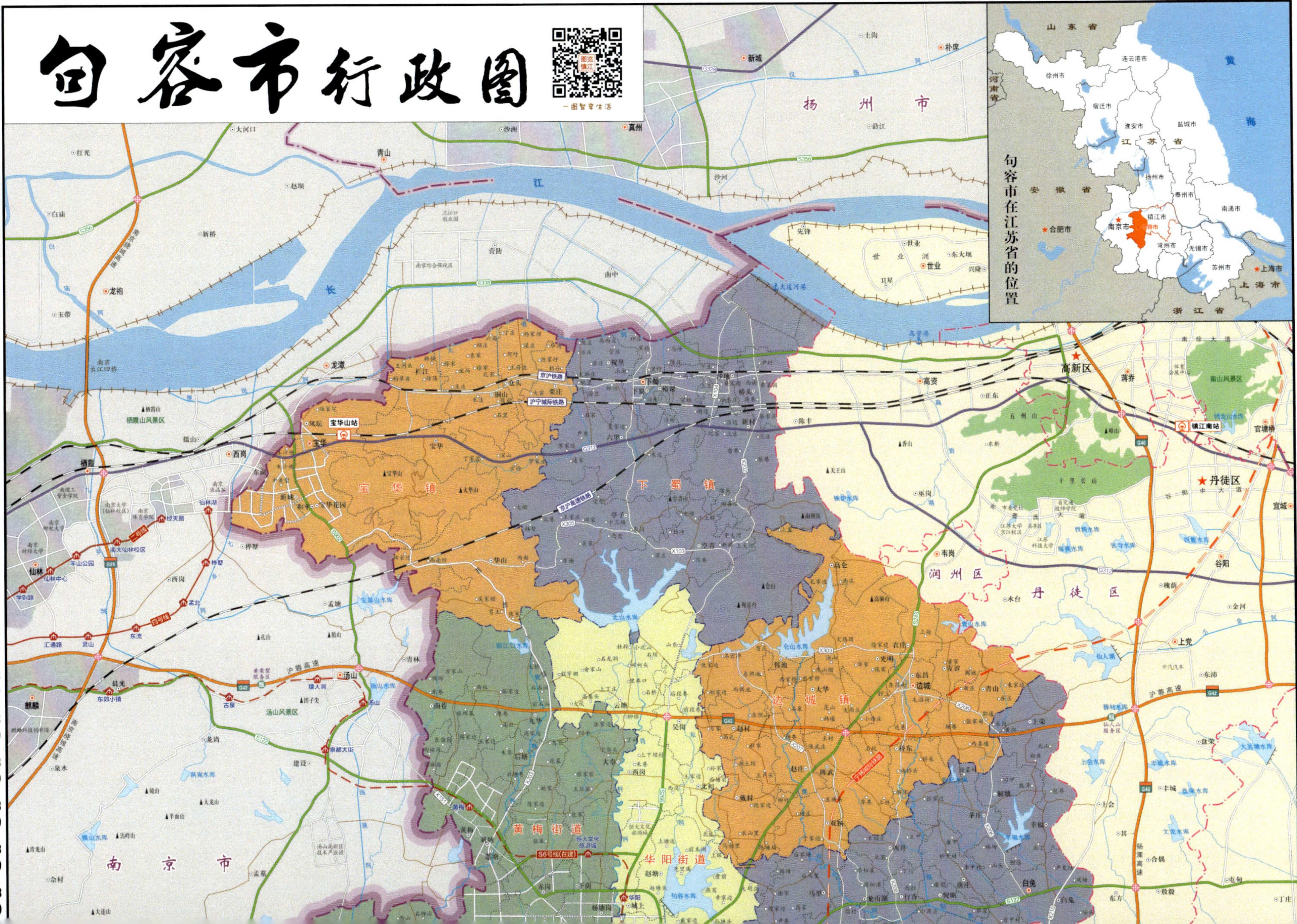

一图智享生活
扬州市
南京市
句容市在江苏省的位置
山东省
安徽省
江苏省
浙江省
上海市
黄海
徐州市
连云港市
宿迁市
淮安市
盐城市
扬州市
泰州市
南通市
镇江市
南京市
常州市
无锡市
苏州市
合肥市
河南省
长江
宝华镇
下蜀镇
边城镇
黄梅街道
华阳街道
润州区
丹徒区
高新区
丹徒区
宝华山站
镇江南站
京沪铁路
沪宁城际铁路
沪蓉高速
S6号线(在建)
汤山风景区
栖霞山风景区
南山风景区
十里长山
五州山
仓山水库
北山水库
世业洲
世业
高资
龙潭
栖霞
仙林
西岗
真州
新城
朴席
青山
汤山
谷阳
宜城
上党
白兔

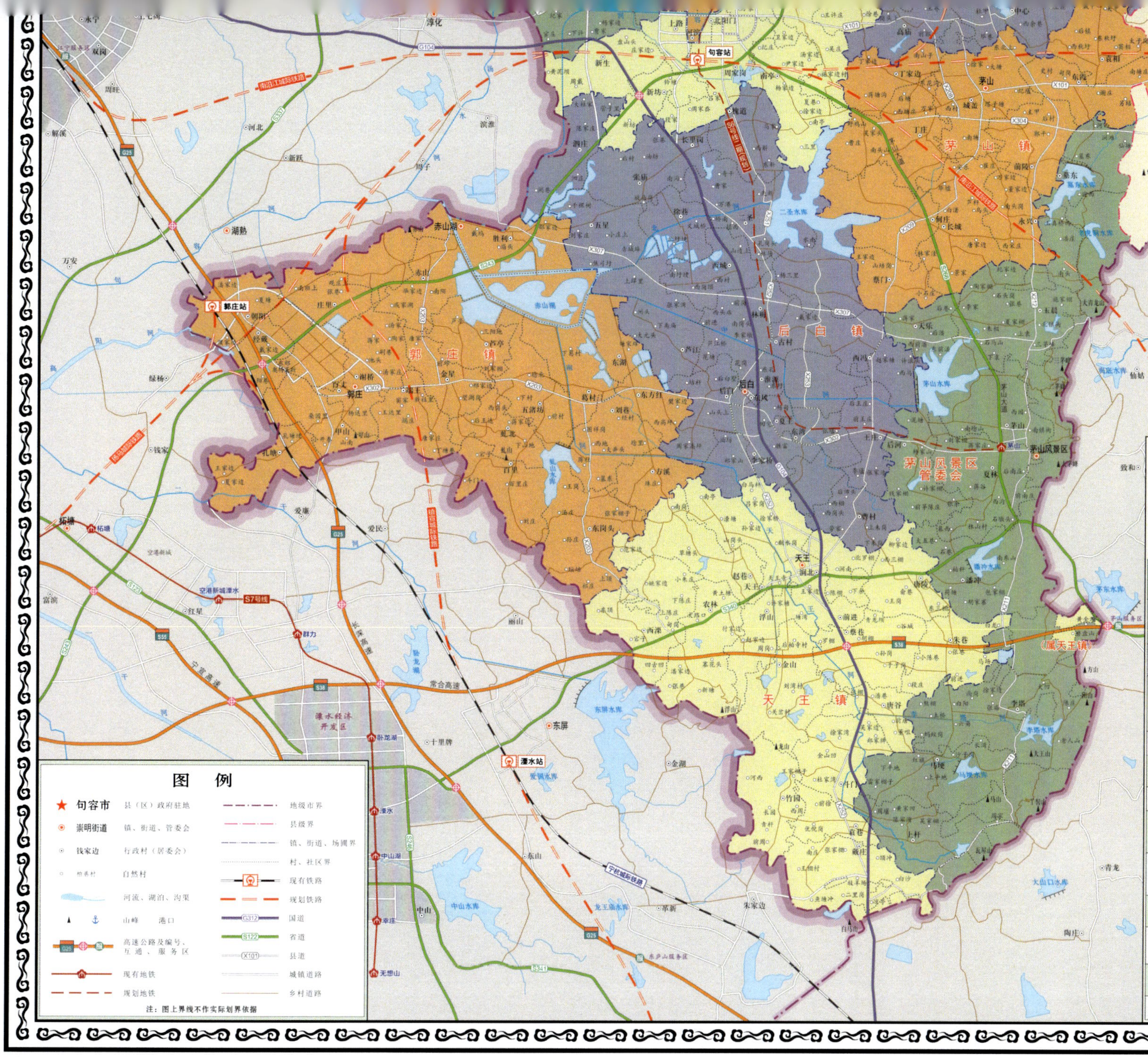

句容市简介

句容市是镇江市下辖市，地处镇江市西南部，东与镇江、常州两市交界，西与南京市相连，北纬31°37′～32°12′，东经118°57′～119°22′。

句容市交通便利，京沪铁路、沪宁城际铁路、京沪高铁、宁杭高铁穿境而过，沪蓉、长深、常合高速公路及312国道、104国道通达四方，南沿江城际铁路、宁（南京）句（句容）城际轨道交通等已在开发建设中。

句容市境内山丘岗坡起伏，全境有主体山峰10座，绵连山丘138个。其中，海拔400米以上山体4座。宁镇山脉大华山高444.9米，为镇江市第一高峰，居江苏省第三位。

句容市总面积1378km²，辖华阳、崇明、黄梅3个街道，下蜀、白兔、茅山、后白、郭庄、天王、宝华、边城8个镇和1个茅山风景区管委会，全市共有24个居委会、152个村委会。

句容市行政区划信息表

序号	镇街道名称	面积(km²)	下辖
1	华阳街道	122.49	社区(3个)：北阳门社区、上路社区、城上社区。 村(14个)：北相村、吉里村、里巷口村、南亭村、钱家边村、吴岗村、西岗村、下甸村、新坊村、新生村、杨家巷村、云塘村、赵塘村、周家岗村。
2	崇明街道	7.64	社区(13个)：崇明社区、东门社区、葛仙社区、河滨社区、红旗社区、甲城社区、建新社区、马扎里社区、茅山社区、梅花社区、新村社区、文台街社区、中凌社区。
3	黄梅街道	130.45	社区(6个)：赤岗社区、三里井社区、三台阁社区、西庙社区、杨塘岗社区、寨里社区。 村(13个)：大卓村、杜家山村、河桥村、后塘村、后莘村、黄梅村、九华村、莲塘村、南巷村、石狮村、下蔺村、新塘村、姚徐村。
4	下蜀镇	130.67	村(9个)：空青村、六里村、桥头村、沙地村、亭子村、下蜀村、新村村、裕课村、祝里村。
5	白兔镇	117.85	村(15个)：白兔村、高庙村、古隍村、解塘村、龙山湖村、马里村、茅庄村、倪塘村、上荣村、太平村、唐庄村、西井村、行香村、幸福村、中心村。
6	茅山镇	86.16	村(10个)：袁相村、东霞村、前陵村、永兴村、城盖村、长城村、丁家边村、丁庄村、蔡门村、何庄村。
7	后白镇	140.66	村(21个)：曹村村、长里岗村、东风村、东湾村、二圣村、古村村、后白村、槐道村、淮源村、李家桥村、林梅村、芦江村、王庄村、五星村、西城村、西冯村、夏王村、徐巷村、延福村、张庙村、泗庄村。
8	郭庄镇	150.47	村(22个)：百里村、百丈村、朝阳村、赤山村、东方红村、东岗头村、东湖村、端王村、方溪村、葛村村、郭庄村、甲山村、金星村、经戴村、孔塘村、刘巷村、芦亭村、五渚坊村、谢桥村、庄里村、虬北村、胜利村。
9	天王镇	132.52	村(16个)：蔡巷村、戴庄村、斗门村、浮山村、涧北村、金山村、农林村、前进村、唐谷村、唐陵村、天王村、西溧村、袁巷村、赵巷村、朱巷村、竹园村。
10	宝华镇	104.73	社区(2个)：宝华花园社区、新城社区。 村(8个)：宝华村、仓头村、凤坛村、和平村、栏江村、栗庄村、铜山村、华山村。
11	边城镇	115.17	村(14个)：陈武村、大华村、戴村村、东昌村、高仓村、光明村、桥东村、青山村、双杨村、衣庄村、友谊村、赵村村、赵庄村、佴池村。
12	茅山风景区管委会	140.71	村(10个)：墓东村、玉晨村、天乐村、茅山村、夏林村、后河村、潘冲村、李塔村、马埂村、上杆村。

句容市自然资源和规划局
镇江市勘察测绘研究院　编制

比例尺　1:10万

审图号：苏镇S（2020）10号　　2020年9月编制

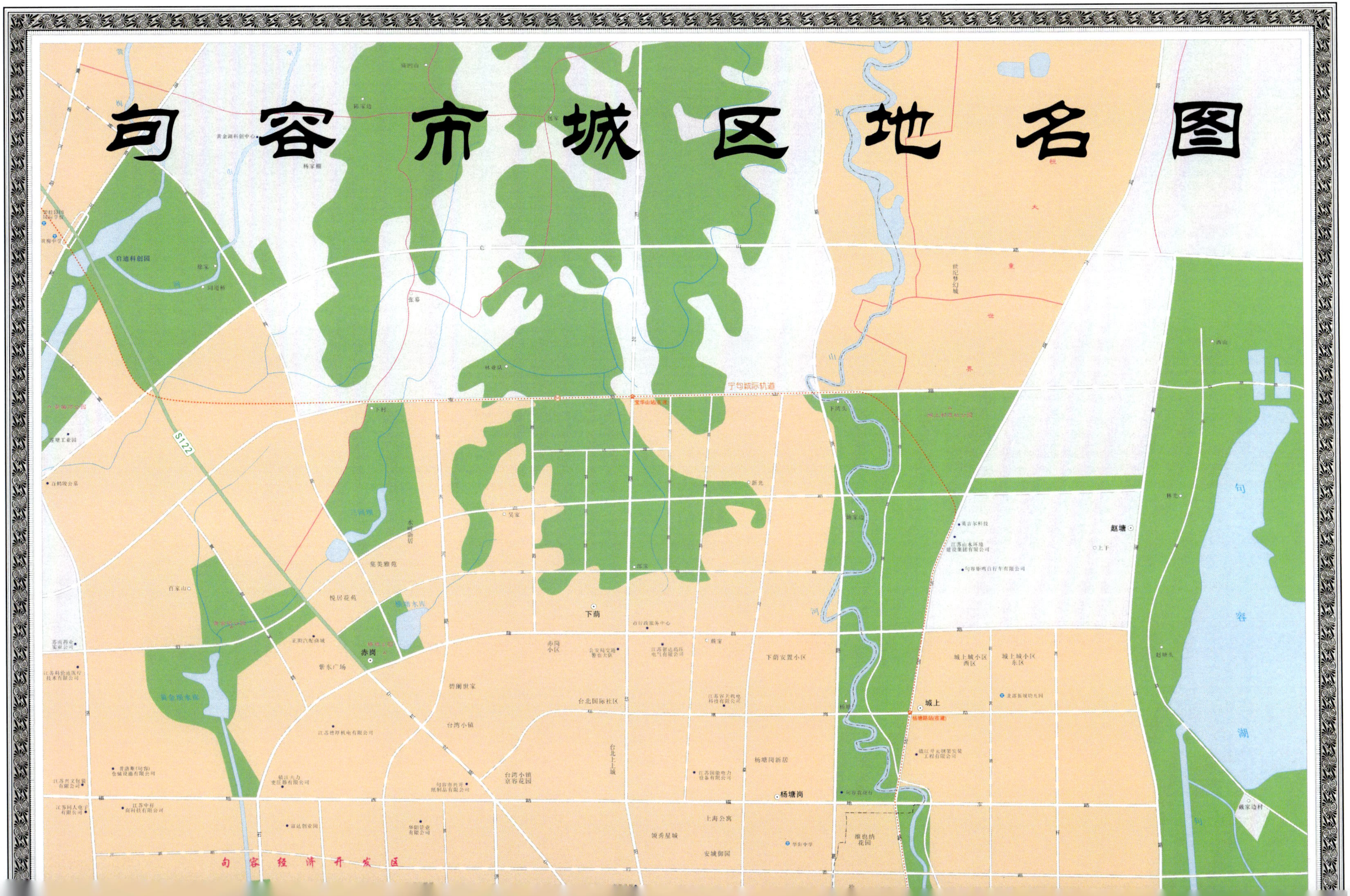
句容市城区地名图
宁句城际轨道
S122
句容湖
下蜀
赤岗
城上
杨塘岗
赵塘
下蜀安置小区
台北国际社区
台湾小镇
句容经济开发区

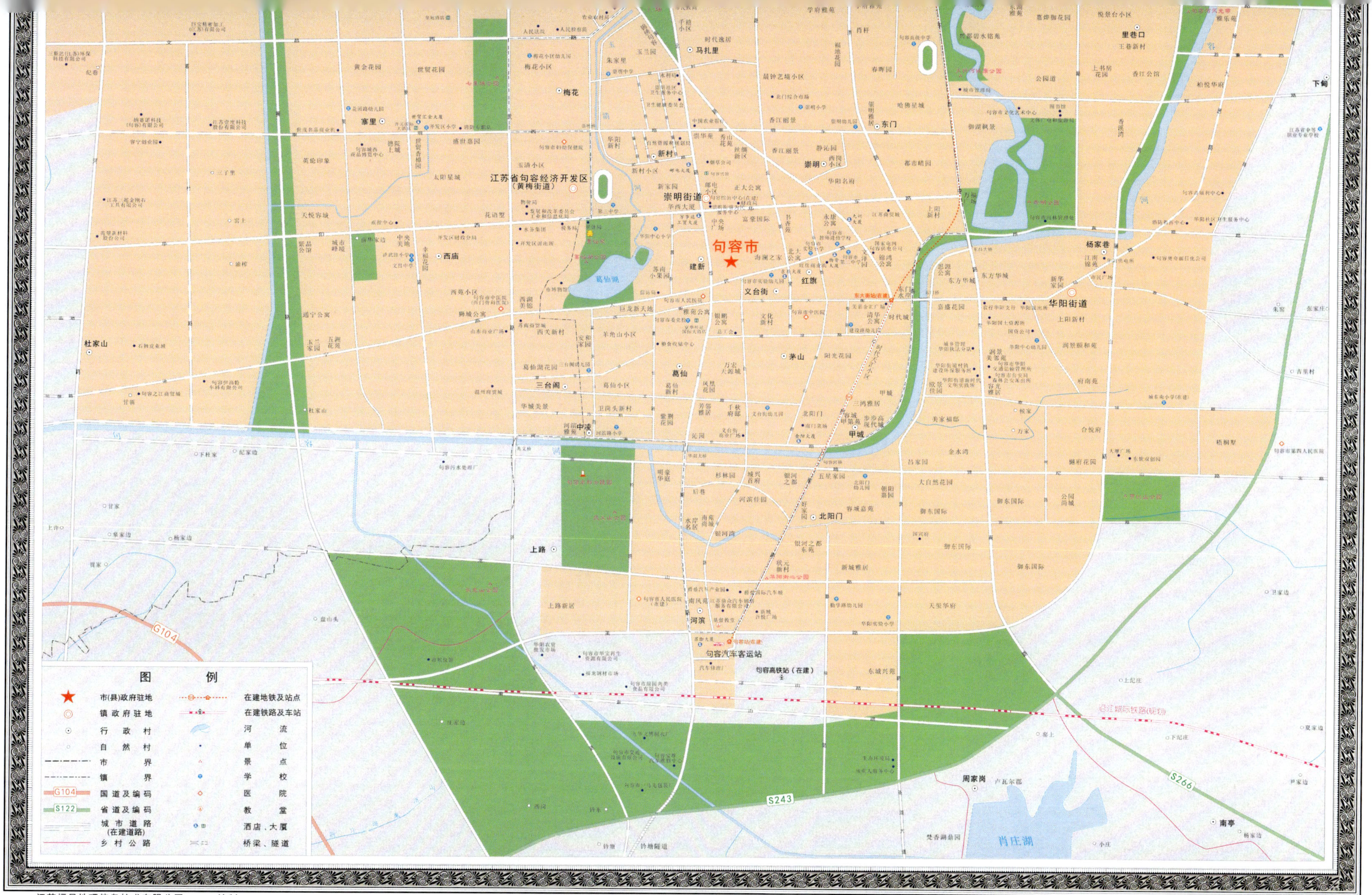

江苏恒月地理信息技术有限公司 编制　　句容市民政局 监制　　审图号：苏镇S（2019）09号　　2019年11月

美丽的乡村

李行华（摄）

白兔新画卷

胡居蓉（摄）

葛仙湖公园

杨　政（摄）

江苏兆鋆新材料股份有限公司生产的大型风力发电机叶片

边城镇南瓷绝缘子股份有限公司

①
②
③

① 句容市厨余（餐厨）集中中转站建设工程

② 开发区推进物联网智能电梯轿厢零配件项目建设

③ 市住建局完成华阳西路老旧建筑环境综合提升改造

南沿江城际铁路句容段工程

开发区江苏华梓汽车举行整车批量发车仪式

②

③

①

④

① 边城镇秋粮收割

② 赤山湖发现珍稀水鸟反嘴鹬

③ 二圣水库捕鱼季

④ 郭庄镇高标准农田

②

③

④

后白镇五星村“渔光互补”项目

郭庄镇芦亭村举行“二月二龙抬头”民俗表演活动

天王镇举行句容农民丰收节活动

茅山景区推出“盛世年华 乐享茅山”主题游活动

句容市运动员胡鹏（左一）在韩国2022年世界残奥举重亚洲大洋洲锦标赛上夺得亚军

句容市九运会群体部乒乓球赛

句容市实验小学福地校区启用

句容市推进妇幼保健院异地新建项目建设

11月19日，市委宣讲团成员、市委书记周必松宣讲党的二十大精神

句容市人大系统举行党的二十大精神宣讲报告会

“学习二十大 奋进新征程”句容市民营企业家座谈会

句容市统计局举行党的二十大精神宣讲会

党的二十大精神统战系统专题宣讲会

句容互联网行业党委开会学习党的二十大精神

全市工会学习贯彻党的二十大精神宣讲会

科技系统举行党的二十大精神宣讲会

收获季节　　曹小华（摄）

目　录

特　载

大事记

句容概览

中共句容市委员会

句容市人民代表大会

句容市人民政府

政协句容市委员会

中共句容市纪律检查委员会
句容市监察委员会

群众团体

民主党派·工商联

法　治

军　事

自然资源和生态环境

综合经济管理

农业·农村

工　业

经贸合作

商贸流通

旅　游　业

金　　融

交通・邮政・物流

信息化建设

城乡建设和管理

科学技术

教　育

文化·体育

卫　生

社会生活

应急管理

人力资源和社会保障

开发区建设和管理

镇·街道·管委会

人物·荣誉

附　录

索　引

句容市创建国家知识产权强县建设试点县工作综述

2022年，句容市作为镇江市3家被推荐单位之一，被国家知识产权局确定为知识产权强县试点县；被江苏省知识产权局确定为江苏省知识产权建设示范（县域）。近年来，句容市知识产权工作按照聚焦主责主业、助企纾困解难、优化创新环境的总体思路，践行新理念、突出高质量，围绕国家知识产权强县建设试点要求，在专利数量质量同步提升、密集型产业培育、知识产权维权援助等方面全面发力，工作成效凸显。

一、知识产权工作体系不断健全

市委、市政府高度重视知识产权工作，市发改委牵头制定的《句容市国民经济和社会发展第十四个五年规划和2035年远景目标纲要》中，将知识产权战略实施工作作为主要任务纳入其中。将知识产权工作纳入年度政府工作报告重点任务，制定任务分解方案，层层压实责任。建立由分管副市长任组长，市市场监督管理局（知识产权局）、市科技局、发改经信委、财政局、司法局、商务局、教育局等多部门分管责任人为成员的知识产权工作领导小组。在市委、市政府领导下，负责贯彻落实国家知识产权战略，推动知识产权强县试点县建设，加强对全市知识产权工作的宏观指导，指导、督促、检查有关政策措施的落实。

市委、市政府先后出台《句容市知识产权战略纲要》《中共句容市委句容市人民政府关于扶持实体经济发展的若干政策意见》《关于推进产业强市加快实体经济发展的若干政策》《句容市“十四五”知识产权发展规划》等多个政策性文件，知识产权政策体系更加健全。突出知识产权高质量发展导向，建立知识产权工作绩效评估指标体系，将有效发明专利拥有量等指标推动纳入政府考核指标，开展知识产权统计监测工作，加强对各镇知识产权工作绩效督查评估。

市委、市政府强化知识产权机构建设，2019年根据《市委办公室市政府办公室关于印发〈句容市机构改革方案〉的通知》的要求，市市场监督管理局增挂市知识产权局的牌子，内设知识产权科。在借鉴省级知识产权局机构改革经验的基础上，完善“三定”编制，科学设置内设机构，配齐配强工作人员，编制内人数3人。强化全市知识产权网络建设，2022年各镇、街道（管委会）设置一名知识产权助理，便于加强对镇、街道（管委会）知识产权工作的指导沟通。

二、知识产权创造能力明显提高

市委、市政府将知识产权创造质量提升作为全市高质量发展的重要任务抓紧抓好，认真落实国家和省有关抓好专利申请质量、规范专利申请行为的通知要求，调整优化专利资助政策，2022 年完成新《句容市知识产权专项资金管理办法》的制定，突出专利质量导向，更加符合国家和省市关于知识产权高质量发展要求。根据知识产权实施发展情况，对授权发明专利、高价值发明专利、PCT 专利、中国专利奖获奖项目、马德里注册商标、驰名商标、地理标志、贯标引导等各类知识产权项目进行奖励，用足用好政策激励，确保年度各类知识产权指导性目标圆满完成，实现“1+1>2”的效果。2021 年落实企业专项扶持资金 248 万余元，2022 年落实企业专项扶持资金 122 万余元。实施科学的知识产权目标管理，开展辖区内知识产权统计分析和质量检测，持续加大非正常专利申请打击力度，确保知识产权产出质量不断提升。截至 2022 年年底，全市有效发明专利维持量 1837 件，高维持发明 193 件，万人有效发明专利 29 件，万企注册商标企业数 547 家，均位于镇江市各辖区市前列。全市拥有“句容戴庄大米”“西冯草坪”2 件地理标志商标，“丁庄葡萄”1 件地理标志保护产品。“句容草莓”申请地理标志商标、地理标志保护产品均处于最终审查阶段。

三、知识产权运用水平显著提升

鼓励企业贯彻知识产权管理规范（以下简称“贯标”），加快实现高新技术企业、规模以上工业企业及上市企业“贯标”全覆盖。截至 2022 年年底市内累计 225 家企业通过贯标备案，通过国家第三方机构认证或省贯标绩效合格的企业 38 家。引导企业积极承担省市知识产权战略推进计划，江苏南瓷绝缘子股份有限公司、江苏兆鋆新材料股份有限公司获批省级企业知识产权战略推进计划项目。建华建材（中国）有限公司获批国家知识产权优势企业，该公司的实用新型专利“一种用于抗拔桩机的端板”获得 2020 年中国专利银奖。江苏天晟药业股份有限公司、江苏兆鋆新材料股份有限公司获批镇江市专利密集型企业培育计划项目，打造一批能够灵活运用知识产权制度的企业。

深化企业知识产权金融服务。坚持市场化机制、专业化服务、资本化运作，不断优化完善支持金融机构开展知识产权质押融资的政策措施。广泛开展融资需求调研，摸清企业需求，加大知识产权保险推进力度，确保高质量完成知识产权金融工作目标。截至 2022 年底累计组织企业购买专利保险 80 余件，切实有效保护了企业的自主创新成果。通过“双进双服务”“点对点服务”“暖企走访”等方式推进银企合作，合作银行由过去的中国银行“一枝独秀”，发展到现在建设银行、兴业银行、江苏银行等加入的组团服务，并承诺在信贷规模、利率优惠、简化流程方面予以保障。近三年来市市场监管局通过走访企业、开展银政企对接活动促使企业通过专利质押获得融资 4.2 亿余元，解决了科技型中小微企业融资难、融资贵的问题。

四、知识产权保护环境不断优化

市委、市政府认真贯彻落实党中央和省委、省政府，镇江市委、市政府决策部署，将强化知识产权保护工作加大知识产权保护力度作为优化营商环境的重要任务常抓不懈。市知识产权工作领导小组加强知识产权保护协同机制建设，建立公安、检察、法院、市场监管局等单位参与的联席会议制度。进一步健全行政执法和司法保护两条途径、优势互补、有机衔接的知识产权保护模式，积极推进“两法”衔接。加强知识产权行政执法，以专业市场、商贸街区以及各类大型展会为重点，建立常态化执法和集中专项检查机制，查处各类侵犯知识产权行为，市场环境得到进一步净化。先后开展“护航”、“雷霆”、省市县三级联动等专利执法行动 5 次，查处假冒专利、商标侵权案件 243 件。2021 年办理的“假雪糕”商标侵权案获省市场监管局和省公安厅的联合表扬，并在全省公安系统介绍经验。2022 年办理的制作“五环”标志案件被省局评为奥林匹克标志执法典型案例。2020 年新成立镇江市知识产权维权援助句容分中心，先后办理专利纠纷行政裁决案件 10 件、人民调解案件 20 件，提供知识产权援助 15 次。

2022 年，句容市知识产权纠纷人民调解委员会人员进行适时调整，该委员会旨在进一步有效预防和化解专利、商标、版权等知识产权纠纷，不断降低知识产权权利人维权成本，切实维护好权利人的合法权益，及时有效化解知识产权矛盾纠纷，提高人民群众对知识产权保护的满意度。进一步强化知识产权行政处罚案件信息公开，正确引导社会舆论，及时回应社会关切。推行知识产权信用承诺，培育一批知识产权“正版正货”承诺推进示范街区。中央商场、句容吾悦广场获批镇江市“正版正货”示范街区创建项目，句容市天一商城、中央商场获批江苏省“正版正货”示范街区创建项目，天一商城获批国家级知识产权保护规范化培育市场。

五、知识产权宣传培训不断加强

聚焦知识产权主题宣传。紧扣知识产权中心工作，聚焦重大问题和热点事件，加强知识产权动态报道、工作宣传和政策解读，聚焦“3·15”消费者权益保护日、“知识产权宣传周”、“4·26”世界知识产权日等重要节点，通过多形式多渠道开展主题宣传活动。通过电视台、“句容发布”微信公众号等开展线上宣传及利用市区关键路口电子显示屏及商场等开展线下宣传咨询活动，宣传活动形式多样、内容丰富。通过重点突出、形式多样的宣传活动，切实提高宣传的覆盖面，增强宣传的渗透力和影响力，营造浓厚的知识产权文化氛围。不断加强与传统媒体的深度合作，在各类平台网站上刊登发表新闻报道，不断提升全市知识产权工作的显示度。通过线下咨询活动，向群众发放《省知识产权18条政策》等读本及宣传资料共计400余份，面对面接受群众咨询，取得了良好的社会效果。

深化知识产权人才培训。积极开展多形式培训活动，组织开展了高价值专利培育与专利导航产业发展专题培训会、企业知识产权战略推进计划培训班；重点组织行政管理、行政执法人员，积极参与专利代理人业务能力提升培训班、知识产权行政管理和行政执法人员培训。2019年以来，面向政府、企事业及研发人员，开展全方位、多层次的知识产权培训，来自专利代理机构句容地区负责人、科技企业孵化器负责人、高新技术企业负责人及部分科技型企业负责人和技术骨干等1000余人参加培训会。近两年市内新增贯标内审员19人，知识产权师6人。（市场监管局）

句容市首批“句容老字号”认定工作综述

为认真贯彻国务院、省、市关于促消费、稳经济相关文件要求，切实加强对句容市传统文化的挖掘和保护，引导老字号企业传承和创新发展。2022年，句容市决定在全市范围内开展“句容老字号”评审与认定工作，经过两轮专家评审，有14个企业（品牌）通过认定。

1. 编制认定规范。2022年10月24日，句容市成立“句容老字号”认定工作领导小组，编制“句容老字号”认定规范和“句容老字号”申报表，明确“句容老字号”的名称为句容老字号 Jurong Time-honored Brand。定义为历史悠久，拥有世代传承的产品、技艺或服务，具有鲜明的中华民族或句容地域传统文化背景和深厚的文化底蕴，有一定社会认知、认同度，形成良好信誉的品牌。认定范围为句容市境内依法登记成立的有关单位（企业或组织）。认定条件为拥有商标所有权或使用权；品牌创立达25年（含）及以上，传承独特的产品、技艺或服务；有传承中华民族优秀传统的企业文化；具有中华民族特色和鲜明的地域文化特征，具有历史价值和文化价值；具有良好信誉，得到广泛的社会认同和赞誉；产权清晰，经营状况良好，且具有较强的可持续发展能力。认定方式为成立“句容老字号”认定工作领导小组，负责“句容老字号”的认定和相关工作；已经被国家、江苏省、镇江市认定的“老字号”不需参加认定，递交申请后自然成为“句容老字号”。认定程序为各镇（街道、园区）负责各自行政区域内“句容老字号”的申报受理和推荐工作；具备“句容老字号”认定条件的单位，向所在地政府申报（街道办事处、管委会），经所在地政府初审后提交认定工作领导小组办公室；经自主申报、提交材料、组织评审、社会公示、申请复核、核发证书、注册存档等步骤正式认定“句容老字号”。

2. 广泛宣传发动。10月27日，句容市商务局和财政局联合下发《关于开展“句容老字号”认定工作的通知》，11月2日和11月5日分别在“句容发布”和“句容电视台”两大平台广泛宣传“句容老字号”认定工作，动员全市范围内符合条件的企业积极开展申报。截至申报期结束，全市共收到20家企业提交的申报材料。

3. 组织专家评审。为确保“句容老字号”认定工作的权威性，句容市组建了13名熟悉相关法律知识、通晓句容商贸情况和句容人文历史的“句容老字号”认定专家组，由郭道贵任顾问、王林任组长、王平任副组长、张映和任秘书长，翟忠华、吴启刚、钟诚柏、徐勤福、蒋跃禾、芮东明、王文才、葛万宏、刘民为成员的专家委员会。

4. 专家首次评审。12月7日，全体专家组成员对20家企业的申报材料进行初审，专家按照专长分为3组，分别由郭道贵、王林、王平任组长，每个小组对照“老字号”认定规范从企业经营年限、商标的所有权和使用权、历史文化传承等7个维度对企业申报材料进行了评审。经专家组评审，有10家企业申报材料符合认定规范；8家企业需进一步补充材料；1家企业传承年限不够；1家企业不在认定范围。

5. 公共信用核查。12月8日，句容市对申报“句容老字号”的20家企业进行诚信核查，12月12日由镇江市公共信用信息中心出具“江苏省法人公共信用信息批量查询报告”，报告同时提交专家委员会。

6. 专家终级评审。12月14日，句容市再次召集全体专家对企业材料进行终级评审，一是对已经初审通过的企业资料进行传阅并表决，一致通过的由全体专家进行签字确认。二是由秘书组对暂未通过初审的企业补充材料和企业信用报告进行补充说明，并交由专家组传阅讨论。最终经全体专家组表决，通过评审企业共14家。

7. 进行媒体公示。2023年1月4日，句容市商务局在“句容发布”媒体对拟认定“句容老字号”的14家企业名单进行社会公示，公示时间为7个工作日。截至2023年1月12日，认定工作领导小组未收到任何单位或个人对名单提出的异议。

8. 颁发牌匾证书。公示结果经提交市政府同意后，2023年1月17日，由句容市商务局和财政局联合下发《关于认定首批“句容老字号”的通知》，确认14家“句容老字号”认定名单。1月29日，全体“句容老字号”企业参加句容市产业强市大会，并在会后颁发“句容老字号”牌匾和证书。

9. 出台扶持政策。市委、市政府出台的《关于开推进产业强市进一步加快实体经济发展的若干政策意见》（句委发〔2022〕41号）文件，明确支持推进品牌建设，对于获得“中华老字号”“江苏老字号”“镇江老字号”“句容老字号”认定的企业，分别给予不高于10万元、8万元、6万元、4万元补助，引导、支持老字号企业树立品牌形象，推进老字号企业创新发展。

10. 建立长效管理机制。市商务局对“句容老字号”实行统一监督和管理，各镇（街道、园区）按照职责对所辖区域内老字号单位进行监督管理；经省市各级认定的老字号须加强单位管理，当单位名称、经营地址或商标商号发生变更时，应主动向市商务局报备；“句容老字号”应诚信守纪经营，不得出现失信违法违规行为，如出现严重失信违法违规行为，由市商务局或相关主管部门责令整改，未整改或整改不到位的，由认定工作领导小组暂停或取消其“句容老字号”称号并向社会公告。（句容市商务局）

附：

首批“句容老字号”认定名单

表1

序号	申报单位	字号（商标）
1	江苏容酒酒厂有限公司	容
2	镇江市恒庆酱醋食品有限公司	庆
3	句容市方山茶场有限公司	翠竹
4	句容市张庙茶场有限公司	華陽

续表 1

序号	申报单位	字号（商标）
5	句容市华阳镇清真饭店	丁记清林斋
6	江苏苏南药业实业有限公司	茅山牌
7	句容市天贵农副产品有限公司	天贵
8	句容老人山骨科医院有限公司	老人山（授权）
9	句容市赤山湖庆功楼饭店	慶功樓（授权）
10	句容市后白镇王贝子羊肉馆	王贝子
11	句容经济开发区羊角山陈礼福脆皮烤鸭店	陈礼福
12	句容市华阳街道捧花蜂业经营部	捧花
13	句容市东方紫酒业有限公司	東方紫
14	句容宾馆有限公司	

后白镇国家草坪产业标准化示范区项目创建综述

一、基本概况

句容草坪产业发端于上个世纪末，起初种植于茅山老区的后白镇西冯村。近年来，后白镇党委政府积极创新发展理念，不断拉长草坪产业链条，延伸至花草木整个产业链，把花草木的常规种植业和运输服务业有机结合起来，全镇草坪种植由西冯村当时的“三分地”发展到现在的30000多亩，其中沙土草坪种植7000亩，已经成为华东六省一市最大的草坪产业基地，是远近闻名的“草坪之乡”。后白草坪远销全国各地，2008年北京奥运会、2010年上海世博会、2014年南京青奥会、2020年杭州亚运会上都有西冯草坪的身影。发展铲挖草坪队伍50余支，运输队伍30余支，从事花草木种植产业农户14000多户，占全镇农户数的82%以上，花草木产值占全镇农业总产值的63%以上，农民人均纯收入4.8万元。作为茅山革命老区脱贫攻坚任务最重的乡镇，提前两年完成“百村万户达新标”任务。2021年，全镇草坪销售5.5亿元，草坪年亩均利润是常规农作物的8—10倍（草坪每年每亩利润3000—5000元，而水稻每亩利润200—500元），全产业链产值达10亿元。

2020年，“西冯草坪”成功通过国家地理标志商标的复审，成为草坪行业唯一的国家级地理标志商标品牌。同年，西冯村被评为全国文明村，2021年，被评为全国亿元村。2020年，后白镇通过江苏省质量技术监督管理局的省级草坪标准化示范区验收，被省政府列为江苏省草毯绿波特色小镇，同年被科技部、教育部授予特色产业基地。

本项目在现有草坪种植品种和规模的基础上，引进草坪草新种质3—6个，实现草坪草品种升级换代，力争三年内总示范面积达到5000亩；完成土改沙10000亩，推广节水灌溉、水肥药一体化、草坪种植标准化、草坪生产机械化、草坪销售市场化、销售服务网格化，推动草坪生产机械化水平。在此基础上，紧扣草坪产业标准体系的目标和标准化需求，搭建相应的标准体系框架。以“适用、管用、实用”为指导思想，构建科学、统一、权威的草坪标准体系——

句容市草坪生产标准体系。同时，以草坪研究院为依托，组建草坪标准化技术队伍，加大草坪生产标准宣传力度，以“课堂培训+现场教学+网络教学”的复合模式，每年为句容地区草坪从业人员提供1000余人次的标准化生产技术培训，将“西冯草坪”国家地理标志商标品牌细化到草坪标准化生产全过程的各个环节，以点带面，辐射带动茅山革命老区草坪从业者的专业技术水平和综合生产能力，从而提升句容地区草坪质量和生态安全水平，增强市场竞争力。

二、目的与意义

（一）草坪标准化体系的建立有利于做强做大主导产业。2018年，随着省级草坪标准化示范区的立项，句容市草坪产业的发展也驶入快车道，带动了茅山、茅管、郭庄等较多村镇的发展，年销售草坪约4000万平方米，销售收入5.5亿元，共有6000余户农户从事草坪种植行业。市场销售覆盖12省、120个大中小城镇，每年累计绿化美化城镇面积相当于930个足球场。

（二）草坪标准化体系的建立有利于促进农产品品牌化。草坪标准化生产最根本目的就是提高草坪质量，实现农业增效、农民增收。在实施草坪标准化生产的过程中，将品种选育、种植、日常管护、运输等各环节形成规范，有助于规范市场，树立句容草坪统一形象，更有助于打造统一的句容草坪品牌，进一步地增强句容地区草坪的市场竞争力。为了让草坪标准化落到实处，2018年以来，先后投入近8000万元，新建草坪研究院3000平方米办公大楼，配有实验室、草坪展示馆、新型职业农民培训教室等设施，同时着力打造2000亩左右的草坪综合试验示范区，用于展示，推广新品种、新技术、新模式，进一步推进草坪的品牌化。

（三）草坪标准化体系的建立有利于拓展延伸其农业功能。通过发展草坪标准化，积极培育围绕草坪种、铲、运、销所必需的农资经营、农机作业、病虫防治、线上线下产品营销等专业化服务组织，以及滑草、高尔夫、草坪绿化工程等全产业链，形成生产、销售、售后服务各产业有机耦合的联动发展机制，充分发挥其带动生产、促进就业、提高效益的标准化功效。近年来，句容地区通过鼓励和支持农业龙头企业、农民专业合作社、农村经纪人和其他社会力量，开展产前农资和新品种供应、产中技术指导和服务、产后草坪收购和销售以及绿化工程维护等全过程、全产业链的服务，逐步推进草坪产业内部融合、全产业链延伸、多功能拓展，着力构建新型的草坪产业化联合体，带动本地经济的转型升级。依托南京农业大学句容草坪研究院开发草管家App电商销售平台，向社会提供草坪生产、管养、专业化工程施工等线上服务，同时让更多客户直接通过手机就能订购草坪、预约工程、享受服务。

（四）草坪标准化体系的建立，有利于持续推进产业帮扶，巩固拓展脱贫攻坚成果与乡村振兴有效衔接。草坪产业是茅山革命老区主导产业之一，是百姓稳定脱贫和持续增收的关键。草坪标准化体系的建立有利于强化科技支撑，创新发展方式，壮大发展体量，延长产业链条，推进多业态融合，为持续推进产业帮扶，巩固拓展脱贫攻坚成果与乡村振兴有效衔接提供持久动力。近年来，后白镇与南京农业大学合作共建草坪研究院，在指导农户种植的同时，主攻草坪新品种的研发，围绕新品种的培育，新产品的开发，草坪生产的管理关键技术展开了优异草坪的培育和标准化生产实施与推广。

三、示范区建设的实施方案及保障措施

（一）加强组织领导，健全农业标准化工作体系。本项目立项后，拟成立由后白镇分管农业副镇长担任组长，镇农业农村局局长任副组长，相关财政局、国土中心所、经建局等部门负责人为成员。由句容市后白镇草坪专业合作联社牵头，各合作社、种植户、草坪经纪人和草坪铲工队长等为成员组成实施小组。由南农大草坪研究院牵头，江苏省农林职业技术学院、江苏省中国科学院植物研究所、扬州大学等草坪专家组成技术小组，确保技术到位、人员到位，强化实施效果，按时按期完成标准化生产示范区工作，把工作抓实抓好。印发工作实施方案，编制《标准化工作管理办法》以及草坪生产企业标准和资金管理及标准化奖励制度，把推广草坪生产标准化纳入全市农业农村工作考核指标，并安排专项资金，推动草坪生产标准化示范区建设工作，由南京农业大学句容草坪研究院和句容市后白草坪专业合作联社联合对标准化示范区工作进行督查指导，形成草坪研究院、合作联社、合作社与社员上下贯通、左右联动的工作网络。

（二）加强协作攻关，构建特色的草坪产业标准体系。根据草坪生产标准化示范区工作部署及有关要求，技术小组以“座谈+上门走访”的方式调研草坪生产基地、草坪建植龙头企业和草坪生产大户，广泛听取业内专家和企业的意见。在调查研究的基础上，紧扣草坪产业标准体系的目标和标准化需求，搭建相应的标准体系框架。以“适用、管用、实用”为指导思想，构建和完善句容市草坪产业标准体系，既考虑到体系的系统性和前瞻性，为相关产业的发展提供支撑和引领，又注重体系运行的可操作性和实用性，为产业标准化工作提供指导。标准体系共收集各类标准78个，制定企业标准7个，企业标准实施一年后，征求全市各企业单位、合作（联）社、草坪种植户、经纪人、铲工队等相关从业人员的修改意见，邀请相关专家对标准及标准体系进行技术审查，持续改进完善标准和标准体系。

（三）强化宣传培训，确保示范区的实效。加大创建工作的宣传力度，充分利用本地主流媒体对草坪生产标准化进行宣传报道。主动走出去请进来，组织合作社骨干到其他相关标准化试点单位学习其经验，以及邀请国内外草坪方面专家来我市指导草坪产业发展工作。同时，建立草坪标准化技术队伍，配备20人左右的专职农业技术队伍，以“课堂培训+现场教学+网络教学”的复合模式搞好草坪生产技术培训，开办草坪生产技术标准化专题培训班，编印草坪标准生产资料，免费发放给种植户。利用“12316”服务平台、草管家App平台、远程教育致富工程等线上平台，及时把草坪标准化的知识、技术、信息和资讯传到田间地头、送到农民手中。在示范区树立操作草坪生产规范宣传牌，使农民熟练掌握草坪质量标准要求和标准化生产技术规程，使“学标准、讲标准、用标准”成为草坪生产者的自觉行动。

（四）强化标准实施监管，提升句容草坪品质。在南京农业大学、句容市人民政府和工商资本的共同努力下，建成200亩品种展示区，引进优质草坪草种，建成1000亩沙坪种植示范区，通过引导、扶持和监督，有力地推动了全市草坪标准化生产。严格农业投入品的使用，所有生产环节全部进行登记备案，由农技人员不定期进行抽查，确保草坪质量。一是投入品全程监管制度。各镇建立田田圈农资服务网点，确保农户购到产品合格、价格合理的生产资料。同时委派各级相关部门加大对这些网点的监督管理工作。二是生产经营档案制。统一编制发放草坪生产记录，要求按照统一标准要求进行生产、管理、销售记录。推动落实草坪生产者首要责任。三是产地准出制度。以“句容草坪”集体商标为品牌，以草坪研究院草坪健康诊断和质量检实验室为平台，对示范区内草坪进行跟踪检测，形成“检测平台+标准+生产者”“新型经营主体+农户+标准”“专业市场+农户+标准”等多种形式，确保草坪示范区草坪质量和生态环境质量，提升草坪产品市场竞争力，扩大市场占有率。

（五）坚持以草坪为媒，融入全域旅游发展。利用农业综合开发项目，对示范区内道路进行硬化及配套建设，升级改造示范区内乡村旅游循环线路。对我市有关自然村进行美丽乡村打造，全面改善草坪生产基础设施条件，带动了相关产业迅速发展，绿色产业链被越拉越长。十里花廊、百里绿道、千亩彩色花海、花海路等，围绕“花”和“草”的主题，继续打造多条旅游线路，吸引大批游客前来观光。下一步将草坪产业向休闲旅游业延伸，制定草坪休闲光方面的服务规范，完成从农业标准化到服务标准化的延伸，做到以草坪为媒，大力发展观光、休闲、旅游农业，加速农旅结合，以草坪一二三产融合带动地区经济发展，实现强村富民。（后白镇）

1月

10日 中国人民政治协商会议句容市第十一届委员会第一次会议在市文化艺术中心大剧院举行。市政协党组书记、大会主席团常务主席章壮钧代表政协句容市第十届委员会常务委员会，向大会报告工作。大会应到委员244人，实到239人。会议于13日闭幕。会议通过《政协句容市第十一届委员会第一次会议决议》《市政协委员履职管理办法》，听取了提案审查报告。

12日 句容市第十七届人民代表大会第一次会议在句容大剧院开幕。大会应到代表262名，实到255名。市长周必松代表市政府向大会作工作报告。会议于15日闭幕。大会通过关于句容市人民政府工作报告的决议等6项决议。

19日 受中宣部、中央文明办委托，省文明办副主任公永刚一行到句容市走访慰问全国脱贫攻坚楷模、时代楷模赵亚夫，第八届全国道德模范糜林的家属。

27日 江苏省教育厅办公室发布公布2021年度全省基础教育青年教师教学和班主任基本功大赛获奖名单，句容市黄梅街道石狮中心幼儿园邓佳琦获学前教育二等奖；句容市崇明中学胡清越获初中音乐一等奖；句容市教师发展中心罗卫进获初中劳动与技术二等奖；江苏省句容高级中学余飞获高中数学一等奖。

28日 江苏骏成电子科技股份有限公司举行创业板上市仪式，证券简称“骏成科技”，证券代码“301106”。骏成科技成为句容市本土首家创业板上市公司。

是月 句容市广电网络有限公司被中央宣传部、文化和旅游部、国家广电总局表彰为第九届“全国服务农民、服务基层文化建设先进集体”。

△国家公共信用信息中心公布2021年11月全国城市监测排名，句容市综合信用排名跃升至全国第31名，全省第5名，镇江市第1名，创历史最好成绩。

△葛仙湖中心应急避难场所工程通过省住建厅验收，成为首个通过省级验收的应急避难场所。

△句容市后白镇、郭庄镇、下蜀镇、天王镇入选2019—2021年度江苏省文明乡镇名单。

△句容市通过国家卫生城市复审暗访，这是该市自2006年成功建成国家卫生城市以来第四次通过复审，并且获得历史最高评分。

△句容市灵活就业人员职工基本医疗保险缴费比例由原11%下调1个百分点至10%。

2月

9日 句容市举办2022年“春风行动”暨“就业援助月”大型招聘会，全市167家企业6728个岗位集中招聘，3838名城乡劳动者参加。

15日 句容市检察院在办理一起未成年人犯罪案件中，首次发出《家庭教育指导令》，督促未成年犯罪嫌疑人的监护人依法正确履行监护职责。

18日 省级媒体集中采访功勋模范活动走进句容市，省、镇江及句容市多家媒体到天王镇，集中采访功勋模范赵亚夫先进事迹。

△省人大常委会副主任曲福田带队到句容市，就《土壤污染防治条例（草案）》修改工作开展专题调研。

22日 全省“共同富裕 百村实践”新型农村集体经济发展典型案例名单正式公布，句容市4个村入选，分别是茅山镇丁庄村入选新型农村集体经济高质量发展表率村十佳案例；边城镇桥东村、华阳街道下甸村、开发区三台阁社区、茅山镇丁庄村入选全省“共同富裕 百村实践”新型农村集体经济发展典型案例名单。

是月 2022年1月“江苏好人榜”发布，镇江市农业科学院研究员芮东明入选。

△句容市申报的“林地生态葬的‘句容路径’”获评2021年度全省高质量民政事业发展优秀成果。

△句容市人民检察院党组成员、副检察长徐光云获“全国普法工作先进个人”荣誉称号。

△华阳街道万家河幸福河湖主题公园投入使用。

△句容协鑫集成科技有限公司、镇江苏博特新材料有限公司、江苏茅山涵田酒店有限公司、江苏天晟药业股份有限公司获评江苏省健康企业。

△科技部火炬中心公布国家级科技企业孵化器2020年度考核评价结果，句容市句容高新技术创业园、边城镇光明中小企业科创园等5家国家级科技企业孵化器通过考核。

△集垃圾收集、垃圾分拣、垃圾分类学习教育展示于一体的“智慧分类驿站”在崇明街道葛仙社区投入使用。

△共青团江苏省委、江苏省教育厅、江苏省少工委发布《关于表彰2021年“江苏省优秀少先队员”“江苏省优秀少先队辅导员”“江苏省优秀少先队集体”的决定》，句容市崇明小学文昌小区李书颜入选“江苏省优秀少先队员”，句容市崇明小学赵宏荷入选“江苏省优秀少先队辅导员”，句容市实验小学少先队大队、句容市天王小学五（1）亚夫中队入选“江苏省优秀少先队集体”。

3月

4日 2022年文化科技卫生“三下乡”示范活动暨学雷锋志愿服务集市开集，全市24支志愿服务队开展便民服务。

8日 句容市与南京市栖霞区两地农业农村部门以打击长江刀鲚为重点的非法捕捞专项整治为契机，组织开展2022年首次联合执法巡航。

9日 新疆维吾尔自治区人民政府副秘书长、党委农办副主任、自治区农业农村厅党组书记、乡村振兴局党组书记曹志文，带领考察团到句容市调研考察。

△镇江以视频连线形式举行2022年重大项目集中开工暨金融支持重大项目建设授信签约仪式。镇江市委书记马明龙宣布重大项目正式开工。句容市委书记潘群、市长周必松等市四套班子领导在开发区分会场参加活动。句容市共有42个项目列入镇江市重大产业项目清单，年度投资69.3亿元。本次共有22个项目参加集中开工活动，年度计划投资21.8亿元。在主会场授信集中签约环节，句容市的新农控股集团与相关金融机构进行了签约。

△句容市茶叶协会正式出台“茅山长青”茶农产品地理标志团体标准，并在江苏茶博园习茶院举办培训班，对参会的各会员单位负责人，国有、私营茶场和企业茶叶加工的技术人员进行辅导，进一步明确对“茅山长青”茶农产品地理标志团体标准的认知。

10日 江苏青商企业“市县行”走进句容，推动句容与省青商会在人才、科技、资本等方面精准对接、深度融合。

25日 全市安全风险隐患大起底大排查大整治“百日攻坚”行动部署会议召开。

30日 中国科协公布2021—2025年第一批全国科普教育基地名单，句容市的江苏句容赤山湖国家湿地公园、江苏禾木农博园入选。

是月 句容市边城镇双杨村团支部书记房海明入选2022年3月“江苏好人榜”。

△宝华污水处理厂分布式污水处理项目投入使用。

4月

27日 句容市召开茅山林品公共区域品牌研讨会，就茅山林品下一步品牌打造进行专题研讨。

29日 句容市庆祝“五一”国际劳动节暨表彰会议举行。

是月 市退役军人事务局举行散葬烈士墓迁葬仪式，共有12位烈士迁入市烈士陵园。

△江苏省总工会对江苏省五一劳动奖和江苏省工人先锋号表彰对象名单进行公示，江苏山水环境建设集团股份有限公司安全总监苏青峰获评“江苏省五一劳动奖章”，句容市白兔中心小学程明获评江苏省文明职工，句容市消防救援大队华阳消防救援站、句容协鑫光伏科技有限公司十四车间获评江苏省工人先锋号。

△义台街户外劳动者服务站点获评2021年全国“最美工会户外劳动者服务站点”，葛仙社区、里巷口社区、国网句容市供电公司城区、西关小区4家工会户外劳动者服务站点被评为省“最美工会户外劳动者服务站点”。

5月

4日 市相关部门组织部分房地产开发企业、中介机构负责人座谈会。

5日 句容市召开十三届市委第二轮巡察工作动员部署会，贯彻中央和省市委关于巡视巡察工作新精神新部署，进一步统一思想，提高认识，切实抓好巡察制度落实，部署启动十三届市委第二轮巡察工作。

6日 江苏省人力资源和社会保障厅公布新一批江苏省乡土人才大师工作室名单。句容市刘树安、方应明、笪霞3个乡土人才大师工作室被命名为省级乡土人才大师工作室。

10日 以“相约福地，激情奔跑”为主题的2022年句容开发区招商“云推进”活动举办。市委常委、副市长郭江参加活动。在项目签约环节，中企菲格汽零（江苏）总部基地、芯谷集成电路智造基地等28个项目集中签约，涉及新能源汽车及其零部件、新一代信息技术、高端装备制造、新材料等多个产业领域，总投资达80亿元。

17日 省人大常委会副主任王燕文带队到句容市开展《中华人民共和国残疾人保障法》和《江苏省残疾人保障条例》执法检查，并开展《江苏省养老服务条例》立法调研。

是日 句容市首家“城市书房”正式启用。书房占地面积约90平方米，内有藏书4000余册，市民可凭身份证或者市图书馆借阅证，刷卡进入书房，书房接入市图书馆“通借通还”系统，实现了在书房借阅，在就近分馆还入的功能。

19日 市文体广电和旅游局联合茅山风景区管委会举办中国句容福地文化旅游节启动仪式暨茅山风景区五福路线发布会。

是日 市科协举办市第34届科普宣传周暨镇江市惠安科普教育基地授牌仪式。

23日 句容市召开秦淮河及赤山湖地区防汛抗旱联席会议。

25日 句容籍南京大屠杀幸存者巫吉英去世，享年98岁。

26日 全国农业科技现代化先行县（句容）共建工作推进会召开，总结去年成绩、部署2022年重点工作。

是日 省商务厅一级巡视员朱益民带队到句容市督查省级开发区安全专项整治工作。

28日 第七届清华校友三创大赛晋级赛（句容赛场）在线上开幕，本次大赛共设置了互联网与新经济、人工智能与大数据等8个专项赛道，24个优秀项目参赛。

31日 市政协组织召开《句容人民政协志（1980—2021）》编纂工作动员会议，《句容人民政协志（1980—2021）》编纂工作正式启动。

是日 句容首个“家庭教育指导工作站”揭牌，句容市人民法院、句容市妇联首创家事调查和社会观护制度，并联合聘请一批热心未成年人保护工作的妇联主席、社区女干部、志愿者，组建20名家事调查员和10名社会观护员队伍。

是月 市疾病预防控制中心章荣平入选2022年4月“江苏好人榜”。

△X202渔空线港口段路面改造施工完成。此次应急抢修改造工程全长约2.42公里，路线起于句容港口，自北向南沿大道河走线，终点与S266相交，于2022年3月开始施工。

△江苏省妇联公布省级家庭典型名单，句容市沈春雷家庭入选江苏省五好家庭名单，许红家庭、郭爱丽家庭、曹桂香家庭入选2021年度江苏最美家庭名单，唐军家庭入选江苏省第五届书香家庭名单，张重平家庭入选2021年度江苏省绿色家庭（农村家庭）。

△江苏省首次发布《江苏省生

物多样性红色名录（第一批）》，句容市宝华玉兰入选。

△ 科技部公布2021年度国家备案众创空间名单，位于江苏省句容经济开发区的富达创客吧入选。

△ 中央文明办发布2022年第一季度“中国好人榜”，江苏省句容市科技局刘学平入选。

△ 江苏省农业农村厅公布了第二批省级现代农业产业示范园认定名单，句容市现代农业产业示范园入选。

△ 茅山镇入选首批全国乡村旅游重点镇（乡）。

6月

1日 由市委宣传部、全民阅读办、文明办联合主办，后白镇人民政府承办的2022年句容市农民读书节暨农家书屋阅读示范推广活动在二圣村委会法治廉政文体广场举行。

是日 句容市举办“梦想小屋”集中交付暨“童心·筑梦”微心愿发放活动，151间“梦想小屋”全部交付。“梦想改造+”关爱计划项目是以全市6至16周岁困境儿童为主体，基于现有简陋的居住环境，充分征求孩子的需求和意愿，按照“三面改造、六物到位”的标准，设计改造一间属于孩子自己的房间。

是日 全市经济工作暨优化营商环境推进会召开，深入分析当前经济形势，部署相关工作。

2日 句容市组织开展2022年度“我们的节日”之“端午文化周”主题活动——第四届“福地句容杯”诗词大赛。因疫情影响，此次“福地句容杯”诗词大赛（初赛）改为线上进行。

7日 大型机械设备倾覆、高空坠落及物体打击事故应急演练在中铁二十四局南沿江城际铁路站前二标预制梁场举办。

7—8日 省知识产权保护与发展研究院调研组到句容市调研地理标志工作。

9日 副省长马欣到句容市查看高考考点，与江苏农林职业技术学院师生座谈，要求高校关心关注毕业生就业创业工作，培养更多符合市场需求的高素质人才。

11日 由句容市文体广电和旅游局主办，宝华山国家森林公园管委会、北京轻麓文化投资有限公司句容分公司协办，句容市文化馆承办的句容非遗漫画展，在宝华山千华古村举办。此次展览经过三年多的创作，将句容本地国家、省、市级等22项代表项目设计成漫画并制作成展板，系统介绍它们的历史渊源、传承区域、表现形态、文化价值以及目前存续状况，这是句容非物质文化遗产的一次集中展示。

12日 市农业农村局、文体广电和旅游局、后白镇人民政府联合举办了后白镇第七届农耕文化插秧节。

14日 党的十九届六中全会精神和新时代基层干部主题轮训开班。

15日 省委农办副主任、省农业农村厅副厅长、省乡村振兴局局长朱国兵带队到句容市调研乡村振兴工作。

17日 在韩国平泽举行的2022年世界残奥举重亚洲大洋洲锦标赛上，句容市运动员胡鹏参加男子72公斤级比赛，并以200公斤的成绩夺得亚军。

21日 句容市召开全市妇女儿童工作会议，总结“十三五”全市妇女儿童两个规划实施情况，部署“十四五”妇女儿童工作。

22日 句容—蒲城2022年度苏陕协作联席会议在句容市召开。会前，蒲城县代表团先后考察了乡村振兴示范村何庄村、清境农场、江苏茶博园、茅宝葛根产业园、丁庄葡萄合作联社等。

23日 江苏省党代表会议选举产生出席党的二十大代表71名，句容市赵亚夫、沈春雷当选。

是日 仪征市政协副主席、工商联主席严峻一行到句容市考察交流。

29日 句容市举办归雁学子专场招聘会暨就业见习双选会。

是日 句容市入选全国2022年农产品产地冷藏保鲜整县推进试点县。

30日 第十五届江苏省“五星工程奖”舞台艺术作品（音乐类）终评活动在句容市文化艺术中心举行。

是月 市城管局城区执法大队开展以噪声整治、规范非机动车停放、市容秩序管理为主的综合整治行动。

△ 省政府办公厅对2021年落实有关重大政策措施真抓实干成效明显地方予以督查激励，其中句容2次上榜。

△ 全国县域旅游研究课题组北京华夏佰强旅游咨询中心联合发布第四届全国县域旅游研究成果《全国县域旅游研究报告

2022》暨“2022 年全国县域旅游综合实力百强县”“2022 年全国县域旅游发展潜力百佳县”名单，句容市入选 2022 年全国县域旅游综合实力百强县，位列第 22 位。

△ 2022 年江苏省级建筑业企业技术中心拟认定名单公布，句容市新增 1 家省级企业技术中心江苏山水环境建设集团股份有限公司。

△《句容市“十四五”科技创新规划》正式发布，该《规划》是该市科技创新发展未来五年的行动纲领和工作指南。

7月

3 日 由江苏丘陵地区镇江农业科学研究所、宝华山国家森林公园管理委员会合作共建的亚夫科技服务句容工作站宝华山服务点揭牌。该服务点将围绕宝华山发展需求和森林资源现状，以提升林下经济产业的科技含量和品牌知名度为出发点，进行特色林农新品种、新技术、新模式的试验示范与推广，同时建立宝华山农林科技大讲堂，“线上+线下”发力，常态化开展培训、讲座和田间指导。

6 日 人民银行南京分行征信管理处处长唐清带队到句容市调研农村信用体系建设。

7 日 省惠隆公司党委书记、董事长陆宏平到句容市考察调研。

13 日 句容市召开“中国楹联文化市”创建领导小组会议。

14 日 句容市召开农业生产全程全面机械化示范县、农产品产地冷藏保鲜整县推进试点县工作会议。

是日 清华汇句·智创未来——第七届清华校友三创大赛晋级赛优秀项目落地暨科技合作推进会在句容市举行。会上，三创大赛 6 个晋级项目进行现场展示；江苏省技术产权交易市场高效节能行业分中心、智达高压电气检验检测中心揭牌；为 2 个国家级科技企业孵化器和 1 个国家级众创空间授牌。

△ 郭庄镇产业项目开工暨集中签约仪式举行。此次开工总投 12 亿元的第一工园·句容氢能源主题产业园和总投资 3.4 亿元的宏通光伏项目均是镇江市级重点产业项目。在线上签约环节，以科尼奇光学、埃帕克斯光学、瑞杜新材料、宝一光学、仪博光电为代表的光学光电产业集群企业和以江苏国能、阿雷斯氢能源、星空钠电、溯驭技术为代表的氢能源产业集群企业集中签约。

16 日 第三届华阳福桃文化节在马群地铁站开幕，活动以“桃不出‘宁’的手心”为主题，持续至 7 月 30 日。活动现场，华阳福桃正式入驻“宁句优选”线上平台；举办方向市民代表赠送了华阳福桃采福卡，并邀请市民免费品尝桃子。

20 日 省演艺集团党委副书记、锡剧团团长周东亮一行到句容市，就句容大剧院运营管理工作进行洽谈合作。

21 日 省高院“服务乡村振兴（句容）实践基地”揭牌仪式在市人民法院举行。

23 日 宝华山国家森林公园举行“我们的宝华山”2022 森林音乐节，活动持续至 8 月 13 日。

26 日 省商务厅电商处副处长魏高宏带队到句容市，调研推进国家级电子商务进农村综合示范项目建设。

是日 句容市首届退役军人创业创新大赛落幕。边城镇退役军人服务站选送的“景观黑松造型”项目获得比赛一等奖。此次活动由市退役军人事务局、市文体广电和旅游局联合举办，面向全市近五年来在镇江市境内注册的企业征集创业创新成果，且企业创始人或核心成员为退伍军人。经前期宣传报名、乡镇推荐、专家初审等环节，共遴选出 9 家企业，以路演的方式，现场展示创业创新成果，最终评比出一等奖 1 名、二等奖 2 名、三等奖 3 名、优秀奖 3 名。

28 日 由江苏省林业局和句容市政府联合主办的 2022“绿美江苏 生态旅游”系列推介活动之宝华山“泡山节”在宝华山国家森林公园启动。活动现场，省林业局和省体育局签订“全面推进美丽江苏建设 共创健康美好生活”战略合作协议。发布全省森林步道形象 LOGO。为“美丽宝华山画画画”优秀儿童画作品获奖者颁发证书。

29 日 华电环球（北京）贸易发展有限公司江苏分公司和江苏华电句容港港口管理中心揭牌。新成立的华电环球（北京）贸易发展有限公司江苏分公司是镇江地区首家配套煤电企业进口煤业务落地的公司，江苏华电句容港港口管理中心是句容市首个省四星级绿色港口管理中心。

是日 全国政协文化文史和

学习委员会副主任张昌尔带领全国政协调研组到句容市，围绕“推动文旅产业融合发展示范区建设”开展专题调研。

是月 全国农技中心公布首批100个全国农作物病虫害绿色防控示范基地名单，丁庄老方葡萄专业合作社入选。

△ 江苏省工信厅公示2022年度首批省星级企业上云认定名单，句容协鑫光伏获评江苏省“五星级上云企业”。

△ 江苏省文化和旅游厅官网发布关于第二批省级夜间文化和旅游消费集聚区拟认定名单的公示，宝华山千华古村入选。

8 月

1日 镇江市科协在句容市开展主题党日活动暨“科学家精神教育基地”授牌仪式，赵亚夫事迹馆被认定为镇江市首批“科学家精神教育基地”。

是日 省委、省政府、省军区在南京召开江苏省第十二届双拥模范城（县、区）命名暨双拥模范单位和先进个人表彰大会。句容市被命名为江苏省第十二届双拥模范城。

2日 镇江市青年讲师团到天王镇唐陵村开展“青春礼赞新时代 青年追梦复兴路”主题宣讲活动。

3日 苏工暖“新”行动——“8+X”综合服务集市走进句容专场启动仪式举行。此次活动旨在为货车司机、网约车司机、快递员、外卖配送员等新就业形态群体劳动者提供健康服务、专项保险、入会服务、暖“新”礼包、困难帮扶、能力提升、法律服务、心理咨询8项服务，通过扫描“江苏工会”二维码，系统比对用户申请信息，即可实现“一键入会”；“X”项服务则是根据地区自身实际，所开展的特色服务。

是日 全国人大常委会委员、教育科学文化卫生委员会主任委员、中国老科学技术工作者协会会长李学勇一行到句容市，看望全国脱贫攻坚楷模、老科技工作者赵亚夫并调研老科协工作。

△ 由江苏省文化和旅游厅、淮安市人民政府主办的“水韵江苏·这里夜最美”璀璨夏夜主题活动启动仪式举行，推出“网红美丽乡村”“网红度假空间”“网红非遗体验” “网红文创产品”“网红旅游演艺”各10个，茅山涵田度假村入选网红度假空间。

4日 同心红科技助农创新实践基地在后白镇签约并揭牌。

5日 中国老促会乡村振兴发展协调部办公室主任郭士芳一行到句容市开展调研工作。

11日 市委工作会议召开。会议坚持以习近平新时代中国特色社会主义思想为指导，深入学习贯彻习近平总书记在省部级主要领导干部“学习习近平总书记重要讲话精神，迎接党的二十大”专题研讨班上的重要讲话精神和党中央决策部署，全面落实“疫情要防住、经济要稳住、发展要安全”重大要求，按照省委、镇江市委工作会议部署要求，回顾总结今年以来工作，部署下一阶段任务。

14日 句容市实验小学福地校区正式启用。该校区建设于2020年10月启动，位于句容市葛洪路西侧、杨塘路南侧局部地块，用地面积53292平方米，总建筑面积30832平方米，可容纳48个教学班，项目总投资约2.2亿元。

17日 省社科院党委书记、院长夏锦文一行到句容市，实地调研了解句容市乡村振兴工作推进成效。

18日 江苏省人大常委会党组副书记、副主任樊金龙带队到句容市，调研代表和基层人大工作。

19日 第五个中国医师节到来之际，句容市表彰“十佳医生”“十佳基层医生”“十佳公卫医生”。

是日 第六届“丁庄杯”早中熟精品葡萄评比大赛在茅山镇丁庄村举行，当地葡农选送的127份葡萄样品参赛。最终评出葡萄特等奖3名、金奖10名、银奖30名。

是日 后白镇产业项目集中开工仪式举行。此次集中开工的环创新材料、德尚精密机械、法高智能科技、大美天第、润阳家居5个项目涉及新材料、精密制造、智能制造、文化产业等多个领域，总投资7亿元。

20日 2022中国·句容第十三届丁庄葡萄节开幕式在茅山镇丁庄万亩葡萄专业合作联社草坪广场举行。开幕式上，还进行了第六届“丁庄杯”早中熟精品葡萄评比大赛颁奖；丁庄万亩葡萄专业合作联社与深圳百果园签订销售协议。

22日 南京财经大学红山学院桥头校区举行管道天然气通气点火仪式，正式通气。

24日 中国建设银行乡村振兴金融部与江苏分行“五联”结对共建启动仪式在句容市举行。建行镇江分行、建行句容支行、茅山风景区管委会、茅山村签署“五联”结对共建合作协议。

是日 由江苏省演艺集团扬剧团创排的扬剧现代戏《亚夫新传》在市文化艺术中心大剧院首演。《亚夫新传》以赵亚夫的先进事迹为创作素材，从赵亚夫在镇江市人大常委会副主任的位置退休后讲起，讲述赵亚夫引领当地农民走出一条“绿色农业”生态致富之路的艰辛历程。

△ 句容市举行2022年度慈善助学金发放仪式。

25日 汤琪云教授工作室暨江苏省人民医院老年内镜中心句容分中心、江苏省神经内分泌肿瘤中心句容分中心揭牌仪式在市人民医院举行。

是日 省委宣传部副部长徐宁带队到句容市考察“乡村文艺播种计划”工作开展情况。

27日 由中铁二十四局集团承建的南沿江城际铁路句容站全面进入装饰装修阶段。

29日 2022年句容经济开发区第二批项目集中签约暨重大产业项目集中开竣工活动举行。华梓车业、兆鋆三期等13个项目实现竣工投产，预计新增销售额60亿元；涉及数字经济、新能源、现代物流供应链、智能制造等12个总投资60亿元的优质项目签约落户；容泰半导体二期、澳博阳、山东章鼓等16个项目开工建设。

是日 国家知识产权局印发《国家知识产权局关于确定国家知识产权强县建设试点示范县和国家级知识产权强国建设试点示范园区的通知》，公布第一批国家知识产权强县建设试点示范县名单，句容市入选试点县。

31日 由省人民政府新闻办公室与新华社新闻信息中心联合策划的“江苏这十年·长江之城”“SHOW JIANGSU”摄影采风活动走进句容。来自法新社、欧新社、德国焦点图片社、日本共同社等主流媒体的记者和摄影师参加活动。

是日 市长周必松带领相关部门负责人到句容台泥水泥有限公司，会见台泥集团董事长张安平一行。

△ 在泰州市举行的江苏省第二十届运动会游泳项目比赛中，代表镇江市参赛的句容市游泳队夺得女子11—12岁组4×50米自由泳接力赛金牌。这是句容市首次参加省运会游泳赛事获得的首枚金牌。

△ 省文明办发布2022年8月“江苏好人榜”，江苏省电力有限公司句容市供电分公司营销部副主任赵媛入选。

△ 江苏句容抽水蓄能电站地下厂房建设完成地下厂房副厂房和1号机组、2号机组施工段的工作面移交工作。江苏句容抽水蓄能电站的建设从土建施工逐步过渡到机组安装。

是月 市文体广电和旅游局文物科和市博物馆组织工作人员，对茅山管委会、后白镇境内的部分古墓葬、古遗址进行文物界桩的安装。

△ 文化和旅游部、中国关心下一代工作委员会联合推出“乡村是座博物馆”全国乡村旅游精品线路128条，镇江的“酸甜苦辣”研学体验两日游路线入选，其中包括句容市茅山新四军纪念馆和丁庄村。

△ 在市乡村振兴局和第三方服务平台指导和帮助下，天王镇、后白镇召开乡村公益医疗互助试点工作部署会议，乡村公益医疗互助试点工作在句容市正式启动。

△ 省生态环境厅联合省工商联公布2022年度绿色发展领军企业名单。句容市北新建材有限公司、句容台泥水泥有限公司两家企业入选。

△ 市工商联获全国“五好”标杆县级工商联称号。

△ 省军区“四会”教练员比武在镇江市国防园举行。句容市比武课目“民兵参加重要目标警戒行动——反袭击情况处置”获得全省第一。民兵教练员滕永辉被省军区表彰为优秀“四会”教练员。

△《句容市“十四五”养老服务发展规划》正式出台。《规划》聚焦新发展阶段句容老年人多层次、多样化的养老服务需求，积极回应社会关切，努力满足社会期盼，提出了一系列新目标、新举措，努力让广大老年人的获得感成色更足、幸福感更有保障、满意度更可持续。

△ 句容市首次使用热再生施工工艺对福地路与句卓路交叉路口至华阳北路段，进行修复出新。

△ 句容城区两条新路建成通车。笪重光路西起高骊山路，东至通湖路，全长647米。徐九思路北至文昌东路，南至文炬路，全长592米。

△ 农业农村部乡村产业发展

司公示2022年中国美丽休闲乡村名单，后白镇西冯村成功入选国家级美丽休闲乡村。

△ 2022年江苏省网络安全技能竞赛决赛在句容市举行。本次竞赛在8月举行线上初赛，140支参赛队伍中选出8支队伍参加线下决赛。

9月

1日起 句容市妇幼保健院开始预约接种HPV疫苗。

2—4日 由省农业农村厅全程支持、句容市人民政府主办、句容市农业农村局承办的第六届中国·句容优质农产品（南京）展销会在江苏农业国际展览中心举办。

5日 省政府召开“江苏慈善奖”表彰大会，表彰第六届“江苏慈善奖”获奖单位和人员。建华建材（中国）有限公司获评最具爱心慈善捐赠企业；句容市“萱草花”志愿服务项目（句容市妇女联合会句容市慈善总会实施）获评最具影响力慈善项目。

5—6日 全省民宿高质量发展大会在句容市召开。

是日 由中共句容市委宣传部指导，句容市文体广电和旅游局、句容市崇明街道办事处、句容市文学艺术界联合会主办，句容市美术家协会、句容市摄影家协会、句容市图书馆、句容市书画艺术研究院承办的“礼赞新时代·奋进新征程”2022句容美术摄影主题展在句容市文化艺术中心举行。

△ 陕西蒲城县县长薛斌带领蒲城县党政代表团一行到句容市开展苏陕协作活动。

6日 由中共句容市委宣传部、市委网信办、市文明办等联合举办的“强国复兴有我·喜迎二十大 e心跟党走”2022年句容市网络安全宣传周启动仪式暨第五届网络嘉年华活动举行。

是日 “喜迎二十大·幸福舞起来”句容市第九届运动会暨句容市第十届“容稻酒杯”广场舞大赛（乡镇组初赛）在华阳街道市民广场举行。

7日 省发改委在句容市开展专题调研，推进《南京都市圈多层次轨道交通体系规划》编制。镇江市发改委、自然资源和规划局、市交通运输局（铁路办）和句容市相关单位、部门参加调研。

14日 省政协副主席周健民带队到句容市，实地调研考察，座谈交流协商，开展“大力推进‘双减’工作 促进学生全面发展”民主监督活动。

15日起 15个医保服务事项可在句容市各镇（街道、管委会）为民服务中心办理，8个业务事项可在农商行部分网点办理。

16日 镇江市暨句容市2022年全国科普日活动在赤山湖国家湿地公园启动。活动为赤山湖国家湿地公园、江苏禾木农博园2家全国科普教育基地授牌；为江苏大学中国农机文化展示馆、镇江市农业科学院精品应时鲜果科普示范基地等2家江苏省科普教育基地授牌；江苏农林职业技术学院与赤山湖湿地公园签署湿地保护合作战略框架协议；活动还开展了湿地生态保护科普报告。

19日 由市文明办、市教育局主办，以“启智润心 筑梦起航”为主题的“入学仪式”教育示范观摩活动在市洪武路小学举行。

20日 句容市召开“稳大盘 促发展”工业企业座谈会。

是日 位于句容开发区的江苏华梓汽车举行整车批量发车仪式，首批110辆新能源汽车发往河南、河北等地区。

22日 江苏省首届评茶员职业技能大赛在句容市举行。本次大赛共有来自全省13个地级市的106名选手参加茶样识别、香气滋味排序和品质审定三样实际操作和理论考试。

23日 江苏省工商联在南京举办2022江苏民营企业百强发布会，建华建材（中国）有限公司入选2022江苏民营企业200强、2022江苏民营企业制造业100强；北新建材有限公司、句容台泥水泥有限公司入选2022年度绿色发展领军企业。

26日 句容市粮食集团有限公司揭牌仪式举行。

28日 世界最大规模库盆填筑工程——位于边城镇的国网新源句容抽水蓄能电站上水库主坝完成填筑。

是日 2022年全省生态环境行政执法大比武在句容市开幕。

29日 句容市双拥协会第三届会员代表大会召开，会议选举产生了新一届理事会。

30日 句容市在兆文山烈士陵园举行向人民英雄敬献花篮仪式，深切缅怀革命先烈的丰功伟绩，弘扬先烈的崇高精神，激发爱国热情。

是月 2022年8月新时代江苏好少年发布，句容市崇明小学四（5）班学生李柏然入选。

△ 句容市被国家知识产权局确定为国家知识产权强县建设试点县。

△ 江苏省科学技术协会、江苏省教育厅联合发布关于命名“十四五”首批江苏省科学教育综合示范学校的通知，句容市华阳实验小学入选。

△《句容市商品住房购房契税补贴操作细则》发布。

△ 句容市兆鋆新材料股份有限公司和江苏金合能源有限公司入选全国第四批专精特新“小巨人”企业。

△ 在江苏省第十一届残疾人运动会上，句容市6名运动员获得6金1银的成绩。胡鹏获得男子80公斤级举重金牌，吴宇航获得F37级男子青年组铁饼、标枪、铅球三枚金牌，温永琪获得F44级女子青年组铅球、铁饼两枚金牌，笪俊杰获得F35级男子组标枪银牌。

△ 首届江苏“百佳家庭农场”“十佳家庭农场服务联盟”名单揭晓，句容市3家家庭农场入选，其中句容市后白镇道兵家庭农场和句容市茅山风景区如花家庭农场入选“百佳家庭农场”，句容市兴农家庭农场发展联盟入选“十佳家庭农场服务联盟”。

△ 江苏省农业农村厅和江苏省市场监督管理局联合发文公布首批江苏省现代农业全产业链标准化基地，句容市丁庄万亩葡萄专业合作社入选。

△ 省农业农村厅办公室公布2022年江苏省乡村休闲旅游农业特色模式（项目）和乡村休闲运动基地推介名单，句容市浮山樱花园梦幻空间军事夏令营项目（团建拓展模式）、清境田园航空飞行营地项目（休闲运动模式）获得乡村休闲旅游农业特色模式（项目）推介；伏热花海休闲运动基地（户外野营）、天下玫景休闲运动基地（户外野营）、仑山湖国际路亚休闲运动基地（路亚垂钓）获得乡村休闲运动基地推介。

△ 句容市人民法院后白人民法庭庭长李师柯入选第三届“江苏最美法官”。

△“铁军东进战地 茅山红色传承”红色旅游融合发展项目入选第一批江苏省红色旅游融合发展示范项目、培育项目。

10月

1日 句容市急救站第6急救点——宝华急救点正式投入运营，进一步完善句容市院前急救网络体系和15分钟院前急救圈。

3日 市长周必松会见协鑫（集团）控股有限公司董事长朱共山一行，双方就进一步深化合作有关事宜进行座谈交流。

9日 任青玲教授名医工作室揭牌仪式在句容市中医院举行。

12日 “喜迎二十大，建功新时代”书画摄影展开展。活动前期，全市共征集到美术书法摄影作品1683件，评审采用初评、复评与票决相结合的方式，评出优秀作品奖27件，最终共展出作品90件。

19日 省安全生产第十一综合检查督导组到句容市实地检查基层安监力量建设、餐饮燃气安全和高层建筑消防安全情况。

是日 镇江市校园慈善文化教育基地（句容）授牌仪式在文昌中学举行，文昌中学、华阳实验小学弘景校区被授予镇江市校园慈善文化教育基地。

26日 句容市传达党的二十大精神大会召开。市委副书记、市长周必松在讲话中指出，刚刚闭幕的党的二十大，是在全党全国各族人民迈上全面建设社会主义现代化国家新征程、向第二个百年奋斗目标进军的关键时刻召开的一次十分重要的大会。全市上下要把学习宣传贯彻党的二十大精神作为当前和今后一个时期的首要政治任务，切实用党的二十大精神统一思想、统一意志、统一行动，扎扎实实把党的二十大作出的重大决策部署付诸行动、见之于成效，推动党的二十大精神在句容落地生根、开花结果，奋力谱写“强富美高”新江苏现代化建设句容篇章。

28日 句容农商银行与句容市人民法院成功签署“拍立贷”合作协议。“拍立贷”是指向企事业法人、其他经济组织、个体工商户和自然人发放的用于购买由句容市人民法院进行司法拍卖资产的商业性人民币贷款，资产包括土地、厂房、商业用房（含写字楼、商铺等）、住宅房。最高贷款额度不超过5000万元。购买住宅房、商业用房的，参照现行个人住房贷款管理办法及商业用房按揭贷款管理办法执行；购买土地、厂房的，贷款期限最长不超过10年。

是日 句容农商银行举办“留抵贷”产品发布会。“留抵贷”是以留抵税额为依托，参考企业经营状况、资产负债等信息，结合工商、环评、社保、水电费、外部信用等方面数据，以信用方式及其他担保方式向中小微企业发放的，用于短期生产经营的人民币贷款业务。贷款资金主要用于企业短期的生产经营资金周转，与企业主营业务一致。

29日 2022年中国农民丰收节江苏省重点活动暨句容农民丰收节在天王镇戴庄村白沙自然村举行。

30日 挪威长城集团董事长戴骏峰一行到句容市考察。

是日 句容市立体综合交通枢纽市政配套工程匝道桥主体工程全线合龙贯通。

31日 全市经济分析暨高质量发展推进会召开。

是月 省水利厅、财政厅联合发文，通报2021年度全省农村水利工作绩效评估结果，句容市在农村河道长效管护、农田水利工程管护、生态清洁型小流域评定三项考核中，取得优异成绩，其中农田水利工程管护被评为优秀等次、白兔镇跃进小流域以高分通过考核。

△句容市出台青年人才“金燕来巢”计划，吸引更多人才到句容市就业创业。

△江苏省首个面向“三农”的信用信息平台——句容市农村信用信息平台正式上线，为金融机构提供农村经济主体信用信息查询服务。

△江苏省成人教育协会公布了《关于表彰2022年省级“社区教育品牌项目”“百姓学习之星”“社区教育先进工作者”“社区教育优秀志愿者”评选结果的决定》，句容市“茅山红色文化”游学获2022省级“社区教育品牌项目”；夏开静、张莉、陈鸣、赵红梅获2022省级“百姓学习之星”；步珍龙获2022省级“社区教育先进工作者”；梅铮、杨家治、陈胜燕获2022省级“社区教育优秀志愿者”。

△句容市入选省级青年发展型县域建设试点。

△江苏省企业联合会发布2022江苏百强企业，句容市建华建材（中国）有限公司入选，排名第57位。

△句容市江苏赛达电子科技有限公司入选江苏省第七批服务型制造示范企业（平台）名单。

△赤山湖国家湿地公园入选2022年国家青少年自然教育绿色营地名单。

△句容市57家医保定点零售药店通过验收，正式挂牌“医保便民药店”。

△句容市志宏物流园入选2022年度省级重点物流基地名单，并被纳入省级重点物流基地目录。

11月

1日起 《句容市建筑垃圾管理办法》施行。

1日 农业农村部发布第十二批全国“一村一品”示范村镇名单公示，句容市白兔镇中心村入选。

是日 农业农村部发布2022年全国乡村特色产业超十亿元镇超亿元村名单公示，句容市白兔镇唐庄村、白兔镇白兔村、茅山镇丁家边村、茅山镇丁庄村、茅山镇永兴村、后白镇西冯村、天王镇唐陵村等7个村上榜，成为榜单中拥有亿元村最多的县级市。

2日 市关工委成立30周年纪念会议召开，表彰全市关心下一代工作优秀集体和优秀个人。

5日 镇江市水稻机收减损大比武活动在句容市宝华镇仓头村举行。

6日 2022紫金文化艺术节新创会演剧目——大型滑稽戏《黑皮书记》在句容市大剧院上演。

7日 新优化的11路城市公交车等6条线路正式开通。

8日 省发改委二级巡视员金乐君一行到句容市专题调研“农村一、二、三产业融合发展”。

是日 句容台泥水泥有限公司智能化矿山项目正式启动，打造全国水泥业首个全矿区无人驾驶电动矿车智能矿山。

是日 句容市举行“119”消防安全宣传月启动仪式暨吾悦广场灭火疏散演练，动员全社会共同关注、支持、参与消防工作。

10日 句容高新智造园开工暨首批入园企业集中签约仪式举行。句容高新智造园计划建设29栋标准化厂房，总建筑面积超11.8万平方米，以高端智能装备、电子信息制造为主要招商方向，致力于打造高端智能制造产业链主题园区。

是日 句容市第九届运动会

在句容中专校运动场开幕。本届运动会共设学生部、群体部两个部别，共计10000余名运动员参加田径、篮球、足球、乒乓球、羽毛球、象棋、围棋、广场舞等16个项目的比赛。

是日 省老促会理事长丁解民带队到句容市，通过实地考察、汇报交流、检查台账的形式，验收考核该市红色资源调研普查工作。

11日 中电光谷（句容）数字经济产业园签约仪式举行。仪式上，中电光谷联合控股有限公司与华阳街道进行项目签约；句容光谷产业园与武汉慧联无限科技有限公司、于万智驾、鹿客科技（北京）股份有限公司、中国通光电子有限公司进行签约。慧联无限、于万智驾两家公司还进行了项目路演。

15日 省残联副理事长杜晓镇一行到句容市调研残联系统学习宣传贯彻党的二十大精神的计划安排和思路举措、年度重点工作完成等情况。

是日 中国共产主义青年团句容市第十八次代表大会举行。市大会投票选举产生共青团句容市第十八届委员会委员27名、候补委员9名。在十八届团市委一次全会上，选举产生常委13名，姜雯荣当选为团市委书记。

17—18日 2022（第二届）中国·镇江国际菁英创业大赛总决赛在句容市举办。全镇江9个赛区选拔的30个项目进行角逐，最终决出一、二、三等奖和优胜奖。

18日 句容市红十字会第六次会员代表大会举行。大会通过选举产生64名新一届理事，5名新一届监事，副市长凌华当选句容市红十字会第六届理事会会长。大会还聘请周必松为句容市红十字会第六届理事会名誉会长。

19—20日 第十一届中国知识产权年会在苏州举行，句容市地理标志“丁庄葡萄”“句容戴庄大米”“西冯草坪”代表镇江市参加年会国际地理标志专题展览。

19日 句容市残疾人联合会第七次代表大会举行。大会选举产生市残疾人联合会第七届主席团委员，选举产生了出席镇江市残疾人联合会第七次代表大会代表，聘请贾云亮为主席团名誉主席，选举副市长闵佳任主席团主席，张业华任主席团副主席、执行理事会理事长。

是日 由句容市新时代文明实践志愿服务总队主办的“推进移风易俗　弘扬文明新风”新时代文明实践志愿服务集市活动在后白镇林梅村新时代文明实践站举行。

22日 句容市召开社会心理服务体系建设工作启动会。

是日 266省道连接线工程通过交工验收。

是日 句容女孩魏洁婷在南京明基医院完成造血干细胞采集，成为句容市第10例、镇江市第105例造血干细胞捐献者。

23日 句容市召开“学习二十大　奋进新征程”民营企业家座谈会，听取企业家意见和建议，深入商讨广大民营企业如何进一步弘扬企业家精神，加快推进高质量发展，为建设“强富美高”现代化新句容作出贡献。

是日 句容市举行“福地句才”工程新闻发布会，发布该市人才系列政策。

24日 句容市第一家科技银行——句容农商行科技银行揭牌。

是日 省粮食和物资储备局党组成员、副局长滕立轩一行到句容市检查涉粮巡视整改和秋粮收购工作。

25日 句容市省级书香城市建设示范市接受复核。

是月 句容市开展“句容老字号”认定工作，凡在句容市域范围内注册经营超过25年、有意申请的单位或组织，均可向所在镇政府、街道办事处、管委会申报。

△ 句容市黄梅街道凤凰城幼儿园、勤学路幼儿园入选“江苏省优质幼儿园”。

△ 句容市入选全省首批创新信用管理与服务试点。

△ 省卫健委公示基层医疗卫生机构五级中医馆评审结果，句容市边城卫生院中医馆入选，为句容首家五级中医馆。

△ 句容市后白镇西冯村入选2022年中国美丽休闲乡村农家乐特色村。

△ 句容市江苏兆鋆新材料股份有限公司成功评定为江苏省信用管理示范企业，这是该市企业首次获评该项荣誉。

△ 句容市科普金牌讲师科技志愿服务队被选树为2022年度长三角科技志愿服务先进典型。

△ 市行政审批局推出“市场主体远程身份验证”新政，利用“苏服办”App，为句容市企业不受时间和空间的限制而开展股东、公司董事、监事及高级管理人员

的身份验证。

△ 竞争力智库、北京中新城市规划设计研究院等机构在北京联合发布《中国县域旅游竞争力报告 2022》，公布 2022 年中国旅游百强县市和 2022 年中国旅游潜力百强县市，在“中国县域旅游竞争力百强县市”榜单中，句容市位居全国 66 位。

△ 省政府办公厅发布支持革命老区相对薄弱乡镇振兴发展促进共同富裕若干措施的通知，天王镇获得帮扶支持。

12 月

5 日 省人大社会委主任委员陈正邦带队到句容市，就省政府 2022 年民生实事项目实施情况开展调研。

6 日 句容市委召开全市领导干部会议，宣布周必松任句容市委书记。

8 日 《中国城市基本现代化监测报告 2022》发布，揭晓 2022 中国县级市基本现代化指数前 100 名，句容以指数 77.98 位列榜单第 36 位。

12 日 句容市召开金融赋能句容高质量发展大会。

13 日 茅山新四军纪念馆举行南京大屠杀死难者国家公祭日纪念活动。

是日 丘陵地区农业机械化智能化高质量发展推进会在句容市召开，以进一步推进江苏丘陵地区农业机械化、智能化水平，深化“政、企、校”三方战略合作。

14 日 由市人才办、人社局、科技镇长团共同主办的 2022 年“福地青年英才”创业大赛总决赛暨颁奖典礼举办。此次大赛从 5 月底开始，共征集参赛项目 142 个，有 20 个创业项目参加总决赛。最终，“建设工程全生命周期智慧化系统及服务”“一种新型聚四氟乙烯包覆密封圈”两个项目获得本次大赛总决赛一等奖，另有 4 个项目获得二等奖，6 个项目获得三等奖，8 个项目获得优秀奖。此次总决赛的获奖选手，都将获得 5000 元到 50000 元不等的资金奖励。

15 日 句容市招商引资推介会暨新时代江苏民营企业家句容行活动在句容市举行。

16 日 中国电建集团水电水利规划设计总院通过视频会议的形式组织对宝华镇石砀山压缩空气储能电站项目规划报告进行论证。

18 日 句容市中药材产业招商大会在茅山景区举行。来自全国及句容市的 20 多家药企和科研院所、多家金融单位与茅山风景区签订了研发生产、产品销售、金融扶持的协议。

19 日 句容市与省演艺集团文化产业项目战略合作协议签约仪式举行。

是日 句容市科学技术协会第八次代表大会召开。镇江市科协党组书记、主席王琴，句容市领导贾云亮、郭江、王红芳、王道银、谭素平出席会议。会议选举产生了句容市科学技术协会第八届委员会。

21 日 市文联第三次代表大会举行。大会选举产生新一届市文联正副主席及秘书长。

22 日 市委书记、市长周必松与中国能建集团华东区域总部党委书记、总经理唐志俊进行工作会谈。

28 日 江苏宁句轨道交通有限公司、市农业农村局、市文体广电和旅游局、市供销合作总社联合在宁句城际马群站举行首届宁句助农兴旅活动。

29 日起 句容市通过 87 家保供零售药店陆续免费发放布洛芬片 20 万片。

31 日 市委召开领导干部警示教育大会暨集体廉政谈话会。

是日 中国共产党句容市第十三届委员会第三次全体会议召开。全会以习近平新时代中国特色社会主义思想为指导，深入学习宣传贯彻党的二十大、中央经济工作会议精神，认真落实省委、镇江市委全会精神，坚定信心、敢为善为，踔厉奋发、勇毅前行，更好地“扛起新使命、谱写新篇章”，切实以党的二十大精神引领中国式现代化句容新实践。

是月 中国邮政在全国选取 19 家邮政网点作为癸卯年生肖原地邮局，句容白兔邮局入选。

△ 句容市挑选出杜泽里、古隍、东湾、太子岗、下涧西、赤岸、放马岗、浮桥、官庄、石坑 10 个具有历史文化底蕴的老地名，并制作安装历史地名保护碑。

△ 市档案馆获评江苏省“规范档案馆”。

△ 市水利局启动北山水库东干渠整治工程，进一步提升周边水旱灾害防御能力，筑牢粮食生产根基。

△ 句容市入选首批“幸福家园”工程全国联动区域慈善协同创建示范县。

△ 江苏省句容市构建“12336”林长制工作体系入选2022年度长三角地区林长制改革十大案例。

△ 句容市港华紫荆农庄（句容）有限公司创成2022“苏韵乡情”江苏休闲农业和乡村旅游四星级企业。

△ 苏网信官网发布全省网信系统先进集体、先进个人拟表彰对象公示，中共句容市委网信办入选。

二圣村“美丽库区 幸福家园”农业示范园建设项目

地情概要

【地理位置】　句容位于江苏省西南部，北纬31度37分至32度12分，东经118度57分至119度22分；地处长江下游南岸，东连镇江市丹阳、丹徒、润州和常州市金坛，西接南京市栖霞、汤山、江宁、溧水，南邻常州市溧阳、金坛，北隔长江与仪征相望。

（志　办）

【土地面积】　句容地形南北向较长，约75千米；东西向较短，约40—50千米。全市土地总面积1378平方千米。（志　办）

【地质地貌】　句容境内地层出露齐全，化石丰富，岩浆岩发育，构造典型（属扬子地台褶皱带），是中国最早开展地质研究地区之一。

在距今约8亿年的元古代震旦纪地区沉陷呈海相，直到距今约2.3亿年的中生代三叠纪，地面或海或陆（以海为主）。在中生代三叠纪晚期，境内转为陆地。距今1.8亿年的印支运动形成宁镇间连绵山脉的雏形。1.3亿到6500万年前的燕山运动开始形成扬子大断裂带，并逐渐发育成长江。同时，奠定宁镇山脉的基本轮廓。在距今6500万年到300万年的新生代第三纪，逐渐形成低山丘陵、平原山谷、河溪沟涧等地貌。境内已探明的主要地层有古生界寒武系上统地层观音台组、古生界志留系高家边页岩等十余种。部分地名是国内许多标准地层命名地，如泥盆系茅山砂岩，石炭系高骊山砂岩、船山灰岩，中生界白垩系上统赤山砂岩，新生界第四系下蜀黄土等。地质构造有褶皱，如宁镇山脉区宁沪线背斜，以及茅山丘陵区浮山、赤山玄武岩覆盖区等地。较大的断裂带有4条：汤山—东昌—上会、茅山—高淳、溧阳—南京、铜陵—扬州。句容在中生代白垩纪时期，岩浆活动十分活跃，特别是在宁镇山区的北部，大华山以东，仑山以北，空青山前后，多处有火成岩出露，其他地区火成岩分布较少。三国魏嘉平二年（250年）至1985年，发生较大地震24次，其中属中强地震3次。明建文元年（1399年），方山发生5.5级地震（茅山—高淳断裂带）。明万历三十三年（1605年），宝华山发生5级地震。明崇祯二年（1629年），境北发生5级地震（铜陵—扬州断裂带）。

句容地貌形态主要有低山、丘陵、岗地、平原四大类型。除长江、水库、河沟、池塘等各种形态的水域外，有低山、丘陵及峰、岗、墩、凹、坡地（陡坡地、斜坡地、缓坡地、平缓坡地）等多样地形，素有“五山一水四分田”之称。其中低山是海拔200—400米的山地，面积21.57千公顷，占全市总面积的15.65%，主要分布在境北宁镇山脉和境南茅山山脉。近代地图上注明的山丘有159座，主体山10座，低山34座。境内最高山为大华山（海拔437.20米）。丘陵102座，一般海拔为50—200米，面积893公顷，占全市总面积0.65%，主要散布于市境中部。岗地面积98.32千公顷，占全市总面积的71.35%，分布于全市各地，白兔、茅山两镇居多。平原面积17.13千公顷，占全市总面积的12.43%，主要分布于市境西南秦淮河流域和境北沿江冲积地带，以及东部太湖水系中白兔、茅山、边城等镇。

（志　办）

【水系河流】　句容地处长江南岸、宁镇山脉中段与茅山丘陵交会处。南北环山，中部陇岗起伏，间以冲谷平原，西部低洼，东部向东南倾斜，是秦淮河东支、太湖西支与沿江3个水系的分水岭。境内河流分属秦淮河水系、太湖水系和沿江水系，共有大小河流44条，总长310.18千米，其中流域性干河14条。市境北部宁镇山脉南侧和南部茅山山脉西侧属秦淮河水系，面积951.3平方千米，干支河道18条，其中句容河最长。境内太湖湖西水系面积264.82平方千米，主要河道有洛阳河、麋墅河。沿江水系面积162.99平方千米，有便民河、大道河2条干河。赤山湖是句容河流域的一片天然湖荡洼地，流域面积520平方千米（1975年前为806.13平方千米），有大小支流24条，其中北河、中河、南河为一级支流，其流域面积均在100平方千米以上。赤山湖东西长约4千米，南北宽约2千米，面积7.8平方千米。句容全市已建成在册中小型水库57座，湖泊2座，省名录骨干河道13条，镇级河道62条，管护名录范围内灌排泵站382座，干支斗农渠道469.8千米，各类水工建筑物15986座。

（志　办）

【水文水情】　2022年1—12月，句容市面雨量为843.6毫米，其中句容本站降雨量为799.5毫米，较多年平均（1110.5毫米）偏少近三成。汛前1—4月句容市面雨量为387.9毫米，其中句容本站降雨量为393.8毫米，较常年平均（275.9毫米）偏多四成多。5—10月句容市面雨量为364.1毫米，其中句容本站降雨量为317.9毫米，较多年平均（743.7毫米）偏少近六成。11—12月句容市面雨量为92.1毫米，其中句容本站降雨量为87.8毫米，与多年平均（90.9毫米）基本持平。

梅雨期自6月23日至7月11日，梅雨期比常年短6天，平均梅雨量为104.7毫米（常年平均281.6毫米），只有常年的37%。

7—8月，句容市有长达46天35℃以上的高温天气，40℃以上8天，均列历史第一。受降水偏少以及连续晴热高温天气叠加影响，句容市水库、河道、塘坝总蓄水量较常年同期偏少三成左右。受长江流域历史性枯水影响，全市主要河道水位普遍偏低，高阳河、二干河、洛阳河等骨干河道部分河段出现断流，通过固定泵站翻水、临时架机补水等方式保证河道水量。

2022年第12号台风“梅花”的中心于9月14日20时30分前后在浙江省舟山普陀沿海登陆，9月14日至15日对句容市产生影响，台风“梅花”影响期间，句容本站累计面降雨量7.2毫米，最大点后白镇29.9毫米。由于前期蓄水量严重不足，本次台风未对全市河湖库蓄水量进行有效补充，台风期间，长江句容段水位5.00米，低于警戒水位2.65米，其他主要骨干河道水位均低于警戒水位，所有水库均未超汛限水位。（水利局）

【气候】　句容市属北亚热带季风气候区。根据1991—2020年气候资料统计，常年平均气温16.0℃，年降水量1172.9毫米，年日照时数1983.6小时，年极端最高气温41.1℃，年极端最低气温-14.8℃。

2022年年平均气温为17.1℃，

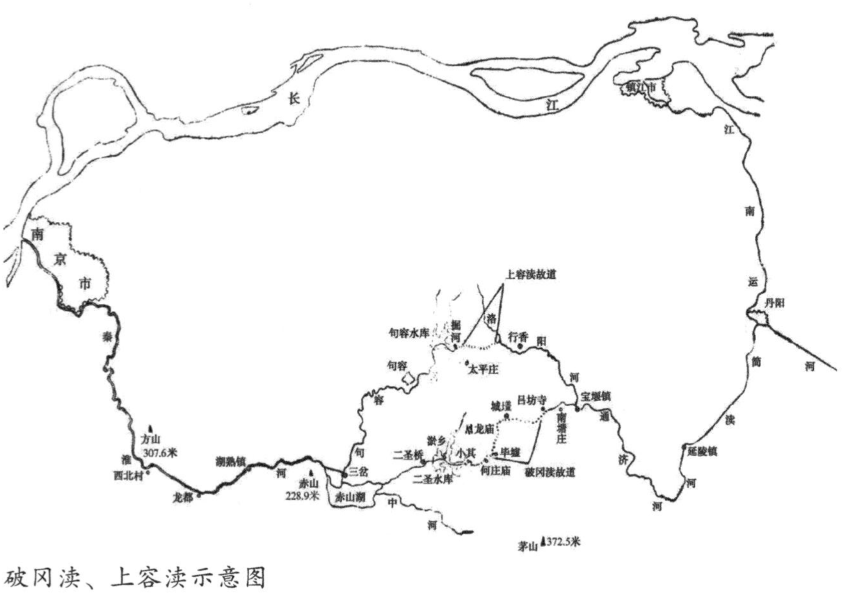

破冈渎、上容渎示意图

较常年偏高1.1℃，年极端最高气温41.0℃，出现在8月13日；年极端最低气温-6.8℃，出现在12月23日。年总降水量799.5毫米，比常年平均偏少32%；年日照时数为2193.6小时，比常年多210小时，年日照百分率50%。无霜期242天，年极大风速19.9米/秒。（气象局）

2022年度句容市气候资料统计情况一览表

表2

项目	平均气温（℃）		降水量（毫米）		日照（小时）		相对湿度（%）		平均风速（米/秒）	
	常年	今年	常年	今年	常年	今年	常年	今年	常年	今年
1月	2.9	4.4	55.2	88	131.6	109.4	76	76	2.0	1.7
2月	5.1	4.1	56.9	42.7	129.4	103.6	75	69	2.3	1.7
3月	9.6	12.9	81.5	143.3	154.7	190.1	73	68	2.5	2.2
4月	15.6	17	82.3	119.8	179.5	208.6	72	66	2.4	1.7
5月	21.0	20.9	91	7	189.2	220.9	73	66	2.4	1.8
6月	24.6	27.3	205.3	165	154.8	231.7	78	70	2.2	2.1
7月	28.1	30.3	214.2	39.4	199.8	251.4	81	73	2.1	1.8
8月	27.5	31	159.2	37.7	200.1	238.3	82	68	2.2	1.6
9月	23.2	23.2	76.5	13.6	173.2	156.2	80	75	2.0	1.8
10月	17.5	17	59.9	55.2	172.3	202.5	77	74	1.8	1.5
11月	11.3	14	54.3	73.8	152.3	114.8	77	82	1.9	1.8
12月	5.1	3.5	36.6	14	146.7	166.1	74	66	1.9	1.4
全年	16.0	17.1	1172.9	799.5	1983.6	2193.6	77	71	2.1	1.8

说明："常年"资料为1991—2020年气候资料统计

（气象局）

附：重要天气气候事件及其影响

1. 暴雨（大暴雨）

2022年句容共有3天暴雨日，具体为：

4月25日受江淮气旋影响句容市普降暴雨，24日20时至25日20时降水量70.0毫米；

6月5日受对流天气影响，句容市普降暴雨，4日20时至5日20时降水量65.2毫米；

6月24日入梅第二天，受梅雨带内的对流性降水影响，句容市普降暴雨，23日20时至24日20时降水量91.9毫米。

2. 高温

2022年句容市全年高温日数48天，与常年平均的14天相比多34天，超过历史极值40天（2013年），其中6月、8月和10月的高温日数分别为6天、22天和2天，均超过历史极值，极端最高气温为41.0℃（8月13日），位列历史第二。

3. 降雪（暴雪）

2022年句容市雪日10天，其中暴雪日1天。

2月7日凌晨开始降雪，雪势逐渐增大，6日20时至7日20时句容市降水（雪）量25.8毫米，7日20时雪深16厘米。

4. 大雾和霾

2022年全年霾天数29天，大雾日数14天。

5. 梅雨

句容市今年6月23日入梅（常年平均6月19日），7月11日出梅（常年平均7月13日），入梅偏晚，出梅偏早，梅雨期19

天，较常年偏短。梅雨期降水明显偏少，且分布不均，为40.6~132.7毫米，平均梅雨量为104.7毫米（常年平均281.6毫米），只有常年的37%。其间，6月23—24日普降暴雨，局部大暴雨；6月28—30日、7月4—10日以局地雷阵雨为主，其中10日夜间受强对流影响出现8~9级雷暴大风。7月28日16时—20时，句容市出现雷暴大风天气，并伴有短时强降水，最大风力出现在句容李塔水库，达到33.4米每秒（12级），超过句容本站历史极值28.3米每秒。受其影响，茅山管委会9名人员受灾，一般损坏房屋2间，直接经济损失2万元。

6. 大风

2022年句容本站出现大风天气1次，极大风速为19.9米/秒，风向为北西北。

7. 寒潮

11月29—30日出现了一次寒潮过程，最低气温48小时降温幅度15.1℃，11月30日最低气温为-0.4℃。

12月10—12日出现了寒潮天气过程，最低气温48小时降温幅度9.1℃，12月12日最低气温为-0.8℃。

12月16—18日出现了寒潮天气过程，48小时降温幅度为7.2℃，12月18日最低气温为-5.6℃。

8. 台风

2022年有1个台风对句容市造成影响。

2022年第12号台风“梅花”，于2022年9月8日8时在西北太平洋洋面上生成，并逐渐加强，于9月11日达到巅峰强度（强台风级，50米/秒）。后于9月14日20时30分许以强台风级登陆浙江舟山，再于9月15日0时30分许以台风级第二次登陆上海奉贤，又于9月16日0时许以热带风暴级第三次登陆山东青岛，于9月16日12时40分前后以热带风暴级第四次登陆辽宁大连。最终于9月16日20时停止编号。

13日受台风外围云系与西风槽共同影响句容市开始出现降水，15日台风过境江苏，给句容市带来6-7级大风。整个过程期间给句容市带来平均21毫米，最大37毫米的降水。

9. 低温冰冻

2022年日最低气温小于等于0℃的日数句容38天。2022年极端最低气温-6.8℃，出现在12月23日。（气象局）

【资源】 土地资源。句容地带土壤为黄棕壤。全市土壤分6个土类、13个亚类、17个土属、23个土种（变种）（土壤普查五级分类制）。其中，水稻土类主要分布在丘岗冲、圩区、湖区的高平原及江河一带低洼处，黄棕壤土类主要分布在茅山、宁镇山脉的低山丘岗、平缓坡地及山凹等地，紫色土类主要分布在茅山、赤山、红山、宝华山一带低山山脚处，石灰岩土类主要分布在宁镇山脉一些山脚处，红沙土类主要分布在一些低山山脚处，潮土类主要分布在长江南岸下蜀至宝华一带。据1985年《句容县综合农业区划》，境内5个区划土地资源总量为13.79万公顷。其中，宁镇丘陵区4.82万公顷，占土地总面积的34.93%。茅山丘陵区5.68万公顷，占土地总面积的41.17%。赤山湖平原圩区1.70万公顷，占土地总面积的12.35%。沿江圩区0.49万公顷，占土地总面积的3.58%。亭子山区1.10万公顷，占土地总面积的7.97%。

生物资源。市境有宝华山国家森林公园、省级宝华山自然保护区、省级茅山森林公园，有林面积达2.7万公顷，木材蓄积量

中国特有的生长于句容林场的国家一级保护植物——宝华玉兰

80万立方米。市境地带性植被为北亚热带含有常绿树种的落叶阔叶林，现仅在宝华山隆昌寺西北、茅山华阳洞和大茅峰下的大洼尚有小片的落叶阔叶林。人工林木植被发展较快。赤山湖等湖荡、河道植被有水生植物和湿生植物群落，沿岸地区主要植被为芦苇和杂草，其他丘陵岗地有灌木、草本植物和菌类植被等。宝华山植被保存较好，自然保护区面积有148.7公顷，有“吃不尽的天宁米，烧不尽的华山柴”之说。植物有乔木、灌木和草本植物、菌类等。宝华山植物共124科352属529种。其中蕨类植物11科13属15种，裸子植物4科5属6种，双子叶植物88科261属480种，单子叶植物6科49属64种。宝华玉兰为特有珍稀树种，还有红豆杉、银杏、樟树、榉树、栎树等。国家和省级珍贵树种保护名录所列的古树名木有榉树、朴树、枫香、樟树、木瓜、黄连木、椴木、槭树、椴树、银杏、檀树、宝华玉兰、紫楠、珊瑚、青冈栎、冬青、四照花、江南桤木、铜钱树、桂花等。树龄在100—199年有139棵，200—299年45棵，300—399年21棵，400—499年13棵，500年及以上8棵，最老树龄有3棵达800年，全部列入重点保护树种。动物有鱼纲、哺乳纲、两栖纲、爬行纲、鸟纲等脊椎动物，毛足纲、瓣鳃纲、昆虫纲、甲壳纲、蛛形纲、多足纲等无脊椎动物，其中野生动物有5个纲、120多种。

中药材资源。句容是江苏省药材重点产地。茅山有中草药750多种，仅《本草纲目》就收录有380多种，如茅苍术、太保黄精等。全市各类药材有754种，其中植物类药材153科460属705种，动物类药材32科44种，矿物类药材2种（人灵磁石和钟乳石），其他有人中白、伏龙肝、百草霜3种。全国重点调查的366种药材资源中，句容有157种，占总数的43%。江苏省增加的重点调查35种药材资源中，句容有26种，占74%。境内中药材蕴藏量丰富。据有关部门调查，重点药材品种年产量在25000千克以上的有39种，20000千克左右的有39种，5000千克以下的有11种，2500—1000千克的有62种，不足1000千克的有32种。

天王镇磨盘山金蝉花

矿产资源。句容具备较好的成矿条件，矿产资源丰富。探明矿床30余处，矿种25种。其中，金属矿8种、非金属矿15种、能源矿2种、水气矿产1种。主要有膨润土、铁、锰、铜、钼、石灰岩、煤、玄武岩等。矿床点分布广，储量大，易开采，具有投资少、见效快等特点。其中膨润土矿品位高，储量达1.5亿吨，被列为全国第二大储区。优质石灰石储量达20亿吨，且含钙量高达55%以上。宝华山发现江苏省内第一处大型红柱石矿。此外，还有储量可观的黄砂、红砂等。

水资源。全市水资源总量2.4亿立方米，正常年用水量2.0亿立方米。市境地表水径流总量5.18亿立方米，人均占有量869立方米。全市河道及中、小型水库和塘坝、浅井等水利工程的蓄量为2.47亿立方米，其中水库为1.25亿立方米。市境深层地下水资源主要分布在宁镇山脉南、北两侧和茅山丘陵区。 （志 办）

【建置沿革】 句容，春秋属吴，战国属越，楚并越遂属楚，秦属鄣郡。秦置江乘县，治所在今句容市北（三国吴废，晋复置，隋开皇初废），句容境北部属之。汉置句容县，隶丹阳郡。西汉元光六年（前129年）封长沙定王刘发之子刘党为句容侯，元朔元年（前128年）党死，复为县。治所即今句容市区。直至南北朝，均属丹阳郡。东晋大兴三年（320年）句容琅琊乡、江乘金陵乡立为怀德县，安置琅琊国人，此为东晋最早侨县。咸康元年（335年）侨置琅琊郡有实土、桓温为太守，治所在金城（今句容市西北宝华镇西）；南朝宋改为南琅琊郡，齐迁治于白下（今南京市金川门外），陈废。隋废郡置州，以州领县，句容属扬州。唐武德三年（620年），以句容、延陵二县置茅州，武德七年（624年）茅州废，句容属蒋州。武德九年（626年）句容划归润州。天宝元年（742年），句容属丹阳郡。乾元元年（758年），升州辖句容。上元二年（761年）升州废，句容复归润州。光启三年（887

年），复置升州，句容重归其辖，直至唐末。五代时期，升州先后改称金陵府、江宁府，均辖句容。宋初复置升州，天禧二年（1018年），置江宁府，辖句容。天禧四年（1020年）改句容县为常宁县，寻复为句容。南宋建炎三年（1129年）江宁府改称建康府，句容属建康府。元建省设路，建康府改为建康路，后又改名集庆路，句容归其领治。明改集庆路为应天府，句容属应天府。清改应天府为江宁府，句容属江宁府。太平天国时，句容直属天京。民国元年（1912年），江宁府改称南京府，辖句容。民国3年（1914年），废府设道，句容属金陵道。民国16年（1927年），道废，句容直属江苏省政府。民国24年（1935年），江苏省划分10个行政督察区，句容属第十行政督察区。抗日战争时期，句容属江南行署第一行政督察区。1938年，新四军进入茅山地区，建立了以茅山为中心的苏南抗日根据地，先后成立了“抗敌总会”和“抗日民主政府”，此间根据地和抗日民主政府归苏南第五行政区专员公署（后又曾与邻县地区建立过镇句、江句等县政府）。民国32年（1943年）后为苏南行政公署。敌占区被日伪统治。民国34年（1945年）抗日战争胜利后，句容重归江苏省第一行政督察区。民国38年（1949年）4月23日句容解放，4月26日句容县人民政府正式成立，属苏南行政公署镇江专员公署。同年12月2日中共中央华东局决定将句容划归南京所辖，1950年1月仍划归镇江专员公署。1953年江苏建省后属镇江专区。1958年镇江专区改为常州专区，后又改为镇江专区，句容仍属之。1983年3月，江苏省实行市管县后，句容属镇江市。1995年4月经国务院批准撤县设市；6月，江苏省人民政府正式发文，句容撤县设市，实行计划单列，仍属镇江市管辖。

2009年12月26日，句容市委十届八次全委扩大会议提出“推进同城同建，打造南京副城——阔步迈向宁句一体化发展新时代”发展战略。10月30日，宁句一体化研究会成立，全面对接南京，承接南京辐射。2010年4月4日《南京日报》电子版郭之纲撰《句容与南京的历史认知和文化认同》一文：句容2138年间，行政隶属，作为茅州治所5年，隶属浙江安吉8年，隶属安徽芜湖11年，隶属扬州12年，隶属镇江321年，隶属安徽宣城391年，隶属南京1390年。

（志　办）

附：句容名称由来

一是以山取名。南宋《景定建康志》、明弘治《句容县志》、民国《今县释名》均注明：县内有勾曲山（即茅山），山形似“己”，勾曲而有所容，故名勾容，又名句曲。古代句、勾二字相通，因此逐渐写成句容。

二是以山、水取名。清乾隆《句容县志》转载明万历《句容县志》称：“句容县有句曲山，山形如‘己’字。……箕距三茅绛岭，襟带九曲秦淮，县治四面山水环抱，若城池焉。”清《茅山志》载：江水之东，金陵之左，右间有小泽（今赤山湖），……周时名其源泽，为曲水之穴。泽东维句曲山，形如“己”字，故名句曲号焉。山源曲而有容，故其境为句容里。《赤山湖志》：县境北、东、南三面环山呈“勹”形，“勹”上之水注入赤山湖，湖为“口”，四岸有所容，所以叫句容。还有一说，是以秦淮河取名的。境内宝华山东南侧系秦淮河发源地之一，山水由县城之东北绕经城南流向西南进赤山湖而入秦淮河，弯曲成“勹”状，县城为“口”处于“勹”中，为“句”字；县城有高地，古称之为“容山”，因而县名为“句容”。

三是以语音取名。南京大学语言学专业研究人员认为，句容在春秋战国时代是古越人居住的地方，他们说着一种与华夏语完全不同的语言。“句”“勾”相通，在古越语中是“个”“棵”的意思。“容”在上古时读“dōng”，与壮侗语译音“峒”字相同。而“峒”意为森林，壮侗语与古越语又密切相关。因此，两字合在一起就成为“一个森林”之意。事实上，古代“句容”这块土地上树木确实是很多的，与周围各县有明显区别。

【行政区划】 截至2022年年底，全市辖8个镇，3个街道办事处，1个管委会，24个社区居委会，152个建制村。（民政局）

2022年句容市村（社区）情况一览表

表3

市、镇（驻地）	行政村数（个）	涉农社区数（个）	城市社区数（个）	行政村	涉农社区	城市社区
华阳街道	14	3		周家岗、南亭、吉里、下甸、新生、云塘、西岗、吴岗、北相、新坊、钱家边、里巷口、杨家巷、赵塘	上路、北阳门、城上	
下蜀镇	9			下蜀、祝里、六里、裕课、沙地、桥头、亭子、空青、新村		
宝华镇	8	1	1	宝华、铜山、栗庄、仓头、栏江、和平、凤坛、华山	宝华花园	新城
边城镇	14			东昌、友谊、衣庄、光明、青山、高仑、桥东、陈武、大华、佴池、双杨、戴村、赵庄、赵村		
白兔镇	15			白兔、上荣、解塘、茅庄、幸福、唐庄、行香、中心、古隍、太平、龙山湖、马里、西井、高庙、倪塘		
郭庄镇	22			郭庄、端王、甲山、孔塘、朝阳、庄里、经戴、百丈、金星、葛村、刘巷、东岗头、五渚坊、东湖、东方红、方溪、虬北、百里、谢桥、赤山、芦亭、胜利		
后白镇	21			后白、芦江、曹村、淮源、古村、李家桥、夏王、东湾、东风、王庄、延福、西冯、二圣、徐巷、张庙、泗庄、五星、槐道、林梅、西城、长里岗		
天王镇	16			天王、赵巷、前进、西溧、农林、金山、朱巷、蔡巷、唐陵、浮山、唐谷、涧北、袁巷、戴庄、斗门、竹园		
茅山镇	10			城盖、丁庄、何庄、长城、永兴、前陵、东霞、袁相、丁家边、蔡门		
黄梅街道	13	6		黄梅、莲塘、后塘、九华、新塘、南巷、河桥、石狮、后苇、大卓、下荫、杜家山、姚徐	三台阁、三里井、杨塘岗、西庙、赤岗、寨里	
茅山管委会	10			茅山、夏林、玉晨、后河、天乐、墓东、潘冲、李塔、上杆、马埂		
崇明街道			13			东门、义台街、红旗、崇明、茅山、马扎里、中凌、葛仙、甲城、新村、建新、梅花、河滨
合计	152	10	14			

（民政局）

【城市性质及规划】 在打造“第一福地、山水花园名城”的战略目标下，句容致力于发展成为南京都市圈先进制造业新高地、宁镇扬一体化先行区。培育形成具有区域主导力和带动效应的创新产业链，在推动区域协同创新、服务国家科技创新和创新产业发展中发挥协作功能，在科技创新活动、创新产业发展、创新组织协调中提升影响力和话语权，成为南京都市圈创新产业体系打造的重要组成部分。聚焦一体化发展从量的扩展向质的提升转变，从公共服务的共享转向更多高品质公共服务的共建，从交通的单一联系转向多元便捷的立体综合交通互联，从产业的简单承接转向创新功能的转化，从单一的远郊休闲旅游转向区域文旅品牌的共塑。 （自然资源和规划局）

城区道路

句容储运港

位于郭庄镇的宁杭高速铁路句容西站

【交通】 句容市境内国省干线公路包含 G42 沪蓉高速、G25 长深高速、G312 沪霍线、G104 北平线、S38 常合高速、S122 宁张线、S243 扬禄线、S266 下茅线、S002 南京三环线、S338 宁镇线、S340 虞宁线。至 2021 年底，全市公路总里程达 2376.615 千米（含 312 国道：21.509 千米，高速公路：51.57 千米），公路密度达 172 千米/百平方千米。高速公路共 51.57 千米，一级公路 227.975 千米，二级公路 322.441 千米，三级公路 278.598 千米，四级公路 1496.031 千米。公路客运站场 5 个。

航道里程为 76.63 千米，其中等级航道里程 19.16 千米，为句容河航道（东门电站—赤山友谊桥，现六级规划五级）。等外级航道里程 57.47 千米，包括：秦淮中河航道（后白农场—赤山湖），里程为 10.58 千米；秦淮南河航道（李家桥—赤山湖），里程为10.35千米；赤山湖航道（赤山闸—北河口—中河口—赤山湖口），里程为14.34千米；便民河航道（桂花庄—长江江口，规划五级），里程为5.2千米；大道河航道（栏江桥—长江江口，其中5.4千米规划五级），里程为17千米。

句容境内有沪宁铁路、沪宁城际铁路、京沪高铁、宁杭城际铁路四条铁路干线，铁路里程达63.08千米，车站2个。其中沪宁铁路途经句容境内（下蜀、宝华两镇）17.8千米；沪宁城际铁路途经句容（下蜀、宝华两镇）境内20.22千米，设有宝华山车站；京沪高速铁路途经句容（下蜀镇）境内17.40千米；宁杭城际铁路途经句容（郭庄镇）境内7.66千米，设有句容西站。（交通局）

【人口】 2022年年末，全市常住人口64.20万人，比上年增加0.12万人，增长0.2%，其中，城镇常住人口42.23万人，常住人口城镇化率65.78%。常住人口中，出生率3.66‰，死亡率9.18‰，人口自然增长率为-5.52‰。年末全市户籍人口57.97万人，比上年减少0.22万人，下降0.4%。（统计局）

附一：句容先民移居崇明

据《句容县志》《崇明县志》等记载：崇明人的祖先于武周万岁通天元年（696年）最早到东、西两沙定居，为黄、顾、董、施、陆、宋六姓，大多来自句容一带。北宋建中靖国元年（1101年），涨三沙，句容人朱、陈、张三姓定居。北宋末年，开封鲁惠公后裔施天寿先迁句容，后于明洪武、永乐年间亦迁崇明。明洪武二十七年（1394年），本县无田农民500余户，迁昆山县定居。明永乐时宋杰的祖先，是从句容迁居崇明的。

附二：句容历史上的三次移民

第一次是在两晋交替时期。西晋末年，匈奴入侵中原，朝野的官僚和地主纷纷率家室与部属渡江南逃。晋室琅琊王司马睿在南京称帝后，在句容侨设“怀德县”，专门安置随他自山东琅琊一起出逃的亲朋故旧。不久，晋成帝司马衍在句容的北乡侨置琅琊郡，让琅琊逃来的普通百姓也定居于此。至今，黄梅镇仍有一个村子叫“琅琊界”。过了这个郡界往东，则是“南徐州”（镇江）的辖地，侨置的多是江淮一带难民。

第二次是在南宋时期。句容民间流传“泥马渡康王”的故事。相传康王当年跑反时，曾被金兀术自江北一直追杀到句容葛村的短落桥，差点儿成了无头冤鬼。江北黎民不愿受异族暴政统治，迁往江南。就连居住在城里的民众，也遵循“大乱入乡”的规律，逃来避乱。如宋太祖的七世孙赵伯珪，曾袭封为金陵（南京）的郡王，元兵南渡后，为了笼络这位王爷，特赐地200顷，其中有20顷在句容境内。赵伯珪誓不与元兵合作，抛弃高官厚禄，隐居偏僻的句容南乡。如今，天王镇赵巷村的赵氏村民，全是这位王爷的后裔。据史料载，南宋前期，句容约有10%的客民，而130年后，居民中已有80%的外籍人了。

第三次是在光绪年间。太平天国战争时期，清政府为绞杀农民革命运动，在石头城外筑起“江南大营”，以重兵进行包围。句容因此沦为两军恶战的主战场，历时长达11年之久。经过战乱、兵火、瘟疫、旱灾、蝗灾的重重洗劫，句容“荒榛满地、白骨撑天，数百里内无人觅食，村野为之一空”。战前约有50万居民的句容，一下子锐减的人口高达80%以上。清代文人陈康琪《郎潜纪闻》记载，同治三、四年（1864—1865年）句容等地“到处食人”“人肉始卖三十文一斤，后增至八十文一斤”。（志 办）

【民族】 句容市是汉族聚居、少数民族散杂居地区，全市有35个少数民族，各镇、街道、园区均有分布，有回族、蒙古族、藏族、维吾尔族、彝族、壮族、布依族、朝鲜族、满族、侗族、瑶族、白族、土家族、傣族、黎族、傈僳族、佤族、拉祜族、水族、东乡族、纳西族、土族、达尔族、达斡尔族、仫佬族、羌族、仡佬族、阿昌族、鄂温克族、京族等。边城镇佴池村属全省39个民族村之一，是回族聚居相对集中的地方。

（统战部）

【宗教】 句容市是江苏省、镇江市宗教工作重点县（市）之一，境内有佛教、道教、伊斯兰教、基督教四大宗教，经批准登记的宗教活动场所29处，临时活动点1处，其中道教2处，佛教4处，

民族村——边城镇佴池村

老子神像位于茅山印宫，高 33 米、重 106 吨，由 226 块特制紫铜板焊接而成

伊斯兰教 1 处，基督教 23 处（含临时活动点 1 处）。茅山道院、宝华山隆昌寺是全国重点寺观。全市设有爱国宗教团体 4 个，登记备案的宗教教职人员 102 人。

（统战部）

【方言】 句容市西北方言接近南京话，属江淮次方言；东部接近江淮方言与吴语的分界线，其中几个镇的语音、词汇有些接近吴语；南部乡镇由于历经战乱和灾荒，从河南、湖北等地迁进一批移民，他们的语言属北方方言，对当地有一定影响。

语音方面：句容方言有阴、阳、上、去、入等 5 个声韵调。两个字或几个字连续时会发生变调。句容话两字组轻声一般发生在后字，后字的轻声调值主要取决于前字的声调，与后字原调有时也有一定联系。古入声在普通话中已消失，分别归入新四调中。阴入如“积、黑”等，阳入如“国、绝”等，上入如“塔、葛”等，去入如“特、勒”等；声韵配合上，有很多发音没有什么规律，普通话无拼读关系的，句容方言有的却可以，但为数很少，如“去”读作 kì，“峰”读作 fōng，“回家”读成“嘎 ki”，“好吃的”读成“好切的”等。鼻化元音中往往 n、l，in、ing，en、eng 不分。n、l 不分且一律读作 l，如“男、兰”等，鼻舌音 n 对句容人来说很“陌生”。zh、ch、sh 一律读作 z、c、s。卷舌音对句容人亦显困难，如“是的”，读成“似的”；“人生”读成“人森”。j、g，r、y 在个别字中相混，突出的如“讲、江”都读作 gāng；rong 发 yong，比如说“句容”，就发成“ju yong”，毛茸茸，是 mao yongyong。韵母方面，in、ing 相混且常读作 in，丢失 g，如“阴、英、京、津”这样的字在普通话中，北方人是很容易分得清也读得准的。音节中韵母丢失现象严重，如“罗、堆”等字，读作 lō、dēi，丢失 u。韵母 ian，读作 in，丢失 a，所以北方人听句容人念“天”字，常听成“厅”。

语法方面：句容方言构词特色一是有一些名词后加成分“家”，在词中读“ge”的轻声，习惯上写作“格”，表示强调，如男人格、女人格、往年格，“格”在口语中读“gā”；二是人体及动物名称，以及其他一些事物的名称，有一些词是用重叠法合成的，如大腿瓜瓜（大腿肚）。

词汇方面：句容话和普通话之间有很多词是相同的，只是读音不同。句容话和普通话不同的词汇也很多，有些不能用适当的汉字写出来，而只能用同音字或字音相近的字来代替。

（王　晓　蒋兆有）

附：句容方言录入国家语言资源有声数据库

2011 年 1 月 12—14 日，国家语言资源有声数据库调查组专家对句容 4 名方言发音人进行有声数据采集。采集分为个体数据采集和群体数据采集。个体采集时，发音人需读 1000 个字音、1200 个词汇、50 个句子，讲述包括“规定故事”和“自选话题”两部分约 20 分钟的话语；群体对话由 4 名发音人围绕句容地方文化特色、衣食住行改变等随机漫谈，对话时长约 40 分钟。有声数据采集过程运用录音、录像和摄影相结合的手段，相关数据在作技术处理后将进入国家语言资源有声数据库，实现在线点击。

【风景名胜】　句容是中国优秀旅游城市，市境旅游资源丰富，自然景观、宗教文化、红色文化、乡村生态、农业观光、休闲养生等皆有特色，主要景区有茅山（包括九龙山）、宝华山、赤山湖等。茅山是道教上清派发祥地，素称“第一福地，第八洞天”“秦汉神仙府，梁唐宰相家”。茅山道院为全国首批对外开放的 21 处重点道观之一。茅山是全国六大山地抗日根据地之一，茅山新四军纪念馆和苏南抗战胜利纪念碑为全国爱国主义教育示范基地。“碑下放鞭炮，碑上响军号”成为世界一绝，与高达 33 米的露天老子铜像一同被载入上海大世界吉尼斯纪录。茅山风景区是江苏省甲级风景区、国家 AAAAA 级旅游景区、国家有机农业示范区。宝华山风景区是省级自然保护区、国家森林公园、国家 AAAA 级旅游景区，素有“林麓之美，峰峦之秀，洞壑之深，烟霞之胜”四

全国重点文物保护单位隆昌寺

首届“古越神韵”道教文化音乐节

大奇景，享有佛教“律宗第一名山”之美誉。隆昌寺古建筑群被列为全国重点文物保护单位。赤山湖风景区是著名的湿地公园，被誉为南京都市圈最大的“天然氧吧”，2017 年成为国家湿地公园。

（志 办）

【历史文化遗存】 句容是江苏省建县 2000 年以上 13 个古县之一，历史文化遗存丰厚。市境古遗址 27 处。青山鱼化石距今 2.25 亿年。一种为江苏裂齿鱼，在全省是第一次发现，另一种叫句容鳞齿鱼，在华东地区也是第一次发现。放牛山旧石器遗址距今约 30 万年，是全省迄今为止发现的最早的旧石器早期遗址，填补全省旧石器早期只有古人类化石，没有古人类文化的空白。距今 7000—6500 年的丁沙地遗址是宁镇地区发现最早的一处新石器文化遗存，是定居农业氏族聚落遗址。城头山新石器遗址上层为湖熟文化层、下层为良渚文化层，填补良渚文化中晚期缺环。另有反映吴文化的土墩墓 1000 多处，获称“2005 年全国十大考古新发现”。

城上村遗址是新石器时代至周代的古遗址，它与石狮、隆昌寺、春城土墩墓一起被评为全国重点文物保护单位。另有国家级文物 94 件。句容民俗文化丰富多彩，被列入非物质文化遗产名录的有国家级的“秦淮灯彩”“茅山道教音乐”，省级的“二龙戏珠”，镇江市级的“芦江张家镗”，还有民间剪纸等。

（志 办）

【历代名人】 明弘治《句容县志》序文称句容“名宦、人物、师儒、忠良、节义、孝烈比他邑多”。句容历代人才辈出，自唐至清，有进士 117 人、状元 1 人。《江苏艺文志镇江卷》记载句容文史人物 272 人及其著作。三国时期，葛玄在吴国炼丹行医，被尊称为“药界鼻祖”；西汉茅盈、茅固、茅衷至句曲修炼，始有茅山之称；东晋葛洪是道教理论家、炼丹术家、医学家，著《抱朴子》等；南北朝时期陶弘景为“山中宰相”，宝志为“帝师”；五代时期周文矩为宫廷知名画家；唐代颜真卿归葬句容，《全唐诗》中有句容籍作者殷遥、沈如筠、樊晃、祝元（天）膺、樊珣、刘三复 6 人存诗 16 首，刘邺官至宰相；北宋刘混康为茅山赢得“镇山四宝”；明代状元李春芳官至宰相，“青菜县令”徐九思“画菜辅官”，还有剧作家朱从龙、音乐家朱载堉等；清代笪重光书画兼长；近现代钱立三发现“湖熟文化”，革命烈士郭纲琳、巫恒通以身殉国……明神宗皇帝为宝华山古刹赐额。清康熙帝南巡句容登宝华山，为古刹题寺名。乾隆皇帝六下江南，六上宝华山，作诗联句，题书匾额。历代诗人皮日休、王维、韩愈、李商隐、顾况、范仲淹、王安石、祝允明等，在句容留下诗文 200 多篇……当代，中国科学院院士杨檙、戴立信，婚姻法专家巫昌祯，湖北省文联主席骆文，全国劳动模范余锁根、方继生、杨修林、纪荣喜，全国十大“三农”人物、时代楷模赵亚夫，革命烈士周宜顺、王祖修……（志 办）

【历代兵事】 句容地处南京东郊，军事战略地位重要，史称“石城左臂”。三国时，曹丕率水军攻吴之战是《中国军事史》上记载句容建县后的第一仗。其后，东晋刘裕讨伐桓玄、唐时刘展兵败下蜀、南宋黄天荡截击之战以及元代华山农民起义军击败数万

苏南抗战胜利纪念碑

元军进攻等均发生在句容。清代太平天国战争，清军与太平军争夺句容之战达11年，县境四乡百里范围皆战场。北伐战争期间，国民革命军于1927年8月与军阀孙传芳部，在县境北部龙潭、仓头一带激战，史称“龙潭战役”。1932年，国民政府在句容城北建造飞机场，驻守空军，保卫南京。抗战时期，茅山是全国六大山地抗日根据地之一，抗日军民坚持7年多，直至取胜。其间，根据地人民有5万多人参加新四军，新四军7000多人为国捐躯，仅县团级别以上军政干部就有近百人。句容革命烈士590多人。1949年4月23日，渡江战役胜利后，句容解放。 （志　办）

【市徽和市花】 1995年8月11日市第11届人大常委会第22次会议通过。市徽：马宏峰设计。圆形环绕，JR（市名汉语拼音声母）居中。市花：月季花。

（志　办）

市徽

月季花

国民经济和社会发展

【概况】 2022年，句容市统筹疫情防控和经济社会发展，全市经济社会平稳有序运行。全国综合实力百强县排名上升至第48位，列全国投资潜力百强县第39位、中国县级市基本现代化指数第36位。全年实现地区生产总值754.62亿元，按可比价计算，比上年增长1.0%。其中，第一产业增加值57.16亿元、增长1.7%；第二产业增加值340.96亿元、增长0.4%；第三产业增加值356.5亿元、增长1.3%。三次产业结构比重由上年的7.5∶42.5∶50.0调整为7.6∶45.2∶47.2。全市人均地区生产总值达117542元，比上年增加2569元。实现一般公共预算收入39.82亿元，比上年下降30.9%。其中，税收收入26.37亿元，下降45.5%；非税收入13.45亿元，增长45.2%。从主要税种看，增值税下降72.2%；企业所得税下降40.1%；个人所得税增长17.3%。全年实现一般公共预算支出80亿元，比上年下降6.8%。其中，一般公共服务支出6.72亿元，增长19.2%；教育支出13亿元，下降10.3%；社会保障和就业支出11亿元，增长1.3%；卫生健康支出8.72亿元，增长7.0%。 （统计局）

【农业】 2022年，句容市实现农林牧渔业总产值93.99亿元，比上年增长4.2%，其中农业产值57.54亿元，增长3.6%；林业产值5.14亿元，下降2.3%；牧业产值9.08亿元，增长1.5%；渔业产值10.2亿元，增长0.9%；农林牧渔服务业产值12.02亿元，增长15.8%。实现农林牧渔业增加值63.32亿元，比上年增长3.0%。全市粮食种植总面积57.03万亩，比上年增长0.9%，单产453.21公斤，下降0.8%，总产25.85万吨，增长0.1%。全年水果总产量23.48万吨，比上年下降1.1%。其中，葡萄产量7.9万吨，草莓产量2.1万吨，梨产量1.26万吨，茶叶总产量0.09万吨。全年生猪出栏4.98万头，家禽产量1224.07万只，禽蛋产量1.57万吨，水产品产量2.55万吨。 （统计局）

【工业】 2022年，句容市实现规模以上工业总产值514.22亿元，增长1.3%，其中轻工业下降0.5%，重工业增长2.0%。实现规模以上工业增加值148.01亿元，比上年增长0.6%；规模以上工业营业收入476.8亿元，比上年下降2.7%。31个行业中，实现增长的有14个，总产值总量占比排名靠前的非金属矿物制品业，电力、热力生产和供应业，电气机械和器材制造业，金属制品业，计算机、通信和其他电子设备制造业，化学原料和化学制品制造业6个行业总体增减情况分别为15.1%、15.4%、−30.2%、0.6%、−5.2%、−7.7%。全年工业用电量18.27亿千瓦时，比上年增长1.2%。 （统计局）

【建筑业】 2022年，句容市实现建筑业总产值141.01亿元，比上年增长 10.5%，其中建筑安装工程产值 139.44 亿元，增长 9.9%；竣工产值 51.45 亿元，增长 28.3%，竣工率为 40.4%。年末拥有资质以上建筑业企业 143 家，建筑业全员劳动生产率为 32.4 万元/人，增长 14.4%。

（统计局）

【固定资产投资】　2022 年，句容市完成固定资产投资 226.26 亿元，比上年下降 16.6%。完成房地产开发投资 101.19 亿元，比上年下降 15.7%。商品房施工面积 1155.72 万平方米，增长 12.4%，其中住宅施工面积 1052.53 万平方米，增长 15.5%。商品房竣工面积 255.49 万平方米，增长 117.7%，其中住宅竣工面积 233.13 万平方米，增长 138.4%。商品房销售面积 195.95 万平方米，下降 12.0%，其中住宅销售面积 193.40 万平方米，下降 12.2%。商品房销售额 159.68 亿元，下降 18.9%，其中住宅销售额 157.84 亿元，下降 18.9%。

（统计局）

【服务业】　2022 年，句容市实现社会消费品零售总额 179.01 亿元，比上年增长 0.7%。批发业销售额 265.64 亿元，增长 7.3%；零售业销售额 147.27 亿元，增长 2.7%；住宿业营业额 2.21 亿元，下降 1.7%；餐饮业营业额 25.34 亿元，下降 5.6%。全年限额以上单位商品零售额中通过网络实现的商品零售额增长 19.2%。在限额以上单位商品零售额中，粮油食品、饮料烟酒类增长 4.0%，服装、鞋帽、针纺织品类下降 5.4%，日用品类增长 16.8%，中西药品类增长 35.0%，石油及制品类增长 16.6%，建筑及装潢材料类增长 35.5%，汽车类下降 20.9%。

（统计局）

【开放型经济】　2022 年，句容市实现对外贸易进出口总额 48.3 亿元，比上年下降 8.8%，其中进口总额 11.8 亿元，下降 7.4%；出口总额 36.5 亿元，下降 9.3%。全年工商新注册外资企业 14 家，新批千万美元以上项目 3 个。实际利用外资 9043.3 万美元，比上年下降 7.4%。协议利用外资 1.43 亿美元，下降 69.2%。（统计局）

【交通邮政】　2022 年，句容市拥有公路总里程 2376.62 千米，其中高速公路 51.57 千米。市区拥有公交线路 15 条，其中当年新辟优化 9 条，拥有公共交通车 89 辆。全年公路客运量 528 万人，比上年增长 78.4%；公路旅客周转量 25747 万人千米，增长 179.4%；公路货运量 1209 万吨，增长 28.3%；水路货运量 185.72 万吨，下降 26.3%。公路货物周转量 135024 万吨千米，下降 7.2%；水路货物周转量 64859.3 万吨千米。长江港口完成货物吞吐量 2632.4 万吨，其中华港码头货物吞吐量 255 万吨，华电码头货物吞吐量 1913 万吨，建华建材码头货物吞吐量 32 万吨，台泥码头货物吞吐量 432.4 万吨。年内，南沿江城际铁路句容段主体工程全部完成，“句容站”站房铭牌安装到位，立体综合交通枢纽相关工程正加快建设。扬镇宁马城际铁路完成工程可行性研究编制，312 国道句容段改扩建工程稳步推进。

全年邮政业务总量 7.42 亿元，比上年增长 15.8%，其中，快递业务量累计 5339.29 万件，增长 16.5%；快递业务收入 3.96 亿元，增长 15.8%。　（统计局）

【金融】　2022 年，句容市金融机构各项本外币存款余额 1085.08 亿元，比年初增加 22.19 亿元，比上年增长 2.1%；金融机构各项本外币贷款余额为 1556.62 亿元，比年初增加 101.82 亿元，增长 7.0%，其中制造业贷款 78.95 亿元，比年初增加 3.54 亿元，增长 4.7%。

全市共有上市挂牌企业 87 家，上市挂牌后备企业 12 家。

全市共有财险公司 14 家，寿险公司 19 家。全年财险总保费 4.22 亿元，比 2021 年增长 9.4%；寿险总保费 12.49 亿元，增长 6.9%。

全年新增市场主体 10934 户，比 2021 年下降 20.3%；新增登记注册私营企业 2352 户，下降 30.7%；新增登记注册个体工商户 8095 户，下降 15.8%。

（统计局）

【科学技术】　2022 年，句容市研究与试验发展（R&D）经费支出 16.60 亿元，比上年增长 20.6%，占地区生产总值的比重为 2.2%，比上年提高 0.33 个百分点；财政性科技投入 3.26 亿元，占一般公共预算支出的 4.07%。全年共有高新技术企业 141 家，新增高新技术企业培育入库 27 家，省科技型中小企业 307

家。拥有国家级科技企业孵化器5家，国家级众创空间2家，省级科技企业加速器2家，省级众创社区1家。新增国家级众创空间1家，镇江市级科技企业孵化器1家，镇江市众创空间2家，镇江市级工程技术研究中心12家。

（统计局）

【教育】 2022年，句容市共有普通高中3所，中专校1所，初中11所，小学28所，九年一贯制学校2所，特殊教育学校1所。在校普通高中学生8120人，初中学生12559人，小学生31111人，特殊教育学生127人，特殊学校为省特殊教育现代化示范学校。共有幼儿园57所，其中公办园42所。在园幼儿16799人，其中流动人口子女3897人。 （统计局）

【文化】 2022年，句容市有文化馆1个，公共图书馆1个，博物（纪念）馆2个，美术馆1个。拥有省级以上保护文物单位8处，其中全国重点保护文物单位4处。全年共开展全民艺术普及活动1216场次。 （统计局）

【旅游业】 2022年，句容市有A级景区8家，其中AAAAA级旅游景区1家，AAAA级旅游景区2家，AAA级旅游景区5家。拥有省级旅游度假区1家。江苏民宿高质量发展大会在句容成功举办。三十六季客栈被评为全国甲级旅游民宿品牌，梵净花开、卧佛山庄、三十六季3家民宿创成镇江市乡村旅游金宿品牌，那田山水、美人鱼2家民宿创成镇江市乡村旅游银宿品牌。全年共接待游客1036.6万人次，比上年下降33.0%，全年实现旅游总收入80.84亿元，下降49.9%。

（统计局）

【卫生】 2022年，句容市有各类卫生机构（医疗卫生机构）258个，其中，二级以上医院5个、卫生院10个，社区卫生服务中心5个，疾病预防控制中心1个，急救站1个，村卫生室117个，社区卫生服务站11个。拥有卫生机构床位2383张，其中，二级及以上医院1387张、卫生院591张，社区卫生服务中心206张。拥有卫生技术人员3693人，其中，执业医师及执业助理医师1538人，注册护士1504人。全年共引进11名医学硕士。累计建成4家省社区医院，6家基层机构达到国家服务能力推荐标准。 （统计局）

【城乡建设】 2022年，句容市新改建城区公厕4座，创成省级垃圾分类达标小区12个。新建5G基站609个，新增非机动车停车泊位1900个，新增城市共享电动车2000辆。50个老旧小区全部改造完成，华阳西路、人民路两侧老旧建筑改造工程完成进度80%。

（统计局）

【环境保护】 2022年，句容市$PM_{2.5}$平均浓度32.8微克/立方米，比上年下降4.4%；优良天数比值达76.2%。13个国省考断面优Ⅲ比例均为100%。土壤环境质量总体稳定，土壤污染地块安全利用率稳定达100%。全年完成15个“两违三乱”整治任务，打捞水生植物9500多吨。完成农村生活污水治理9000户。 （统计局）

【人民生活】 2022年，句容市常住居民人均可支配收入46507.3元，比上年增长4.5%，其中，工资性收入27687元，增长4.0%；经营净收入7006.1元，增长1.3%；财产净收入3685.6元，增长5%；转移净收入8128.6元，增长9.0%。常住居民人均消费支出28947元，增长4.5%。按常住地分，城镇常住居民人均可支配收入59371.8元，增长3.7%，城镇常住居民人均消费支出32962.5元，增长2.9%。农村常住居民人均可支配收入29982.5元，增长5.6%，农村常住居民人均消费支出23788.9元，增长6.9%。

（统计局）

【社会保障】 2022年，句容市职工最低工资标准调整为2280元/月，城乡居民基础养老金标准提高至每人每月243元，失业保险金最低标准提高至每人每月1230元，全面开放社保补贴政策，发放资金7150万元，惠及4万余人。全年新增城镇就业人数1.37万人，新增城镇失业人员再就业人数0.52万人，新增就业困难人员再就业人数0.33万人。城镇登记失业率1.32%。全年扶持成功创业0.35万人，其中引领大学生创业430人，扶持农村劳动力自主创业2277人。城乡劳动者职业技能培训3053人次。 （统计局）

中共句容市委员会

责任编校：陈龙浩

综　述

【概况】　2022年，句容市委常委会对“疫情要防住、经济要稳住、发展要安全”的重大要求一体认识、一体落实、一体评估，把精力聚焦到推动经济企稳回升上来，加快补齐实体经济短板。预计实现地区生产总值760亿元；完成固定资产投资220亿元；列全国百强县排名第48位、全国投资潜力百强县第39位、中国县级市基本现代化指数第36位。

全面推动国务院“稳经济33条”“19项接续政策”和“苏政40条”“苏政办22条”等一揽子政策直达快享，扎实开展“助企纾困，护航发展”专项行动、企业走访月、企业家座谈会等活动，全力做好物流保通保畅、企业复工满产、迎峰度夏电力保供等工作，千方百计帮助市场主体度过“寒冬”，累计为1135家企业办理留抵退税16.62亿元，为各类小微企业和个体工商户减免国有房屋租金445万元。

坚持产业强市“一号战略”不动摇，坚定不移抓项目、增后劲，扎实开展专业化招商、驻点南京招商，建立重点产业项目推进服务专班，中电光谷项目正式签约，慧联无限等4家企业同步签约入园，环创新材料、德尚精密机械等项目实现当年签约、当年拿地、当年开工、当年入库列统。全市新签约投资亿元以上产业类项目60个，亿元以上项目新开工32个、新竣工17个，预计实现工业应税销售637亿元，净增规上工业企业43家。扎实开展开发园区整合优化提升，形成“一区四园一片区”集约发展格局。

中国共产党句容市第十三届委员会第三次全体会议召开

坚持创新驱动发展战略，兆鋆科技、金合能源创成国家级专精特新“小巨人”企业，建华建材获评首届省科技创新发展奖，苏博特新材料、和正特种装备、联博精密3家企业入选省级“瞪羚企业”名单。全年新认定国家高新技术企业59家，同比增长73.5%。召开市委人才工作会议，出台“福地句才”新政，2名海外人才入选国家启明计划。成立数字经济工作领导小组，鼓励支持规上企业开展“智改数转”，台泥水泥“智能化矿山”项目成为引领中国水泥业现代化数字矿山建设新突破，协鑫光伏获评我市首家省级“五星级上云企业”。获批国家知识产权强县建设试点县。

坚持打造市场化、法治化、国际化营商环境不动摇，修订完善《关于推进产业强市进一步加快实体经济发展的若干政策意见》，设立重大项目服务专窗，优化产业评估流程，开展工程建设项目审批制度改革，高效办结11个产业项目“拿地即开工”。举办金融赋能句容高质量发展大会，与20家银行机构签订“十四五”时期战略合作协议。大力弘扬企业家精神，制定《句容市经济高质量发展表扬评选办法》，让广大企业家在句容投资兴业有面子更有里子。在全省率先推行信用修复“三次告知”新模式，入选全省首批创新信用管理与服务试点。

（市委办）

【城乡发展】　2022年，句容市委常委会把句容发展融入区域一体化发展大格局，坚持城乡发展“一盘棋”，统筹推进城市建设和乡村振兴两篇文章，不断提升城乡内涵品质与形象面貌。

坚持融入长三角、宁镇扬一体化等国家、省重大战略，在一体化、都市圈中找准句容定位，不断优化提升城市功能品质。统筹考虑历史、自然、文化因素，优化规委会人员组成，完善工作规程，让城乡建设更加敬畏历史、敬畏文化、敬畏生态。发挥重大交通基础设施建设的牵引作用，南沿江城际铁路句容段主体工程完工，句容站装修进入收尾阶段，扬镇宁马城际铁路完成工可编制，312国道快速化改造句容段全面施工。

坚持人民城市人民建、人民城市为人民，以建设更高水平文明城市为抓手，有序推进城市有机更新，开展华阳西路、人民路两侧老旧建筑立面改造，完成50个老旧小区改造。强化停车秩序提升，新增非机动车停车泊位1900个、机动车停车泊位420个，城市更加整洁有序。布点建立“城市书房—社区书屋—小区书吧”三级公共阅读空间，文昌书院正式落成，建成崇明公园、义台街2家城市书房。

坚持农业农村优先发展，全面推进乡村振兴。坚决扛起粮食安全党政同责政治责任，划定永久基本农田49.91万亩，全面完成涉粮问题巡视巡察整改工作。发挥产业振兴关键基础作用，整合国有场圃等资源成立市农业集团，推动农业产业高质量发展，现代农业产业示范园通过省级认定命名，白兔镇唐庄村等7个村成功入选全国乡村特色产业超亿元村名单。深入开展农村人居环境整治提升行动，编制完成边城镇青山村等8个村庄“多规合一”规划，2个省级特色田园乡村通过验收，建成6个绿美村庄。坚持农文旅融合发展，扎实开展仑山湖—高骊山创建省级旅游度假区论证工作，入选2022长三角高铁旅游小城，创成首批省级文化和旅游产业融合发展示范区。

（市委办）

【绿色发展】　2022年，句容市委常委会深入贯彻习近平生态文明思想，积极践行“绿水青山就是金山银山”理念，抓好“生态要提升”紧迫任务，答好“生态优先、绿色发展”的必答题，持续彰显美丽句容亮丽底色。

全力配合保障中央生态环保督察工作，坚决抓好督察反馈问题整改，完成中央环保督察交办信访件整改29件，办结率90%，其余正抓紧推进。持续优化美丽句容国土空间格局，高质量完成“三区三线”划定工作，编制完成省级生态管控区域调整方案，完成长江沿线国土空间生态修复工程验收工作，持续推进植树造林和国土绿化。成功举办全国首届生物多样性培育与利用论坛。

坚持精准治污、科学治污，深入打好蓝天、碧水、净土保卫战。推动大气污染排放大户友好减排，强化机动车污染防治，有效控尘减霾增蓝天。积极推进城镇污水处理提质增效，加快推进城区雨污收集处理、农村污水集中治理、开发区工业污水处理厂等基础设施建设，推动跨界水体水质提升。扎实开展固废污染防治，加快推进原长宁生物化工有限公司管控地块问题整改工作。今年以来，$PM_{2.5}$平均浓度32.8微克/立方米，较2021年同期降低4.4个百分点，13个国省考断面优Ⅲ比例均为100%，建成10条生态河，创成1个省级生态清洁型流域。

积极推进绿色低碳发展，严格落实减煤降碳任务，严控“两高一低”项目盲目发展，有效推动企业绿色转型发展，完成81家工业“散乱污”企业整治提升工作，建成建筑垃圾资源化处置场，北新建材、台泥水泥获评2022年度江苏省绿色发展领军企业。

（市委办）

【民生保障】 2022年，句容市委常委会坚持以人民为中心的发展思想，牢牢把握共同富裕这一中国式现代化本质要求，统筹推进经济发展和民生保障，办好民生实事、补齐民生短板，不断满足人民群众对美好生活的向往。

全面落实就业优先战略，实施减负稳岗扩就业行动，举办线下"春风行动"、线上直播带岗，发挥公益岗位托底作用，全年城镇新增就业1.37万人，城镇登记失业率控制在1.32%。完善富民创业贷款政策，全年发放创业贷款1.85亿元，惠及创业者1500余名。城乡居民人均可支配收入高于经济增长速度。

聚焦更高水平民生"七有"，致力推动基本公共服务均等化。始终把教育摆在优先发展位置，积极推进集团化办学改革，"双减"政策落地见效，义务教育优质均衡水平有效提升，2022年高考创近10年来最好成绩。全面推进市域内医共体建设，成立市人民医院医疗集团、市中医院医疗集团，推进"15分钟医保服务圈"建设。高度关注"一老一幼"问题，完成句容市养老护理院建设，完成155户特殊困难老年人家庭居家适老化改造。积极推进镇级儿童关爱之家、未成年人保护工作站建设。纵深推进全民参保计划，法定参保人员实现应保尽保，城乡居民大病保险待遇稳步增长，企业退休人员基本养老金实现"十八连增"，城乡居民基础养老金实现"十二连增"。省级双拥模范城实现"七连冠"。

（市委办）

【安全稳定】 2022年，句容市委常委会坚定不移贯彻落实总体国家安全观，时刻坚持底线思维、不断增强忧患意识，全力打好防范化解重大风险主动战，坚决守住安全稳定底线，努力实现高质量发展和高水平安全的良性互动。

坚持党对国家安全工作的绝对领导，定期召开市委常委会会议和专题会议，深入细致排查研判各领域重大风险隐患，瞪大眼睛及时发现问题、有效处置问题，切实把不安全不稳定因素解决在萌芽状态、未发之时。坚定维护政治和意识形态安全，制订落实意识形态工作"两个清单"，构建"网信+信访""网信+网安"融合，开展意识形态安全专项督导排查工作。

树牢"一失万无"的归零心态，压紧压实安全生产党政同责、"一岗双责"和"三管三必须"责任，纵深推进"三年大灶"，聚焦工矿商贸、交通运输、建筑施工、城镇燃气、自建房等重点领域，一体推进安全生产大检查和"百日攻坚"行动，发现隐患问题近4万条，整改完成率99%，全市交通事故起数、死亡人数实现"三连降"。扎实推进应急管理综合行政执法改革，健全应急救援指挥体系，有效应对高温、干旱、台风等极端天气，切实保障人民群众生命财产安全。

积极应对经济金融领域、涉房领域风险，有效推进泰禾金尊府、恒大世纪梦幻城和云栖雅筑等项目"保交楼、保民生、保稳定"工作。进一步强化"化债也是政绩"理念，克服财政减收、房地产市场低迷等困难，开展政府融资平台公司清理，切实抓好经营性债务成本、规模管控，多措并举完成年度化债目标任务，牢牢守住不发生系统性风险底线。广泛开展防范非法集资宣传活动，本地电信诈骗案件发案率下降23%。

扎实推进更高水平的平安句容建设，加快推进市域社会治理现代化，深入开展"信访突出问题攻坚化解年行动"，荣获全省信访工作示范市称号。推广"综治银行""政法小院"等经验做法，常态化开展扫黑除恶斗争，严厉打击各类违法犯罪，社会大局安全稳定。

（市委办）

【从严治党】 2022年，句容市委常委会坚持全面从严治党永远在路上，党的自我革命永远在路上，深入推进新时代党的建设新的伟大工程，为句容现代化建设提供坚强政治保证。

召开抓基层党建述职评议会议、全市党建工作会议等重要会议，切实将党的领导贯穿于经济社会发展全过程、各领域。全力支持配合省委巡视、省委审计委员会"两个责任"审计以及镇江市委提级巡察下蜀工作。在省委巡视组指导下，坚持边巡边改、即知即改，推动立行立改事项29件，落实银行中收减费让利金额12.43亿元。为企业纾困解难53件，推动解决农村道路交通安全隐患、失地农民社保办理等一批群众急难愁盼问题；深化融资领域、追赃挽损、防违控违等领域专项监督，立案66起，留置5人。市委全力支持保障市人大、市政协依法履职，市人大锚定产业强市主题，开展“同心干产业、踔厉谱新篇”主题实践活动，市政协在全省率先建成覆盖城乡的数字化协商议事中心，经验做法入选全省政协工作创新案例。举办庆祝建团100周年座谈会，开展共青团、工会等群团组织换届，切实提升群团组织的政治性、先进性、群众性。

注重建设“勇挑大梁”的中坚力量，出台《关于激励干部敢为善为勇挑大梁的十五条举措》，全面提振广大干部干事创业精气神。构建“八察八看”干部考察体系。强化对干部的教育培训，对650余名市管干部开展集中轮训，出台我市优秀年轻干部培育实施意见，优化年轻干部成长链条，构建“95后”股级年轻干部库，举办“95后”年轻干部专题座谈会和年轻干部集训班，高素质专业化干部队伍日渐壮大。

加强基层党组织建设，落实“五聚焦五落实”深化提升行动计划，召开全市基层党建工作推进会，研究部署“红色‘句’力”五年行动计划，以39个“书记项目”为牵引，打造坚如磐石的战斗堡垒。狠抓党支部“标准+示范”质量提升，农村党建标准化项目获评省级标准化试点优秀项目，并通过国家级试点项目中期评估验收。加强新业态新就业群体党建工作，建立互联网、道路货运、外卖配送、快递4个行业党委，成立枢纽商圈党建联盟。深入实施“四同四助”推进产业强市，努力将党建实效转化为产业强市实绩。强化党建引领基层社会治理，探索打造“睦邻党建”工作品牌。

致力巩固风清气正的政治生态，始终坚持严的主基调，严格执行中央八项规定及其实施细则精神，持续深入正风肃纪反腐，一体推进不敢腐、不能腐、不想腐，聚焦粮食、供销、政法、招投标、工程建设等重点领域，持续强化不敢、知止氛围，全年共立案293件，给予党纪政务处分265人。开展“为民解困”专项行动，率先试点、全面上线基层小微权力“监督一点通”平台，查处群众身边腐败和不正之风问题39起61人。（市委办）

重要会议

【全市党史学习教育总结会议】 1月18日，全市党史学习教育总结会议召开。会议强调，要深入学习贯彻习近平总书记关于党史学习教育的重要论述、重要指示精神和中央、省、镇江市党史学习教育总结会议精神，从百年党史中汲取继续奋进的磅礴力量，奋力谱写“一福地四名城”现代化建设新篇章，以优异成绩迎接党的二十大胜利召开。（市委办）

【句容市产业强市暨优化营商环境大会】 2月8日，句容市产业强市暨优化营商环境大会召开，会议以习近平新时代中国特色社会主义思想为指导，动员全市上下进一步精力聚焦、从头做起，迅速兴起大抓项目、大抓投资的热潮，坚决扛起光荣新使命、奏响产业最强音。（市委办）

【市委工作会议】 8月11日，句容市召开市委工作会议，会议坚持以习近平新时代中国特色社会主义思想为指导，深入学习贯彻习近平总书记在省部级主要领

8月11日，市委工作会议召开

导干部“学习习近平总书记重要讲话精神，迎接党的二十大”专题研讨班上的重要讲话精神和党中央决策部署，全面落实“疫情要防住、经济要稳住、发展要安全”重大要求，按照省委、镇江市委工作会议部署要求，回顾总结2022年以来工作，部署下一阶段任务。（市委办）

【市委十三届三次全会】 12月31日，中国共产党句容市第十三届委员会第三次全体会议召开。全会以习近平新时代中国特色社会主义思想为指导，深入学习宣传贯彻党的二十大、中央经济工作会议精神，认真落实省委、镇江市委全会精神，坚定信心、敢为善为，踔厉奋发、勇毅前行，更好地“扛起新使命、谱写新篇章”，切实以党的二十大精神引领中国式现代化句容新实践。

（市委办）

重要活动

【二十大精神学习宣传】 2022年，句容市委常委会把迎接党的二十大、学习宣传贯彻党的二十大精神作为全年最重大的政治任务和最重要的工作主线，深刻领悟“两个确立”的决定性意义，胸怀“两个大局”、牢记“国之大者”，扎实做好各方面工作，着力保持平稳健康的经济环境、国泰民安的社会环境、风清气正的政治环境。

以高度的政治责任感统筹做好迎接党的二十大胜利召开各项工作。严格规范做好党的二十大代表推荐提名和选举各项工作，赵亚夫、沈春雷当选党的二十大代表。开设“喜迎二十大”等8个专题专栏，开展“礼赞新时代、追梦复兴路”主题宣讲200余场（次）。举办“百姓大舞台”主题文化活动175场，“文化进万家”系列展演千余场（次），承办《亚夫新传》首演。党的二十大召开期间，组织全市党员干部群众认真收听收看大会盛况，统筹做好代表风采展示、基层反响报道。

党的二十大胜利闭幕后，第一时间召开全市学习传达贯彻会议、市委常委会会议、市委理论学习中心组专题学习会等，制定印发《关于深入学习宣传贯彻党的二十大精神的通知》和《关于做好学习贯彻党的二十大精神宣讲工作的通知》，系统谋划部署党的二十大精神学习宣传贯彻工作。市委常委会率先垂范、示范引领，原原本本学报告、逐字逐句悟精神，深入开展交流研讨。组建市委宣讲团，深入企业、农村、机关、校园、社区，领导干部带头讲、专家教师深入讲、百姓名嘴通俗讲，开展形式多样的宣讲活动330场（次），开设“一把手”笔谈专栏，谈体会、话感悟，在全市上下持续兴起学习宣传贯彻热潮。（市委办）

【疫情防控】 2022年，句容市委常委会完整、准确、全面贯彻落实党中央决策部署，高效统筹疫情防控和经济社会发展，严格执行落实各项优化防控措施，最大程度保护人民生命财产安全和身体健康，最大限度减少疫情对经济社会发展影响。

坚持科学防控、精准防控，落实“四早”要求，压实“四方”责任，坚持“防在前、早发现、快处置”，集中力量打赢宝华两轮疫情阻击战、歼灭战，圆满完成省委、省政府主要领导调研指导要求。有序推进复工复

6月29日，市文体广电和旅游局开展“强国复兴有我”系列活动“印象句容”全国书画作品展

产、复商复市、复学复课，及时部署开展“有困难、我来帮”专项行动，有效解决重点企业原料进不来、产品出不去等生产经营问题。创新办理宁句联防联控通勤卡，宁镇区域一体化联防联控成为全国第一个跨区域联防联控机制。

因时因势调整优化防控措施，以防控战略的确定性、防控措施的灵活性，有效应对疫情形势的不确定性，始终保持着“零病亡”。疫情防控由“防感染”到了“保健康、防重症”的新阶段后，及时调整工作重心，有序推进亚定点医院建设、疫苗接种、医药储备等工作，保持了经济社会正常运行。（市委办）

5月16日，句容市召开全市党建工作会议

组织工作

【概况】 2022年，句容市委组织部以迎接镇江联动巡察为契机，围绕破解组织工作重难点问题，系统谋划，真抓实干，务实创新，各项工作取得新进展、新成效。农村党建标准化项目通过国家级试点项目中期评估现场验收。赵亚夫、沈春雷2人当选党的二十大代表。村书记专业化管理、现代农业产业党建联合体2项工作入围全国基层党建创新典型案例。电教片《把成绩写在大地上》获全国党员教育电视片观摩交流活动一等奖。贯彻落实“党旗‘镇’红、一线建功”工程，启动实施基层党建“红色‘句’力”五年行动计划，提升基层党建质效。以迎接省委巡视为契机，推进干部工作规范化建设。构建“八察八看”干部考察体系，出台实施“青春‘镇’红 ‘句’力未来”优秀年轻干部培育工程实施意见。打造干部激励句容品牌，制定出台激励干部敢为善为勇挑大梁15条措施，深化开展公务员“践行三强三比、争做奔跑先锋”主题活动。召开市委人才工作会议，推进“福地句才”工程，健全“1+4+N”政策体系，实现从青年人才引进到乡土人才培育、从租房购房到安居乐居的政策扶持全流程全覆盖，2名海外人才入选国家启明计划，实现国家级人才计划自主申报零突破。

（秦昌文）

【干部队伍建设】 2022年，句容市推进干部工作规范化建设，统筹推进干部培养、选任、管理和激励机制，激发干部队伍活力。

构建干部立体考察体系。出台《关于加强在疫情防控阻击战中考察识别干部的通知》，对全市12个镇（街道、园区）全覆盖跟踪考察，共访谈干部群众200余人，记录收集干部表现信息110余条，做到在战斗一线发现干部、在疫情大考中考准干部。坚持“四硬”标准，实施“八察八看”，全方位了解干部一线表现，注重信息的分类筛选、比较甄别、综合分析，把评价反映与工作事例对比印证，把疫情防控关键时刻表现与干部一贯表现对比印证，做到以事见人、以成效检验人。

做好省委巡视迎检工作，全面细致推进干部工作规范化建设。着眼于从严规范干部选任工作，严格干部选拔任用工作的政治纪律、工作纪律、组织纪律、生活纪律，全面排查风险隐患，严查严堵工作漏洞，压紧压实工作责任。稳步开展巡视迎检工作，对照省委选人用人专项检查组列出的3方面29条材料清单，分类梳理汇总台账资料和干部选任全程纪实，组织全面排查干部人事档案。全力服务保障省委巡视，配合落实干部访谈、档案查阅、资料补充等工作，着眼巡视提出的问题，提前谋划制订整改工作方案。

优化完善年轻干部成长链条。认真贯彻落实省委组织部年轻干部“555”培养工程有关要求，对全市“95后”股级年轻干部情况进行摸排梳理，同步建立干部库。举办“95后”年轻干部专题座谈会。围绕提升年轻干部综合素养，举办“青春‘镇’红、‘句’创未来”年轻干部集训班和“容城·青论坛”。

推进激励干部担当作为。强化制度引领，研究制定《关于激励干部敢为善为勇挑大梁的十五条举措》。组织开展“四硬四好”评选活动，在全市党建大会公开授予4个先进集体、33名先进个人“四硬”型好班子好搭档好班长好先锋荣誉称号。围绕“四同四助”党建赋能产业强市，制定下发《关于开展选派干部“攻坚主战场　全力干产业”行动的实施方案》，采用“上派+外联+下沉”相结合的方式，鼓励激励更多更优干部资源向招商引资、项目建设、优化营商环境等产业发展主战场集聚。

实施市管干部优训提能工程。围绕“学习贯彻党的十九届六中全会精神、全面推进乡村振兴、加强党建引领基层治理”等主题，开展“党旗‘镇’红领航　优训‘句’力奔跑”系列专题培训，分4期对650多名市管科级领导干部开展集中轮训，引导全市领导干部旗帜鲜明讲政治，做到凝心聚力谋发展、干事业。根据干部培训需求和工作发展需要，积极推荐科级以上干部到中央、省委、市委党校选训参训，全年共选派到中央、省市线下培训的处级干部12人，科级干部4人，线上培训处级干部47人次，均按照工作要求完成各项培训保障服务工作。

落实干部监督重点任务。深入开展信访风险隐患排查，对受理的各类信访举报做到处理规范、查核准确、反馈及时。全面配合、服务省委巡视，对巡视发现有关问题即知即改。强化选任过程把控，提拔重用市管干部均做到政治必检、职数必审、档案必核、纪检必听、举报必查。对党政正职等关键岗位干部，做好任前告知、任中审计、离任交接。严格把关兼职行为，及时向镇江市委组织部报批处级干部到社团兼职情况，确保日常管理规矩规范。

（陆云松）

【基层组织和党员队伍建设】　截至2022年12月，句容市有基层党组织1879个，其中基层党（工）委100个，党总支208个，党支部1571个。全市建制村党组织152个（党委21个，党总支131个），涉农社区党组织10个（党总支10个），城市社区党组织15个（党委5个，党总支10个）。全市农村基层党组织1271个。有党员38238名，其中正式党员37805名，预备党员433名。全市农村党员23338名，城市社区党员2236名；大专及以上文化程度的17589名；女性党员9112名。

2022年，句容市基层党建工作深入贯彻落实省委“五聚焦五落实”深化提升行动和镇江市委“党旗‘镇’红、一线建功”工程，持续用力抓基层、打基础、固基本，以高质量党建赋能高质量发展。全面贯彻习近平新时代中国特色社会主义思想，围绕学习宣传贯彻党的二十大精神，开展“学习二十大、句力建新功”主题活动，推动党的二十大精神深入人心、落地见效。制定基层党建“红色‘句’力”五年行动计划，明确培树“百强”典型样板、“百优”先锋党员、“百佳”党建创新案例“三个一百”创建目标。建立健全“党委抓支部、支部管党员、党员带群众”工作机制，坚持“书记抓、抓书记”，把“书记项目”作为基层党建的重要抓手、头号工程，建立“年初立项、年中调度、年底述比”全过程管理机制，38个基层党建“书记项目”通过“线上晒、实地看、擂台比”等多种形式亮绩比拼、跟踪问效，白兔镇“农业产业党员‘先锋引领’工程”获评镇江市2022年度基层党建优质书记项目。

全面推进农村、机关、两新等领域基层党建标准化建设，建立高效顺畅、标准规范的基层党建工作体系。农村党建标准化项目被评为省级标准化试点“优秀”项目，并通过国家级试点项目中期评估现场验收。大力开展新业态新就业群体党建工作，建立互联网、货车司机、外卖配送、快递等4个行业党委，依托平台企业、片区网格成立9个党支部，制定出台党建“句暖心”关爱十条，建成“句暖心”服务驿站46个，服务新就业群体超1100人次。组织开展“村村到、户户进、人人访”活动，4505名市镇村干部三级联动、分片包干、走村入户，帮助解决困难需求、兴办为民实事，有效密切党群干群关系。

持续完善以“专业五级”为核心的村书记专业化管理体系，注重发挥刘树安、方静、吴大军等百名示范村书记典型引领作用，大力推进“名书记”培育工程，1人获“全国优秀党务工作者”，3人获评省“百名示范”村书记。推行社区工作者资格认证和持证上岗制度，“双全”社工持证率实现100%。全面推进“两新”组织党务工作者专业化建设，累计资格认证69名初、中、高级“两新”组织党务工作者。健全完善发展党员工作责任制、材料交叉互审制等制度，全年新发展党员379名，提升党员队伍“源头活水”质量。突出重点打造精品课件，以党的二十大代表赵亚夫、沈春雷，全国脱贫攻坚贡献奖获得者糜林等先进人物事迹为题材摄制多部精品电教片，《把成绩写在大地上》获第十六届全国党员教育电视片观摩交流活动一等奖。

深入实施“四同四助”推进产业强市，开展“攻坚主战场、全力干产业”“千名党员联千企”“助企纾困、护航发展”等活动，市领导带头深入企业送政策、问需求、优服务，868名红色帮办员一口受理企业“急难愁盼”，17支市级助企先锋队组团承办企业“疑难杂症”。深化拓展现代农业产业党建联合体建设，推动合作联社党委建设向草坪、苗木产业延伸，助推村级集体经济发展、助力农民增收致富。持续选树培育农业产业党员中心户和营农指导员队伍，深化“三领三帮”工作机制，切实发挥先锋党员带头致富、带领致富作用。探索打造以“邻情共议、邻事共治、邻力

6月30日，全市新业态新就业群体党建工作推进会

共聚、邻文共享、邻约共守”为核心的城市“睦邻党建”工作体系，以共治共享理念推进党建引领社区治理。开展党建引领“战疫情”行动，19个临时党支部、8400多名党员志愿者站稳疫情防控“第一线”。（牛　璐）

【人才工作】　2022年，句容市深入贯彻落实中央、省委、镇江市委人才工作会议精神，坚持以“人才镇兴”行动为引领，持续推进“福地句才”工程落地落实，着力打造“共创容光”良好人才生态，为产业强市高质量发展提供坚强的人才支撑。

完善“福地句才”政策体系，聚焦青年人才、乡土特色以及人才生态环境，实现从国家级人才到青年人才、从租房购房到就业见习的政策扶持全流程、全覆盖。为280余名高校毕业生发放生活补贴和租房补贴101.94万元，为232名见习人员发放见习补贴153万元。

坚持以产引才，以才促产。组织39名人才有效申报国家级人才计划，2人成功入选，实现句容市国家级人才计划自主申报零的突破。申报省“双创”团队1个、“双创”人才24人，其中18人基础条件评价分达80分以上。组织35个人才（团队）项目申报镇江“金山英才”计划，8人成功入选。吸引40个高层次人才（团队）落户申报“福地英才”计划。

紧扣中央、省、市关于海外引才工作部署，举办“福地句才”海外人才创业大赛，吸引50余名海外人才报名参赛。举办第八届“福地青年英才”创业大赛，共吸引142个青年人才项目参赛。到南京、湖南等地高校开展招才引智活动，举办人才云聘月招才引智“镇江日”南京工业职业技术大学、湖南工业大学专场活动，组织兆鋆新材料等10余家企业进行云上岗位推介和云上双选，2022年共引进大专以上人才5000余人。

点对点走访南京大学、西安交通大学、南京农业大学等“双一流”高校，成功争取8名省级机关、高校专家组建句容第十五

批科技镇长团。常态化开展科技镇长团工作例会，组织开展“深入一线企业”“服务产业强链”等专题调研活动，累计走访全市中小微企业436家，开展政校企对接近60次，服务企业100余次，促成企业与高校签订科技成果转化、技术研发等合同共计44份，合同金额超过4000万元。促成泰州学院、南京工业职业技术大学在句容市建立就业实习基地，建华建材创成首批镇江市关键核心技术人才攻关联合体。

建立健全乡土人才选拔、培养、考核机制，出台“新农英才”选拔培养计划、“新农英才”考核管理办法。以“亚夫团队”为统领，壮大各领域、各层次乡土人才队伍，培育兴农科研英才、发展经营标兵、富民技术能手三类“新农英才”，发挥乡土人才“三带两助”成效，建成葡萄种植、蜜蜂养殖、建筑技艺等领域乡土人才讲习所6个，新增省级乡土人才技能大师工作室3家，4人获2022年镇江“十佳”农民，1人入选江苏大工匠。（陈　飞）

【公务员工作】　2022年，句容市公务员工作紧扣产业强市“一号战略”，科学实施公务员招录、转任、考核奖惩、工资福利等相关政策，统筹加强公务员育、选、管、用各项工作，持续加强全市公务员队伍建设。

通过推进“强基固本”“三亮三争”“先锋引领”三项行动，不断强化全市公务员理想信念教育。以建设“四硬”型高素质专业化公务员队伍为目标，规范初任培训等主体班次培训，规范设置主体班次课程，坚持把学习习近平新时代中国特色社会主义思想作为主干课、必修课。在充分挖掘本地红色培训资源的基础上，积极向上争取优质培训资源，同时以行政执法类公务员培训为关键点，稳步推进公务员分类培训。

规范行政执法类公务员职位职责，重点做好审计机关全体人员专业技术类职位设置、任职资格评定、职级套转工作。同时围绕综合管理、行政执法、专业技术三大类别，抓住关键节点，强化探索、形成具有句容市特色的分类管理经验。聚焦公务员平时考核，在简便易行、务实管用的基础上，从评价指标、考核方式、结果运用三个方面开展有益探索，在下蜀镇和人民法院开展平时考核试点，督促平时考核工作落地见效。推行事业管理岗位职员等级晋升制度，进一步探索事业单位管理岗位、专业技术岗位和工勤岗位的合理配置，提高事业单位人员的岗位与职责的匹配度。2022年晋升事业管理岗职员66人。全面落实清理规范公务员津贴补贴工作，从源头上规范待遇发放，同时科学制订绩效奖金发放办法，进一步提升基层公务员的福利待遇。（杨　声）

3月18日，句容首场大学生企业“云宣讲”和人才“直播带岗”活动

【综合考核工作】　2022年，句容市考核工作深入贯彻落实省、镇江市考核要求，聚焦产业强市“一号战略”，充分发挥考核的牵引、激励和约束作用，推动句容高质量发展走在前列。

强化产业发展，考核导向更精准。首次采用党建“乘数计分法”，以党建为杠杆，促进党建与高质量发展同频共振。围绕产业强市“一号战略”，将产业强市类指标权重占比提高至60%以上，增设产业强市类专项加分。对部门考核设置项目招引加减分项，营造招商引资浓厚氛围。

强化目标引领，绩效考核管全程。科学制订目标任务，成立指标推进工作专班，通过“指标项目化、项目目标化、目标责任化”管理，确保进有方向、赶有目标。深入开展镇（街道、园区）半年评估工作，绘制板块高质量发展质效图，点对点反馈指标排名和改进建议，帮助找准薄弱环节，引导靶向发力。常态化开展督查调研，强化业务指导、及时督促提醒，年终近四成高质量指标较半年时实现排名进位。

强化鼓励激励，结果运用再深化。贯彻落实“三项机制”要求，坚持考人与考事相结合，将考核结果与评先评优、干部选拔任用、职级晋升相挂钩。优化“重要贡献奖”，既奖考核领先又奖为全市贡献，持续放大考核正向激励效应。（董　凡）

【市级机关党建工作】 2022年，句容市机关党建工作坚持“围绕中心、建设队伍、服务群众”的职责定位，突出问题导向，强化创新引领，发挥党组织战斗堡垒和党员先锋模范作用，不断推动机关党建高质量发展。

政治机关建设有力推进。以迎接、学习、宣传、贯彻党的二十大为主线，组织开展“我是新时代句容公务员”演讲比赛、“学习《习近平谈治国理政》第四卷、以实际行动迎接党的二十大”主题党日等多项活动，引导机关党员干部自觉做“两个确立”的坚决拥护者和“两个维护”的坚定践行者。

服务中心工作成效显著。面对新冠疫情，统筹调度全市各类志愿者力量，组织8438名志愿者参与疫情防控，累计开展志愿服务31万余人次。组织75家市级单位志愿者，常态化做好文明城市志愿服务工作，带动机关党组织和党员干部在各项事业发展中担当作为、贡献力量。

基层党组织组织力持续提升。完成市级机关159个基层党组织换届选举工作。实施“慈善先锋行”解难帮困行动，组织40个机关党支部与40户困难家庭结对帮扶，将“我为群众办实事”推向深入。发挥机关党组织的示范引领作用，深入推进健康机关建设，健康机关达标率100%。坚持政治标准，注重在急难险重一线、青年业务骨干、高知识群体中发展党员，全年发展党员26名。

管党治党责任压紧压实。抓好41个市级机关党组织书记项目，解决党建工作问题25个，机关党建工作质效得到提升。深化拓展机关党建标准化建设，完善“3+X”制度体系，实现管理有标准、工作有规范、执行有程序，动态保持标准化建设覆盖率和规程执行率100%。

书香机关建设深入推进。深入学习贯彻党的二十大精神，举办“书润机关、悦读赋能”第十二届读书节，在市级机关广大党员干部中开展金秋书展、赠书促学、捐书共享、读书讲座、朗读竞赛等读书学习活动，提升党员干部学习能力和综合素质。

（顾连春）

宣传工作

【概况】 2022年，句容市宣传思想文化战线坚持以习近平新时代中国特色社会主义思想为指导，紧紧围绕学习宣传贯彻党的二十大精神这条主线，唱响主旋律、汇聚正能量。年内，赵亚夫、沈春雷当选为党的二十大代表，新增“中国好人”2人、省“最美人物”1人。接受省委意识形态专项巡视；市委网信办获评全省网信系统先进集体；市融媒体中心“打造十个专业工作室　提升融媒品牌影响力”被省委宣传部评为优秀案例；创成省级“文化和旅游产业融合发展示范区”。推出重大典型主题剧目“亚夫新传”，承办省道德模范与身边好人事迹巡演和省“五星工程奖”终评活动。（尹季璇）

【思想理论建设】 2022年，市委宣传部把学习宣传贯彻党的二十大精神作为首要政治任务，市

党的十九届六中全会精神和新时代基层干部主题轮训班

委理论学习中心组集中学习 14 场次，交流研讨 7 次。召开全市传达党的二十大精神大会，党的二十大代表沈春雷现场分享参会和学习体会。成立市委宣讲团，开展党的二十大精神“七进”宣讲 330 场次，“礼赞新时代、追梦复兴路”主题宣讲 200 余场次，让党的二十大精神落地生根。市级主流媒体开设“奋进新征程　建功新时代”“学习贯彻党的二十大精神”　“非凡十年　福地名城”等专题专栏 26 个，推出系列报道 500 多篇。开展“强国复兴有我”群众性主题宣传教育活动，进一步汇聚全市上下踔厉奋发、勇毅前行的精气神。　（尹季璇）

6 月 15 日，东南大学数字经济研究中心主任邵军以“理解数字经济”为题作主题宣讲报告会

6 月 2 日，白兔镇开展“礼赞新时代 追梦复兴路”首场主题宣讲活动

【新闻宣传工作】　2022 年，市委宣传部承接国家、省市重大选题，加强对上推介，全年发稿央视 48 条、《人民日报》18 篇、《新华每日电讯》5 篇、《新华日报》头版 11 篇、省台 500 余条，位居全省县市区前列。围绕“融入南京、接力镇江”，开展“宁在身边　句离不远”主题宣传，覆盖超 1000 万人次。疫情防控期间，《致宝华居民的一封信》《深言丨关于宝华那些事》等一系列言论评论，受到全网关注，形成现象级传播。“看句容”App 完成改版，获得省互联网新闻信息服务许可，官方新媒体矩阵用户数突破 60 万。　（尹季璇）

【文化事业发展】　2022 年，市委宣传部升级改造秦淮灯彩基地，推出“我在句容拍文化”系列短视频，展示句容文化魅力。深化“乡村文艺播种计划”，将群众文艺融入乡村旅游和节庆活动，促进以文塑旅、以旅彰文。建成 2 个城市书房，新增 10 面“数字阅读资源墙”，赋能阅读阵地建设。顺利完成省“书香城市建设示范市”三年复核，得到检查组肯定。全年文化产业项目投资 12 亿元，新增入库列统、同口径营收增幅稳步增长，培育出“江苏一号”影视基地等文化生产服务业项目。　（尹季璇）

【意识形态工作】　2022 年，市委宣传部修订《党委（党组）意识形态工作责任制实施细则》，制定落实网络意识形态工作责任制实施细则，全力配合省委意识形态专项巡视，坚持边巡边改、即知即改，得到巡视组的充分肯定。深入开展“扫黄打非”专项行动，检查各类场所 900 余家次，办理行政处罚案件 6 件，有效净化文化市场。制定《维护意识形态安全专项督导活动方案》，由市领导带队开展专项督导，推动责任制落地落实。制定《贯彻落实党委（党组）网络意识形态工作责任制实施细则》，印发《网信信访融合实施细则》，图文作品获评全省网络辟谣十大优秀作品，有效维护网络安全和社会稳定。　（尹季璇）

·精神文明建设·

【概况】 2022年，句容市以培育和践行社会主义核心价值观为根本，统筹推进更高水平全国文明城市建设，深化拓展新时代文明实践中心建设，深入实施公民道德建设工程，深化群众性精神文明创建，培养担当民族复兴大任的时代新人，弘扬共建美好生活梦想的时代新风。刘学平、沈春雷入选“中国好人榜”，5人入选“江苏好人榜”，1名学生获评“新时代江苏好少年”，1户家庭获评省“文明家庭”，新增省级以上文明系列单位4个。新时代文明实践中心建设在全省评估中获得“A”级等次。“绿梦”生态文明志愿服务项目获评第六届省志交会铜奖项目，市人民医院志愿服务队获评江苏省优秀志愿服务组织。白兔镇古煌村林地生态葬试点入选首批省级移风易俗优秀典型案例。

年内，组织开展文明旅游、文明餐桌、文明上网、文明生态、文明养犬等“十大文明引领”专项行动。开展“爱国卫生月”系列宣传活动，倡导文明健康绿色环保生活方式。加强社会诚信建设，持续开展失信突出问题专项整治，组织开展“诚信之星”“文明示范窗口单位”等创建评比宣传活动，进一步提升行业服务水平。深入推进移风易俗，组织开展“治理高额彩礼　抵制大操大办　减轻人情负担”移风易俗专项行动，实施开展殡葬改革试点、推广运用积分制、“反对浪费　崇尚节约”文明行动等18个重点工作项目，白兔镇古煌村林地生态葬试点入选首批省级移风易俗优秀典型案例，后白镇林梅村“综治银行”入选省级乡村治理典型案例。 （尹季璇）

【文明城市创建】 2022年，句容市深入贯彻落实《关于建立健全文明城市建设常态长效机制的实施意见》，召开全市深化全国文明城市常态长效建设工作推进大会，部署推进全国文明城市常态长效建设工作。市委常委会会议研究文明城市创建工作2次，研究制定《句容市全国文明城市常态长效建设工作实施考核办法》。围绕农贸市场、背街小巷、社区小区、建筑工地、城乡环境等重点领域，聚焦市场、社区、车站、医院、商超、校园等“六个周边”，系统化推进12项专项整治工程，切实解决老百姓关心的热点难点问题。开展“微改造”专项提升行动，改造出新华阳东路、人民路街景立面6.5万平方米；稳步实施老旧小区改造工程，完成47个老旧小区，126个楼栋，覆盖居民3325户，建筑面积32万平方米。开展文明楼道、“美丽庭院”建设专项行动，新建50个文明楼道，评选句容市级“美丽庭院”示范户11个、示范村17个。全面推进“一戴三不五禁止”文明出行专项整治，实施无牌无证电动自行车“清零行动”。建成并开放2个“城市书房”。万家河幸福河湖主题公园、文昌苑“口袋公园”、睦邻广场等市民休闲广场投入使用。

年内，先后召开全市文明城市建设台账申报工作推进会、专题业务培训会、台账专班研讨会，实施年度部署、月度提醒、季度调度工作机制，建立“测评指标责任清单”“常规指标提醒清单”“短板指标问题清单”“三单”管理机制，将台账日常申报工作纳入单位部门年度综合考核，稳步推进台账申报工作。严格督查整改抓提升，开展日常督查、专项督查、联合督查、模拟检查，开展第三方测评3次。开启新一轮文明系列单位预申报创建工作，推进文明单位创建向部委办局、非公有制经济组织、社会组织、

9月6日，句容市承办新时代江苏省道德模范与身边好人事迹巡演活动

互联网企业等延伸，加强线上线下创建指导。组织72家文明系列单位积极参加疫情防控，2家省级文明单位跨区域结对帮扶苏北农村。开展句容市第六届文明家庭评选工作，组织参评第三届江苏省、镇江市文明家庭评选，孙建云家庭获评省“文明家庭”。在清明节、端午节、“七一”等重要时间节点，组织开展亲子阅读、家风故事宣讲、向烈士献花等家庭文明建设主题活动。加大省级以上文明村镇创建指导，开展“创建达标”“城乡共建”“示范引领”三大行动。市级媒体加大“五大创建”宣传报道、风采展示，进一步浓厚创建氛围。持续推进农村精神文明建设，开展4次乡风文明指数测评。（尹季璇）

【新时代文明实践】 2022年，句容市持续推进新时代文明实践站标准化建设，完成茅山村、青山村、长里岗村等试点建设任务，开展标准化建设学习观摩活动，推动文明实践制度化规范化常态化。统筹教育基地、文博场馆、交通枢纽等场所资源，打造首批23个新时代文明实践基地，推动优质社会资源辐射周边社区、满足群众需求。升级完善文明实践融媒云平台功能，持续发挥平台活动展示、交流互动、动态管理等重要作用。召开市志愿者协会第三次会员大会，选举产生市志愿者协会第三届理事会，推进市志愿者协会实体化运作，新建2个标准化志愿服务驿站。举办2021年度志愿服务项目大赛，涌现出“红色送餐”“草毯绿波”等一批精品项目，边城镇“幸福菜篮”项目入选第七届省志交会参展项目，“绿梦”生态文明志愿服务项目获评第六届省志交会铜奖项目，市人民医院志愿服务队获评江苏省优秀志愿服务组织。新增5个镇江市志愿服务先进典型，茅山风景区“点亮茅山”志愿者联盟获推全国“四个100”最佳志愿服务组织。开展“所长项目”“站长项目”申报立项、推进落实工作，打造崇明街道“城市书房”引领市民“悦读”生活、何庄村“弘扬传统文化 传承魅力非遗”等188个“一镇一品”“一村一品”特色项目。将新时代文明实践中心建设工作纳入乡村振兴实绩考核。完成省委宣传部、省文明办对句容市新时代文明实践中心建设年中评估工作，获评“A”等次。印发深化拓展新时代文明实践中心建设实施方案，制定句容市新时代文明实践所、站建设评估细则，开展对实践所、站年中全覆盖评估工作，及时反馈相关问题，全面提升新时代文明实践所、站建设水平。深化军民共建，组织文明实践中心、所、站与10个驻句部队结对共建。（尹季璇）

【公民道德建设】 2022年，句容市组织全市道德典型深入学习宣传贯彻习近平总书记给“中国好人”李培生、胡晓春重要回信精神。刘学平、沈春雷入选“中国好人榜”，新增“江苏好人”5人、“镇江好人”8人，29人入选2022年第一期“句容好人”（疫情防控类）名单。承办新时代江苏省道德模范与身边好人事迹巡演活动，现代扬剧《亚夫新传》在句容市首演，举办镇江市道德讲堂总堂活动暨句容市道德讲堂总堂示范观摩活动，开展市级道德楷模事迹专题基层巡展4场。完善《句容市礼遇道德典型实施办法》，帮扶家庭困难道德典型12人次6万元，在春节、学雷锋日、中秋节等重要时间节点，组织开展道德典型共游福地茅山、观看

3月4日，句容市举办文化科技卫生“三下乡”示范活动暨学雷锋志愿服务集市开集仪式

《亚夫新传》等礼遇关爱道德典型活动16场次。组建“句容好人团”志愿服务队，组织动员道德典型参与疫情防控、扶弱帮困、移风易俗、绿色环保等主题志愿服务活动。（尹季璇）

【未成年人思想道德建设】 2022年，句容市召开未成年人思想道德建设工作联席会议，组织开展“四仪”教育观摩示范活动，推动各中小学校节点化推进“仪式”教育，常态化推进文明礼仪养成教育。组织开展“喜迎二十大 筑梦向未来”系列教育实践活动，开展“童心里的诗篇”“童话里的世界”等系列美育活动，征集优秀作品1700余篇，1名学生获少儿诗会省一等奖。评选2022年句容市“新时代好少年”60人。打造“娃娃唱京剧”品牌项目，开展“戏曲进校园”15场次。加强思政课一体化建设，推进党的创新理论进校园。探索推进“乡村复兴学校少年宫”建设，打造11个示范点。（尹季璇）

统战工作

·综述·

【概况】 2022年，市委统战部做好统一战线风险防范工作，开展全市乡贤工作，推进全市非公有制经济工作。支持各民主党派结合自身特长，开展调查研究，建言献策，完成调研课题5项；引导各民主党派做好参政议政，提出各项议案提案72篇。坚持思想政治引领，动员组织机关党员干部、各民主党派、统战团体，学习宣传贯彻党的二十大精神；组织召开全市统战系统传达学习党的二十大精神会议两场，召开学习贯彻党的二十大精神市委宣讲团报告会；各民主党派、统战团体开展学习贯彻党的二十大精神学习会、学习党的二十大精神座谈分享会等专题活动12场，推动广大统战成员进一步加深对党的二十大精神的学思践悟；组织开展党的二十大精神党代表学习分享会、“学习二十大 奋进新征程”句容市民营企业家座谈会以及3期学习党的二十大精神专题培训班，形成了多领域、全覆盖的学习教育体系。年内，全市统战工作首次获得全省统战工作实践创新奖；获得全省首批“江苏省民族团结进步示范区”称号；市工商联被全国工商联选树为全国“五好”标杆县级工商联。（张 薄）

【风险防范工作】 2022年，市委统战部强化组织领导，建立统一战线风险联动防控机制，统筹全市统战领域风险防控工作；深入学习贯彻全国、全省宗教工作会议精神。强化宣传教育，加强宗教领域意识形态工作，继续开展“两个专项”行动；在民族宗教界开展“三爱四史”、“崇俭戒奢”主题教育，常态开展“四进五认同”进场所活动，不断强化思想政治引领。强化建章立制，结合全市宗教领域实际，推进基层民族宗教工作；建立栖霞、句容宗教工作交流协作机制，创新开展跨区域交流协作。（张 薄）

【乡贤工作】 2022年，市委统战部成立市镇两级乡贤统战工作领导小组，建立乡贤人才数据库。开展“迎老乡、回故乡、建家乡”系列活动，向重点在外乡贤寄送《致句容在外乡贤的一封信》，成功招引并落户8个乡贤项目。加大宣传力度，建设后白乡贤馆，开设“句容人”专栏和微信公众号。（张 薄）

【党外代表人士工作】 2022年，市委统战部建立“党派+农村党组织”的“同心共建”工作平台，民盟句容支部主动对接林梅村“同心红志愿服务基地”建设，农工党句容支部多次开展“送医下乡、暖心惠民”义诊活动，九三学社句容支社与后白镇古村村签订结对共建协议书，建立“同心红科技助农创新实践基地”，四个民主党派支部（社）均与李塔村签订合作共建协议，充分发挥党派优势，助力乡村振兴。句容市政府部门、司法机关、国有企事业单位均配备科级党外干部。（张 薄）

【非公有制经济工作】 2022年，市委统战部健全民营经济统战工作协调机制，开展“五送五助·春风暖企”专项行动，累计举办线上线下招聘会12场，帮助企业解决超过四成的用工需求。搭建“商会+银行”金融创新合作平台，促成全市20家商会与5家银行达成战略合作，签订协议金额137亿元。承办新时代江苏民营企业家句容行活动。立全省首家“聚融·同心红”（张 薄）

8月4日，同心红科技助农结对共建签约仪式

【统战阵地建设】　2022年，市委统战部成立“同心红·‘句’侨心”侨务联盟，建设功能性党支部，打造“爱心超市”“邻里守望”“睦邻积分”等品牌项目，在基层治理中发挥统战力量。成统战联盟，谋划开展“聚融·同心红”助力乡村振兴行动。搭建民族创业就业平台，高标准实施“民族+”工程，新打造1家省级“红石榴家园”民族工作阵地。在市本级、宝华镇和茅山风景区管委会试点打造数字统战工作平台。截至2022年年末，有9家统战阵地入选镇江市统战阵地联盟，全市共建成23家统战阵地。

（张　薄）

·民族工作·

【概况】　2022年，市委统战部学习贯彻落实中央民族工作会议精神，以铸牢中华民族共同体意识为主线做好民族工作。围绕阵地机制化、管理法治化、治理网格化、人才专业化的要求，继续开展省级品牌创建工作和民族群众就业创业服务工作。2022年，下蜀镇新创成1家省级“红石榴家园”民族工作阵地；11月，句容市正式被命名为首批“全省民族团结进步示范区”。

（张　薄）

【民族团结进步宣传月活动】　2022年6月，市委统战部在全市范围内开展形式多样的民族团结进步宣传活动，在全市主要交通要道悬挂横幅标语600余条，利用LED屏幕滚动播放标语50余条。举办民族理论政策知识讲座和培训40余场，发放各类宣传资料3000余份，在村（社区）播放少数民族红色电影10余次。

（张　薄）

【少数民族群众帮扶服务工作】　2022年，市委统战部开展少数民族饮食补贴发放工作，做好发放对象登记、资格审核、资金发放工作。春节期间，走访慰问全市少数民族低收入家庭46户，发放慰问金共计4.6万元。与教育部门沟通协调，帮助20名外来务工少数民族家庭随迁子女解决本地就学问题。和市伊协共同举办在句外来少数民族个体经营户安全生产和消防培训。参加省民委组织的“红石榴就业行动”，建华建材（中国）有限公司向西部八省区提供255个就业岗位。

（张　薄）

·宗教工作·

【概况】　2022年，市委统战部贯彻落实全国和全省宗教工作会议精神，全面推进宗教领域安全生产工作，部署开展宗教活动场所安全专项整治。常态化开展“两个专项”整治等工作，确保全市宗教领域和谐稳定。在全市宗教领域开展党的二十大精神学习活动，组织各镇（街道、园区）统战委员、民宗干事和宗教团体负责人召开专题宣讲会。组织全市宗教干部认真学习领会全国和全省宗教工作会议精神，宣传贯彻落实《宗教事务条例》《江苏省宗教事务条例》《宗教教职人员管理办法》《互联网宗教信息服务管理办法》和《宗教活动场所财务管理办法》等法律法规，切实提高基层民宗干部开展宗教工作的政策理论水平和能力。

（张　薄）

【宗教领域安全生产工作】　2022年，市委统战部加强全市宗教活动场所安全专项整治工作，对宗教场所建筑进行安全鉴定提出整改方案和措施，明确责任单位、责任人和整改时限，完成6处建筑安全隐患的整改，确保全市宗教活动场所既有建筑无重大安全隐患。推进全市宗教活动场所消防和燃气安全隐患专项整治，对

11月22日，省民宗委验收下蜀镇“红石榴家园”省级民族工作阵地

全市各宗教活动场所安全隐患进行督导检查，解决安全突出问题和薄弱环节。围绕安全生产、消防安全开展宗教领域“安全生产月”系列活动，通过组织相关培训和消防演练活动，提高安全生产、消防安全和用电安全的认识，普及安全生产法律法规及日常安全知识。严格按照全市疫情防控阶段工作要求，落实好宗教场所疫情防控责任。（张　薄）

·港澳台工作·

【概况】　2022年，句容市进一步贯彻落实惠台政策，做好台商台胞服务工作。贯彻落实保护和促进台湾同胞投资的相关政策法规，及时协调处理台胞求助4起。协调相关部门做好台商台胞就医、子女就学等服务工作。常态化开展台属走访联谊活动，全年共走访慰问台属32次。年内，南京大学台湾大学生到中国银行句容支行实习。由台商设立的江苏朝阳助学基金会，2022年为107位困难学生发放助学金32.1万元，累计捐助535位学生共计160.5万元。（张　薄）

【台企服务】　2022年，句容市走访慰问重点台企20余次，举办座谈会2次。建立市镇两级台商服务平台，发放台商服务联系卡，协调相关职能部门和台资企业属地党委政府，对台商台企所需所盼及时回应。开展台企用工情况调查，开展“春风送暖、助企发展”专场招聘会，10家台资企业参与活动，共招聘工作人员374名，缓解台资企业招工难题。搭建银企对接平台，通过银企互动，有针对性地解决部分台企融资成本、融资担保等问题。2月13日，市台办联合人社局，在市政务服务中心召开“春风送暖、助企发展”台资企业专场招聘会。6月21日，市台办组织召开全市台资企业安全生产培训会议。6月24日，市台办举办台商座谈会，镇江台协句容联委会主要干部及部分在句台资企业负责人参加会议。（张　薄）

·侨务工作·

【概况】　2022年，市委统战部贯彻落实上级侨务部门要求，立足市情侨情，着力抓重点、创特色，开创侨务工作新局面。截至2022年年末，句容市海外侨胞总数约800人，侨眷总数约1500人，有侨资企业10家。2022年，句容市在镇江全市范围内率先成立“同心红·‘句’侨心”社区侨务工作联盟，在崇明街道中凌社区成立侨务联盟功能性党支部，不断探索基层侨务治理新方法、新路子，推进全市社区侨务工作向纵深开展。（张　薄）

【为侨服务】　2022年，市委统战部联合句容市委组织部、市人力资源和社会保障局举办2022年“福地句才”首届海外人才创业大赛，联系44名海外人才参加创业大赛。搭建引贤服务平台，引导国内侨商和海外侨胞积极参与句容市经济社会发展。春节前夕，以市委、市政府主要领导名义向海外乡贤发一封信，讲好句容故事，让他们感受到家乡的关心问候；向侨眷送去慰问金和物品，传递新春祝愿。通过微信群等线上方式，及时向海外侨胞发送疫情防控措施和国内亲属的现状。句容市实验小学、句容市第二中学与新西兰奥克兰市新华教育中文学校结成友好合作学校。全年完成两名“三侨考生”身份认定。引导侨界政协委员参政议政，通过提案办理推动侨界民生改善，扩大社会影响。（张　薄）

【侨务阵地建设】　2022年，市

委统战部依托侨务工作阵地，重点在中凌社区开展“邻里守望”活动，打造“侨之家活动室”“侨法宣传角”“爱心超市”等为侨服务场所。截至年末，全市有全国侨务示范单位1家（崇明街道中凌社区）、江苏省侨务示范单位1家（崇明街道甲城社区），中华文化海外交流基地1处（新四军纪念馆），侨务阵地4家（中凌社区侨之家、甲城社区侨之家、茅山东方紫句容华侨华人同心红创新创业实践基地、郭庄小金星幼儿园华侨华人同心红创业基地）。

（张　薄）

机构编制

【概况】　2022年，句容市共有政法机关4家、党政群行政机关57家，其中党委系统（含人大、政协）11家，市级政府系统（含派出机构和派出机关）26家，群团系统9家，乡镇8家，街道3家。全市市镇两级党政机关共核定行政编制2339名，实有在编人员2194人。全市共有事业单位317家，共核定事业编制11985名，实有在编人员9943人。

（陆欣语）

【社会治理体系和治理能力建设】　2022年，句容市创新基层管理体制机制，深入推进经济发达镇体制改革，做好经济发达镇的培育工作，将宝华镇、下蜀镇作为省经济发达镇培育对象，在机构编制资源配置上向经济发达镇倾斜，统筹调剂3名行政编制和33名事业编制给经济发达镇。对基层综合执法机构职能和编制落实情况开展监督检查，推动基层严格落实综合执法机构职能和编制，推动基层综合执法队伍结构优化，保证执法力量与实际承担任务相匹配，提升基层治理能力，确保“三整合”改革落实到位。

7月13日，省委统战部副部长、省侨办主任王华（右二）到句容市调研基层侨务工作

推动开发园区管理体制改革，对开发园区管理机构进行优化整合，推动相关管理机构升格做强，发挥机构编制资源源头激励作用，创新开发园区管理体制机制，探索形成市域内园区资源布局合理、集约集群的发展新格局。以江苏省句容经济开发区为“一区”主体，句容下蜀高新技术产业园、句容郭庄新能源科技产业园、句容宝华凤坛创新社区、句容边城新材料产业园辐射联动区等功能园区为“五园”，镇江市重点片区的句容枢纽经济区为“一片区”，形成“一区四园一片区”的管理架构。

（陆欣语）

【公益类事业单位改革】　2022年，句容市整合市发改委、工信局、商务局、科技局4家部门事业单位，分别组建市重大项目建设服务中心、企业服务中心、招商中心、科技创新服务中心。深入贯彻落实总工会、共青团、妇联改革实施方案，结合公益类事业单位改革要求，整合组建市工会服务中心、团校、妇女儿童活动中心，为加强和改进党的群团工作作出贡献。通过改革，全年全市共减少事业单位12家，并做到强化事业单位公益职能，提升公益服务质量。

（陆欣语）

【机构编制管理】　2022年，句容市强化重点领域机构编制保障，优化全市机构编制资源。按照“县管校聘”改革要求，重新核定教育部门各学段、各学校教师编制数，加强全市教职工编制管理，全面推进高质量教师队伍建设。加大重点领域编制人员保障力度，下达教师、医护事业计划176名。全年共下达公务员（参公）计划74名、普通事业计划125名（含定岗特选计划26名，重点招录专业技术类人才），进一步优化人才队伍结构。（陆欣语）

老干部工作

【概况】 2022年，句容市委老干部局做好离退休干部服务工作，推进离退休干部“银发生辉”工作，通过党建引领聚焦各项建设，取得了一些成绩。截至2022年年末，全市有在册离休干部44人，其中市管离休干部38人，垂直系统6人，易地安置1人；十四级以上离休干部和原四套班子领导27人。（潘鸣鹤）

【老干部政治待遇落实】 2022年，市委老干部局组织原四套班子老干部3次市内、1次市外参观见学，安排离休干部和原四套班子老干部进行健康体检。2022年1月、6月先后2次邀请14级以上离休干部和原四套班子领导参加市委全会，共同审议工作报告；8月，安排到常州溧阳、白兔上荣等地参观社会主义新农村。10月，邀请原四套班子老干部参加全市传达党的二十大精神大会。（潘鸣鹤）

【老干部走访慰问】 2022年，市委老干部局在元旦、春节前夕，分组上门走访慰问全体离休干部，在夏季高温季节和重阳节走访慰问了原四套班子领导。1月27日，市领导分组上门走访慰问十四级以上离休干部和原四套班子领导。（潘鸣鹤）

【离休干部“三有一落实”工作】 2022年，市委老干部局推动离休干部看病就医“三有一落实”标准化组织、标准化制度、标准化流程、标准化保障和标准化考核建设，并以此作为2022年度的创新项目。出台《关于离休干部看病就医“三有一落实”精准服务标准化建设实施意见》，打造标准化组织和制度。规范绿色通道运行流程，建立“属地化、团队化、专业化、亲情化”家庭签约医生履职规范，设立“普惠政策、特殊关照”两类帮扶措施，推进“方便快捷、暖心贴心”的标准化流程和保障建设。重点考核“绿色通道”运行和“家庭签约医生团队”履职情况，调动服务人员的积极性，推动“监督激励”的标准化考核建设。（潘鸣鹤）

【老干部作用发挥】 2022年，市委老干部局围绕“银发生辉·银龄行动”，为老干部志愿服务提供更多舞台。推广“党支部+分队”模式，市总工会、市商务局、市中医院相继新建志愿服务队伍。着眼助力基层治理，崇明街道东门社区离退休干部党支部开展“老少共读红色经典，喜迎党的二十大”主题活动，市人民法院老干部党支部到黄梅新村开展普法宣传工作。拓展老年人才服务站体系，将选才范围覆盖到城市社区，将选才领域延伸至城市治理、文化医疗等方面，市级“银发人才库”汇聚各类老年人才149人。继续实施“银辉闪耀”老年人才服务项目，年度立项23个，覆盖经济发展、现代农业、环保医疗等多个领域。加强同市关心下一代委员会、市老区开发促进会、市老年科技工作者协会等涉老机构团体的联创联建，进一步拓展志愿服务工作的外延。（潘鸣鹤）

党校工作

【概况】 2022年，句容市委党校持续做好干部教育培训、理论宣讲、课题研究等工作，加强师资队伍建设，提高办学质量、理论研究水平。年内，市委第一巡察组进驻市委党校开展常规巡察，根据巡察反馈的13个问题，制定整改措施31条，全面查找制度漏洞，构建标本兼治的长效工作机制，确保整改取得实效。（孟宪恕）

【干部教育培训】 2022年，市委党校共举办各类培训班14期，培训学员1000余人次。成功举办党的十九届六中全会精神和新时代基层干部主题轮训班、“青春‘镇’红‘句’创未来”年轻干部集训班等。其中，年轻干部集训班学制达到1个月，在完善学制上取得历史性突破。培训课程以党性教育为主线，着力提高解决实际问题的能力，聚焦乡村振兴、应急处突、产业发展、网络舆情等热点难点设置课程，延伸室内课堂教学，积极挖掘句容实践典型，合作打造党章苑、葡萄架下的“田间课堂”等9个现场教学基地。创新设置“追随总书记足迹”的实景式、“新闻发布会”的模拟式、“先贤张謇创业历程”的体验式等现场教学模式，增强培训对象“沉浸式”学习体验。（孟宪恕）

【理论宣讲】 2022年，市委党校着力打造“理响句容”宣讲品牌，11名教师参加全市“礼赞新时代 逐梦复兴路”主题宣讲活动，10名教师入选学习贯彻党的二十大精神市委宣讲团，全年开展基层宣讲70余场，受众3000多人次。组织7名教师录制“学习宣传贯彻党的二十大精神”微党课，在句容党建频道连续播放1个月，通过对7个专题的解读，学习党的二十大报告。（孟宪恕）

【理论研究】 2022年，市委党校申报省社科联课题1项，省委党校年度课题、专项课题3项，申报镇江市社科联、镇江党校课题12项，共计完成16项课题。课题范围涵盖基层党建、城市建设、共同富裕、农业产业、乡村人才、新型城镇化等多个领域。在党报党刊、“学习强国”、理论网站等平台，发表理论宣传、研究文章15篇，其中省级以上刊物6篇。与市委办公室合作研究3项市级重点课题“句容如何走好房地产转型”“城市有机更新”“枢纽经济发展之路”，形成研究报告。（孟宪恕）

【师资队伍建设】 2022年，市委党校推进“青蓝工程”，集中开展教师备课说课。开展“线上+线下”的培训，选派教师参加省委党校和镇江市委党校组织的专题研修班、研讨会等各类师资培训班；组织全体教师收看中央党校学习贯彻党的二十大精神师资网络培训。年内，1名教师获得镇江市第四届红色故事宣讲大赛二等奖，并代表镇江参加江苏省比赛；1名教师入选“团省委青年讲师团”，1人被评为“镇江党校系统优秀教师”。（孟宪恕）

“青春‘镇’红 ‘句’创未来”年轻干部集训班结业仪式

【办学质量评估】 2022年，在江苏省委党校全程督导下，镇江市委组织部、镇江市委党校组成办学质量评估工作组，对句容市委党校2017—2021年期间办学质量进行全面评估。经评估组审定，句容市委党校办学质量评估位列优秀等次。（孟宪恕）

档案工作

【概况】 2022年，句容市档案馆坚持“档案姓党”的政治属性，践行“存史、资政、育人”的服务理念，推进档案信息化建设，开展全市基层档案室综合业务评价，开辟档案工作新局面。年内，完成省级档案业务综合评估工作。（胡 伟）

【省级档案业务综合评估】 8月8日，受省档案馆委托，镇江市档案馆检查组对句容市档案馆开展2016—2020年度县级综合档案馆业务建设评价工作。专家组根据《江苏省市县国家综合档案业务建设评价办法和评价标准》，对市档案馆的馆建筑与设备、馆务建设、档案基础业务、开发利用服务等4个方面、70项指标作了检查评价，总体达到省级“规范档案馆”标准。市档案馆以评促建，补短板，查弱项，抓整改，提高馆内各类业务工作规范化水平。（胡 伟）

【档案信息化建设】 2022年，

市档案馆完善基于“三网一库”的市数字档案综合管理平台，包括数字档案管理系统、数字档案室管理系统（电子文件中心）、查档接待管理系统。开通长三角民生档案查档服务系统，接入全国档案查询利用服务平台，实现全国档案信息共享利用“一网通办”。完善机房和存储设备，确保档案实体安全、数据安全、信息安全。更新部分设施设备，对数据存储进行扩容，满足进馆档案容量需求，提升数字化水平，馆藏档案数字化率达到98%以上。

（胡　伟）

【档案为民服务】　2022年，市档案馆加强档案资源建设，全年接收进馆退役军人安置、优抚档案200卷；退伍军人档案778卷；精准扶贫档案17卷、13602件；长江禁捕退捕档案1124件；各类文书档案58卷、289件。全年接待查档群众2714人次，利用档案4510卷次、2486件次，为群众提供档案服务1994人次，档案复印件证明4150卷次、2126件次。形成档案利用典型事例汇编50篇，全年群众满意率90%以上。联合市委办，举办“6·9”国际档案日展览，宣传档案文化，服务全市精神文明建设。（胡　伟）

【全市基层档案室综合业务评价】　2022年，市档案馆积极向上级档案部门申报，并深入一线单位开展业务指导。市公安局和国网句容市供电公司档案室通过“省示范档案室”评审，开发区政府等8家单位通过“省规范档案室”评审。通过以评促建，进一步提升全市基层档案室规范化水平。（胡　伟）

8月8日，镇江档案专家组在句容市档案馆开展综合业务评价

【名人档案征集工作】　2022年，市档案馆加强名人档案建设，持续征集各类名人档案，充实名人档案库。接续征集全国重大典型人物赵亚夫档案、中国科学院院士杨槱档案。新征集中国科学院院士、古生物专家朱敏档案，解放后句容县委创始人迟明堂档案。迟明堂日记全部完成数字化扫描，为下一步开发利用奠定基础。（胡　伟）

史志工作

【概况】　2022年，句容市史志办公室做好党史工作，组织编纂《中国共产党句容历史》（第三卷），开展红色资源调研普查工作。开展方志工作，编纂出版《句容年鉴（2022）》《句容大事记》，推进镇（街道、园区）志编纂工作，协助开展部门志编修。参与重点建设，协助茅山管委会茅山村挖掘红色文化资源，打造红色美丽乡村试点村，为乡村振兴和红色美丽乡村项目出谋划策。向市图书馆捐赠地方史志文献600余册，利用红色史志助力地方文化振兴。（陈龙浩）

【党史工作】　2022年，市史志办持续推进《中国共产党句容历史》（第三卷）编修工作，成立编写班子、拟定编纂篇目、查阅档案资料、开展实地走访、组织交流研讨，年内完成初稿编写任务，并通过召开研讨会、审稿会等形式，进一步对初稿进行完善。以地方党史为宣讲主题，推进党史宣讲“六进”工作，确保党史宣讲覆盖企事业单位、学校、社区、军营和农村。（陈龙浩）

【红色资源普查】　2022年，市史志办会同市老区开发促进会继续推进“红色资源普查”工作，对全市的红色资源进行全面挖掘整理。普查过程中，各镇相应成立红色资源普查办公室，把各自乡镇的普查调研工作落实到具体

每一个行政村；各镇的普查统计报送普查办审核，普查办对各镇报送来的红色资源普查登记表进行审核，将意见反馈给各镇；各镇根据意见对各村所辖的红色资源进行查漏补缺性的调研，形成新的普查信息；普查办再次审核普查信息后，把调查表进行归口分类，转交给相应的职能部门进行审核，形成新的纠错、补充、完善意见再反馈到各乡镇；各乡镇在此基础上做第三阶段的普查调研工作，形成最后的普查成果集中上报至普查办。年内，《句容红色资源大全》编写完成。

（陈龙浩）

【年鉴工作】 2022年，市史志办定期对年鉴编纂人员进行业务培训，每季度召开一次业务交流会，组织全办编纂人员交流工作中遇到的问题和经验分享。根据句容发展现状，合理调整全书框架，借鉴各地优秀年鉴作品，调整全书版式设计。年内编纂出版《句容年鉴（2022）》，全书共73万字，设34个类目，全面、系统地记录了2021年句容市经济、社会的基本面貌和发展情况。

（陈龙浩）

【志书编修工作】 2022年，市史志办有序推进镇（街道、园区）志编纂工作。通过举办业务培训、组织外出学习、制定编修目录、选派业务骨干等形式，帮助协调解决各地在编纂过程中存在人员缺乏、业务水平不精等的难题，实现镇志编修全覆盖。主动承担江苏名镇名村志系列《下蜀镇志》《下甸村志》编修工作，截至2022年年末，《下甸村志》出版发行，《下蜀镇志》交付印刷厂排版。指导帮助市总工会、市财政局等单位开展部门志编修工作。

（陈龙浩）

12月15日，史志办举行《白兔镇志》审稿会

综　述

【概况】　2022 年是句容市十七届人大常委会履新开篇之年。一年来，市人大常委会坚定服务大局、坚守使命职责、坚持守正创新，以开跑姿态推进完成各项工作，为本届人大更好依法履职打下坚实基础。把党的全面领导贯穿于人大工作各方面全过程，突出政治建设，把坚持党的全面领导、贯彻市委决策部署、实现组织意图落到实处。强化思想建设，第一时间组织集中学习中央最新会议、文件精神，制定《全市人大系统深入学习宣传贯彻党的二十大精神的实施方案》。夯实组织建设，创新推动“代表小组建支部”，建立“1 个市人大代表联合党委、12 个代表小组党支部、33 个党小组”的组织体系，开展代表支部活动 20 余次。完善制度建设，保障纪律规矩执行到位，严格执行重大问题、重要事项、重要情况及时向市委请示报告制度，人大常委会工作始终在市委领导下依法开展。严明政治纪律和政治规矩，修订《中共句容市人大常委会党组议事规则》，推进党组工作制度化、规范化、程序化。把牢“四个机关”目标定位，坚持系统观念，统筹谋划和推进机关建设，以高水平机关建设推进高标准履职。深化“民呼我应”主题实践活动，常委会组成人员走访市人大代表 115 人次，走访企业 32 家，收集群众和企业诉求 76 条。人大工作理论研究会完成换届工作，年内形成一批高质量的人大工作理论研究成果。

（翟伏雷）

【助力经济社会发展】　2022 年，市人大常委会紧扣“疫情要防住、经济要稳住、发展要安全”的重大要求，坚持寓支持于监督，服从服务全市工作大局。全年召开常委会会议 8 次，听取和审议“一府一委两院”专项工作报告 18 个，作出决议、决定 9 项，任免国家机关工作人员 56 人次，举行专题询问 2 场。紧扣市委产业强市“一号战略”，系统实施以

句容市第十七届人民代表大会第一次会议

"同心干产业、踔厉谱新篇"为主题的"五大行动"，重点聚焦"提升审批绩效、推进项目落地"，对发改委、工信局等7个部门开展专项评议。视察立体综合交通枢纽建设，听取审议市政府关于推进一二三产业融合发展用地情况，园区整合、优化、提升情况，水库移民专项资金和整合涉农项目资金情况、国有资产管理情况等报告，专题调研民宿经济发展，有效助力全市经济高质量发展。专项监督教育"双减"落实工作，研究制定《句容市人大常委会关于推动义务教育"双减"工作方案》。专题审议全市公共法律服务工作情况的报告，调研省安全发展示范城市创建工作。专题调研中医药事业发展，推动公共卫生应急处置能力建设项目有序推进。常委会会议首次听取市监委关于整治群众反映强烈问题工作情况的报告，重点审议对农村集体"三资"、矿山开采、粮食购销、固体废物倾倒等涉及群众切身利益问题的整治情况。（翟伏雷）

【人大代表工作】 2022年，市人大常委会全方位支持和保障人大代表依法履职，提高代表工作质效。针对闭会期间代表活动常态长效开展问题，以深化"双联"工作机制为抓手，发挥代表联络家站点和小组作用，推行"三式"履职，围绕全市发展热点重点难点问题，开展专题视察调研，形成高质量、有分量的意见建议。组织开展"五级人大代表统一接待选民日"活动，深入197个选民接待点，共接待选民1929人次，收集意见建议和诉求1293件，现场重点解答群众民生问题1013件。举办全市人大系统"奋进新征程，建功新时代"履职能力提升培训班，从政治理论学习、业务能力培养、理论联系实际三个方面，提升人大代表、人大机关干部综合素质和能力水平。发挥人大代表专业优势，以"小型、专业、实效"为原则，组建农业农村、科教文卫、环资城建3个专业代表小组，提升监督专业水平。加强议案建议办理，一方面，组织代表开展议案建议撰写前视察调研，深入基层一线，掌握民情民意，为提好议案建议打好基础；另一方面，狠抓办理质量，十七届人大一次会议确定的1件议案、5件重点建议由主任会议成员牵头督办，组织开展专项视察，审议办理情况报告，实行满意度测评；116件一般建议交由各工委对口督办，持续优化代表建议提出、交办、办理、督办、答复等环节，推动议案建议办理从"答复满意"向"结果满意"转变。创新议案建议办理全程管理机制，提升议案建议办理质效，首次引入第三方评估，成立评估专家小组，形成"清单式"专项评估报告。（翟伏雷）

重要会议

【市十七届人大一次会议】 句容市第十七届人民代表大会第一次会议于2022年1月11—15日在句容举行。

会议选举高庆华为市十七届人大常委会主任，姚华、徐胜宝、王道银、周俊为副主任；选举周必松为市人民政府市长，赵树锋、郭江、吴明成、凌华、闵佳、徐飞、张凯为副市长；选举蔡璟为市监委主任，唐东升为市法院院长，陈东旭为市检察院检察长，举行向宪法宣誓仪式。同时，会议还选举产生30名市十七届人大常委会委员、59名出席镇江市第九届人民代表大会代表，通过市十七届人民代表大会法制委员会、财政经济委员会、社会建设委员会组成人员名单。会议先后听取

1月5日，市十七届人大代表任前培训暨严肃换届纪律专题教育

和审议市政府、市人大常委会和市法院、市检察院工作报告，审阅计划、财政和民生实事票决候选项目书面报告，会议批准以上报告并通过相应的决议。

（翟伏雷）

【市人大常委会会议】 2022年，市十七届人大常委会共举行8次常委会会议。

1月21日，市十七届人大常委会第一次会议传达学习习近平总书记近期重要讲话精神；审议通过《市人大常委会2022年工作要点》；研究通过市十七届人大常委会各工作委员会组成人员及联系单位事项。

3月30日，市十七届人大常委会第二次会议传达学习习近平总书记近期重要讲话精神；审议通过《市十七届人大代表资格审查委员会组成人员名单》、市镇人大换届选举工作总结报告，撤销选举机构；听取和审议市十七届人大一次会议确定的议案办理意见，并作出决议；通过了有关人事任免事项。

5月25日，市十七届人大常委会第三次会议传达学习习近平总书记近期重要讲话精神；审议通过《句容市人民代表大会常务委员会议事规则》；审议《句容市人大常委会2022年专项评议实施方案》，并作出决定；听取并审议全市2021年度环境状况和环境保护目标完成情况报告，进行了满意度测评；通过有关人事任免事项。

7月27日，市十七届人大常委会第四次会议传达学习了习近平总书记近期重要讲话精神；听取和审议市政府关于2021年同级审计情况的报告，审查、批准2021年市本级财政决算；听取和审议市政府关于2022年上半年国民经济和社会发展计划及财政预算执行情况的报告以及市政府关于市十七届人大一次会议代表建议办理情况的报告；通过有关人事任免事项。

9月27日，市十七届人大常委会第五次会议传达学习习近平总书记重要讲话精神；听取和审议市政府关于代表议案、重点建议办理情况的报告；进行述职评议；审议全市2021年度国有资产管理情况和经营性国有资产清查情况的报告；审议代表议案建议办理第三方评估办法；通过有关人事任免事项。

11月22日，市十七届人大常委会第六次会议传达学习习近平总书记近期重要讲话精神；听取和审议市监委关于整治群众反映强烈问题工作情况的报告；听取和审议市政府关于整合涉农项目资金支持“乡村振兴”情况的报告；作出关于召开市十七届人大二次会议的决定。

12月28日，市十七届人大常委会第七次会议传达学习习近平总书记近期重要讲话精神；审议通过《关于提请批准2022年市本级财政预算调整的议案》；研究通过市政府民生实事票决候选项目形成情况的报告；审议《市人大常委会工作报告》；审议通过市十七届人大二次会议有关事项；通过有关人事任免事项。

12月30日，市十七届人大常委会第八次会议根据周必松的提请，任命束克之为句容市人民政府副市长；会议接受周必松辞去句容市人民政府市长职务的请求，决定任命束克之为句容市人民政府代理市长；会议通过市十七届人大二次会议代表资格审查报告。

（翟伏雷）

【市人大常委会主任会议】 2022年，市十七届人大常委会举行第十六次主任会议。

1月18日，主任会议传达学

市十七届人大常委会第二次会议

习习近平总书记近期重要讲话精神、中央及省市党史学习教育总结会议精神；传达学习《市委办公室、市政府办公室关于严肃会风会纪有关事项的通知》；研究市人大常委会领导分工、工作联系点事项；市十七届人大一次会议代表议案、重点建议和一般建议督办分工。

2月14日，主任会议传达习近平总书记主持召开中共中央政治局第三十六次集体学习时的重要讲话精神和全市产业强市暨优化营商环境大会精神；学习《中华人民共和国代表法》相关内容；研究《关于开展市人大机关走访部分人大代表和企业活动的意见》。

3月15日，主任会议传达学习习近平总书记在全国“两会”期间的重要讲话和全国“两会”精神；研究市十七届人大一次会议5件重点建议办理意见；研究市人大代表联系监督2022年政府民生实事票决项目分工，2022年度市人大代表小组开展活动的意见。

3月30日，主任会议研究常委会会议相关事项。

4月28日，主任会议传达学习省人大常务副主任李小敏在会见新一届镇江市人大领导班子时的讲话精神，研究市十七届人大常委会组成人员联系本级人大代表和代表工作站工作及代表专业小组名单。

5月10日，主任会议视察句容市中医院等现场，听取了市政府关于全市中医药事业发展情况的报告。

5月25日，主任会议视察后白镇静庆蛋鸡生态观光园、天王镇土山土水生态园两个一二三产业融合发展项目现场，听取市政府关于推进一二三产业融合发展用地情况的报告。

6月28日，主任会议视察茅山镇丁庄葡舍和茅山风景区管委会之道古居民宿等现场，专题听取市政府关于全市水库移民专项资金使用情况和民宿经济发展情况的汇报。

7月18日，主任会议视察市公共法律服务中心、茅山风景区管委会公共法律服务中心和茅山村法治文化广场，专题听取全市公共法律服务工作情况的报告。

8月23日，主任会议视察开发区后莘村高标准农田节水灌溉示范基地和茅山镇东霞村高标准农田有机稻米示范基地等现场，专题听取了市政府关于推进高标准农田建设，防止耕地“非粮化”情况的报告。

9月15日，主任会议视察立体综合交通枢纽项目施工现场，专题听取全市立体综合交通枢纽建设推进情况的报告。

10月20日，主任会议专题听取市政府关于教育“双减”工作落实情况的报告。

11月11日，主任会议视察氢能源主题产业园和高光半导体掩膜版项目等现场，专题听取市政府关于园区整合优化提升工作情况的报告。

11月30日，主任会议研究常委会会议相关事项。

12月28日，主任会议听取市政府关于市十七届人大一次会议代表议案、建议办理工作情况的报告；研究专项评议评定意见；研究加强人民当家做主制度保障考核和镇、街道人大“百分考核”结果；研究市人大代表补选工作和本月常委会会议有关事项。

（翟伏雷）

【政情通报会】 8月30日，市人大常委会召开政情通报会，市长周必松代表市政府通报2022年上半年全市经济社会发展工作情况和2022年民生实事票决项目建设情况。在专题询问环节，5名人大代表围绕产业强市“一号战

8月30日，市人大常委会召开政情通报会

略”、安全生产和应急管理、医保政策改革、农产品公共区域品牌打造、城市公共区域停车等群众关注的热点、难点问题进行现场提问，与会市政府分管领导分别作解答。（翟伏雷）

重要工作

【副市长任免】 3月30日，市十七届人大常委会第二次会议决定任命吴亚芹为句容市人民政府副市长（挂职），决定任命张德超为句容市人民政府副市长（挂职）；9月27日，市十七届人大常委会第五次会议决定任命景建国为句容市人民政府副市长，决定免去吴明成句容市人民政府副市长职务，决定免去吴亚芹句容市人民政府副市长（挂职）职务；12月28日，市十七届人大常委会第七次会议决定免去张德超句容市人民政府副市长（挂职）职务；12月30日，市十七届人大常委会第八次会议决定任命束克之为句容市人民政府副市长，决定束克之代理句容市人民政府市长职务。（翟伏雷）

【统一接待选民日】 11月18日，句容市开展“镇江市五级人大代表统一接待选民活动”，611名“五级人大代表”深入197个选民接待点，围绕“稳经济惠民生——听民意、聚民智、解民忧”主题，面对面听取意见和建议。活动当天共接待选民1929人次，收集意见建议和诉求1293件，现场重点解答群众民生问题1013个。同时，代表们还向参加活动的选民群众发放党的二十大报告解读手册，开展法治宣传。（翟伏雷）

11月18日，句容市开展“镇江市五级人大代表统一接待选民活动”

代表议案、重点建议工作

【概况】 2022年，市十七届人大一次会议期间，代表们共提出各类建议141件。经大会主席团研究，将其中的19件并案为1件议案、5件重点建议，2件作为主任会议视察议题、4件转交相关镇街园区处理、其余116件作为一般建议办理。

【重点议案、建议】 2022年，经市第十七届人大会议主席团研究，将华阳代表团秦华成等10名代表提出的“关于大力发展实体经济，奏响产业强市最强音的议案”作为议案办理；将后白代表团张明飞等10名代表提出的“关于加快宁句城际沿线及站点周边规划设计的议案”，茅山风景区代表团桑学军等10名代表提出的“关于积极推进工业园区整合、优化、提升的议案”，开发区代表团唐正龙代表提出的“关于推进句容边缘集镇（黄梅、陈武、袁巷、桥头、石狮）城市化改造和管理，树立句容门户形象的建议”，后白代表团任刚等10名代表提出的“关于打造农产品区域公共品牌，提高市场知名度的议案”，崇明代表团许红代表提出的“关于加强校园周边环境综合治理及秩序引导的建议”作为重点建议办理。一般建议中，年内解决或本年度有明确工作方案并且组织实施的77件，占66.4%；所提问题列入今后年度计划逐步解决的36件，占31%；因条件限制或其他原因无法解决的3件，占2.6%。为进一步完善市人大代表议案建议督办工作机制，客观公正评价代表议案建议办理结果，市十七届人大常委会第五次会议审议通过《人大代表议案建议办理第三方评估办法》，对2022年人代会上涉及产业类的3件议案建议开展为期一个月的第三方评估，市人大常委会主任会议听取并通过第三方评估报告，评估结果为满意。（翟伏雷）

综　述

【概况】　2022年，句容市始终坚持以习近平新时代中国特色社会主义思想为指导，紧密团结和依靠全市人民，始终坚定“融入南京、接力镇江”，保持战略定力，坚持系统观念，统筹抓好改革发展稳定各项工作，全市经济社会发展呈现稳中有进、稳中向好的良好态势。实现地区生产总值754.62亿元，完成同口径一般公共预算收入49.2亿元，社会消费品零售总额179.01亿元，列全国百强县排名第48位、全国投资潜力百强县第39位、中国县级市基本现代化指数第36位。

（张慧君）

重要会议

【政府常务会议】　1月5日，市政府召开十六届人民政府第62次常务会议。会议学习习近平总书记对依规治党、巩固拓展党史学习教育成果、全国老干部工作和做好“三农”工作作出的重要指示精神；传达全省重大项目建设动员会精神；审议2022年《政府工作报告（征求意见稿）》；审议《句容市2021年国民经济、社会发展计划执行情况和2022年计划草案报告》；研究涉外疫情防控工作；听取关于2021年全市主要指标预计完成情况的汇报；听取关于2022年市本级财政收支预算编制情况汇报；听取句投集团、新农控股集团2021年工作情况汇报。

1月26日，市政府召开第十七届人民政府第1次常务会议，研究部署应对低温雨雪灾害防灾减灾工作。会议要求，坚持人民至上，生命至上，做好应急预案及各类防范工作，确保无伤亡事故；坚持底线思维，增强忧患意识，积极防范灾害天气对句容市交通、农业、春节保供、安全生产等工作影响；坚持问题导向，进一步压实责任，做好水电全天供应及交通工作，确保全市安全。

2月28日，市政府召开第十七届人民政府第2次常务会议。

句容城区鸟瞰

会议学习了习近平总书记重要文章《努力成为可堪大用能担重任的栋梁之才》《坚持走中国特色社会主义法治道路，更好推进中国特色社会主义法治体系建设》；传达学习《地方党委和政府领导班子及其成员粮食安全责任制规定》《中共中央办公厅、国务院办公厅关于更加有效发挥统计监督职能作用的意见》；审议《句容市人民政府工作规则（修改稿）》《句容市水生态环境保护“十四五”规划（送审稿）》；传达2月25日全省疫情联防联控指挥部视频会议精神，研究部署当前疫情防控工作；传达学习《江苏省生态环境保护例行督察办法（试行）》；听取关于2022年全市主要指标年度和一季度工作目标分解情况汇报。

4月1日，市政府召开第十七届人民政府第3次常务会议。会议学习习近平总书记在参加内蒙古代表团审议和3月17日中共中央政治局常务委员会时的重要讲话精神；传达学习《中共中央、国务院关于做好2022年全面推进乡村振兴重点工作的意见》和《中共江苏省委　江苏省人民政府关于做好2022年全面推进乡村振兴重点工作的实施意见》；传达学习3月31日全国安全生产电视电话会议和全省安全生产电视电话会议暨省安委会全体（扩大）会议精神；传达学习习近平总书记关于生态文明重要论述和中央环保督察组进驻江苏动员会精神，研究中央环保督察组反馈问题整改工作；传达学习省对口支援协作合作工作会议精神；审议《2022年各镇（街道、园区）党委政府和市安委会成员单位履行安全生产工作责任考核评价指标》《句容市关于持续深化提升安全生产专项整治三年行动的实施方案》《句容市关于进一步加强槽罐车安全管理的意见》《句容市工业项目招引信息流转管理暂行办法》《句容市“十四五”受污染耕地安全利用实施方案》《句容市成片开发占用高标准农田补建暂行办法》；研究《2022年句容市招商工作方案》；听取关于句容市开发园区整合优化提升实施方案的情况汇报；听取宝华镇“3·15”疫情应急处置工作情况汇报，部署清明节期间常态化疫情防控工作；听取2022年度政府投资项目编排情况汇报。

4月26日，市政府召开第十七届人民政府第4次常务会议。会议学习习近平总书记在《求是》杂志发表的重要文章《坚持把解决好“三农”问题作为全党工作重中之重，举全党全社会之力推动乡村振兴》和《促进我国社会保障事业高质量发展、可持续发展》；传达学习《历史文化名城名镇名村保护条例》《江苏省历史文化名城名镇保护条例》；审议《全市安全生产大检查工作方案》《市政府领导班子成员2022年安全生产重点工作清单》，听取全市安全生产工作情况汇报；研究句容市突出生态环境问题整改实施意见及五大专项行动方案，通报中央环保督察交办信访问题办理情况；审议《句容市生态文明建设规划（2021—2025）》《句容市全民健身实施计划（2021—2025年）》；传达镇江市农业农村金融工作暨“金穗行动”推进会、企业上市暨“扬帆计划”工作推进会精神；讨论《关于进一步做好人社基层公共服务工作的方案》；听取一季度全市信访工作情况汇报；审议《关于落实产业强市“一号战略”做好2022年全面推进乡村振兴的实施意见》《句容市高标准农田建设规划（2021—2030年）》；审议《关于加强句容市市属国有企业重大事项管理的实施意见》；听取关于新建句容福地健康驿站项目情况汇报。

5月30日，市政府召开第十七届人民政府第6次常务会议。会议学习习近平总书记在《求是》杂志发表的重要文章《正确认识和把握我国发展重大理论和实践问题》、中共中央办公厅、国务院办公厅《关于推进以县城为重要载体的城镇化建设的意见》；传达学习全国稳住经济大盘电视电话会议及省续会精神和镇江市政府第5次常务会议专题部署要求；审议《句容市妇女发展规划（2021—2025）》《句容市儿童发展规划（2021—2025）》《句容市“十四五”青年发展规划（2021—2025年）》《句容市“十四五”养老服务发展规划》《句容市综合交通运输“十四五”发展规划》和《关于加强固定资产投资统计工作的意见》；听取2022年地质灾害防治工作、全市土地执法工作、关于创建“四好农村路”全国示范县等情况汇报；传达了省政府5月11日消防工作会议精神，听取当前火灾形势分析及重点消防工作建议；研究《句容市自建房、门面房等既有建筑安全隐患排查整治工作实施方案》；传达学习了省高质量发展考核文件精神；审议《关于建立统计工作联席会议制度的意见》。

6月13日，市政府召开第十七届人民政府第7次常务会议。会议学习习近平总书记在《求是》杂志发表的重要文章《努力建设人与自然和谐共生的现代化》；传达学习《国务院关于印发扎实稳住经济一揽子政策措施的通知》（国发〔2022〕12号）；传达学习国务院、省及镇江市关于进一步做好高校毕业生就业创业工作文件和会议精神，听取句容市相关工作情况汇报；学习《中华人民共和国科学技术进步法》，审议《句容市“十四五”科技创新规划》《句容市深化应急管理综合行政执法改革实施方案》《关于支持句容文旅企业纾困复苏的实施意见》《2022年度句容市文旅纾困专项资金申报指南》；通报《河南郑州“7·20”特大暴雨灾害调查报告》主要内容，听取句容市防汛工作准备情况汇报；研究《句容市贯彻落实省安全生产第十一综合检查督导组督导交办意见的整改方案》；研究《句容市第九届运动会实施方案》；听取2022年句蒲协作工作情况汇报。

6月28日，市政府召开第十七届人民政府第8次常务会议。会议传达学习国务院联防联控机制疫情防控“九不准”要求，研究句容市疫情常态化防控工作；会议传达学习全省深入打好污染防治攻坚战季度工作推进会会议精神，通报句容市上半年深入打好污染防治攻坚战工作情况；会议同时学习习近平总书记在《求是》杂志发表的重要文章《坚定不移走中国人权发展道路　更好推动我国人权事业发展》；学习中共中央办公厅、国务院办公厅《乡村建设行动实施方案》；审议《句容市人民政府法律顾问管理办法（送审稿）》和新一届市政府法律顾问建议名单；审议《句容市“十四五”应急体系与能力建设规划》。

7月25日，市政府召开第十七届人民政府第9次常务会议。会议传达学习习近平总书记在新疆考察时的重要讲话精神；会议传达学习《国务院关于加强数字政府建设的指导意见》；会议传达学习近期国家、省关于气象高质量发展工作会议精神、听取句容市气象高质量发展工作情况汇报；会议还传达学习镇江市专题研究省、镇江市重大项目储备工作会议以及镇江市产业项目招引及招商合同落实工作会议精神；审议《句容市地质灾害防治“十四五”规划》；听取全市信访工作情况汇报。

9月6日，市政府召开第十七届人民政府第12次常务会议。会议传达学习习近平总书记在辽宁考察时的重要讲话精神；会议学习《行政事业性国有资产管理条例》；会议传达学习镇江市委书记马明龙到句容市调研统筹发展和安全工作时的讲话精神；会议听取1—8月份主要经济指标预测情况汇报；听取关于《句容市建筑垃圾管理办法》起草情况的汇报；审议《句容市城市基础设施配套费征收管理办法》《句容市市级行政事业单位所属企业改制脱钩工作实施意见》《句容市市级行政事业单位所属企业委托监管办法》《句容市国有粮食企业改革方案》；听取关于调整2022年住房保障有关标准的情况汇报。

9月24日，市政府召开第十七届人民政府第13次常务会议。会议学习习近平总书记关于审计工作的重要讲话和重要指示批示精神；会议传达学习9月23日全国安全生产电视电话会议及省安全生产电视电话会议精神，部署国庆节及党的二十大期间安全生产工作；会议听取全市食品安全监管工作情况汇报；会议听取关于稳定经济政策落实情况的汇报；审议《句容市安全生产重大风险防控责任体系建设方案》《句容市自然灾害和事故灾难应急救援责任体系建设方案》；审议《2022年各镇（街道、管委会）消防工作任务清单》《2022年市消防安全委员会成员单位消防工作任务清单》和《句容市消防安全委员会工作规则》；审议《关于推进产业强市进一步加快实体经济发展的若干政策意见》；听取关于全市前三季度社会稳定工作暨党的二十大信访保障工作的汇报。

9月28日，市政府召开第十七届人民政府第14次常务会议。会议学习习近平总书记在《求是》杂志发表的重要讲话《新发展阶段贯彻新发展理念必然要求构建新发展格局》；会议听取关于贯彻落实“苏政40条”“苏政办22条”政策情况汇报；会议学习国家和省关于知识产权保护工作最新部署要求与重要文件精神，听取全市知识产权保护工作情况汇报。

10月21日下午，市政府召开第十七届人民政府第15次常务会议。会议传达学习习近平总书记在中国共产党第二十次全国代表大会上所作的报告以及参加党的二十大广西代表团讨论时的重要讲话精神；会议审议《句容市贯彻落实〈法治政府建设实施纲要（2021—2025年）〉实施方案》。

11月8日，市政府召开第十七届人民政府第16次常务会议。会议传达学习习近平总书记在10月25日中共中央政治局会议以及在陕西延安和河南安阳考察时的重要讲话精神；会议听取关于开展“老字号”认定工作的情况汇报。会议审议《关于促进句容市旅游民宿规范发展的实施方案》；学习《中华人民共和国土地管理法实施条例》；传达学习《省委办公厅、省政府办公厅印发关于加强新时代网上信访工作实施意见的通知》；审议《关于改革完善社会救助制度的实施方案》《句容市应急救援队伍建设实施方案》《句容市农村生活污水治理专项规划（2022—2035）》《句容市畜禽养殖污染防治规划》等。

11月25日，市政府召开第十七届人民政府第17次常务会议。会议传达学习习近平总书记在亚太经合组织第二十九次领导人非正式会议上的重要讲话和对河南安阳市凯信达商贸有限公司火灾事故作出的重要指示精神；传达学习全省安全生产电视电话会议精神，并部署当前安全生产工作。

12月10日，市政府召开第十七届人民政府第18次常务会议。会议传达学习习近平总书记在主持召开党外人士座谈会、12月6日中共中央政治局会议时的重要讲话精神；会议审议《句容市争创省创新型示范市建设方案（送审稿）》，会议听取句容市重要民生商品保供稳价工作情况汇报；会议审议《句容市经济高质量发展表彰评选办法》等。

12月23日，市政府召开第十七届人民政府第19次常务会议。会议传达学习习近平总书记在中央经济工作会议上的重要讲话精神；传达学习镇江市市长徐曙海主持召开的疫情防控和经济社会发展工作视频调度会的讲话精神；听取关于2023年度市政府民生实事候选项目编排情况汇报；审议《句容市电子商务进农村综合示范工作实施方案》；听取关于2023年国民经济和社会发展计划主要指标安排的情况汇报；审议2023年《政府工作报告（征求意见稿）》《句容市2022年国民经济和社会发展计划执行情况与2023年国民经济和社会发展计划草案的报告》《句容市“十四五”卫生健康事业发展规划（2021—2025）》等。 （张慧君）

【全市“双招双引”工作专题推进会】 6月6日，句容市召开全市“双招双引”工作专题推进会，强调要把南京作为招商第一目的地开展全面招商，落实产业强市“一号战略”，推动句容高质量发展。要坚持产业强市“一号战略”，全力以赴“干产业”，全力打造“句满意”服务品牌，把项目“招得来、留得住、发展好”；要坚持“融入南京、接力镇江”，把南京作为招商第一目的地，不断吸引南京科研成果到句容转化和高校人才到句容就业；要坚持专业化招商，学深、悟透、践行习近平新时代中国特色社会主义思想，努力学习各方面知识，全身心投入招商，进一步强化责任担当；要坚持规划招商、以商引商，要围绕园区规划进行招商，围绕沿312国道句容段和宁句城际轨道交通两侧规划进行招商，围绕镇江市“四群八链”进行招商，同时服务好在地企业，以商引商；要坚持盘活存量开展招商，用好安置小区内门面房等存量资源，推动数字经济项目“拎包入住”。 （张慧君）

【全市经济发展座谈会】 8月23日，句容市召开全市经济发展座谈会。会议强调，当前要一手抓在地企业特别是“四上”企业服务，继续开展“助企纾困，护航发展”大走访活动；一手抓项目建设，确保三季度18个镇江市级、句容市级重点项目按时开工，及时列入统计，全力推动17个亿元项目在四季度竣工投产；要围绕年初确定的经济目标，按月细化任务，落实到每家企业、每个项目、每位责任人，以月保季抓推进。 （张慧君）

重要决策

【修订《句容市人民政府工作规则》】 2月28日，句容市政府第2次常务会议审议通过《句容市人民政府工作规则》。该规则共计十二章六十八条，包括总则、组成人员职责、政府职能、政府决策、依法行政、政务公开、监督制度、会议制度、公文审批、政务活动制度、廉政和作风建设、

附则等内容。（张慧君）

【制定驻点南京招商工作方案】为贯彻落实“融入南京、接力镇江”的工作要求，全力以赴干产业，打好项目招引主动仗，助推全市产业强市和经济高质量发展，6月16日，句容市制定发布《南京招商工作方案》。要求各地在深入分析本地产业发展特色和承载能力的基础上，围绕镇江“四群八链”和句容市产业布局，采取一个板块对接一个南京市辖区域的方式，通过工作前移，加强与驻点区域的联系，采取夯实招商基础、拓宽资源渠道、精准对接招引、组织招商活动、按时报送信息等措施，按照加大协调联动、加强日常管理、严格督查考核等要求，更好地接触投资项目信息，更快地对接各园区产业项目，推进宁句产业合作再上新台阶。

（张慧君）

【制定《句容市国有粮食企业改革方案》】9月8日，句容市根据《省政府关于组建江苏省储备粮管理有限公司的通知》《关于地方储备粮政策性职能和经营性职能分开的实施意见》等文件精神以及涉粮问题专项巡视巡察整改要求，结合句容实际，制定发布《句容市国有粮食企业改革方案》。该方案认真落实国家粮食安全战略，深化粮食购销和储备体制机制改革，推动粮食多元化经营，助力乡村振兴；推动资产高效化管理，确保资产保值增值；推动全市储备粮集中统一、安全高效管理，提升全市粮食安全保障水平。（张慧君）

重要活动

【金融论坛暨资本市场峰会】9月7日，句容市举办金融论坛暨资本市场峰会。市长周必松在致辞中表示，要贯彻落实镇江市产业强市“一号战略”，坚持“融入南京、接力镇江”，大力推动企业上市工作。他希望，与会的投资机构、中介机构能一如既往地关心、指导和支持句容市企业的上市挂牌工作，并将眼光放宽到句容市更多优质企业上，同时，帮助招引更多优质企业优质项目来句容市落地生根。会上，申万宏源证券相关负责人围绕企业如何更好对接资本市场与现场企业家进行交流探讨，并对股权融资政策和流程进行精准解读。

（张慧君）

【苏陕协作活动】9月15日至16日，陕西蒲城县县长薛斌带领蒲城县党政代表团一行到句容市开展苏陕协作活动，句容市市长周必松陪同。在15日晚召开的座谈会上，周必松说，开展苏陕协作是以习近平同志为核心的党中央着眼推动区域协调发展、促进共同富裕作出的重大决策，必须提高政治站位抓细抓实。周必松衷心希望两地能继续完善合作机制，经常开展交流探讨，取长补短、共同发展，努力将两地协作向更宽领域、更深层次、更富成效拓展。薛斌代表蒲城县委、县政府，向句容长期以来对蒲城的帮助与支持表示衷心的感谢。会上，周必松、薛斌代表两地签署《句容市·蒲城县2022年苏陕协作与经济合作协议》。16日，蒲城代表团前往丁庄万亩葡萄合作联社、茶博园、得撒豆腐村等地考察，了解句容市在推进乡村振兴工作中取得的发展成果。

（张慧君）

【2022年中国农民丰收节江苏省重点活动暨句容农民丰收节】10月29日，2022年中国农民丰收节江苏省重点活动暨句容农民丰收节在天王镇戴庄村白沙自然村举行。党的二十大代表、全国脱贫攻坚楷模赵亚夫，江苏省农业农村厅副厅长、中国农民丰收节江苏省组织指导委员会副主任曹丽虹，镇江市政府党组成员徐申锋，句容市市长周必松等出席活动。赵亚夫结合传达学习贯彻党的二十大精神，现场分享在新征程、新伟业中关于加快农业发展，带动农民增收致富的心得和体会。活动中，还举行镇江市十大农产品品牌授牌仪式、镇江市十佳农民颁奖仪式以及2022年江苏·句容农民丰收节暨句容晚稻开镰启动仪式。（张慧君）

【新时代江苏民营企业家句容行活动】12月15日，句容市招商引资推介会暨新时代江苏民营企业家句容行活动举行。省委统战部副部长、省工商联党组书记顾万峰，镇江市政协党组书记、主席郭建，句容市委书记、市长周必松出席会议。周必松表示，句容作为南京都市圈的核心区、新的增长极以及诗和远方，交通区位优势明显，生态环境优越，具有宜居宜业的巨大优势，经济发展潜力巨大。他希望在座的企业家以此次推介会为契机，认识句容、了解句容，加强与句容的交流与合作，在“第一福地句容”创造新的业绩。他同时要求各地、各部门要坚持真抓实干，进一步激发全社会干事创业活力，让干部敢闯、企业敢干、群众敢首创，更好地推动中国式现代化句容实践。 （张慧君）

【句容市中药材产业招商大会】 12月18日，句容市中药材招商大会在茅山景区举行。中国工程院院士、江苏康缘药业股份有限公司董事长肖伟以视频形式致辞。镇江市副市长徐申锋，句容市委书记、市长周必松出席会议并讲话。签约仪式上，句容市分别与企业、院校、金融单位签订《中泰茅山中医药产业发展基金战略合作意向协议》《战略合作框架协议》《茅山中药材产业项目战略合作协议》等。在随后举行的中药材产业发展论坛上，来自南京中医药大学、江苏大学、杭州泰珑创业投资合伙企业、镇江市药学会的专家学者分别围绕依托镇江特色中药资源发展大健康产业、葛洪研究和当代价值、镇江中药材产业现状与发展思路、茅山论“道”主题作演讲。 （张慧君）

【市政府与省演艺集团战略合作协议签约仪式举行】 12月19日，句容市人民政府与江苏省演艺集团文化产业项目战略合作协议签约仪式举行。省演艺集团党委副书记、锡剧团团长周东亮，句容市委书记、市长周必松，市政协主席章壮钧出席签约仪式。仪式上，周必松表示，与省演艺集团合作，特别是与省锡剧团合作，既是传承历史文化，更是句容建设文化强市的重要举措。签约仪式上，句容市分别与省演艺集团签订了《句容市人民政府　江苏省演艺集团文化产业类项目战略合作协议》《句容市大剧院委托经营管理合同书》《茅山文化旅游战略合作协议》。 （张慧君）

机关事务管理

【概况】 2022年，市机关服务中心以“管理、服务、保障”为主题，拓展工作思路、创新工作机制、强化工作措施，抓好各项工作的有效落实，全力推进年度重点工作目标任务的完成，全面提升机关事务管理工作水平。年内，完成江苏省公共机构管理平台数据修正工作，完成省节能工作管理平台水、气户号对接工作，节约型机关创建工作全面完成。 （金　涛）

【公车管理】 2022年，市机关服务中心安全行车40万公里无事故，为市委、市政府、人大、政协会议及重大活动出车2000台次。派驻40辆公务用车全年总支出费用为65万元，节约60万元。全年共审核更新公务用车21辆，集中公开拍卖处置17辆；下发《句容市党政机关公务用车日常使用管理办法》。 （金　涛）

【不动产权证办理】 2022年，市机关服务中心对相关单位房产情况进行调查摸底。党政机关、事业单位、社会团体及其下属行政事业单位有证房屋面积为485876.76平方米，有证土地面积为31572809.23平方米，涉及37个主管部门（含乡镇、街道），125个下属行政事业单位。 （金　涛）

【安全管理】 2022年，市机关服务中心对接待来访人员进行登记接待，全年共接待信访人员500余人。组织保安人员院内巡逻、夜间巡逻，以及加强监控力度，全年无重大偷盗、财产损坏、人身伤害事故发生。组织人员进行消防训练，提高消防技能，对烟感、消防栓灭火器等消防设施设备进行检测。 （金　涛）

12月19日，市政府与省演艺集团文化产业类项目战略合作协议签约仪式

【设备维护】 2022年，市机关服务中心对门窗、办公桌椅、下水疏通等小型维修共计100余次；空调维修80余次；电梯及弱电设备维修70余次；水电维修280余次，更换各类照明灯具累计约900个。对档案楼北侧停车位重新划线；对综合楼西侧电动车棚进行移位，并加装充电插座；对行政大楼及档案馆综合楼部分墙面瓷砖进行加固和补贴；对行政大楼及综合楼顶层屋面进行防水更新；对食堂北侧下沉路面进行了修复，并且完善排水系统；对大门口道闸系统进行更换；对行政大楼及档案馆综合楼部分碎裂的玻璃幕墙进行维修更换；对综合楼西侧故障电梯进行了更换。协助园林管理处对行政中心池塘水质进行治理。对行政中心食堂西侧、行政大楼北侧、档案楼北侧排污沟及化粪池共进行两次清理；对大楼平台和坡道以及地库出入口、一楼玻璃幕墙进行冲洗；对前后楼各楼层廊道墙面以及天花板进行了油漆修补。（金　涛）

【会务保障】 2022年，市机关服务中心做到会议全过程无差错、无疏漏。全年共配合承办会议服务223场次，总计服务人数2.4万人次。（金　涛）

政务服务

【概况】 2022年，句容市行政审批局（政务服务管理办公室）窗口累计受理各类行政许可和服务事项约25.96万件，办结率100%。全市新登记法人企业数2412个，新增注册资本126.37亿元；办理核准类项目26个，投资额230.9亿元，备案类项目134个，投资额59.4亿元，政府类投资项目56个，投资额45.4亿元；办理建筑工程施工许可项目72个；完成公共资源交易项目336个，交易额49.62亿元，节约财政性资金1.46亿元；12345公共服务热线处理企业群众诉求和工单17.11万件，按时办结率99.42%，回访综合满意率99.8%。（华　筝）

【企业服务】 2022年，市行政审批局依托全省企业开办“全链通2.0”系统，通过部门联动、窗口联办推行“一窗受理、集成服务”模式，实现“企业设立登记、公章刻制、银行开户、申领发票、员工参保登记、住房公积金企业缴存登记”6个环节半日办结常态化。提供“刻制公章补贴”“拎包开办”“午间不休息”三项惠民暖企窗口服务。2022年，各开户商业银行共为1871家新设企业承担74万余元公章刻制费用，实现企业开办“零成本”；1200家企业在办理营业执照时，获得窗口赠送的政策“大礼包”；实行午间值班制，惠及5600人次。实行企业“一照多址”改革，简化企业除住所以外经营场所的登记手续。深化政银合作，推广“无偿代办服务”，2022年为全市1863家企业提供“政务+金融”联合服务。（华　筝）

【审批制度改革】 2022年，市行政审批局推出产业类低风险项目的施工图和消防免审工作机制，优化小型低风险项目的施工许可申报流程；推出房建项目桩基和主体工程分阶段办理施工许可，对工期较紧的房建项目，在基础先完成审图的情况下，可先行办理房建基础部分的施工许可。全年共办理免审项目13个。对基本条件具备、主要申请材料齐全且

6月27日，市行政审批局助企先锋队到章鼓鼓风机项目现场开展项目建设审批服务

符合法定形式，但次要条件或申请材料欠缺的政务服务事项，经申请人作出相应承诺后先予受理，办事群众和企业在相应时间内补齐相应材料即可。全年容缺办理立项10余次。推广“拿地即开工”审批模式，利用土地挂牌出让公示期的时间，先行介入质量安全监督、施工监理合同备案、施工图审查（消防）、建设工程规划许可证等必要性审查条件，压缩审批时间。对冠德家具、中德智能制造、郭庄氢能源主题产业园3个项目采取该审批模式，实现项目从获取不动产权证到领取施工许可证不超过5个工作日的目标。（华　筝）

【产业项目服务】　2022年，市行政审批局成立“助企先锋队”，到全市各板块重点产业项目了解项目建设进度并对重点项目建设审批过程中的难点问题提出指导性解决方案。全年向落户企业派出队员120余人次，为企业群众提供咨询类服务56件，有效办理问题事项26件。设立重大项目服务专窗，做好省市级重大产业项目的开竣工申报服务和项目建设手续办理等工作。帮助提升乡镇代办员业务水平，召开重大项目帮代办专题培训会，提升全市产业项目投资建设帮代办服务效率。（华　筝）

【公共服务】　2022年，市行政审批局打造数字政务服务，推广镇江中介超市平台，为项目业主提供工程咨询、技术审查、评估评价等中介服务。拓宽电子印章应用场景，在镇江率先推出危化品车辆通行证电子证照。宣传推广“苏企通”平台，为企业精准推送优惠政策并在该平台公开发布惠企政策、事项解读等内容。推进“一网通办”，重点推广企业开办“全链通2.0”、重大产业项目审批服务调度平台以及“一件事”套餐式服务平台，全市政务服务事项网上可办率达100%。

推行地方“一件事”改革。出台句容市“句容要开农家乐”“句容要开农资店”等10个地方“一件事”事项清单；推广运用镇江“一件事”改革平台，推动“一件事”网上综合收件。2022年，共办理“句容要开便利店、句容要申请植物检疫、句容要开理发店”等一件事380件。

推进政务服务标准化建设。落实全省行政权力六类事项标准化工作，六类权力事项和公共服务事项入库完整率、办事指南完整率、即办件率均达100%。梳理行政权力事项1194项、公共服务事项980项。建立基本目录审核制度和动态管理机制，健全政务服务标准体系。会同相关部门编制政务服务事项标准化工作流程及政务服务大厅《综合窗口事项办事指南》，优化办事流程。（华　筝）

【公共资源交易】　2022年，句容市政府采购全流程全环节均实现电子化，增加各地企业参加政府采购项目的便利性。对服务类项目的技术评估部分采用暗标方式评审，评审过程中系统隐藏投标人的公司信息，专家评委进行盲评，从技术上避免了人为倾向性打分行为。政府采购方面，扩大预留中小企业项目范围，提升中小企业参与政府采购项目的竞争力；在合同中约定预付款比例，增强供应商的履约能力；缩短合同签订时间，加快项目履约，提升采购效率。工程招投标方面，降低25%的电子交易平台和投标工具使用费，进一步减轻企业负担。市行政审批局服务全市重点项目建设，提高项目交易执行质量和效率；招投标程序公开透明，全年共节约财政资金0.83亿元。（华　筝）

【政府服务热线】　2022年，12345公共服务热线做好疫情防控期间诉求接处工作，成立疫情接处工作组，收集整理疫情防控相关知识和政府文件公告，及时回应市民诉求。针对“12345”热线疑难工单存在多次流转、推诿扯皮等问题开展专项督查，不断完善监督治理措施。由热线负责梳理政策法规不明晰、部门职能边界不清晰和长期未解决的问题工单，形成部门职能交叉事项处置意见，为下一步疑难工单的协调解决奠定基础。明确成员单位工单处理的规定要求，每月对成员单位工单办理情况进行督查形成考核结果并及时将问题上报市委、市政府及相关部门。

完善“一企来”企业服务热线政策专员信息并详细梳理校核提供的涉企服务事项，提高“一企来”专线的答复处理水平。依托“一企来”专线，开展“助企纾困·纪委监委在行动”，解决企业办理职工保险、税务申报及发票申领、工商信息变更等问题。2022年，“一企来”共受理事项381件，办结率100%，满意率100%。（华　筝）

政协句容市委员会

责任编校：徐彬彬

综　述

【概况】　2022年，句容市政协坚持以习近平新时代中国特色社会主义思想为指导，认真学习宣传贯彻党的二十大精神，全面落实中央和省、市委政协工作会议精神，把服务落实“疫情要防住、经济要稳住、发展要安全”重大要求作为工作主线，充分发挥人民政协协商民主重要渠道和专门协商机构作用，坚持发扬民主和增进团结互相贯通、建言资政和凝聚共识双向发力，为推动句容经济社会高质量发展做出积极贡献。

（刘　浩）

【履职能力提升】　2022年，市政协出台《政协委员履职评价办法》，建设智慧政协应用系统，将政协委员在提案办理、社情民意报送、会议管理、活动落实等工作进行项目化管理，有力提升委员履职评价水平。并以此为基础，对各联络委组履职开展考核，确保政协考核公平、公正。举办新任政协委员履职能力提升培训班，建设新时代高素质委员队伍。开展廉政建设集体谈话、典型案例警示教育，持续深化不敢腐、不能腐、不想腐一体推进，落实全面从严治党主体责任。落实意识形态工作责任。加强政协网站、政协内刊、微信工作群信息发布等意识形态的阵地管理，牢牢把握意识形态管理权和话语权。

（刘　浩）

【政协工作创新】　2022年，市政协认真总结、推广宝华镇数字化协商议事中心建设经验，承担省政协协商议事网在镇江市唯一试点任务，挖掘、培育基层协商议事句容品牌。先后召开建设推进会和现场观摩会，12个乡镇、街道、园区全部建成数字化协商议事中心，并在8月协商议事月活动中投入使用，形成“有事好商量”句容特色品牌。“让数字化协商议事成为基层治理好帮手”获评2022年江苏省政协工作创新案例奖。

（刘　浩）

1月10—13日，中国人民政治协商会议句容市第十一届委员会第一次会议召开

重要会议

【市政协十一届一次会议】 2022年1月10—13日，市政协十一届一次会议召开。会议听取并审议政协常委会工作报告和提案工作情况的报告；听取委员大会发言；列席市十七届人大一次会议，听取并讨论《政府工作报告》和其他报告；选举产生市政协十一届主席、副主席、秘书长、常委；会议听取并通过提案审查报告；通过《政协句容市第十一届委员会第一次会议决议》《市政协委员履职管理办法》。（刘　浩）

【市政协常委会会议】 2022年1月19日，市政协十一届一次常委会会议召开。会议确定《征求对2021年度市政协党组领导班子民主生活会意见》；学习《关于加强和改进新时代市县政协工作的意见》；审议人事任免事项；审议市政协专委会组成人员名单；审议市政协各联络委组分组名单；通报市政协领导班子成员分工。

2022年5月25日，市政协十一届二次常委会会议召开。专题视察产业强市工作。会前，视察句容市综合交通枢纽项目和桃李面包、骏成电子两家企业。会议还审议通过了有关人事任免；审议通过民主评议决定。

2022年8月17日，市政协十一届三次常委会会议召开。会议听取市政府上半年全市经济社会发展情况通报和2022年政协提案办理情况通报；传达市委工作会议精神；通过有关人事任免；审议通过《句容市政协全体会议工作规则》《句容市政协常委会会议工作规则》两个工作规则。

2022年11月4日，市政协十一届四次常委会会议召开。会议集中学习党的二十大报告中关于“发展全过程人民民主，保障人民当家作主”的部署安排；学习习近平总书记带领中共中央政治局常委赴陕西延安、河南安阳考察时的重要讲话精神，审议其他有关事项。会议围绕“城市老旧小区和街景立面改造”听取市住建局、华阳街道、崇明街道有关情况汇报。

2022年12月27日，市政协十一届五次常委会会议召开。听取2022年纪检监察工作情况通报；部分政协常委述职；审议《关于召开市政协十一届二次会议的决定》（草案）；确定召开市政协十一届二次会议有关事宜；审议人事任免事项。（刘　浩）

【市政协主席会议】 2022年1月18日，市政协十一届一次主席会议召开。讨论十一届一次常委会会议议程。

2022年5月23日，市政协十一届二次主席会议召开。审议《政协句容市第十一届委员会“全员入委”分组名单（草案）》；讨论十一届二次常委会会议议程。

2022年7月6日，市政协十一届三次主席会议召开。视察调研政府重点民生工程建设。会前，集中视察句容市抽水蓄能电站、701工程。

2022年7月22日，市政协十一届四次主席会议召开。会议开展集中学习；研究审议有关文件；开展“智慧政协应用系统”演示。

2022年8月16日，市政协十一届五次主席会议召开。会议讨论十一届三次常委会会议议程。

2022年9月9日，市政协十一届六次主席会议召开。会议就科技强市战略推进暨高科技企业招引及人才扶持开展专题协商。会前，视察圣通电力科技有限公

5月25日，市政协十一届二次常委会会议专题视察产业强市工作

司、晶度科技有限公司。

2022 年 9 月 22 日，市政协十一届七次主席会议召开。审议有关撤销委员资格的事项。

2022 年 10 月 26 日，市政协十一届八次主席会议召开。围绕“激活历史文化资源　提升城市文化品位”议题进行专题调研。

2022 年 12 月 27 日，召开市政协十一届九次主席会议。研究十一届五次常委会会议议程；讨论 3 个民主评议报告；审议《关于表彰 2022 年度优秀联络委组、优秀政协委员和优秀提案、优秀社情民意的决定》。（刘　浩）

10 月 12 日，“喜迎二十大　建功新时代”书画摄影展开展

议政协商

【概况】　2022 年，市政协始终把服务中心大局作为首要任务，紧扣高质量发展主线，积极参政议政、深入协商资政，用实干担当凝聚起智慧和力量。市政协十一届二次常委会会议围绕“推进全市产业强市战略，促进经济高质量发展”议题进行协商建言，专题视察桃李面包、骏成电子和综合交通枢纽项目，提出做优营商环境、加强产业建设、优质服务保障等 11 条意见建议。市政协十一届四次常委会会议围绕“城市老旧小区和街景立面改造”议题进行协商建言，专题视察南大街联盟村、宁杭路状元新村和华阳西路水费大厅改造现场，从科学谋划项目、满足便民需求、彰显个性特色、完善工作机制等方面提出对策建议，以进一步推动城市发展和现代化建设。市政协十一届六次主席会议围绕“科技强市战略推进暨高科技企业招引及人才扶持”议题进行专题协商，集中视察圣通电力、晶度半导体等科技型企业，听取科技局、商务局、人社局关于科技人才工作的情况汇报和部分经济界委员建言，从“科技同经济对接、成果同产业对接、项目同现实对接”等方面提出对策建议，助力句容科技强市战略纵深推进。

2022 年，市政协按照市委统一部署，在防疫关键时期发布倡议书，组织 240 名句容市政协委员全力投身疫情防控工作，开展“有困难、我来帮”政协委员专项履职行动，围绕复工复产、医疗救治、科学防控等民生热点问题，提交 50 余条意见建议供疫情防控指挥部决策参考。疫情形势趋稳后，市政协第一时间提请市委开展“助企纾困　护航发展”专项行动，走访全市 112 家重点企业和 12 家商会组织，收到 97 家企业关于政策支持、融资服务、基础配套等各类需求 158 条，并全力协调推进，逐一解决销号，擦亮“句满意”服务品牌，全方位、多视角为全市经济社会发展献计献策，提供智力参考。（刘　浩）

【建言献策】　2022 年，市政协积极争取上级政协的指导，把上级政协开展的联动调研，作为提高履职水平的重要机遇，为句容发展争取有力支持。全国政协农业农村委主任罗志军带队开展“发挥职业教育作用，推动乡村振兴战略”专题调研；全国政协文化文史和学习委副主任张昌尔带队开展“推动文旅产业融合发展示范区建设”专题调研；省政协副主席朱晓进、周健民分别带队开展“加强改进调查研究，提高协商议政水平”“大力推进双减工作，促进学生全面发展”等专题调研。市政协先后协助镇江市政协开展“能源结构优化及相关产业赋能”“协商议事和疫情防控人力资源专班”“建立健全乡村振兴塔型人才体系”“谋划推进城市有机更新”“沿江产业绿色发展推动产业升级”等多项专题调研。围绕信访工作、侨资侨属企业发展情况、加强新妇幼保健院建设、

强村富民政策实施、苗木检验证办理、不动产权证办理等主题开展专题调研，向市委、市政府报送调研成果11篇。（刘　浩）

【提案工作】　2022年，市政协进一步规范提案审查、交办、督办、办复等工作，推动提案质量、办理质量、服务质量进一步提高。健全主席会议研究确立重点提案、党政主要领导领衔督办重点提案、民主评议重点提案办复等工作机制，制定出台《提案质量评价办法》，持续夯实提案工作的制度基础。市政协十一届一次会议以来，收到委员提案241件，立案133件，进一步优化提案办理流程，加强“提”“办”双方的互动沟通，落实提案承办部门与提案人之间实行办理前交流、办理中沟通、办理后反馈的“三见面”工作模式，定期通报提案办理情况，采取调研视察、会议协商、“回头看”等形式跟踪问效，不断增强提案办理质效，充分发挥提案工作在推动改革发展中的重要作用。市委、市政府主要领导领衔督办重点提案，《关于加大重大科技创新平台建设》《关于进一步丰富“句满意”内核，优化营商软环境》等一批提案得到采纳和推进，医疗保障改革、“双减”政策落地等一批社会关注的问题得到较好的推动和落实，委员对提案办理的满意和基本满意率达100%。

（刘　浩）

【社情民意反映】　2022年，市政协围绕人民群众多方面、多样化的需求，关注就业、教育、医疗、养老、交通出行、食品安全等实际问题，综合运用视察调研、一线走访、座谈交流等多种形式，动员广大政协委员第一时间了解掌握群众所思、所想、所急、所盼，当好群众的“代言人”。全年收到疫情常态化背景下小微企业发展、低效工业用地整合盘活等社情民意信息102篇，报送市委、市政府31篇，获得批示28次，报送镇江市政协51篇，获镇江政协采纳报省政协28篇，获省政协采纳报全国政协1篇，社情民意工作实现数量和质量的双提升。

（刘　浩）

【文化建设】　2022年，市政协深入推进句容“中国楹联文化市”创建工作，对照达标条件，精心制订计划，认真组织实施，完成省级楹联文化市验收各项准备工作。高标准规划建设句容政协文昌书院；打造市级“书香政协”活动中心，设有读书吧、阅览室、会议室等多种场地，具备委员读书、委组活动、协商议事等多项功能，成为政协委员“新活动阵地”。启动“书香政协·同心筑梦”主题系列读书活动，组建20个委员读书群，通过推荐书目、赠送书籍、线下学习、举办主题读书分享会等方式，充分利用文昌书院、句容市图书馆、政协文史馆、协商议事室、党建活动室等学习阵地资源，开展各类读书活动100余场，引导广大政协委员不断拓宽视野思路、提升能力素养。启动《句容市政协志（1980—2021）》编撰工作。策划举办“喜迎二十大，建功新时代”书画摄影展，展示全市高质量发展成果。（刘　浩）

【民主监督】　2022年，市政协主动对接重大政策落实、重点项目推进、重要工作部署，精选全市经济运行统计分析及监测预警、历史文化资源的宣传与推介、退役军人就业安置等多项工作开展民主评议，进一步改进部门工作作风。用政协的视角和方式开展协商式监督，共同推动问题解决，让各部门、单位在政协民主监督下改进自身工作。鼓励政协委员和界别群众从不同的角度谈看法、提意见，在实施监督过程中加强沟通，交换意见，力求达成共识，更好地推动市委、市政府决策部署和群众急难愁盼问题的落实解决。（刘　浩）

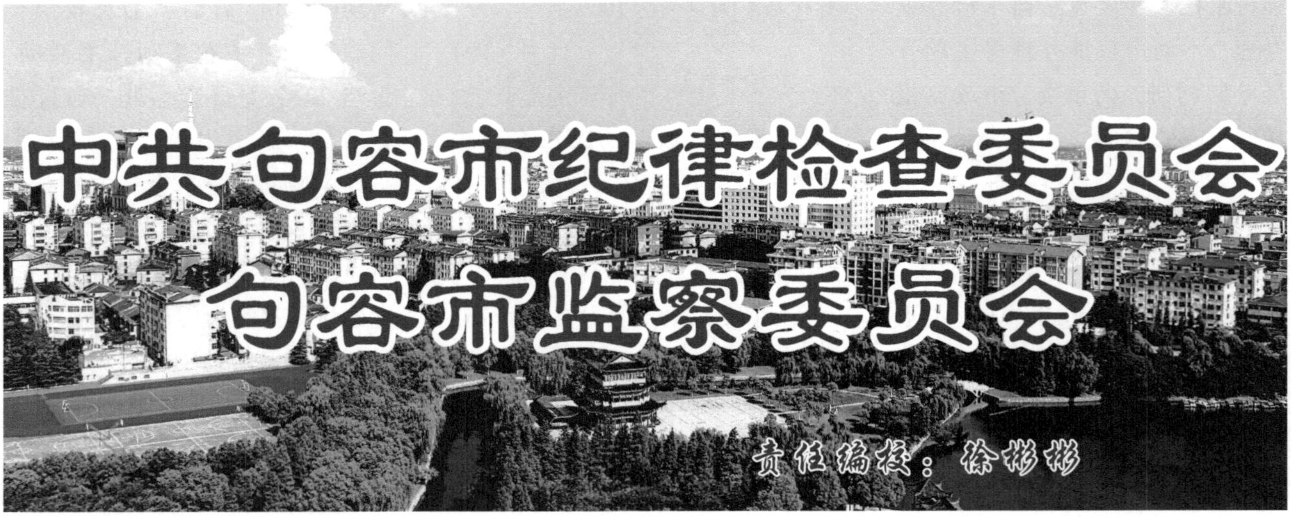

中共句容市纪律检查委员会
句容市监察委员会

责任编校：徐彬彬

综　述

【概况】　2022年，在镇江市纪委和句容市委的坚强领导下，句容市纪委监委紧紧围绕中心、服务大局，坚决反腐惩恶、正风肃纪，加快建设廉洁句容，持续清朗政治生态，纪检监察工作不断取得新成效。在镇江市纪检监察系统高质量考核中连续五年获得第一，2022年全面从严治党群众满意度达96.08%。（市纪委监委）

【专业化建设】　2022年，市纪委监委选优配强新一届市纪委机关党委班子，深化“清风护航、容城廉韵”党建服务品牌建设，实施“清风匠心”工程，全方位提高纪检监察干部综合素质。把“在课堂学”和“到一线学”紧密结合起来，举办巡回课堂、开展“双导双升”结对帮带，抽调、选派纪检干部130余人次赴巡察、信访、办案一线跟班锻炼。

（市纪委监委）

【信息化建设】　2022年，市纪委监委打造智慧纪委监委平台，加快信息化建设提档升级，深化应用OA办公系统。成立智慧纪委监委建设工作专班，编印技术工作资料汇编，实现网络通、业务通、数据通。（市纪委监委）

【规范化建设】　2022年，市纪委监委细化信访举报、线索处置、审查调查、案件审理等全流程工作规范。高质量完成市监委向同级人大常委会报告专项工作，注重发挥特约监察员作用，主动接受各方面监督。完善内控机制，健全自身权力运行机制和管理体系，制定“小补丁”规范12条，常态化开展警示教育、谈心谈话，推动严管严治、自我净化。

（市纪委监委）

政治监督

【概况】　2022年，市纪委监委

8月5日，市纪委监委举办“喜迎二十大　建功新时代——我是新时代句容公务员”主题演讲比赛

持续学懂弄通做实习近平新时代中国特色社会主义思想，始终做“两个确立”的坚定捍卫者和“两个维护”的忠实践行者，坚决扛起职责使命，在忠诚履职中诠释使命担当。围绕党中央重大决策部署，结合句容实际，因时因势把握监督重点，聚焦生态环保、安全生产、政府隐性债务等重点工作，梳理形成 9 项政治监督任务清单，严肃查处不担当、不作为、乱作为问题 14 起 20 人。

（市纪委监委）

5 月 17 日，市纪委监委第一期“我的业务我来讲”纪检监察巡回课堂正式开讲

【理论学习】　2022 年，市纪委监委落实并规范“第一议题”制度，完善理论学习长效机制，及时跟进学习习近平总书记重要讲话、重要指示批示精神 23 次，做到在“知”上更清醒、在“信”上更坚定、在“行”上更主动。全面深入学习领会党的二十大精神，通过班子引领学、会议专题学、支部跟进学、交流研讨学等多种形式，营造深学笃学、真信真用的浓厚氛围。

（市纪委监委）

【“两个责任”落实】　2022 年，市纪委监委协助市委细化落实年度“两个责任”清单，明确“一把手”和领导班子监督“五必严”要求。针对监督中发现的突出问题，逐一约谈相关板块党委书记、纪委书记，面对面提醒防范风险点。协助市委抓好政治生态监测评估反馈问题整改工作，探索试行廉洁句容监测分析，发挥对党风政风监测提醒和修复提升双重功能。　（市纪委监委）

中心工作保障

【概况】　2022 年，市纪委监委坚持把履行监督第一职责与服务发展第一要务结合起来，以高质量监督促进高质量发展，实打实地助推产业强市、助阵风险防范、助力担当作为。　（市纪委监委）

【疫情防控督查】　2022 年，市纪委监委开通疫情防控监督“‘码’上说马上办”服务平台和 24 小时监督电话，组建 27 个督查组，开展疫情防控督查工作，编发 46 期督查专报，发现并推动解决问题 562 个。　（市纪委监委）

【营商环境优化】　2022 年，市纪委监委深化“清风助企”专项行动，持续开展纾困解难政策兑现专项监督，搭建“e 码监督”平台，出台营商环境问题线索快查快结办法，深入查处懒政怠政、吃拿卡要等问题 33 起 33 人，为产业强市清障除淤。

（市纪委监委）

【融资领域治理】　2022 年，市纪委监委以严查国有平台公司权钱交易腐败问题为切入点，综合运用巡视巡察成果、审计监督成果，强化与公安、检察机关在线索移交、案件突破等方面的联动协作，充分发挥“室组地”联动优势，严查融资领域腐败问题 10 起 10 人，挽回直接经济损失 2104.3 万元。　（市纪委监委）

【容错纠错实施】　2022 年，市纪委监委探索制定《营商环境领域容错纠错实施办法》，旗帜鲜明对 1 名党员干部在扶持企业发展中的探索性失误实施容错纠错，主动为 6 名党员干部进行失实举报澄清，以良好干事氛围促进干部担当作为。　（市纪委监委）

专项监督治理

【概况】 2022年，市纪委监委坚持从群众最需要的事做起，从群众最不满意的事查起，深化“为民解困”专项监督，坚持一领域一专项、一地域一方案，采取立项评审方式，对23项“小切口”专项监督项目化管理，查处群众身边腐败和不正之风问题39起61人。（市纪委监委）

【小微工程专项治理】 2022年，市纪委监委深化村级小微工程专项治理，重点排查违规拆分、变更、虚构等问题，严肃查处后白村黄胜才等一批严重违纪违法案件，推动职能部门出台规范农村集体“三资”管理“九严禁”“九不准”等“小特精”制度。率先试点、全面上线基层小微权力“监督一点通”平台，投诉办理评价满意度达98%。

（市纪委监委）

【“四风”纠治】 2022年，市纪委监委持续深化违规吃喝、违规收送礼品礼金、违规发放津补贴问题专项整治，对典型案例一律通报曝光，查处违反中央八项规定精神问题56起72人。发放中央八项规定精神“口袋书”，印发《关于进一步规范发放津补贴纪律要求》，明确“十二严禁”纪律红线和“三个一律”工作要求。

（市纪委监委）

【信访举报专项治理】 2022年，市纪委监委纵深推进“多年、多层、多头”信访举报专项治理，2022年全市检举控告量、初次举报量、重复举报量较2021年分别下降40.1%、37.7%、56.5%，彰显了抓基层、强基础的成效。

（市纪委监委）

反腐工作

【概况】 2022年，市纪委监委始终保持严的主基调，以精准办案为抓手，努力查处一类案件、完善一批制度、治理一个领域、教育一批干部，在系统施治中凸显综合效应。（市纪委监委）

【腐败惩治】 2022年，市纪委监委以零容忍态度惩治腐败，全市纪检监察组织立案293件，留置16人，移送检察机关审查起诉12人。坚决查办重点领域腐败，深挖彻查高某某等“靠土吃土”问题，朱某某、许某等融资领域腐败问题。（市纪委监委）

【以案促治】 2022年，市纪委监委针对腐败案件中暴露的漏洞和短板，加强政治生态分析研判，精准规范提出纪检监察建议等监督意见20余份，推动完善制度30余项，做到“查、剖、改”同向发力。（市纪委监委）

【警示教育】 2022年，市纪委监委做细做实教育提醒、纪法威慑、政策感召等工作，全市运用“四种形态”批评教育帮助和处理544人次，其中第一、二种形态占91.7%，抓早抓小成为常态。协助市委召开领导干部警示教育大会，摄制警示教育片，用典型案例现身说法，以身边事教育身边人。（市纪委监委）

巡察工作

【概况】 2022年，市纪委监委

8月30日，市纪委派驻机构党支部开展“我为群众办实事”联合主题党日活动

坚持紧扣中心、常专结合、统筹联动，做到以巡促改、以巡促建、以巡促治。

（市纪委监委）

【政治巡察】　2022年，市纪委监委牢牢把握“两个维护”根本任务，统筹开展十三届市委第二轮巡察，对3个市直部门、2个镇及其所辖党组织进行常规巡察；完成对宝华镇所辖村（社区）巡察，实现村（社区）巡察全覆盖，共发现问题738个，移交问题线索25件。（市纪委监委）

【巡察整改】　2022年，市纪委监委出台《句容市巡察整改质效评价办法》，开展整改质效评价及日常监督自查提升行动，完成对74家被巡党组织整改情况监督检查。探索“巡察专报+约谈督办”机制，夯实整改主体责任，推动问题改到位、改彻底。坚持定期通报巡察移交问题线索办理情况，线索按期办结率达100%。

（市纪委监委）

【联动巡察】　2022年，市纪委监委配合省委巡视组对丹徒经济开发区开展联动巡察。探索建立巡纪案情分析通报机制，推动巡中立案2人、巡中留置2人。创新“巡审同步”监督模式，巡察组、审计组及时对发现的问题归集比对、相互印证，放大监督叠加效应。（市纪委监委）

10月8日，市纪委监委对药店等重点场所开展疫情防控督查

群众团体

责任编校：陈龙浩

句容市总工会

【概况】 2022年，句容市总工会坚持以职工为中心理念，聚焦主责主业，服务中心大局，做好职工思想政治引领、职工服务、基层组织建设等工作。年内，召开庆祝“五一”国际劳动节暨表彰大会，在媒体推出“致敬劳动 创造 激发奋进力量”先进人物、先进单位事迹专题宣传片17期，开展“劳模工匠进校园 思政教师进企业”宣讲活动12场，举办“书香阅读进企业”“书香工会 成就梦想”主题征文和线上朗读达人评选等活动。开展“工会杯”职工掼蛋、象棋大赛暨江苏省第二十届运动会职工部选拔赛，参赛职工10000余人次。句容首部《句容市工会志》完成编撰工作。

（陈忠义）

【工会服务工作】 2022年，市总工会贯彻镇江产改联席会议精神，推动产业工人队伍建设改革工作，依托镇江市职工协会，取得通过技能竞赛开展职业技能等级认定的第三方评价机构资质，拓展职工技能提升通道。推进劳模创新工作室创建工作，在2022年度中国专利奖评审中，句容两项发明专利获奖。落实“消费帮扶、支持对口支援地区两年行动计划”，2022年共动员全市各级工会组织70多家，认购陕西省蒲城县279.09万元的帮扶产品。

（陈忠义）

2022年8月3日，苏工暖“新”行动“8+X”综合服务集市走进句容专场活动

【职工帮扶工作】 2022年，市总工会为全市49名建档困难职工提供生活救助、医疗救助和助学救助，发放专项帮扶资金67.1万元。开展2023年两节送温暖活动，筹集43万元送温暖专项资金慰问困难职工和一线职工，为全市各级劳模发放荣誉津贴和慰问金40.8万元。推进依法维权，开展全市首场集体协商工作培训及现场推进会，落实3场劳动规章“负面清单”工作，切实维护劳动者的合法权益。开展苏工暖“新”

行动句容专场活动，集成打造健康体检、专项保险、能力提升、法律服务、心理咨询等服务，为新成立的三个行业工会200名新业态劳动者赠送一次健康体检和一份重大疾病保险。联合市慈善总会、市城管局为全市862名一线环卫职工送上一份重大疾病及意外伤害互助保险。（陈忠义）

【工会基层组织建设】 2022年，句容市新组建企事业工会67家，成立道路货运、外卖配送、快递三个行业工会联合会。加强对本级工会经费收、管、用的审查和监督，并对29家基层工会的经费收支使用情况进行了审查审计，不断加强财务规范管理。2022年为全市1025家小微企业全额返还工会经费444.6万元。（陈忠义）

共青团句容市委员会

【概况】 2022年，共青团句容市委员会聚焦主责主业，服务中心大局，密切联系青年，推动从严治团，深化共青团改革创新，全市共青团工作取得显著成效。全年新发展团员765人，新增机关、国有企业等传统领域团组织2家，新增社会领域非公企业团组织102家、社会组织团组织8家。11月15日，召开共青团句容市第十八次代表大会。年内，团市委获评“全省共青团工作先进单位”，句容市公安局交通警察大队车辆管理所获评“一星级全国青年文明号”，崇明中学团委获评“江苏省五四红旗团委”，2个项目分别获“创青春”江苏青年创新创业大赛二、三等奖。（汤佩丽）

【青少年教育工作】 2022年，团市委组织开展学习宣传贯彻党的二十大精神主题活动，开展党的二十大精神、新时代的伟大成就等专题学习。开展寻访党的二十大代表赵亚夫、沈春雷红领巾寻访活动。推进“青年大学习”网上主题团课学习，累计参学团员青年53万余人次。开展庆祝建团百年系列活动，举办句容共青团团史图片展，推出“青春心向党 建功新时代”网络视频，“五四”“六一”组织开展示范性入团、入队仪式，举办“红心向党 不负韶华”青少年书画印作品展。创成3个镇江市级少先队名辅导员工作室。绘制少先队校外实践教育地图，成立市青少年宫等3家校外实践教育基地少工委。实施“红领巾”争章活动。（汤佩丽）

【青少年服务工作】 2022年，团市委以“联青服务站”为纽带，推进“我为青年做件事”实践活动。推动“梦想小屋”项目纳入十大民生实事，全市151间“梦想小屋”全部建成交付，联合相关单位成立关爱联盟，构建“1+3+6”关爱服务体系。开展“爱心暑托班”“童享阳光”“点亮微心愿”“秋季助学”“暖冬行动”等困境青少年关爱公益项目，通过“圆梦行动”资助困境大学生11人，推荐省希望工程公益大使17人。做好预防青少年违法犯罪工作，开设“句青·父母大学”法治教育课堂，推进“共青团与人大代表、政协委员面对面”活动，完善青少年诉求表达与处理机制。开展“留句过年 团团送福”“夏日送清凉”等活动，关心关爱快递员、外卖骑手等新兴青年群体。（汤佩丽）

【青年发展工作】 2022年，团市委承办宁镇扬青商创新对接会暨江苏青商“市县行”活动，依托市青年企业家协会开展专题培训、青商沙龙等活动12场次。完善“新农菁英”服务体系，入库“新农菁英”112人，招录8名乡村振兴大学生志愿者，推动乡村

句容团市委举办“喜迎二十大 永远跟党走 奋进新征程”句容市庆祝中国共产主义青年团成立100周年图片展

青年人才振兴。围绕全市重大产业类项目，组建青年突击队32支。成功申报青年发展型城市（县域）建设省级试点，出台《句容市“十四五”青年发展规划（2021—2025年）》，建立健全青年联席会议制度，优化青年发展环境。开展“回乡看发展 梦是故乡圆”系列活动，联系服务句容籍大学生200余人次。

（汤佩丽）

句容市妇女联合会

【概况】 2022年，句容市妇女联合会（以下简称“市妇联”）以引领联系服务妇女儿童为工作主线，不断深化妇联改革创新，开创妇联工作新局面。年内，市妇联被评为江苏省巾帼建功先进集体，获得第四届江苏女性融媒体创意大赛优秀组织奖，“萱草花”志愿服务项目获“江苏慈善奖”最具影响力慈善项目，在全市创成江苏省“在你身边”文明实践巾帼志愿阳光站1个，省级巾帼文明岗1个，“美丽家园”省级示范点2个，省“五好家庭”1个，省“最美家庭”3个，省“书香家庭”1个，省三八红旗手、省巾帼建功标兵和省十行百星巾帼创业创新先进典型各1个。

（赵翔华）

【妇女儿童权益保障】 2022年，市妇联打造“木兰家事”公益律师团品牌，14名女律师结对妇联法律援助联络点、巾帼维权志愿岗、“康乃馨”婚姻家庭调解室等阵地，开展法律讲座、“电台普法”和“送法入户”等专题普法宣讲，办理法律援助案件民事158件、刑事14件。建立市镇村三级妇女儿童权益维护保障联动机制。联动市法院召开“少年审判 守护未来”未成年人司法保护工作新闻发布会，首创家事调查和社会观护制度，组建20名家事调查员和10名社会观护员队伍。编制句容市“十四五”妇女儿童发展规划。

（赵翔华）

市妇联组织开展家庭教育公益行活动

【妇女儿童帮扶】 2022年，市妇联实施“一户一策”精准微关爱服务，确定15户精准关爱服务对象，制定精准微关爱服务方案，推进精准微关爱走深走实。组织实施市政府妇儿工委8+3件实事项目，为150名单亲困境母亲送去慈善帮扶金15万元。实施“织爱行动·童她益起”项目，向308名困境儿童、10名“两癌”贫困妇女提供价值30.8万元的爱心大礼包及帮扶金。借力腾讯公益平台上线“织爱行动 同她一起”公益项目，募集资金29.4万余元。开展“在你身边”文明实践巾帼志愿阳光行动，打造省级试点站1个，镇江市级试点站2个，成立巾帼志愿阳光行动服务队77支，开展巾帼志愿服务300余场次，惠及群众1万余人次。深化“萱草花”志愿服务，组织170名“萱草花”志愿者与111名困境儿童结对，开展各类帮扶关爱活动220余场次，为392名困境儿童圆梦微心愿。

（赵翔华）

【妇女就业创业】 2022年，市妇联培树女性典型，放大典型示范带动效应，全年表彰市三八红旗手10名、三八红旗集体5个。联合市人社局组织“春风行动”专场招聘活动22场，其中女性专场招聘会1场，其间提供岗位6433个。全年公共就业创业服务1155人，组织120人参加职业技能培训，为36人提供劳动维权和法律援助，帮助231名农村劳动力实现转移就业。联合市商务局举办女性专场直播带货培训班，孵化50名“直播带货”女能人。联合市农业农村局共同承办镇江市“田妈妈”田间课堂现场推进会，创成“镇有一手”“田妈妈”田间课堂示范基地3家，开展田间培训20余场，“田导师”进村到田技术指导10次，“田甜圈”亲子游活动4场，惠及妇女1000余人次。（赵翔华）

【家庭家教家风建设】 2022年，市妇联推动家庭教育指导服务示范社区建设列入2022年度市政府10件民生实事项目。推进华阳街道城上社区、黄梅街道寨里社区、下蜀镇下蜀村3个示范社区建设，新增下蜀镇空青村等5家省级家庭教育指导服务示范社区建设点，依托本地本社区建立15支148人的志愿者队伍，开展家庭教育活动500余场。联合教育部门成立市家庭教育指导工作室，开展家教咨询、心理疏导、回访帮扶、法律咨询等家庭教育指导服务。在“句容女性”微信公众号上开设家庭教育服务专栏，设立线上家庭教育“微”咨询室。开展市最美家庭评选暨“最美家风家训”征集活动，表彰“最美家庭”70户、征集“最美家规家训”250余条。（赵翔华）

句容市科学技术协会

【概况】 2022年，句容市科学技术协会服务科技创新、提高全民科学素质，为全市经济社会高质量发展和乡村振兴建设贡献科协力量。12月19日，召开市科协第八次代表大会，完成换届工作。对市属学会按规定完成相关材料审查上报，规范学协会办会要求。年内，市科协获得江苏省“全国科普日”先进组织单位，江苏禾木农博园、赤山湖国家湿地公园被评为全国科普教育基地，2人获得全国机器人比赛一等奖。（科协）

【科技服务】 2022年，市科协推进“科技三下乡”，充分发挥句容市科普金牌讲师志愿服务队作用，16位讲师年度开展葡萄、草坪等培训、现场指导150多场，被评为“2022年度长三角优秀科技志愿服务组织”。以镇江市科学家精神教育基地“句容市现代农业展示馆”为阵地，创建科协“四长”工作室，通过工作室牵头引领基层各类科技人才融入乡村科技志愿服务队伍，推动构建特色更加鲜明、效能更加突出的乡村科技科普创新服务体系。聚焦句容重点产业精准施力，推进省级学会与地方企业深度合作升级。促成天晟药业股份有限公司与江苏省药理学会签约。打造企业科协平台，新建10家企业科协工作站，进一步搭建服务企业科技工作者平台，定期组织开展企业专利应用工程师培训。根据企业需求，邀请省级学会专家到企业调研座谈和学术交流，服务企业创新发展。依托句容产业强市总体布局，结合2022年度海智平台评估工作，推进海智计划。邀请日本农协专家介绍日本农协在技术指导、产品加工、拓展市场等方面的角色定位、具体做法以及相关经验等，为句容合作联社的建设和运营提供思路借鉴，助力乡村振兴战略实施。（科协）

【科普宣传教育】 2022年，市科协以科普宣传周、全国科普日品牌活动为契机，围绕卫生健康、碳达峰碳中和、乡村振兴等，通过科普进校园、进社区、进乡村、进企业，组织重点活动150项。举办的“消防安全系列培训”被评为江苏省第34届科普宣传周优秀活动。强化青少年科技教育，组织全市中小学生参加各级科技大赛。在省市机器人、青少年科技大赛中，获得省特等奖9人，一等奖35人，二等奖76人，1人获得省青少年科技创新大赛最高奖“培源奖”，5所学校获得机器人比赛优秀组织奖。华阳实验小学创成省科学教育综合示范学校。（科协）

【科普阵地建设】 2022年，市科协推进科普基地建设，突出辐射带动，康缘中医药文化科普园等5家单位被命名为镇江市科普教育基地，创建镇江市科普惠农服务站5个，江苏省科普教育基地1家。实施“基层科普行动计划”，突出典型示范，戴庄合作社、白兔镇致富果业专业合作社、马扎里社区居委会3家单位创成镇江市基层科普行动计划先进集体、优秀科普示范社区。（科协）

【科技人才培育】 2022年，市

科协强化人才举荐，在省市青年科技奖、青年科技人才托举工程中，句容市2人获评“科创江苏”创新达人，4人获评“科创镇江”创新达人；2人入选镇江市科技标兵，1人入选镇江市杰出创新工程师。利用网络媒体，做好科技创新团队和优秀科技工作者的宣传报道。（科　协）

句容市文学艺术界联合会

【概况】　2022年，句容市文学艺术界联合会围绕市委战疫情、促发展等工作部署，抓好文艺创作、主题活动、文艺惠民、组织体系建设等方面的工作，较好地完成各项工作任务。12月21日，召开市文联第三次代表大会，选举出主席团、委员会等新一届文联领导机构。（王镇容）

【文艺主题活动】　2022年上半年疫情防控期间，市文联向全市广大文艺工作者发出“同舟共济‘艺’起抗疫”的倡议书，利用句容发布官方平台、各协会微信公众号、美篇等新媒体进行宣传推介。推出“墨韵凝心　以艺战疫”系列书法网络展、抗疫美术作品展、作家协会抗疫作品特辑、诗歌战疫作品集等。年内，紧扣党的二十大、中华传统节日、乡村振兴、文明城市创建等主题，先后举办“童真童趣少儿书法大赛”、第二十届少儿器乐比赛、“红心向党，不负韶华”书画篆刻展、“喜迎二十大丹青绘句容”美术作品展、“青少年书画印优秀作品展”、江苏省“喜迎二十大·奋进新征程”美术摄影采风及巡回展、“美丽乡村容城行”首届“文旅杯”书画篆刻大赛作品展、与中国摄影报社联办“福地洞天，仙境茅山”全国摄影大赛等。举行义务写春联、“猜灯谜、闹元宵”、“浓情端午”、“庆中秋”戏曲大家唱、“心系桑榆、情满句容”国庆重阳走访慰问等活动，弘扬传统文化、营造良好节日氛围。（王镇容）

【文艺惠民】　2022年，市文联开展“文艺轻骑兵”文艺惠民和文艺志愿服务活动，把文艺惠民活动融入新时代文明实践中心建设中。开展送福送春联下基层10余场次。定期开展各类文艺培训、座谈、评论等文艺交流，常态化举办书法、篆刻、戏曲等传统文化进校园、进社区活动。戏曲家协会开展送戏曲进社区，暑期的每周三、周六举办“夏日纳凉”戏剧票友会。“国色添香”梅花奖艺术家惠民演出走进茅山老区。（王镇容）

【文艺创作】　2022年，市文联突出中心促进文艺繁荣，坚持“以人民为中心”的创作导向，出作品、出人才。王斌油画作品《村庄记忆系列七》入展中国美协举办的“邮驿路，丝路情”全国油画展；许清、孔德静、徐爱芬等多件作品入选江苏省美协举办的展览；徐静的国画作品《和谐》入展省委宣传部、省文化和旅游厅、省文联举办的“新时代颂”江苏美术摄影主题联展。许霞的作品《幸福谣》在镇江市文联举办的主题“喜迎二十大，真情颂党恩”征文活动中获一等奖。朱国良、陈云获江苏文艺大奖第四届书法奖；许能俊、朱国良的作品入展省书协“墨韵新时代”喜迎党的二十大江苏书法大展；陈云的作品入展省“杨沂孙·书法篆刻作品展”；刘清、陈杰、张云

“礼赞新时代、奋进新征程”美术摄影展

帆、张润秋的作品入展省书协第十三届新人书法篆刻作品展。周宜飞创作的长篇小说《长在树上的村庄》被镇江市委宣传部列为重点文艺创作资助项目。秦淮灯彩再度登上中央广播电视总台元宵晚会。 （王镇容）

句容市残疾人联合会

【概况】 2022 年，句容市残疾人联合会紧扣年度工作要点，有序推进残疾人康复服务、残疾人就业帮扶等重点工作，顺利完成全年各项目标任务。9 月，完成镇级残联换届工作；11 月，完成市级残联换届工作。年内，在全省第十一届残运会上，句容市推选的 6 名残疾人运动员获得 6 金 1 银的成绩；特殊教育学校教师王露获 2022 年全国残疾人岗位精英职业技能竞赛江苏省选拔赛调饮食项目第二名，并代表江苏省参加全国竞赛。 （市残联）

【句容市残疾人联合会第七次代表大会】 11 月 19 日，句容市召开市残疾人联合会第七次代表大会。大会选举产生市残疾人联合会第七届主席团委员，选举产生出席镇江市残疾人联合会第七次代表大会代表。 （市残联）

【残疾人康复服务】 2022 年，市残联会同市卫健委、市教育局推进孤独症儿童基本康复服务常态化全覆盖工作，为 58 名孤独症儿童提供康复救助服务。为 25 户贫困残疾人家庭实施无障碍改造。为 121 名残疾儿童提供康复机构康复训练，救助金额 204 万余元。做好精准康复服务，累计投入 60 万元，为 500 名残疾人适配辅助器具，为 34 名肢体残疾人免费安装假肢和矫形器，并争取到省辅具中心“辅具科技改变生活”项目，为 1 名重残学生订制一辆电动轮椅。为 57 名白内障患者提供复明手术补助。为 1200 名精神病患者提供免费服药服务，为 353 名精神病患者提供免费体检服务，对 23 名精神病住院患者给予 4000 元/人救助。对 545 名 65 岁以下重度肢体残疾人开展个性化精准康复服务。推进残疾人家庭医生签约服务，签约率达到 82.3%。 （市残联）

【残疾人就业服务】 2022 年，市残联完成新增实名制就业 151 人，各级“残疾人之家”共有 170 多名残疾人从事辅助性就业，做好 4 名应届残疾毕业生的就业服务对接工作，就业服务率达 100%。组织 13 名残疾人参加省、镇江市级盲人按摩和全媒体运营师培训班，全年完成新增实名制培训 152 人。 （市残联）

【残疾人教育帮扶】 2022 年，市残联落实教育专项补贴工作，对 33 名高中以上阶段残疾学生发放专项补助 5.95 万元，对 65 名在校接受高等教育的贫困残疾人家庭子女发放补助 9.75 万元。利用“全国助残日”“国际残疾人日”等时间节点，依托“残疾人文化周”“文化助残公益行动”“百姓大舞台”等活动载体，开展歌舞、阅读、书法、茶艺、剪纸、花灯等文体活动 10 余场次。 （市残联）

句容市红十字会

【概况】 2022 年，句容市红十字会工作聚焦核心业务，创新实干，打造工作品牌，较好地完成了全年目标任务，在推进中国式现代化句容新实践中贡献红十字力量。年内做好社区博爱家园建设，新增中凌社区·博爱家园和杨塘岗社区·博爱家园，累计建设博爱家园 6 个。2022 年，“句容市救在身边”获得 2022 年度江苏省红十字会“5·8”人道公益日公众筹款优秀项目。11 月 18 日，句容市红十字会第六次代表大会召开，大会选举产生市红十字会第六届理事会和监事会，通报表扬了红十字会工作先进集体、先进个人、优秀志愿者和公益捐赠爱心奉献奖。 （孔灵清）

【救护培训】 2022 年，市红会开展培训 50 场，其中普及性培训 23 场，共计培训 10189 人，完成率 102%；初级救护员培训 27 场，共计培训 1977 人，完成率 104%。通过句容市红十字会微信公众号、句容发布、实地调研等多平台、多渠道发布应急救护培训呼吁，搜集全市应急救护需求，“订单式”开展应急救护培训。推动红十字急救知识进学校、进机关、进社区、进村居、进企业等，在全社会深入宣传普及红十字急救知识。选派 2 名志愿者讲师参加红总会师资提升培训，4 名志愿者师资参加镇江红会组织的师资复训。

市红会开展救护培训

开展“救在身边·校园守护行动”应急救护培训29场，培训人数达11025人次。5月，成立一支句容市红十字应急救护救援队。8月，选派4名师资志愿者参加镇江市第四届应急救护技能竞赛，获得团体一等奖。（孔灵清）

【“三献”工作】 2022年，句容市有中华骨髓库志愿者登记100人，累计登记入库1801人。遗体捐献新增登记10人，累计登记149人，完成捐献3人，累计捐献15人。截至11月底，无偿献血4006人次，献血总量139万毫升，献血车上门服务60次，献血量133万毫升，造血干细胞再动员14人，新增1例捐献者，累计10例成功捐献造血干细胞。全年开展20场生命接力宣讲活动，宣讲普及人数达1800人。组织清明节期间线上“三献”志愿者慰问活动，分别向器官捐献3人、遗体捐献12人，共计发放慰问金2.04万元。（孔灵清）

【人道救助】 2022年，市红会开展2022年春节和重阳节“博爱送万家”活动。春节期间，走访慰问经济困难家庭、大病救助对象、困难学生家庭、司法涉案困境儿童、困难志愿者家庭、博爱学校等，总受益户数537余户，惠及约1849人。重阳节期间，走访慰问困难老人、大重病患者等，总受益户数57余户，惠及318人。2022年，共收到疫情防控捐款3.99万元，疫情防控捐赠物资20.67万元，为打赢疫情防控战贡献人道主义公益力量。打造“救在身边”句容红十字品牌的新举措，“5·8”人道公益日期间上线“大病儿童人道需求关怀”“备灾库版家庭箱”“器官捐献者子女助学”3个筹款项目，“9·9公益日”期间上线“博爱句容·AED”和“博爱句容·关爱相髓”2个筹资项目，累计募集善款5.1万元，社会参与1000余人次。做好定向捐赠慰问工作，定向对口扶贫捐赠蒲城红十字会10万元；江苏海瑞斯生物科技有限公司向崇明社区医院、后白卫生院、下蜀中心卫生院分别定向捐赠53.5万元、64万元、28.93万元医疗检测仪器。帮助3名白血病患儿申请拿到“小天使基金”救助款。联合2家红十字冠名医院，开展“博爱送健康”志愿服务活动15次，服务1251人次。（孔灵清）

中国民主同盟江苏农林学院支部

【概况】　2022年，中国民主同盟江苏农林学院支部在思想政治建设、参政议政、组织队伍建设和岗位建功等方面发挥积极作用，为江苏农林职业技术学院的发展和句容市经济发展和进步做出了积极贡献。截至2022年年底，支部有盟员11名。

（民盟江苏农林学院支部）

【支部活动】　2022年2月，支部开展交流座谈会，纪念中国民主同盟的创建者和领导者张澜诞辰150周年、民盟早期领导人李公朴诞辰120周年。3月中旬，召开“两会”精神专题学习报告会。4—7月，组织支部盟员参加“新形势下高校统战工作”专题网络培训，并就研修心得开展交流研讨活动。5—7月，组织支部盟员参加省委教育工委“携手喜迎二十大·同心共筑教育梦”主题宣传教育活动——“讲多党合作故事、献礼党的二十大”短视频大赛活动。7月上旬，支部主委传达学习民盟江苏省第十三次代表大会精神，带领支部成员学习民盟江苏省第十二届委员会工作报告和民盟江苏省第十二届委员会内部监督委员会工作报告。11月下旬，召开学习贯彻党的二十大精神专题会议。

（民盟江苏农林学院支部）

【社会服务】　2022年3月上旬，召开支委会研究讨论2022年度科技帮扶相关事宜，确定本年度重点帮扶方向为“草坪养护与管理”，并开展相关调研。3月下旬，组织盟员到南京市江心洲项目建设公司开展春季草坪养护管理技术培训。4月上旬，到常州市绿化总站开展草坪春季养护技术培训。7月，组织盟员到四川省甘孜、色达高原进行高原草地有害生物普查。8月，组织盟员到淮安市淮阴区农科院、工业园区中天钢铁集团开展企业调研工作。11月上旬，组织盟员到淮安市高家堰镇指导苗木种植大户安全施用除草剂，并建立长期电话沟通服务。11—12月，盟员参与第三次全国土壤普查技术培训和指导工作。12月，组织盟员到如东市小洋口镇滩涂盐地坪牧两用草坪生产基地开展科技帮扶工作。

（民盟江苏农林学院支部）

中国民主同盟句容支部

【支部概况】　2022年，中国民主同盟句容支部开展“活力支部、温馨之家”建设活动，打造“盟友开讲”社会服务品牌，履行参政议政和民主监督职能，为推动地方经济社会发展、打造“一福地四名城”做更大的贡献。截至2022年年底，民盟句容支部新增盟员2人，总计盟员38人。

（民盟句容支部）

【支部活动】　2022年6月17日，民盟句容支部召开“矢志不渝跟党走、携手奋进新时代”主题教育动员部署会。7月12日，民盟镇

8 月 13 日，民进句容支部举办“民师大讲堂”活动

11 月 17 日，句容市各民主党派与李塔村签订合作共建协议

江市委主委杨晓勤带队到句容市陈庄村，调研中国科学院南京地理与湖泊研究所知识乡村试验站。10 月 31 日，民盟句容支部召开学习贯彻党的二十大会议精神座谈会，开展主题学习活动。

（民盟句容支部）

【社会服务】 2022 年，支部成立民盟句容支部“同心红”志愿服务团，积极开展各项志愿服务活动。1 月 20 日，民盟句容支部联合句容市少工委、句容市崇明小学文昌校区的小队员到句容市春城何庄村舒雅养老院，开展“学史崇德，学史力行，我们一起在路上”主题活动。9 月 16 日，民盟句容支部盟员陈继芳带领爱心医护团队到句容市崇明街道梅花社区为居民作“认识、预防糖尿病”健康知识讲座。10 月 7 日，民盟句容支部盟友携手 50 名少先队员，参观宁句地铁 S6 号线。

（民盟句容支部）

【参政议政】 2022 年，民盟句容支部盟员主动履行参政议政职能，围绕市委、市政府中心工作深入开展专题、专项调查研究，提出务实性、操作性的提案和议案共计 19 件（议案 3 件，提案 16 件），其中一件提案被列为市政协重点提案。 （民盟句容支部）

中国民主促进会句容支部

【概况】 2022 年，中国民主促进会句容支部依照民进镇江市委会与句容市委统战部的工作部署，贯彻落实党史学习教育。截至 2022 年年底，支部共有会员 26 人，其中新发展会员 2 人，1 人因工作调整转入其他地区支部。

（民进句容支部）

【参政议政】 2022 年，会员丁志春担任政协江苏省第十二届委员，被镇江政协评为“2019—2021 年度反映社情民意工作先进个人”，两条社情民意信息被评为“2019—2021 年度优秀社情民意信息”，一条社情民意信息被民进中央采用，被民进江苏省委员会表彰。主委裔胜东牵头申报句容统战部建议的“如何利用 S6 号线等交通便利，促进句容经济发展”总课题，并完成了《枢纽经济视角下句容市产业转型升级的机遇、挑战及应对策略》调研报告。

（民进句容支部）

【支部活动】 2022 年，支部继续举办“民师大讲堂”活动；创建“民书房”，开展中小学学生阅读以及成人阅读的引领，为“书香句容”作出贡献。2月中旬，支部联合句容市邮储银行、句容市职工灯谜协会、山水句容网、句容热线网等联合举办“‘邮储银行杯’虎年元宵节灯谜竞猜”活动。9月9日，支部助力后白镇承办的“‘喜迎二十大　奋进新征程’庆中秋迎国庆古村村百姓大舞台”活动。9月20日至10月1日，支部联合国家统计局句容调查队、句容市职工灯谜协会、句容市融媒体中心等联合举办“‘国调杯’灯谜竞猜”活动。11月17日，民进句容支部与李塔村签订乡村振兴共建协议。

（民进句容支部）

中国农工民主党句容支部

【概况】　2022年，中国农工民主党句容支部新增2名党员和2名入党积极分子，共有党员18名，分布在医疗卫生界、教育界、环保界及经济界。

（农工民主党句容支部）

【支部活动】　2022年9月8日，支部专题学习贯彻中央统战工作会议上习近平总书记重要讲话精神。疫情防控期间，农工党句容支部按照句容市疫情防控指挥部部署保质保量地完成疫情防控与救治工作。6月25日，支部走进后白镇古村村开展健康义诊活动。9月23日，与医保局共同到华阳镇周家岗村开展健康义诊。11月7日，到下蜀镇圣象地板（句容）有限公司开展义诊活动。11月9日，到句容市开发区（黄梅街道）寨里社区开展健康义诊活动，宣传2023年城乡居民医保参保、“镇江惠民保”及相关待遇政策。年内筹备开展“关于促进全市托育机构规范发展的”的专题调研。

（农工民主党句容支部）

【参政议政】　2022年，支部有7名句容市政协委员，另增加一名镇江市政协委员。各位政协委员均积极参加各项培训、调研及参政议政活动。提交了《职业技能培训现状、难点及对策》《近期生态环境提升瓶颈溯源分析报告》《关于小区车辆乱停放管理的建议》《关于我市机关事业单位、国有企业职工健康体检结算方式改革的建议》等提案和社情民意。

（农工民主党句容支部）

九三学社句容支社

【概况】　2022年，九三学社句容支社新发展2名社员，支社成员共23名。社员分布在各个领域，都具备本科及以上学历。

（九三学社句容支社）

【支社活动】　2022年，支社组织社员学习贯彻中共二十大精神，召开二十大精神专题学习座谈会，积极撰写心得体会。组织社员参加了镇江市委统战部举办的“喜迎二十大　墨香抒心怀”书画摄影作品活动。

（九三学社句容支社）

【社会服务】　2022年，支社走进句容实验小学开展“三八妇女节”中医养生讲堂活动；开展科技兴农社会服务活动，与后白镇古村签订了结对共建协议。社员许能俊开展以“中国画三远造景手段”为主题的书画爱好者公益讲座；社员倪卫东博士到市住建局开展中医养生保健讲堂活动。

（九三学社句容支社）

【参政议政】　2022年，支社积极发挥参政议政职责，全年社员共提出《人才引进后尚需“善用”——我市引进的高端人才高

九三学社句容支社与后白镇古村村签订科技助农结对共建协议

频流失现象值得关注》《关于“进一步提升句容市适老化改造水平和推进我市农村适老化改造”为居家养老护航的建议》等10余件提案。

（九三学社句容支社）

句容市工商业联合会

【概况】 2022年，市工商联全面提升商会党建工作，根据商会特点探索建立建制型、功能型、联合型党组织，先后成立11家商会党组织，实现工商联所属20家商会党组织全覆盖。推荐6名民营企业家获评“第三届镇江市非公有制经济人士优秀中国特色社会主义事业建设者”。市工商联被全国工商联选树为全国“五好”标杆县级工商联，被省人社厅、省工商联授予“全省工商联系统先进集体”称号。年内，开展“喜迎二十大　奋进新征程”工商联副主席（副会长）访谈、“基层商会热议党的二十大”等系列活动，不断提高工商联和商会负责人的政治判断力、政治领悟力、政治执行力。党的二十大代表沈春雷以“在新征程上扛起使命担当”为主题，与40多位商会及党组织负责人、民营经济代表人士分享自己现场聆听党的二十大报告的学习感悟。（祝震宇）

【商会建设】 2022年，市工商联全面推进商会注册登记，全流程指导完成7家商会注册登记，注册登记率提升至95%。推动商会开展社会组织等级评估、“四好”商会创建等活动。下蜀镇商会获全国“五好”商会称号，被省人社厅、省工商联授予“全省工商联系统先进集体”称号；宝华镇商会、后白镇商会、浙江商会获省级“四好”商会称号；下蜀镇商会、后白镇商会、青年企业家协会评定为社会组织等级评估4A级。（祝震宇）

开发区商会企业家管理能力培训班

【暖企服务】 2022年，市工商联搭建“商会+银行”金融创新合作平台，促成全市20家商会与5家银行达成战略合作，惠及商会会员企业2000多家，签订协议金额137亿元，预授信49.81亿元，发放贷款48.63亿元。2月，联合市人社局，举办“春风送暖助企发展”系列专场招聘会，累计举办12场，为85家企业累计招工4000多人。3月，与市信用办联动，为32家会员企业进行“信用体检”，修复失信记录3条。5月，联合市司法局、工信局出台《句容市法治护航产业强市专项行动方案》，组建“同心红”商会律师服务团。8月，“句满意·微直播”服务品牌正式上线，全年举办直播互动4期；会同市生态环境局，指导2家企业成功获评“2022年度江苏省绿色发展领军企业”。指导3家商会试点开展“帮代办”服务。后白镇商会积极参与“拿地即开工”，提前介入、超前服务；下蜀镇商会为新办企业提供“一站式”申报、税务业务、政策咨询、宣传服务；花木商会帮办团协助苗木市场检疫站点检疫人员进行苗木检疫，提高开证效率。（祝震宇）

【社会服务】 2022年，市工商联向全市基层商会发出开展“有困难，我来帮”专项行动的倡议书，各商会积极响应，成立志愿服务队，参与疫情防控、捐赠防疫物资。餐饮烹饪商会发挥酒店、饭店特色优势助力疫情防控；白兔镇商会、华阳街道商会积极对接镇政府，认购困难农户滞销草莓；宝华、边城、茅山景区等商会会员企业捐资超10万元。2022年，工商联副主席单位江苏山水环境建设集团股份有限公司、后白镇商会江苏广兴集团有限公司、开发区商会江苏华阳金属管件有限公司分别向句容市慈善总会捐赠34.82万元、32.27万元、31.86万元。（祝震宇）

句容市党外知识分子联谊会

【概况】 2022年，句容市无党派人士联谊会获民政局批复正式更名为句容市党外知识分子联谊会（简称“市知联会”）。年内，市知联会不断加强自身建设，充分发挥职能优势，积极开展联谊交友、参政议政、关注民生、服务社会等各项工作，为句容经济社会和谐发展做出积极贡献。截至2022年年底，共有会员127人，新发展会员10人，工作原因退出2人，加入中国共产党1人。

（唐家亮）

【参政议政】 2022年，在市政协十一届一次全会上，市知联会27名委员提出35件提案，其中集体提案《关于扎实推进“双减”，促进学生全面发展和健康成长的提案》被列为主席督办重点提案。

（唐家亮）

【联谊会活动】 2022年，市知联会组织会员收看、学习、宣传党的二十大精神。组织山水集团、中句传媒等参加市委统战部举办的“春风送暖助企发展”统战专场招聘会；向后白林梅爱心慈善超市配送物资；建设梅花小区统战基地，获镇江统战部授牌“镇江市统战阵地联盟”。开展公益活动，利用“同心红”慈善基金春节期间慰问10户暂困户；发动会员参加腾讯网“99公益”捐款活动；参与市妇联“同心红·微心愿”活动，认领21名小朋友的心愿。

（唐家亮）

9月23日，市知联会参观调研长江引水工程

法 治

责任编校：陈龙浩

综 述

【概况】 2022年，句容市政法系统落实“疫情要防住、经济要稳住、发展要安全”重大要求，深入贯彻总体国家安全观，持续巩固政法队伍教育整顿成果，维护社会稳定，推动政法工作高质量发展。2022年，全市政法队伍满意度达95.98%。全年政法系统共获省级以上集体荣誉17项，16人次受到表彰。其中，市公安局交警大队车辆管理所获评“全国一等县级车辆管理所”，市法院少年家事审判庭被评为“全国巾帼文明岗”，市检察院被评为“全国检察宣传先进单位”，市司法局获评全省“七五”普法先进集体。先后涌现出“全国普法工作先进个人”徐光云、“全国公安机关疫情防控工作成绩突出个人”刘勇、“江苏省最美法官”提名奖获得者李师柯、“全省普法工作先进个人”杨红梅、“江苏最美基层干部”方静等先进典型。（政法委）

9月19日，镇江市“党建+人民调解”推进会在句容市交通事故一体化处理中心举办

【平安建设】 2022年，句容市着力维护安全稳定，贯彻总体国家安全观，树立重大决策社会稳定风险评估制度，把维护安全稳定贯穿到工作各方面全过程，全市群众安全感指数达99.58%。深入落实特殊困难群体救助帮扶、妇女儿童权益保护、严重精神障碍患者排查整治工作，持续开展社会矛盾风险隐患拉网式大排查大起底大化解专项行动，累计摸排特殊困难群体14037人次，排查化解矛盾隐患4200余件，均落实相关救助帮扶和措施，有力维护社会大局和谐稳定。常态化开展扫黑除恶斗争，集中开展四大行业领域整治，成功侦办公安部挂牌“506”涉黑专案，查扣涉案资产近2亿元，全市扫黑除恶满意度达94.5%。严打食药环领域违法犯罪，推进夏季治安打击整治“百日行动”，打击横跨宁句两地的邪教团伙，成功缉捕1名潜逃31年命案逃犯，侦破“1996·12·16”命案积案。（政法委）

【社会综合治理】　2022年，句容市持续完善治理体系，坚持党建引领基层社会治理，牵头7个专项领导小组进行实体化运作，调动各部门参与社会治理的积极性，不断提升基层治理社会化、法治化、智能化、专业化水平。按照“市抓镇街、县抓村社”的工作思路，推进社会治理现代化先进镇（街道）创建工作，同步制订平安先进村（社区）建设实施方案，进一步提升创建工作质效。优化网格事项“三张清单”，开展专属网格规范化建设和“精网微格”试点工作，完善城市社区专职网格员队伍管理，城市社区专职网格员配备率100%，网格知晓率达76.46%。（政法委）

【法治建设】　2022年，句容市全面深化政法改革，把依法治市落到实处。市委政法委持续深化涉法涉诉和案件评查工作，推动政治督察、执法监督、纪律作风督查巡查等制度落地见效。市公安局打造交通事故处理“一体化”新模式，创新建立“多部门合署办公、多维度综合调解、多渠道信息共享、多方位监督考核”四项机制，有效提升交通事故结案率和群众满意率。市法院以开展“一创建二优化三提升”专项活动为牵引，持续深化以审判为中心的刑事诉讼制度改革，充分发挥司法确认程序对诉前调解工作的支持、保障作用，确认调解协议有效1030份。市检察院推动《中共中央关于加强新时代检察机关法律监督工作的意见》落地落实，健全完善侦查监督与协作配合机制，增强监督的主动性、精准度和实效性。市司法局聚焦依法治市建设，制订出台法治政府五年建设实施方案，深化行政复议体制改革，把征求法律顾问意见建议作为全市重大决策必经程序，推动重大决策部署落地落实。

聚焦服务发展大局，紧扣推动高质量发展主题，主动融入“产业强市”一号战略，认真贯彻镇江政法机关《优化法治化营商环境的二十六条措施》。市公安局不断优化政务服务，实现“3公里便民服务网点”全域覆盖，45项助企便民事项集中进驻本级政务中心，统筹审批、集成服务、高效便捷的政务服务新格局愈加清晰。市法院开展“为群众办实事示范法院”创建，细化为民办实事措施24项45条，有效解决一批群众急难愁盼问题。市检察院坚持以彻底解决群众“闹心事”为工作方向，持续深化“阳光检务”品牌建设，坚持平等保护市场各类主体，推动企业合规适用类型延伸拓展。市司法局实施“八五”普法规划，开展“百所千人助万企”活动，实现全市176个村（社区）“法律明白人”全覆盖，下蜀镇空青村被评为国家级民主法治示范村。（政法委）

公　安

【概况】　2022年，句容市公安机关完成战疫情、保平安、惠民生、促发展等各项任务，推动全市公安工作跨越发展，为中国式现代化句容新实践贡献公安力量。年内，市公安局建立实战化教官队伍和5个专业人才库，为青年民警量身打造“翱翔”计划，建立完善辅警管理制度。全年13个集体、37名个人获市级以上表彰，1人获评“全国公安机关疫情防控工作成绩突出个人”、2人获评“全省优秀人民警察”。（杨　光）

【常态化扫黑除恶斗争】　2022

1月17日，句容市公安局“人民在我心中”主题报告会举办

年，句容市共立九类涉恶案件 70 起，破案 24 起，破案率 34.3%；抓获犯罪嫌疑人 104 人（刑拘 58 人，移送起诉 60 人，公诉 57 人，判决 24 人），侦破拟黑社会组织 1 个、恶势力犯罪集团 1 个，“打财断血”战果 1.2 亿元。破获电信网络诈骗案件 687 起；打掉通信网络诈骗犯罪团伙 12 个，抓获犯罪嫌疑人 308 人，止付冻结涉案资金 8000 万元，查扣涉案银行卡 1050 余张，手机卡 1520 余张、涉案资金 2.32 亿元，手机、电脑、POS 机等其他设备 378 部。共推送电话网络预警 4.8 万余人，累计发送短信 200 余万条，有效劝阻 4.7 万余人，劝阻金额 6800 余万元。（杨　光）

【案件侦破】　2022 年，句容市公安局共立案 3063 起，破案 991 起，破案率为 32.4%；侵财案件立案 2036 起，破案 522 起，破案率为 25.6%；立八类案件 56 起，破 50 起，破案率为 89.3%。抓获逃犯 76 人；跨区域侵财公诉 435 起；抓获刑事作案成员 1138 人，移送起诉 852 人，公诉 583 人。（杨　光）

【治安防控】　2022 年，市公安局进行户口审批 798 份，审核签发身份证 32500 张，居住证 3853 张，下发居住证 3853 张。全年社区民警共入户走访 92510 户，录入流动人口信息 77197 条，变更流动人口信息 68816 条，注销流动人口信息 75946 条；登记私房出租户 17 家，注销出租房屋信息 262 条。年内，捣毁娼赌窝点 96 处，查处娼赌刑事案件 14 起、治安案件 130 起，抓获娼赌违法犯罪人员 540 名。打击整治涉危违法犯罪，全年新侦办涉危案件 4 起，采取强制措施 7 人，公诉 6 人，缴获仿真枪 1 把，烟花爆竹 120 箱，持枪、爆炸犯罪，危险物品丢失被盗等非法流失案（事）件持续保持“零发生”。（杨　光）

【成品油违法犯罪打击整治】2022 年，市公安局按照“应查尽查、应打尽打”的工作要求，始终保持对成品油市场的严管严打严防态势。对非法经营成品油、燃气的违法犯罪人员实施精准布控、快速集火打击，并围绕批发和销售链条追源头、抓现行、挖下线，彻底斩断产业链条。全年联合职能部门开展综合整治 10 余次，检查全市加油（气）站 40 余家，查处涉及成品油刑事案件 5 起，抓获嫌疑人 14 名，其中 2 起案件镇江市局挂牌督办；以非法存储危险物质立行政案件 12 起，行政拘留 9 人，捣毁非法加油窝点 12 处，查获非法改装的流动加油车 10 辆、汽油 40 余吨，有效防范和遏制句容市油品安全生产事故的发生。（杨　光）

【交通管理】　2022 年，句容市共发生一般程序道路交通事故 278 起，死亡 97 人，一般事故较 2021 年同期的 307 起下降 9.45%；死亡人数较 2021 年同期的 98 人下降 1.02%。2022 年，全市共查处交通违法行为 37.8 万余起，现场处罚 13.5 万余起，其中查处酒驾醉驾 1428 起，非机动车违法 10 万余起。（杨　光）

检　察

【概况】　2022 年，句容市检察院以检察依法能动履职服务“融入南京，接力镇江”，各项工作取得新成效。全年有 41 个集体和个人获上级表彰，先后获评全国检察宣传先进单位、江苏省文明单位等荣誉，蝉联镇江市先进基层检察院。（祝诗淇）

【刑事犯罪打击】　2022 年，市检察院受理审查逮捕、起诉案件 714 件 1155 人。办理故意杀人、强奸等严重暴力犯罪案件 32 件 34 人，起诉“盗抢骗”“黄赌毒”等侵犯群众人身财产权利的多发性犯罪案件 115 件 152 人，提前介入全国扫黑办、最高检挂牌督办的金某某等黑社会性质组织案，提出引导侦查意见 320 余条，督促查扣涉案财物合计 1.9 亿元。准确适用少捕慎诉慎押刑事司法政策，依法决定不批捕 54 人，不起诉 109 人，诉前羁押率同比下降 7.4%。年内，1 个集体被表彰为“全省检察机关扫黑除恶专项斗争先进集体”，1 人获评“全省检察机关扫黑除恶专项斗争先进个人”。（祝诗淇）

【民事检察】　2022 年，市检察院进一步加强民事检察工作，健全依法启动民事诉讼监督机制，完善对生效民事裁判申诉受理机制。用好提请抗诉、再审检察建议等监督方式，办结民事监督案件 30 件。对民事审判活动中的不当情形，提出检察建议 2 件。在强化执行监督的同时，配合支持法院打赢基本解决执行难攻坚战，发出民事执行检察建议 4 件。　　（祝诗淇）

【行政检察】　2022 年，市检察院办理各类行政检察监督案件 18 件，纠正审判程序、行政违法等问题 13 个。针对 2021 年以来涉企行政非诉执行重点案件开展行政争议实质性化解工作，300 余名工人获助。用法治惠企措施为企业纾困解的作法。推进行政强制隔离戒毒检察监督试点工作，在省女子戒毒所和句东戒毒所设立检察官办公室，针对发现刑罚执行完毕未被及时移送强制隔离戒毒场所的问题，及时制发检察建议并被采纳。　　（祝诗淇）

【公益诉讼检察】　2022 年，市检察院办理行政、民事公益诉讼案件 72 件。拓展公益诉讼案件范围，探索办理安全生产、公共卫生、个人信息以及残疾人权益保护等领域公益损害案件。组织开展散装食品安全、游乐场所安全、残疾人设施等多个专项检察行动，食品包装标识不全、农贸市场未设置无障碍通道、属地争议片区“加拿大一枝黄花”无人管理等问题得到有效解决。深入查找普通液体槽罐车清洗伤亡事故隐患，制发诉前检察建议 4 件，推动形成行业规范。联合市退役军人事务局开展全市英烈设施保护专项检查，推动修缮纪念设施 2 处。履行长江大保护检察责任，开展长江干流岸线（镇江段）污染环境线索摸排工作。关注有毒有害垃圾跨境倾倒治理问题，联合有关部门监督清理固废 395.95 吨。践行恢复性司法理念，探索生态损害赔偿多元化新路径，利用 10 万元生态赔偿金开展补植复绿、土地复垦等修复工作，督促 13 名环境损害人以劳务代偿形式开展环境修复劳动。　　（祝诗淇）

市人民检察院到句容中等专业学校开展“保护个人信息　健康文明上网”送法活动

【法律监督】　2022 年，市检察院纠正应立案而未立案、不应当立案而立案 47 件。对判决确有错误的抗诉 2 件，发出再审检察建议 5 件。依法加强刑事执行监督，对丹阳市看守所开展巡回检察，派员参与镇江市检察院对丹阳市社区矫正工作、江苏省龙潭监狱的巡回检察。规范落实认罪认罚从宽制度，将释法说理与教育转化相结合，认罪认罚适用率 94.3%，确定刑适用率 97.4%。做好监检衔接，办理职务犯罪案件 9 件 10 人。在市公安局执法办案中心设立侦查监督与协作配合办公室，实现司法办案数据信息的融通共享，重大敏感复杂案件提前介入全覆盖。强化刑事立案、侦查活动和审判活动监督，发出纠正违法通知书 21 份，依法追捕追诉 4 人。　　（祝诗淇）

【未成年人司法保护】　2022 年，市检察院从严惩治侵害未成年人犯罪，批捕起诉 25 件 26 人。最大限度教育感化挽救涉罪未成年人，依法不起诉 18 人，附条件不起诉率 74%。依法惩治较严重未成年人犯罪，起诉 5 件 5 人。联合市公安局探索建立对未达刑事责任年龄不予刑事处罚未成年人训诫和督促监督机制，开展联合训诫、帮教指导 62 次。贯彻落实《中华人民共和国家庭教育促进法》，制发《督促监护令》《家庭教育指导令》9 件。协同有关部门开展违反《中华人民共和国未成年人保护法》的执法检查和法律监督，协助开展校外培训机构从业人员入职查询 130 人次。　　（祝诗淇）

【民营企业服务】 2022年，市检察院依法打击侵害企业利益、扰乱市场秩序等破坏营商环境的各类刑事犯罪38件73人，推动营商环境持续优化。坚持平等保护市场各类主体，涉企案件不捕率50%，不起诉率25.7%，最大限度保障企业正常经营。深化涉案企业合规试点工作，推进1家涉商业贿赂企业开展合规建设。加强与工商联的合作，12名检察官常态联系12个商会，为企业提供量身定制法治服务。对涉非公经济在矫人员因经营、洽谈业务等需要外出请假情况开展专项调研，推动涉企社区矫正对象规范监管与企业健康发展和谐共赢。

（祝诗淇）

【检察为民服务】 2022年，市检察院坚持司法为民，审查起诉涉电信网络诈骗犯罪21件69人，严厉打击养老诈骗犯罪。向29名因案致困刑事被害人或其近亲属发放司法救助金23万余元。依法支持起诉讨薪案件10件，追讨薪酬30余万元。落实“群众信访件件有回复”，办结来信来访120件次。开展信访突出问题攻坚化解专项活动，把检察听证办成法治教育“实景课堂”。推进刑事和解平台建设，促成8件轻微刑事案件当事人达成和解。

（祝诗淇）

法　院

【概况】 2022年，句容市人民法院奋力打造高质量司法，切实服务保障全市经济社会发展大局。以开展“一创建二优化三提升”专项活动为牵引狠抓执法办案、忠诚履职尽责、强化队伍建设，各项工作稳中有进。年内，市法院获评“七五”普法工作先进集体，13起案件入选全国、省、镇江市法院典型案例，1人获评全省法院政治工作先进个人。

（法　院）

镇江人大代表视察句容法院下蜀法庭

【刑事审判】 2022年，市法院受理刑事案件448件，审结448件，判处罪犯634人。审结故意杀人、故意伤害、强奸等严重暴力犯罪案件22件23人。审结抢劫、盗窃、诈骗等多发性侵财犯罪案件104件160人。审结危险驾驶、交通肇事等危害公共安全犯罪案件227件232人。积极参与“净网”“断卡”专项行动，审结电信网络诈骗等网络犯罪案件12件49人。审结重大责任事故等犯罪案件1件2人。审结贪污贿赂、渎职犯罪案件11件11人。审结涉未成年人犯罪案件13件13人。

（法　院）

【民商事审判】 2022年，市法院坚定不移贯彻新发展理念，优化法治营商环境。审结商事案件4938件，标的额28.95亿元，同比上升8.25%和6.46%。新收破产案件71件，化解不良债权6.7亿元，盘活土地13.03万平方米、房产7.09万平方米，推动1家企业重获新生。审结金融纠纷案件854件，标的额7.39亿元，全力保障和推进“三保”政策落实。细化为民办实事措施24项45条，推进为民办实事项目6个，审结各类消费纠纷案件97件，为37名困难当事人发放司法救助金91.6万元。

（法　院）

【案件执行】 2022年，市法院执结案件7947件，执行到位6.03亿元。开展涉民生、涉金融专项执行21次，强制搜查20处，拘传被执行人121人次，拘留被执行人14人次，罚款41人次。开展执行直播18次，累计吸引近

3000万人次观看。共移送破产审查34件，年内立案进入破产程序29件，1件案件入选江苏省高院发布的“执转破”典型案例。召开打击规避执行新闻发布会1次，发布打击规避执行典型案例4件。对212家失信企业进行排查梳理，开展集中现场调查185家，向其他纳入法院发送线下调查材料87份，全年共退出失信企业134家。网上拍卖资产527件，成交金额2.85亿元。（法　院）

【乡村振兴】　2022年，市法院发挥人民法庭“前沿阵地”作用，审结各类涉农纠纷244件，全力保障农业规范化经营和产业发展。积极邀请辖区基层调解员、网格员、村干部等入驻江苏微解纷等调解平台，先行化解纠纷103件。打造“法律明白人”培训基地，以主动邀请或接受“点餐”方式向人民调解员、网格员、村干部等授课44次；62名法官、法官助理下沉网格开展纠纷排查化解、释法答疑、法治宣传等143次。

（法　院）

【审判监督】　2022，市法院接受各界监督，结对联络走访代表委员53人次，邀请代表委员视察法院、旁听庭审、见证执行29次，办理人大常委会转办信件5件，邀请检察长列席审委会4次。启动审判风险监督和流程风险防控、裁判文书纠错等系统运用，实现监管全程留痕。细化办案人员权责清单，坚持司法案件全周期全链条管理，召开专业法官会议、审判委员会研讨重大疑难复杂案件300余件。（法　院）

【诉讼服务体系建设】　2022年，市法院诉讼服务中心全年为群众提供诉讼服务2.04万件次，跨域立案13件。加强智慧诉讼服务建设，不断推进在线调解、在线保全等诉讼服务平台搭建与应用。建成集中送达中心，实现邮寄送达、电子送达、公告送达等一站式综合送达，完成对6457件案件21052人次送达诉讼材料，送达成功率93.47%，平均送达时长1.97天。（法　院）

【多元解纷】　2022年，市法院坚持关口前移，完善诉源治理机制，促进矛盾纠纷源头化解、就地解决。坚持把非诉讼纠纷解决机制挺在前面，联合司法局在诉讼服务中心建立道路交通、医疗、保险、物业等类型化调解室10个，聘请专兼职调解员47名，协调10名律师提供驻院法律服务。全年诉前调解案件9311件，同比增长103.86%，诉前成功解纷4903起，同比增长74.24%。

（法　院）

司法行政

【概况】　2022年，句容市推进法治句容建设，制定出台法治政府五年建设实施方案，推动“八五”普法规划实施，征集法治惠民实事项目51件。开展法治镇（街道）建设监测评价工作，推动基层法治建设能力水平进一步提升。推进依法行政工作，印发《市政府规范性文件制定计划和重大行政决策事项目录》，把征求法律顾问意见建议作为重大决策必经程序。出台基层综合行政执法实施意见，从制度层面规范和加强基层综合执法能力。年内，句容市司法局获评江苏省“七五”普法先进集体。（司法局）

【行政执法监督】　2022年，句容市司法局开展基层综合执法规范化建设专项行动。组织执法队伍开展清理整顿和执法业务培训，提升执法人员综合素质。协调赋权部门制定出台执法培训、信息共享和案件移送等业务指导制度。推进第二批证明事项告知承诺制工作落地落实，助力做好全市“放管服”改革和优化营商环境工作。编制镇（街道）执法清单，梳理下放权力事项319项，下蜀镇设立全市首家镇级行政执法统一协调指挥中心，镇江市基层综合执法规范化建设现场会在下蜀镇召开并在全市推广。（司法局）

【行政复议应诉】　2022年，句容市深化行政复议体制改革，出台行政复议审理程序规定和行政行为自我纠正的实施意见，加大行政复议决定书网上公开力度，增强行政复议透明度。全年共收到行政复议申请61件，受理57件，审理67件（含旧存10件），出庭应诉率100%。（司法局）

【法治宣传】　2022年，句容市实施“八五”普法规划，开展“送法八进”系列普法活动320余场次。建立全市党委中心组学法制度、法治讲座和法治培训制度。召开全市“谁执法谁普法”普法责任制履职情况报告会，推动普

空青村范巷法治文化墙

法责任制落实。连续5年开展“德润心灵　法助成长”青少年学法用法系列活动。构建“建管用”一体化发展格局，发展培育1578个“法律明白人”，实现176个村“法律明白人”全覆盖。年内新创成9个省级民主法治示范村，下蜀镇空青村被评为国家级民主法治示范村、华阳下甸村打造“法治+非遗”特色示范村、茅山风景区“红色茅山”法治文化特色园获评“省级法治文化特色园”。（司法局）

【法律服务】　2022年，句容市新增市人武部、市城管局等6个法律援助工作站，试点开展行政诉讼法律援助工作，受理法律援助案件1033件。深入开展法援惠民生工程，调整经济困难标准、扩大援助范围、扩大免于经济状况审查范围、拓展援助服务内容等。开展“法润句容·情暖农民”专项宣传活动，与劳动监察大队、劳动仲裁委员会、人民法院等部门建立联动机制，简化农民工讨薪案件申办手续，缩短办理周期。健全“零门槛受案、一站式援助、常态化维权”机制，缩短法律援助办理时间。组织园区公共法律服务律师公益服务团，开展“百所千人助万企”和“法企对接”活动。在公共法律服务中心设立企业咨询服务窗口。对企业进行法治体检，找准本地企业法律风险，根据企业生产经营和依法治理情况，提供法律服务，帮助企业解决实际法律问题。（司法局）

【律师工作】　2022年，句容市司法局强化律师队伍管理，完成律师年检工作。安排30余名律师分别在检察院、看守所、“12348”、法院、社会管理服务中心和劳动仲裁院值班，接待咨询群众3900多人次。5月，对全市12家法律服务所进行实地检查考核。政府法律顾问代理市政府为被告的行政诉讼、行政复议案件24件，参与审查政府合同42件，参与文件审查4次，为2件规范性文件的制定提出论证意见共9条。（司法局）

【公证工作】　2022年，句容市共办理各类公证6075件。年内主动联系服务对象，定制公证服务项目，拓宽公证领域。实施繁简分流，扩大“最多跑一次”事项范围，提供和推广公证线上办、远程办、码上办服务。树立主动服务理念，主动提供公证建议，主动提供代写法律文书，针对老百姓反映的继承公证提供证明材料难题，主动与相关部门沟通解决，提供上门服务、工作日延时服务、节假日预约办证服务。（司法局）

【社会矛盾化解】　2022年，句容市司法局开展矛盾纠纷“大排查、大调解、促和谐”专项活动，各级调解组织共开展矛盾纠纷排查活动6865次，受理矛盾纠纷12288件，调解成功12182件，调解成功率99.14%。实现规范化司法所全覆盖，达标建设大型司法所2家。开展“苏解纷”小程序宣传推广应用，推行“苏解纷”智慧调解系统。（司法局）

【社区矫正帮扶】　2022年，市司法局新接受矫正对象332人，解除矫正287人，在册安置帮教对象为1361人。对所有社区矫正对象开展逐一谈话、逐一走访。鼓励支持社会组织参与教育帮扶，为社区矫正对象提供心理矫治、心理疏导、社会功能修复。在华阳、开发区、边城、后白、下蜀部署建设村（社区）社区矫正工作站，将社区矫正更好融入共建共治共享社会治理体系。开展司法护苗系列行动，对特殊人群5名未成年子女实施精准帮扶。

（司法局）

信　访

【概况】 2022年，句容市信访工作坚持围绕高质量发展，积极主动化解信访矛盾，化解信访积案，实现了经济社会持续发展、信访总量持续下降的工作目标。2021年、2022年句容市连续两年被省信访局评为信访工作示范市。

（王仕健）

【矛盾纠纷排查化解】 2022年，句容市信访局把矛盾纠纷的排查化解作为维护社会稳定的基础性常态性工作，坚持重心下移、关口前移，做到“不留空白、不留死角、不留盲点”。通过定期排查、专项排查、滚动排查、联合排查，及时调处重大矛盾隐患，使所有矛盾纠纷都处于可控状态。对上级交办的案件，逐案落实“五包”责任。

（王仕健）

【信访问题解决】 2022年，市信访局坚持把群众来信来访的办理作为群众工作的重要内容，每周召开一次情况汇报分析会，对信访问题分工到人，建立日常工作局长值班、局长联系点等制度，建立健全“日交办、周通报、月倒查”工作机制，跟踪交办信访事项办理情况，推进信访问题及时解决，确保不发生重复上访。对跨地区、跨部门信访事项，以信访摘报形式及时向市委、市政府主要领导和分管领导汇报，全年报送《信访摘报》44件，有效防止了“小事拖大大事拖炸”的现象。

（王仕健）

【领导干部接访包案】 2022年，市信访局以市、镇两级领导干部和与群众切身利益密切相关的职能部门领导干部为重点，开展领导干部接访活动，做到信访问题排查村（社区）全覆盖、信访积案领导全包案、群众合理诉求全解决。开展“信访积案化解成果巩固深化年”活动，化解信访积案。2022年，省信访局把181件信访积案纳入高质量考核，年底前全部按要求办结。

（王仕健）

句容市人民武装部

【概况】 2022年，句容市人武部坚持用习近平强军思想武装头脑、指导实践、推动工作。落实省军区、军分区和市委、市政府决策部署，以全面建设一流国防动员单位为目标，坚持“稳中求进、狠抓落实、全面提高”，各项工作有序推进。2022年1月被省军区表彰为全面建设先进人武部。

2022年，全市12个乡镇人武部均建成“三室一库”（办公室、资料室、活动室、器材库），176个村（社区）均建成“两室一家”（办公室、器材室、青年民兵之家）。8月，华阳街道城上社区民兵连参加军分区规范化建设评比中获第一名。年内，开展辖区内高校军训任务，进学校、企业、民兵队伍国防知识宣讲，推动全民国防教育意识。

（叶欣欣　徐　涵）

市崇明幼儿园到驻句部队开展国防教育

【民兵训练】 2022年，市人武部组织民兵任务分队开展轮训备勤、跨区联训等训练，加强遂行应急应战能力。全市范围内开展支援保障分队在岗训练检查，对企业编兵政策进行宣讲发动，对专业分队进行补充点验，对在岗训练进行督导检查，破解民兵在岗训练难题，落实基干民兵在岗训练制度。

（徐　涵）

【民兵“四会”教练员比武竞赛】 2022年，市人武部积极探索实践“实景布设、实情模拟、实案训练”的训练方法，结合自身辖区实际和担负使命任务，拓展“科技领训、游戏助训、竞赛促训、实战强训”的“四训”民兵军事训练。7月14日，市人武部组织民兵在省军区“四会”教练员比武竞赛中获全省第一名。

（徐　涵）

【军民融合发展】 2022年3月至4月，市人武部首次成规模紧急出动民兵遂行支援地方疫情防控任务，承担社会面动态清查等任务。7月，会同市司法局开设驻军人军属法律援助工作站，为驻句部队和句容籍官兵、军烈属提供法律服务。协调市退役军人事务局、市教育局解决现役军人子女入学问题，维护军人军属合法权益。（叶欣欣）

人民防空

【概况】 2022年，市人防办组织相关机关企事业单位完成人防专业队组建任务。8月，在镇江人防办统一组织下，开展宁镇防护区人防机动指挥所联演联训活动，重点演练紧急情况下机动指挥所开设、信息系统构建、多信道组网和信息采集传输等内容。11月，在省人防训练基地参加"扛起新使命、奋进新征程、建功新时代"年度军事技能训练，进一步夯实专业队干部骨干的训练基础。全年新增安装防空警报器2台，组织城区和乡镇进行"9·18"防空警报试鸣，编组人防志愿者流动警报车队参加试鸣活动，在崇明中学、梅花小区幼儿园和碧桂园凤凰城社区组织开展防空防灾应急疏散演练。（戴一平）

【人防工程建设】 2022年，市人防办对自建人防工程进行维修出新，重点对工程内部通风井、水泵房、消防控制室可能存在的高空跌落、雨水倒灌等安全隐患进行维修整改，并按照《江苏省人民防空工程标识技术规定》重新标注。做好"放管服"改革工作，推进"工改系统"与"阳光人防"信息化平台的互联互通。做好江苏省人防综合信息平台的人防工程信息采集和维护，全面推行人防审批事项网上受理，落实不见面审批。（戴一平）

退役军人管理

【概况】 2022年，句容市退役军人事务局推进退役军人服务中心（站）规范化建设。进一步完善创业就业产业园、退役军人就业基地、退役军人创业示范基地、退役军人创业孵化基地等建设，为退役军人优先提供创业场所并按照规定落实经营场地、水电减免、投融资、人力资源、宣传推广等优惠服务。成立镇江市退役军人就业创业促进会句容分会，全市共有会员单位15家；4家企事业单位创成镇江星级"戎耀之家"。举办2场退役士兵专场招聘会，提供岗位500余个。（退役军人事务局）

【双拥共建】 2022年，市退役军人事务局加强军地互动，始终坚持"部队聚力练兵备战、地方全力保障打赢"的原则。建设武警中队淋浴间改造工程、某部水上训练场卫生设施、天王镇农林村修建市民广场、金山村道路安装路灯等工程。联合光大银行到部队及联合市法院与武警中队开展新时代文明实践，到部队举办"老兵回军营，共叙部队情"等活动。积极协调人武部、教育局等相关部门，召开专题会议协调现役军人子女入学问题，驻军子女100%就近入园入学。"八一"期间，充分运用各类媒体平台，大力宣传军民同心合力巩固脱贫攻坚成果和携手抗疫的生动实践。大力宣传革命先烈、军队英模、"最美拥军人物""最美退役军人"等典型的感人事迹，开展"优抚微心愿"征集等活动。（退役军人事务局）

人防机动指挥所联演联训

自然资源和生态环境

责任编校：陈龙浩

自然资源

【概况】 2022年，句容市自然资源和规划局深入贯彻新发展理念，聚焦稳中求进总基调，统筹划定严守耕地和永久基本农田、生态保护、城镇开发边界三条控制线，持续推进各类自然资源科学合理开发和节约集约利用，为全市现代化建设提供更加有力的自然资源规划支撑保障。

（董　婧）

【农村不动产确权登记】 2022年，句容市全面推进全市农村不动产权籍调查确权登记发证工作，全市农房经省自然资源和规划厅进一步核减后为73315万宗，完成全市90%以上的确权登记。

（董　婧）

【农村集体土地所有权确权登记】 2022年6月，句容市开展农村集体土地所有权确权登记成果更新汇交工作，此次农村集体土地所有权确权登记成果更新汇交工作以第三次国土调查数据为基础，将集体土地所有权权利主体由原行政村细化到村组，并修正原所有权宗地边界，对确实发生权属变化的宗地，按照地籍调查和集体土地所有权确权登记相关规定，开展外业补充调查后，对变化区域调查后更新。最终完成数据库汇交，形成电子证书。（董　婧）

【国土空间监测】 2022年，市自然资源和规划局以2021年度国土变更调查成果为底图，细化和补充国土空间信息相关内容，掌握自然资源和人文地理要素的类型、面积、范围、分布和变化等情况，支撑国土空间规划编制及实施监督、城市体检评估和用途管制等国土空间治理工作。

（董　婧）

11月21日，句容林场开展“清除加拿大一枝黄花，守护美丽句容”志愿服务活动

【耕地保护】 2022年，市自然资源和规划局按照《自然资源部关于在全国开展“三区三线”划定工作的函》要求，开展句容市耕地保护目标及永久基本农田划定工作，并根据要求完成部、省下达的耕地保护目标和永久基本农田目标任务，共划定永久基本农田49.91万亩。根据《国务院办公厅关于防止耕地“非粮化”稳定粮食生产的意见》要求，从严保护耕地，落实耕地目标考核责任，加强耕地用途管制。

（董 婧）

【林业管理】 2022年，市自然资源和规划局做好森林、湿地资源管护。完成南沿江城际轨道站后工程项目涉及省级公益林调整工作和林地报批工作并获得许可；完成266省道连接线（康缘大道）项目、句容市经济开发区产业项目、下蜀镇天工项目、句容市土地“清零”行动项目等林地报批工作并获得许可。在句容市森林资源“一张图”上，根据全市森林资源年度变化情况，完成2022年度森林督查暨林地变更工作，完成森林督查3816个图斑自查上报工作，并通过国家林草局的现场验收。通过对下发的25个样地复位实测和4162个图斑监测，完成句容市2022年度林草湿综合生态监测工作。建成句容市长江省级重要湿地保护小区，面积2670.45亩，自然湿地保护率为52.5%。

（董 婧）

【林长制工作】 2022年，句容市作为江苏省首批林长制改革试点地区，构建以“信息全整合、横向全参与、纵向全贯通、制度全覆盖”为内容的“12336”林长制责任体系，典型做法入选2022年度长三角地区林长制改革十大案例。2021年全市林业工作受省政府督察激励，被评为“河湖长制、林长制工作推进力度大，幸福河湖建设、森林资源和湿地资源管护成效明显的地方”。

（董 婧）

【国土绿化行动】 2022年，市自然资源和规划局贯彻落实“非农化”“非粮化”政策，全年全市完成成片造林总面积337亩，其中新增造林面积71亩，更新造林面积266亩，推进长江两岸造林（大道河段）工作。打造省级绿美村庄6个，通过省林业局和镇江市自然资源和规划局验收。完成低效林改造和退化林修复1111亩。开展全市古树名木保护工作，对34株衰弱和濒危古树进行修复调查，并出具修复意见。完成对宝华山森林公园古银杏、南京椴和青山村千年古银杏树的修复、救治工作，后续重点对宝华山森林公园古树群进行抢救复壮。2022年，全市林木覆盖率30.07%。

（董 婧）

【野生动物监测】 2022年，市自然资源和规划局加强野生动物疫源、疫病、疫情监测。全年野外巡护330人次，2200公里，监测野生动物种类215种、数量43200只。对美国白蛾等14种林业主要病虫害有序测报。

（董 婧）

【森林防灭火工作】 2022年，市自然资源和规划局开展森林防灭火基础建设、火源管控、林火监测、火灾扑救、林火阻隔、通信指挥等六大体系建设，森林防灭火能力有效提升。全市新建防火道路7.8公里，提档升级改造防火通道1.5公里。建成“以水灭火、引水上山”工程蓄水池159个。新建语音播报器83个，改建语音播报器28个。新建6个移动式框架结构森林防火护林房，3座护林站。组建茅山风景区管委会、天王镇、宝华镇、下蜀镇4支森林消防队伍。集中招标采购防灭火器材，及时更新、添足、储备森林防灭火器材与装备。完成全市森林防灭火通信系统定位和定期维护。

（董 婧）

【矿产资源管理】 2022年，句容市共有露天采石矿山2个（台泥、康泰膨润土）；井下矿山3个（宝源、仙人桥、金拓）；按照自然资源部、省、市“矿业权人勘查开采信息公示”要求，全市境内符合要求的5个采矿权、2个探

句容市农林场圃一览表

表4

名称	所在镇	法人代表	联系电话	经营项目
句容林场	下蜀镇	翁行良	87768175	林木、茶叶
磨盘山林场	茅山风景区管委会	范文杰	87481300	林木、茶叶
东进林场	茅山风景区管委会	张明	87828209	林木、茶叶

春节前夕，市自然资源和规划局开展地灾巡查工作

矿权全部完成信息公示工作。创建完成节约集约示范市（矿产类）工作。（董　婧）

【地质灾害防治】　2022 年，市自然资源和规划局编制《句容市 2022 年度地质灾害防治方案》，对全市 52 处隐患点进行深入排查，进一步细化责任，落实到人，健全群策群防网络。对 16 个地质灾害隐患点完成自动化监测预警。完成句容市地质灾害风险普查工作，在全省率先完成 1∶10000 地质灾害精细化调查。（董　婧）

【自然资源行政执法】　2022 年，市自然资源和规划局落实中央关于坚决制止耕地“非农化”、防止耕地“非粮化”要求，加强违法用地管控、整改，坚决遏制新发生的违法用地行为。继续推进违法用地综合整治三年行动，整改率达到 100%。开展 2021 年耕地保护督察问题整改工作，全年完成整改 56 宗 555.49 亩。开展违法用地“清零”行动，完成销号 146 宗 1560.03 亩。全年共抓获非法盗采 6 件，抓扣机械 6 台，并全部处理到位，联合公安部门办案 3 起，查处涉林行政案件 30 起。（董　婧）

【土地市场】　2022 年，句容市出让土地 91 宗，面积 4216.75 亩，合同收取土地出让价款 722918 万元。其中，经营性用地出让 60 宗，面积 2381.54 亩，合同收取土地出让价款 671349 万元；工业用地出让 31 宗，面积 1835.21 亩，合同收取土地出让价款 51569 万元。办理划拨 116 宗，面积 4941.81 亩。办理集体建设用地使用 7 宗，面积 33.53 亩。（董　婧）

城乡规划

【概况】　2022 年，句容市自然资源和规划局突出规划编制这一中心，抓好资源安全、要素配置、民生需求、营商环境四个关键，构建完善的国土空间规划体系。整体谋划全市国土空间开发保护格局，提升国土空间治理能力，实现“多规合一”。（董　婧）

【城市总体规划】　2022 年，市自然资源和规划局规划形成“一圈三廊、一主三副两屏”的全域空间开发与保护格局。

“一圈”为新兴功能拓展圈，是句容打造“宁句扬一体化”的核心载体，是科创先导、智造主导、文旅引导的核心功能承载区。“三廊”为综合发展走廊依托宁句城际轨道 S6 号线，加强句容中心城区与南京中心城区、茅山风景区的联系；312 国道产业创新走廊依托 312 国道快速化改造打造集交通、产业融合的发展廊道，借力南京仙林大学城创新资源，在 312 国道布局创新空间，配套科技孵化载体，延伸产业链条，大力发展相关产业；宁杭生态走廊，通过生态体系构建，形成生态保护、景观游憩复合功能。“三廊”是承接句容城市重大战略功能的主要载体，未来人口增长、空间拓展、功能集聚的核心区域。

“一主”为中心城区，在经济开发区和华阳街道融合发展的基础上，协同南京麒麟科技园区、汤山新城建设成为句容全市发展主中心。“三副”为宝华镇、茅山风景区管理委员会和郭庄镇，其中宝华镇打造为科创副中心，依托临近南京仙林的区位优势，对接宁镇创新资源，推动产学研项目落地，建设高水平凤坛创新社区和高品质宜居环境；茅山风景

区管理委员会打造为文旅副中心，注重风景区生态系统和生物多样性的保育基础上，依托风景区区域知名度，完善文化旅游设施，大力发展生态价值凸显的魅力新经济；郭庄镇打造为生活副中心，发挥赤山湖生态资源优势和临近禄口空港经济区的优势，建设集创新研发、创新转化、新型电力（新能源）装备、现代物流为一体的城市副中心。“两屏”为北部乡村田园区和南部生态旅游区，北部乡村田园区农业资源丰富、特色农产品多样，适合发展服务于区域的特色农业；南部生态旅游区依托自然山水和特色农业资源，鼓励生态农业与乡村旅游融合，发展生态旅游。（董　婧）

【市政规划】 2022 年，市自然资源和规划局完成全市范围内控制性详细规划评估工作。推进全市控制性详细规划动态维护工作，共完成 27 个单元图则的控制性详细规划调整报批工作。组织编制句容市主城区城市更新行动规划与宁句城际沿线城市设计和环境品质提升方案并完成专家论证，推进主城区城市更新工作。组织编制句容市枢纽经济核心区城市设计，为谋划片区的产业定位、功能布局和空间特色提供技术支撑。全年共完成约 2569.2 亩用地规模的规划方案审查，总建筑面积约 201.2 万平方米。其中产业类项目总用地面积 1107.8 亩，总建筑面积约 63.9 万平方米；经营性项目总用地面积 889.1 亩，总建筑面积约 123.5 万平方米；公益项目总用地面积 572.3 亩，总建筑面积约 13.9 万平方米。（董　婧）

【村镇规划】 2022 年，句容市以优化全市镇村布局规划为主抓手，引导城乡空间优化整合，改善农村基本公共服务，加强乡村特色风貌建设，提高乡村产业发展与生态宜居水平。规划通过构建“1 中心城区—9 田园城镇—5 田园社区—N 田园乡村”的现代田园城乡体系、划定类型化空间单元、制定分单元的村庄布局引导原则，将全市 1426 个自然村调整形成 149 个集聚提升类村庄、45 个特色保护类村庄、13 个城郊融合类村庄、184 个搬迁撤并类村庄、1022 个其他一般村庄。至 2022 年，规划建设集聚提升类村庄 41 个，特色保护类村庄 29 个，城郊融合类村庄 8 个，搬迁撤并类村庄 24 个。

2022 年，句容市按照“建设量大的和有产业需求的村优先安排编制”和“应编尽编”的原则，结合村庄规划编制底数，实际编制 11 个行政村村庄规划，分别为白兔镇龙山湖村，茅山管委会方山茶厂，下蜀镇六里村，边城镇青山村、衣庄村，后白镇古村、二圣村、长里岗村，开发区（黄梅街道）姚徐村，宝华镇宝华村，郭庄镇东方红村。年内 11 个行政村村庄规划全部完成专家论证。（董　婧）

环　境

·环境质量·

【空气环境质量】 2022 年，句容市 $PM_{2.5}$ 年均浓度 33 微克/立方米，比上年下降 5.71%。环境空气质量优良天数比值为 75.5%，同比下降 5.8 个百分点。臭氧浓度 178 微克/立方米，比上年上升 3.5%。（方雯雨）

【水环境质量】 2022 年，句容市 13 个国省考断面达标率 100%，优Ⅲ比值均达 100%，单月、月均值均未出现劣Ⅴ类水体。北山水库、句容水库、二圣水库 3 个集中式饮用水水源地水质均达地表水Ⅲ类标准。完成年度水污染物化学需氧量、氨氮、总氮、总磷减排任务，水环境质量改善幅度位列全省第一。（方雯雨）

【土壤环境质量】 2022 年，句容市农用地和建设用地土壤环境安全平稳可控，土壤和地下水环境质量总体保持稳定，受污染耕地安全利用率稳定在 93% 以上，重点建设用地安全利用得到有效保障。有 204 家产废企业完成危险废物名录变更，并纳入危废全生命周期系统管理，全年安全处置工业危废约 10293 吨。2022 年度住宅用地供应计划中用途变更为“一住两公”地块均按要求提前开展了土壤污染状况调查，完成调查 26 宗。（方雯雨）

【声环境质量】 2022 年度，句容市环境噪声均达到功能区噪声标准。（方雯雨）

·环境管理·

【环境执法】 2022 年，句容生态环境综合行政执法局累计出动执法人员 6088 人次，检查点位 2961 个，标准执法合计 1248 次，发

生态环境局开展 vocs 排放企业治理设施监督检查

现环境问题 1577 个，违法行为 218 个，共立案调查 174 起，下达处罚决定 95 件，处罚金额 396.77 万元。运用环保法配套办法查处案件 12 件，其中查封扣押 11 件、移送公安 1 件。针对造成生态环境损害的行政处罚案件，同步推进生态环境损害赔偿工作，全年共有 17 家企业按期缴纳损害赔偿金 7.9 万元。（方雯雨）

【环境信访工作】 2022 年，句容生态环境局共受理各类环境信访 660 件，同比下降 22.9%，其中涉大气污染类 369 件、水污染类 70 件、声污染类 188 件、其他类 33 件。年内所有信访投诉件均及时进行调查处理，调处率 100%，结案率 100%。（方雯雨）

【排污许可证管理】 2022 年，句容生态环境局共审批项目环评 40 件，共有 144 家企业进行网上环评登记备案，370 家企业进行网上排污登记。同时提升服务效能，畅通重大项目环评审批绿色通道，提前介入，专人跟踪，帮助企业落实环评全过程。建立重大项目环评信息服务卡制度，主动与纳入《2022 年句容市重大产业项目清单》的企业进行一对一对接，定期联系跟进。（方雯雨）

【安全生产】 2022 年，句容市未发生较大以上环境安全事故，环境安全平稳可控。年内，共指导 77 家风险企业开展风险评估、应急预案备案管理，并按要求录入省应急管理数据库。同时，开展突发环境事件、核与放射性污染事故、集中式饮用水源地突发污染事故等领域的应急预案修编发布工作，并开展多轮次的环境领域安全生产专项整治检查。年度内共接报应急响应各类事故 5 起，其中，槽罐车突发窒息亡人事故 1 起，交通事故 2 起，天然气管道破损漏气 1 起，污水处理厂突发意外排放 1 起。事故发生后，句容生态环境局均第一时间组织开展应急处置工作。

（方雯雨）

【核与辐射安全管理】 2022 年，句容市有核技术应用单位 47 家，其中放射源单位 2 家，Ⅱ类射线单位 8 家，Ⅲ类射线单位 37 家。年内，句容生态环境局重点围绕放射源使用单位的辐射安全与防护设施运行和管理、辐射事故应急响应和处理能力、辐射安全管理规章制度制定和执行、人员资质培训和个人剂量管理等情况开展“双随机”检查，重点单位检查率达到 100%，一般单位检查率达到 20%以上。（方雯雨）

【工业园区限值限量管理监测监控能力建设】 根据上级要求，省级以上工业园区需在 2022 年年底前完成监测监控能力建设。句容经济开发区 2021 年建成一座水质自动监测站和一座空气质量自动监测站，结合现有的一座水质自动监测站（土桥）和空气自动站（农林学院），均与省厅联网运行。2022 年，全市需新建 35 个环境空气监测微站、2 个 VOCs 监测站，项目总投资 380 万元，年底前全部完成建设，并与江苏省生态环境厅联网试运行。（方雯雨）

【生态红线及生态管控区管理】 2022 年，句容市共有生态管控区域 397.67 平方千米，其中国家级生态红线 12 个，面积为 86.03 平方千米，省级生态管控区 17 个，面积为 311.64 平方千米。2022 年，句容生态环境局协同属地政府利用无人机开展疑似破坏点位核查，根据生态红线及生态空间管控区域监督管理办法，对管控区域进行自我排查，对梳理出的点位进行交办，由问题点位管理权限责任部门或所属乡镇（街道、管委会）进行整改。

（方雯雨）

·环境卫生整治·

【挥发性有机物治理】 2022年，句容生态环境局加大挥发性有机物治理力度。制定《2022年句容市臭氧污染应急管控方案》，推进涉VOCs（挥发性有机物）排放企业排查整改。2022年句容市实施VOCs源头替代项目3个，排定28项VOCs无组织排放治理项目、5项VOCs综合治理项目，在确保安全等前提下，对VOCs收集、治理设施进行更换或升级改造，确保稳定达标排放。（方雯雨）

【友好减排】 2022年，句容生态环境局以火电、水泥、碳素、垃圾焚烧4家大气污染排放量大户企业（华电江苏有限公司句容发电分公司、江苏华电句容发电有限公司、句容台泥水泥有限公司、句容金得顺碳素有限公司、句容绿色动力再生能源有限公司）为对象，指导企业根据实际情况灵活采取“提升污染防治设施治理效率、调整检修日期、降低生产负荷”等多种减排方式，并签订友好协商减排承诺书，保证全市工业企业污染物排放量同比显著减少。（方雯雨）

【施工和道路扬尘监管】 2022年，句容市各类施工工地严格落实“六个百分百”制度，重点对省控站点周边5公里范围内建筑工地开展常态化巡查及夜查，推动部分重点工地安装高杆喷淋，确保工地扬尘问题得到进一步的遏制。强化道路冲洗保洁，城市建成区主次干道严格执行“冲洗打边，清扫吸尘，清洗吸污”作业流程；对站点周边一公里核心区开展洒水、雾炮24小时循环作业；二公里、三公里管控区洒水4次以上、冲洗2次以上、雾炮降尘不少于5次，湿度大于60%时停止作业。以五里墩路口为中心，S243、S122省道各外延3公里范围内按“不干路”标准洒水和湿法吸尘清扫，确保到边到沿，洒水作业时保持前后洒水。

（方雯雨）

【秸秆禁烧】 在2022年夏季和秋季秸秆禁烧工作中，句容生态环境局结合实际，强化责任，严格管理，科学部署，多管齐下，切实抓好秸秆禁烧工作。通过白天巡回检查、夜间布点督查、重点区域重点检查，实现秸秆“零火点”。（方雯雨）

【重点断面提升方案制定】 2022年，句容生态环境局突出源头治理，科学制定重点断面提升方案，精准开展监测溯源，对13个断面及上游开展月度加密监测，建立句容市水质监测数据库，摸清内源水质情况。（方雯雨）

【汛期水质保障】 2022年，句容生态环境局牵头制定《土桥断面上下游排涝泵站应急管控专项方案》，落实专人负责，压紧压实责任，加密开展汛期跟踪监测，数据实时共享，精细管控闸站的错峰排水，避免集中外排形成污染叠加。科学实施生态补水，保障全市各重点断面的水生态流量。

（方雯雨）

【集中式饮用水水源地保障】 2022年，句容生态环境局对全市3个集中式饮用水水源地的环境状况完成评估工作。2022年9月，

8月30日，市生态环境局进行洒水降尘降温作业

市水治办组织开展句容市饮用水水源地污染源排查工作，共排查出北山水库饮用水水源地环境安全隐患问题4个，并制定整改措施，明确时间节点。同时对饮用水水源地一级保护区范围内的建筑进行逐一确认，对于与供水设施和保护水源无关的建筑及活动责令整改，及早消除安全隐患。

（方雯雨）

【跨界水体水质提升】 2022年，句容生态环境局针对句容市跨界水体阜东水库和七乡河的水环境问题，强化例行巡查和水质采样监测，掌握水质动态，发现问题及时反馈，督促开发区和宝华镇根据整治提升方案，按照时间节点完成各项整治措施。截至2022年年底，监测数据显示，开发区阜东水库入库河道水质达Ⅳ类及以上，宝华镇宝志路河和悦城河基本消除黑臭。（方雯雨）

【水污染防治重点工程】 2022年，句容市水污染防治重点工程有7项，其中边城镇农村生活污水治理工程、郭庄镇污水处理厂二期改扩建工程和句容市宝华镇污水厂新建1万吨/天分布式污水处理设施项目3项完成，其余在建。（方雯雨）

【固体废物污染防治】 2022年，句容生态环境局推进危废全过程全周期监控智能化、实时化、集成化建设，加强危废全生命周期系统管理。2022年，句容市204家产废企业全部完成危险废物名录变更，纳入危废全生命周期系统管理，句容生态环境局指导做好全市产废单位危险废物管理计划审核备案工作以及月度申报审核。（方雯雨）

【危险废物专项排查整治】 2022年，句容生态环境局制定《句容市危险废物专项整治工作方案》，3—5月开展大起底、大排查、大整治“百日攻坚”危险废物专项整治工作。生态环境局共派出7个检查小组，现场开展检查企业数38家，参加检查督查97人次，发现危险废物专项一般隐患75项，年内全部完成整改。重点整治化工企业存在的违规堆存、随意倾倒、私自填埋危险废物等问题，确保危险废物储存、运输、处置安全。利用无人机开展固危废倾倒情况巡查工作，未发现固危废倾倒事件，对长江沿线4个码头周边及4个矿山的现场进行航拍，通过影像分析未发现有环境违法行为。（方雯雨）

【无废城市建设】 2022年，句容生态环境局加强固体废物规范化管理，提升固体废物治理体系和治理能力，统筹协调推进“无废城市”建设工作，成立句容市“无废城市”建设指挥部以及专项工作组。（方雯雨）

·环境监测·

【水、气、声环境质量例行监测】 2022年，句容生态环境局制订“2022年度句容市例行环境监测工作计划”，对监测项目、频次和内容进行严格的组织和实施，年内完成境内降水、地表水、饮用水、噪声等例行监测任务。对句容市范围内的9个市控地表水考核断面进行采样监测；同时完成区域内1个点位的降水、1个“千吨万人”饮用水源地、2个县域地表水断面、5个农田灌溉水质断面、7个非考核水功能区断面、12个城市建成区水体消劣提质监测断面、13个太湖流域入河排污口断面、121个区域噪声点位、20个交通噪声点位、8个功能区噪声

市生态环境局现场查看长宁生物化工有限公司固体废物堆放问题整改落实情况

6 月 24 日，市生态环境局开展句容河重点断面及沿岸排口采样

点位的监测工作，并按时上报相关数据，为管理部门提供及时、准确的环境质量信息。（方雯雨）

【农村环境质量监测】 2022 年，句容生态环境局对天王镇戴庄村、后白镇槐道村和华阳镇南亭村 3 个村庄开展环境质量专项监测工作。通过优化监测方案，组织安排人员穿插、协助开展监测。同时，收集上报辖区内 142 个 20 吨以上的农村污水处理设施的自行监测数据；抽取辖区内 20% 的农村污水处理设施，共计 29 个，每半年对其出水进行监督执法监测。现场监测到点到位，利用照片和视频等方式记录现场状况，监测数据及时上报省数据管理平台。（方雯雨）

【环境质量自动监测】 2022 年，句容市共建有 7 个水质自动监测站，分别为 3 座省建巡测站（念儿桥、小庄和兔东桥）、1 座镇江市建站（华仑桥）以及句容市自建 3 座饮用水源地水质自动监测站（北山水库、句容水库和二圣水库）。3 座省建巡测站和二圣水库饮用水源地水质自动监测站由省生态环境厅上收，北山水库饮用水源地水质自动监测站上收为国家站，市建站华仑桥由镇江市负责运维，句容水库等待仪器招标，仪器更新完毕后将由省里上收并负责运维。（方雯雨）

【应急监测能力建设和仪器日常维护】 2022 年，句容生态环境局定期对应急设备、防护装备等进行维护保养，保证应急设备随时都处于正常状态，从而保护监测工作人员自身安全，保障监测工作顺利进行。（方雯雨）

【实验室监测质量控制】 2022 年，句容生态环境局对照年初制订的年度质量管理工作计划，进一步加强现场采样质量检查、全程序空白样考核、密码样、室内平行样和加标回收样等质控措施。抓好实验室质量控制，对日常监测工作的质量控制，每月除了例行检查之外，增加随机抽查工作，增加现场采样和室内分析全过程监督检查频次，通过现场密码样、平行样和室内加标，加强质量控制，确保监测数据准确可靠。（方雯雨）

发展规划管理

【概况】 2022年，句容市扎实抓好“六稳”“六保”工作，统筹疫情防控和经济社会发展，主要经济指标韧性彰显。全年实现地区生产总值754.62亿元，增长1.0%；完成一般公共预算收入49.2亿元，下降17.7%；固定资产投资226.3亿元，下降16.6%；社会消费品零售总额179.01亿元，增长0.7%；城乡居民可支配收入增长与经济增长保持同步。全国综合实力百强县排名上升至第48位，全国投资潜力百强县居第39位，全国县级市基本现代化指数居第36位。 （陈 尧）

【区域融合发展】 2022年，句容市立足“融入南京、接力镇江”城市定位，深入实施长三角、宁镇扬一体化等重大战略，区域融合发展加快推进。统筹推进长三角一体化、南京都市圈等区域协调发展工作，南沿江城际铁路句容站全面进入装饰装修阶段；扬镇宁马城际铁路完成工程可行性研究编制；312国道快速化改造句容段全面施工，312国道沿线和宁句城际轨道沿线产业发展规划编制正式启动。 （陈 尧）

【园区整合优化】 2022年，句容市制定《句容市开发园区整合优化提升实施方案》，形成“一区四园一片区”发展格局。将下蜀临港产业园更名为句容下蜀高新技术产业园，制定《关于支持句容下蜀高新技术产业园项目发展的扶持办法》，全面提升园区发展能级对产业强市的贡献度。 （陈 尧）

【产业强市】 2022年，句容市实施“产业强链”行动，加快形成智能制造、新能源、新材料、绿色建材四大百亿级产业集群，持续推动产业链条做大规模、做优质效、做强动能。全年实施全市重点产业项目141个，年度计划投资135.6亿元，同比增加17.2%，其中围绕镇江“四群八链”产业项目64个。3月，句容市组织朗得电梯零配件等22个产业项目参加省集中开工活动，年度计划完成投资18亿元；下半年

下蜀高新技术产业园

分别在开发区、郭庄镇、后白镇集中开工建设产业项目23个。

2022年，句容市争取专项债券23.25亿元，落实全市重点产业项目推进服务专班以及市领导调度重点产业项目机制，全力保障句容市重大基础设施项目和重点民生工程顺利推进。全年全市141个市重大产业项目完成投资139.1亿元。

2022年，句容市成立句容市数字经济工作领导小组，同时将数字经济核心产业项目纳入扶持实体经济政策。出台《句容市人民政府聘任经济发展顾问管理办法》；助推苏博特新材料成功获批省级战略性新兴产业发展专项资金1300万元。东恒空港高新技术产业园集聚区、茅山湖旅游度假区入选第一批镇江市现代服务业集聚发展示范区名单，志宏物流园入选省重点物流基地。

（陈　尧）

【营商环境优化】　2022年，句容市立足精准施策，持续聚焦市场主体关切，坚持市场化、法治化、国际化方向，扎实推进简政放权，优化项目建设全生命周期管理服务，全力支持实体经济发展。制定《句容市“句满意”优化营商环境2022年提升行动方案》，高效办结14个产业项目“拿地即开工”，高效开展“助企纾困　护航发展”专项行动，梳理解决企业意见建议158条。

（陈　尧）

【助企纾困】　2022年，句容市落实“稳增长”政策资金39.9亿元，其中为全市1135家市场主体办理留抵退税16.62亿元，汇编国家、省、市助企纾困政策形成“28条一览表”。修订完善《关于推进产业强市加快实体经济发展的若干政策意见》，增加支持企业“智改数转”、开放型经济等三大领域。完成2021年度政策兑现，全市124个项目共落实扶持资金6267.6万元。

（陈　尧）

【信用建设】　2022年，句容市在全省率先推行信用修复“三次告知”新模式；“句容市信用助推全域农产品质量安全追溯”案例入选江苏省政务诚信建设创新举措，并入选第四届“新华信用杯”全国信用优秀案例。句容市入选全省首批创新信用管理与服务试点，兆鋆新材料成为句容市首家获评省级信用管理示范企业。

（陈　尧）

【节能降耗】　2022年，句容市严格落实全年全市煤炭消费总量不超过48万吨的标准，全年全市非电行业煤炭消费量为47.9万吨。对镇江市级重点产业项目开展节能审查，实行动态清单化管理。大力发展非化石能源，全市光伏发电累计已并网装机容量近114.2兆瓦。

（陈　尧）

【安全生产】　2022年，句容市开展能源行业风险隐患大起底、大排查、大整治“百日攻坚”行动，累计排查隐患93处，整改完成率100%。到宝华镇开展物流园区安全生产联合检查5次。

（陈　尧）

【粮食安全】　2022年，句容市开展涉粮领域巡视巡察整改工作，修订完善《句容市政府储备粮管理办法》《句容市政策性粮食巡查制度》等制度。年内有序开展政策性粮食月度巡查、粮食质量安全监测等工作。

（陈　尧）

【民生保障】　2022年，句容市持续做好民生保障工作。按时按质完成2022年度十件民生实事，全力把民生工程做成“民心工程”。建立农副产品市场价格调控机制，确定4家价格调控实体网

句容市2022年度失信企业信用修复培训班

点。制定句容市《关于清理规范城镇供水供电供气供热行业收费促进行业高质量发展实施方案》，完成全市巡游出租汽车运价调整、公办幼儿园保育教育费调整，以及公益性公墓收费标准的制定工作。统筹推进涉案、涉纪各项价格认定工作，2022年共办理涉纪、涉案价格认定152件，认定金额300万元。（陈　尧）

国有资产管理

【概况】　2022年，句容市市属国有资产管理中心谋划国资系统在产业强市大局中推进资产市场化，所辖资产在市场调控下实现资产效益最大化，管理效益最优化。按照上级政策要求全面兑现落实政府疫情助企纾困解难政策，帮助企业抵抗疫情冲击。市属国有资产管理中心及时制定纾困解难实施方案和走访计划，简化审批手续，做好政策宣传，搞好对接协调，主动上门服务，推动惠企政策“直达快享”，提高资料审核效率，确保企业应享尽享，缓解生产经营压力。2022年度共审批减免3—5月房屋租金102.58万元，惠及租金减免的服务业小微企业和个体工商户49户。

（国有资产管理中心）

【资产招租】　2022年，句容市市属国有资产管理中心坚持国有资产“保值增值”底线，认真抓好提质增效工作，着力在资产运营、成本管控、优化环境、加强招商等方面下功夫，发挥国资政治效能，推动国企管理创新和招商模式创新，引领周边资产增值。加大闲置资产推介力度，对系统内厂房、土地等闲置资产进行排查摸底，逐一分析各资产闲置特点、成因、潜在优势及招商方向，高效盘活闲置资产。加强资产运行效率，保持国有资产平稳增长提升国资管理水平，重点做好国资长远规划，注重资产总量向提升质量效益转变。全年确定15个重点招商项目，结合资产特点，确定招商方向，金城公寓房屋、三里井地块、玩具厂地块3处闲置资产得到盘活，招商取得成效，收益新增15.5万元/年。2022年，全年新租续租项目49个，租金总计314.53万元。

（国有资产管理中心）

【国有资产监管】　2022年，句容市市属国有资产管理中心注重以管资产为主推进国资监管方式、工作职能的转变。制定国有资产运营清单和责任清单，以及招商管理办法和运营负面清单，规范国有企业管理。加强监管制度建设，规范国有资产租赁评估管理，大幅减少招租成本，从制度完善和规范角度加强国资监管工作。抓好改制遗留资产管理问题的解决，确保资产效益和管理水平双提升。收回茅山农贸市场门面房近200平方米，收回大卓食品站房屋近600平方米，协调地方政府加强二圣、后白和天王食品站管理，着力解决资产被多年占用的历史遗留问题。全年接待来访173人次、56批次；处理上级领导交办件17件；受理“12345”政府热线21件；处理“镇江阳光信访”平台33件，妥善处理好各项风险化解工作。

（国有资产管理中心）

【安全生产监管】　2022年，句容市市属国有资产管理中心强化安全责任意识，加强安全生产领域监管。按地块全面整理资产历史档案，做到一地一档案；梳理历年资产租赁合同，将合同进行整理归档并建立电子文档。牵头开展管理的下属单位资产、人事、改制等原始档案搜集归档工作。抓好危旧资产的解危工作，审批下属单位上报句化大楼、糖烟酒大院、东门菜场等资产实施解危等维修项目11个，面积3400平方米，投资77.71万元。对两个农贸市场、老旧小区、人员密集现场周边的燃气管道进行全面排查；做好对亚细亚大型商城、属地内“九小场所”、住宅小区、“三合一”场所进行重大节日前的消防安全检查工作。主动做好宝华三家碳素企业“两断三清”工作，并对突出安全环境问题举一反三，对大排查、大起底、大整治问题处置到位。完成纺织协会区域电动车充电桩的建设，解决电动车飞线充电的安全隐患。

（国有资产管理中心）

·江苏句容投资集团有限公司·

【概况】　2022年，江苏句容投资集团有限公司（以下简称句投集团）坚持稳中求进工作总基调，把握“城市建设综合运营商”角色定位，以国企改革三年行动为抓手，推进五年战略规划贯彻实施，布局形成基建、房地

产、供水、文旅、资产运营和环保为主的“城市建设运营商”体系，“板块+公司”的战略成效不断深化。（张 洁）

【经营发展】 2022年，句投集团持续推动市场化运营工作，提升旗下子公司实体化程度。水务集团以服务民生为宗旨，全力保障用水高峰期供水需求，开通供水服务热线“962001”，促进服务品质迭代升级。容华建设公司聚焦城市建设主责主业，初步建立品牌效益，实现产值业绩稳步提升。尚元资产公司用市场化竞争的方式经营资产，提高服务质量。弘盛开发公司以市场为主导，定位“做句容及周边有影响力的房地产开发企业”，主动造血，盘活资产，服务集团发展战略大局。弘源环境公司以“绿色”+“创新”为引擎，完善制度建设，推进环保类民生工程。尚元文旅公司以农文旅市场化运营为基调，拓展农副产品配送等增值业务。（张 洁）

【融资工作】 2022年，句投集团不断拓宽融资渠道，加大融资力度，在原有融资方式的基础上，有效对接金融机构，争取更多金融业务，为集团的重点项目及重点工程建设提供保障。（张 洁）

【民生重点项目】 2022年，句容市完成福地路小学建设、装修并投入使用，完成下荫路、梅香路的建设。基本完成句容市妇幼保健院装修和验收工作，并配合院方搬迁。序时推进句容站综合交通枢纽建设施工。完成长宁化工淋溶水应急处理和表面可见污染土的清理，推进句容市污水处理厂二期工程建设，竣工并验收句容市城北垃圾填埋场封场工程、句容市生活垃圾应急填埋场建设工程和句容市厨余（餐厨）集中中转站建设工程。持续推进义台街、雨润中央广场、碧桂园时代城项目回购以及思源公寓等安置房办证工作。（张 洁）

城北垃圾填埋场封场工程

【集团自主开发项目】 2022年，句投集团自营改善型住房项目隽澜轩达到办理预售证条件，1912商业项目招商完成近半。协鑫5GW工业项目完成厂房建设。完成定向建设销售的乡镇安置房项目茶香苑三期和康居花园三期工程，序时推进茅山风景区福桂二期、天王浦溪花园五期工程。句容市建筑垃圾资源化处置中心项目投产。常规开展全市污水处理厂日常监管工作、开展玉清河道整治工作。（张 洁）

民营经济管理

【概况】 2022年，句容市民营工业企业继续保持稳定有序的发展。全年新增规模以上工业企业50家，总数达285家，其中民营企业占比达85.6%，同比提高0.9%；30强工业企业中，民营企业达20家，比上年增加1家。从工业应税销售来看，2022年规模以上工业企业累计销售额为487.6亿元，其中民营工业企业销售额为269.6亿元，较上年增长20.68%，占规上工业企业销售额的55.3%，同比提高5.2%。由此可见，句容市民营工业企业发展速度快，对全市经济贡献显著提升。（工信局）

【民营企业资金支持】 2022年，句容市累计为48家（次）企业申请扶持实体经济发展资金2159.83万元，涉及技术改造、融合发展、行业标杆、转型升级4类项目，较2021年增长62.88%。

（工信局）

【民营企业培育认定】 2022年，兆鋆新材料、金合能源2家企业获国家专精特新“小巨人”企业认定，实现国家级品牌零的突破。华神橡胶、赛达电子等11家企业获江苏省专精特新中小企业认定，认定数创历史新高。一马先包装、晶度半导体等12家企业通过国家两化融合管理体系评定，三超金刚石、苏博特新材料等5家企业通过省两化融合管理体系贯标试点企业评定。协鑫光伏获江苏省五星上云企业认定，三超金刚石、苏美达获江苏省四星上云企业认定。另有10余家企业分别获江苏省智能车间、江苏省绿色工厂、江苏省企业技术中心、江苏省服务型制造示范企业、首台（套）重大装备企业等认定。 （工信局）

【民营企业政策扶持】 2022年，句容市对扶持实体经济发展文件再次提出修订建议。修订后的文件，提高了技术改造、两化融合、企业上云、专精特新、绿色工厂、服务型制造、首台套等项目的补助标准；新增了工业互联网平台建设、工业设计中心、智能工厂（车间）、重点发展产业领域企业进规稳规等项目；并简化申请操作流程，认定类项目无须提交申报材料，奖补资金直达企业账户。进一步让企业便捷高效享受到优惠政策，引导企业加快“智改数转”步伐，提高民营企业发展活力，增强工业经济发展韧性。

（工信局）

【民营企业创新发展】 2022年，句容市制定《句容市制造业智能化改造和数字化转型三年实施方案（2022—2024）》文件，为全市60家企业开展“智改数转”免费诊断服务，数字化转型成效明显。举办工业企业“精益管理”培训、“数字化转型”专题培训等多场培训，通过培训，让企业深入了解智能化改造、数字化转型赋能企业提质增效和高质量发展重要性，推动企业走“专精特新”发展之路。 （工信局）

财 政

【概况】 2022年，句容市实际完成同口径一般公共预算收入49.2亿元，其中税收收入完成35.75亿元（含留抵退税9.39亿元）。全市一般公共预算支出80亿元，其中民生支出64.18亿元，占一般公共预算支出比重达80.23%。 （黄 威）

【经济发展支持】 2022年，句容市财政局认真落实全国、江苏省各项政策措施，进一步暖企纾困，最大限度支持市场主体发展。支持产业强市“一号战略”，落实市委“1+X”文件，推进普惠金融风险补偿基金平台工作，优化融资担保降费奖补政策，疫情防控期间累计为31家服务业小微企业和241家个体工商户减免国有房屋租金445万元。支持创新驱动发展，多渠道筹措科技专项经费，支持强化句容市战略科技力量，全年新增国家高新技术企业59家，支持G312产业创新走廊建设等孵化载体持续健康发展，支持新能源汽车、新医药等战略性新兴产业发展。支持现代交通体系构建，支持南沿江城际铁路句容段主体工程建成及句容站装修，保障立体综合交通枢纽相关

市财政局开展企业走访

配套工程建设，推动扬镇宁马城际铁路、312国道句容段改扩建稳步推进。支持绿色低碳发展，农村生活污水治理一期项目全面完工，实施玉清河上游及葛洪路排口片区雨污分流改造工程，乡镇（街道）空气质量监测网络等项目工程入选省生态环境保护专项资金项目库。（黄　威）

【民生保障】　2022年，句容市财政局坚持“尽力而为、量力而行”，落实针对性更强、覆盖面更大、作用更直接、效果更明显的保障和改善民生举措。支持乡村振兴发展，完善乡村振兴多元化投入保障机制，新建高标准农田1.3万亩，持续做好稻谷补贴、耕地地力保护补贴等涉粮资金发放工作，支持农村人居环境进一步提升和各类水利基础设施建设。支持稳就业、保就业，“富民创业贷”惠及群众1543人，拨付就业补助、职业技能提升、援企稳岗等资金1.09亿元，支持国家和省市各项就业创业扶持政策落到实处，支持完善句容市人才引进培养体系。对受疫情影响较大的企业，允许阶段性缓缴养老、失业、工伤保险费和住房公积金，缓解企业资金压力。支持医疗教育事业发展，支持建成应急隔离健康驿站，保障市域内医共体建设和基层医疗卫生机构运转。落实“双减”政策，深入推进学生资助工作，支持市实验小学福地校区、福地路幼儿园等重点教育工程有序推进。支持基本民生兜底保障，全年保障发放各类困难群众救助资金，提高基本公共卫生服务财政补助标准至每人每年93元，企业退休人员基本养老金实现“十八连增”、城乡居民养老金连续第十二年上调，支持养老护理院建设、居家适老化改造等。

（黄　威）

【财政管理】　2022年，句容市财政局加强系统推进，全面注重实效，不断提升财政资金使用效益、财政管理工作效能和财政改革发展成效。全面深化预算管理改革，首次将镇级财政预算项目管理、预算编制、预算执行纳入省预算管理一体化系统中。全年实施绩效评价项目43个。稳步推进政府性债务管控工作，全年顺利完成债务化解目标任务，积极推动“削峰计划”实施，对新增融资实行分级管控，加快债务成本压降步伐。推动国资国企改革走深走实，“国企改革三年行动”顺利收官，落实好7个方面27项任务和68条具体措施。组织17个部门62家企业完成改制脱钩工作，全市国有企业新增办理不动产权证129本。提升财政依法规范管理水平，加强采购代理机构行业监管，上线“苏采云”政府采购不见面开标系统，不见面开标率100%。完成评审项目56个，工程类项目投资概算和竣工结算核减率分别达9.29%、24.06%。

（黄　威）

【公积金管理】　2022年，句容市财政局加强公积金管理工作。大力推广线上汇缴、提取公积金业务，全力深化智能化、多层次的“互联网+公积金”平台，为企业提供“一站式”服务体验。提高公积金提取效率，提升服务效能。设立“跨省通办”专窗，深化“不见面审批”改革，通过“全国住房公积金”微信小程序即

句容市2022年一般公共预算收入完成情况表

表5

项目	1—12月情况			
	本年累计（万元）	同期累计（万元）	增长（万元）	增幅（%）
一般公共预算收入合计	492024.00	576404.00	-84380.00	-14.64
税收收入小计	357541.00	483767.00	-126226.00	-26.09
非税收入小计	134483.00	92637.00	41846.00	45.17

句容市2022年一般公共预算支出执行情况表

表6

项目	累计支出			
	上年同期（万元）	当年实绩（万元）	增长（万元）	增幅（%）
一般公共预算支出合计	857999	799999	-58000	-6.76
民生支出小计	723721	641836	-81885	-11.31
民生支出占比	84.35%	80.23%		-4.12

可实现“账随人走、钱随账走”。深化“放管服”，优化贷款发放工作。接入“长三角住房公积金一网通办”平台，满足职工异地办事需求。对符合“商转公”贷款条件的职工办理贴息业务，2022年全年，句容分中心共计发放贴息贷款187笔，贴息贷款金额5872.1万元，贴息金额94.1万元。深化按揭楼盘合作，扩大贷款受惠面，2022年公积金中心新增2家合作楼盘，年内与36家楼盘签订合作协议、与13家银行签订合作协议。聚力优化营商环境，助力房地产发展。实施“福地聚才”公积金政策，提高公积金贷款限额，放宽公积金提取政策。

（黄　威）

税　务

【概况】　2022年，句容市税务局继续做好句容全市范围税费征收管理和税费服务工作，坚持依法治税、全力推进税收改革，严格落实各项税费政策，大力提升税费服务水平，各项工作取得显著成效。年内，办税服务厅获省“五一巾帼标兵岗”、姜海兵获全省首届“最美税务人”。

（税务局）

【税收征管】　2022年，市税务局聚焦主职主业，抓好组织收入工作，发挥税收职能作用，服务地方经济社会发展大局。做好税源预测和分析，加强日常收入监控和重点税源监管，推进协同共治强化税源管控，平稳划转国有土地使用权出让收入、土地闲置费等非税收入。全年累计组织各项税费收入101.88亿元，完成地方公共财政一般预算收入35.76亿元。

（税务局）

【退税减税】　2022年，市税务局落实退税减税政策，出台助企纾困解难“15条”，清单化部署、台账式销号提升政策惠及面，落实落细各项优惠政策。建立健全留抵退税审核工作机制，完善规范税政扫描预审、属地分局初审、审核团队复审、集体会商审议、监督检查抽查的增值税期末留抵退税“五级”审查核实机制。全年新增减税2.92亿元，落实1010户企业增值税留抵退税16.49亿元，落实制造业中小微企业缓缴税费2.4亿元，办理出口退税3.3亿元。

（税务局）

【以税资政】　2022年，市税务局开展税收形势分析和经济运行分析，从疫情防控、经济发展、减税降费、强化征管、房地产发展形势等多个层面对年度税源和本地经济发展情况进行研判与谋划，依托《句容税情》和《税务专报》，主动提供参考、建言献策。

（税务局）

【税收改革】　2022年，市税务局持续深化征管改革。坚持“以服务、执法、监管为核心”，一体规划税费服务、税务执法、税务监管小循环的整体布局和协同运转。全面落实“做实县局”，推进机关实体化运行，以各税费种、专业事项主管部门为主体，建立细分专业化团队，持续推进“做好分局”，转变属地管理分局职能，规范属地管理分局征管岗位职责和工作流程。强化办税预审分流机制建设，集约化办理调查审核类事项40532件；完善个性化服务运行机制，对重点业务、特殊事项、疑难问题提供专业支持。推动与公安、自规等部门的交流合作，与法院建立“法税协作”工作机制。通过共享协作发起土地契税、涉税司法案件、欠税管理等监管任务24户次，入库税款1.46亿元。

（税务局）

【税务执法】　2022年，市税务局加强扁平化、专业化、实体化团队建设，推动执法任务集中统筹、统一推送、分类分级。建立提示提醒机制，探索工作全流程规范化模板化，发出提示提醒函270余件。规范风险应对的组织实施和运行管理，综合风险应对任务400多户，应对成效3.1亿元、入库税款1.76亿元。

（税务局）

【税务监管】　2022年，市税务局压实监管主责，组建7个税务监管团队，建立重大风险领域动态管控机制，落实日常服务环节、执法过程动态监管和风险内控机制，建立一体化综合监督格局。开展研发费用加计扣除、资产损失、安置残疾人优惠政策等监管，累计补征企业所得税1.43亿元，完成土地增值税清算项目25个、补税2.13亿元。组建数据应用团队，建设数据学习培训中心，通过大数据平台发现疑点户、问题户11户次，应对成效1.08亿元。

（税务局）

税务局开启“税小希直播间”为纳税人答疑解惑

【智慧税务】 2022年，市税务局加强智慧税务建设，建设风险“四室”（约谈室、查账室、审议室、档案室），加强大数据应用平台和操作技能培训。加强数据采集，积极拓展第三方数据采集渠道，完善外部数据应用，形成数据采集定期交换机制。（税务局）

【税费服务】 2022年，市税务局优化税费服务，坚持把优化税收营商环境工作列为“一把手工程”，营商环境不断优化。通过“一把手走流程”“税费服务体验师”等各项活动，收集纳税人缴费人反映的问题，优化服务，提升纳税人缴费人满意度。联合市工商联召开专题座谈会，开展服务中小企业活动月和服务个体工商户活动月活动。组建外语服务团队，在个税汇缴等业务办理中消除语言沟通障碍。成立优化税收营商环境提升纳税人满意度领导小组和工作专班，明确会商联络机制，通过专班联动机制推进全局营商环境提质增效。围绕税收营商环境考核指标，提升税收服务和管理运行质效，督促推动营商环境评价优化提升，非接触式业务办理率达98%，办税服务厅叫号量同比下降42%。推动“税小希”服务，建立“办不成事”解决机制和复杂事项办理机制，由“税小希”工作室兜底解决涉税疑难问题，实现办税缴费“零障碍”，全年累计为纳税人缴费人解决疑难问题141件。开通“税小希”线上直播间，进驻工商联视频号，双通道实时在线解答问题。（税务局）

【智慧办税】 2022年，市税务局成立线上税费事项审核团队，将调查审核类事项业务全部上收一分局闭环运行内部流转，减少税费服务流程跨机构流转，缩减业务流转时限，降低纳税人缴费人办税时间成本。设置税源管理分局线上办税体验区、办税服务厅掌上办税体验区，面对面教学、网格化推广线上办税，制发线上办税应用平台简易事项处理清单，解决纳税人缴费人初涉在线办税时“开头难”“入门难”的问题。依托税收大数据，精准分析涉税需求，智能化推送政策信息68次，覆盖14万户次，智能客服解答问题4678次。（税务局）

【纳税信用建设】 2022年，市税务局做好年度信用评价工作，全市2.05万户企业参加2021年度纳税信用评价。做好纳税信用补复评及修复等动态管理工作，依法依规开展信用信息共享和信用联动管理，向市信用信息中心提供纳税信用评价、信用修复、行政确认等信用数据213条。推进“银税互动”合作，与句容农村商业银行联合发布“留抵贷”等产品，发挥“以信换贷、以税增信”的社会效益。（税务局）

审　计

【概况】 2022年，句容市审计局共完成审计项目21个，承担句容市委、市政府交办并完成任务10项。查出主要问题金额49994万元，审计处理处罚金额6671万元，促进整改落实问题金额3761万元，审计建议被采纳40条。审计过程中强化对重点领域、重点部门、重点资金、重点项目和重点环节的审计监督，加大对中央重大政策措施落实情况的跟踪审计力度，不断深化财政审计，加强民生审计，强化经济责任审计，抓好投资审计。注重揭露和查处

重大违纪违法问题、重大损失浪费、重大风险隐患、重大履职尽责不到位等问题。（审计局）

【政策落实跟踪审计】 2022年，市审计局重点围绕中央经济工作会议提出的七个方面政策要求、五个方面重大理论和实践问题开展政策落实跟踪审计。每季度整理重大政策融合审计情况，向镇江市审计局报送重大政策跟踪审计融合单和重大政策跟踪审计汇总报告，定期组织业务人员学习中央重大决策部署和省委市委重要会议精神。（审计局）

【财政审计】 2022年，市审计局以增强预算执行和财政收支的真实性、合法性和效益性为目标，开展市2021年本级预算执行和决算草案以及其他财政收支情况审计，同时对按全覆盖要求选择部门单独立项开展部门预算执行审计。重点关注预算执行的真实性、合规性、效益性，并对资产管理，不动产对外出租、担保，银行账户管理等事项进行专题审计，促进优化财政支出结构、严肃财经纪律、提高财政资金和行政事业性资产使用绩效。（审计局）

【农业农村审计】 2022年，市审计局以推动乡村振兴战略深入实施为目标，开展全市农村人居环境整治相关政策和资金专项审计调查，重点关注村庄规划确定的政策目标完成以及农村改厕、垃圾和污水治理、黑臭水体治理、畜禽粪污治理等方面任务目标完成、资金投入和分配、绩效管理等情况，助力乡村建设行动，推动美丽田园乡村建设，促进完善农村公共基础设施，提高涉农资金使用绩效。（审计局）

【投资审计】 2022年，市审计局合理确定审计项目数量规模，重点对政府投资为主，涉及全局性、战略性、基础性的重大建设项目开展审计监督。实施好长江引水及句容第一水厂工程跟踪审计、句容市2019—2021年度雨污分流工程项目绩效审计等投资项目。压减固定资产投资竣工决算审计项目数量，增加项目预算执行审计项目数量。关注投融资体制改革中的新情况新问题，推进投资审计信息化建设，实现从传统投资审计向现代投资审计转变。（审计局）

【资源环境审计】 2022年，市审计局开展全省生态环境保护专项资金审计，重点关注生态环境保护政策落实情况，生态环境保护目标任务完成情况，生态专项资金投入、分配、管理、使用等情况，促进生态文明建设，助力打好污染防治攻坚战，提高专项资金使用绩效。重点关注乡镇领导干部任职期间所在地区重点自然资源资产开发利用和生态环境保护情况，客观评价被审计地区领导干部贯彻执行生态文明建设方针政策，遵守自然资源资产相关法律、法规和政策，各类目标任务完成，履行监督责任情况等情况，揭示在自然资源开发利用和生态环境保护中的违法违规问题，推动生态文明体制改革，促进自然资源资产节约集约利用和生态环境保护。（审计局）

【民生审计】 2022年，市审计局统筹做好养老、就业、教育、社保等民生审计项目，为实现共同富裕作出贡献。开展全省养老服务体系建设政策措施落实情况专项审计调查，同时实施好全市2020—2021年度住房公积金管理及使用情况专项审计调查。（审计局）

市审计局到市卫健委开展审计活动

【经济责任审计】 2022年，市审计局以激励和引导领导干部履职尽责、担当作为，促进深化改革、健全制度、加强管理、堵塞漏洞、防控风险，实现高质量发展为目标，做好领导干部经济责任审计。完成镇江市审计局统一组织的市管领导干部经济责任审计，召开年度经济责任审计工作联席会议，充分发挥联席会议平台作用，加强对全市经济责任审计工作的组织领导，优化成员单位间的沟通协作、信息共享机制，拓展审计监督与干部管理监督的深度与广度。 （审计局）

【风险防范化解】 2022年，市审计局以防范化解重大金融风险为目标，开展地方政府隐性债务化解情况及政府融资平台公司经营管理、风险防范审计及相关政策执行情况专项审计调查，重点关注政府隐性债务化解及相关政策落实、融资平台公司投融资活动、债务管理及风险防控等情况，揭示关键性风险因素，助力打好防范化解重大风险攻坚战。

（审计局）

【内部审计】 2022年，句容市内审机构共完成审计项目427个，其中财政财务收支审计82个，经济责任审计119个，内部控制和风险管理审计8个，固定资产投资审计131个，其他交办审计87个。审计发现问题金额6657059.5元，其中调整会计账面3922577.5元，提出审计建议被采纳324条。

市审计局强化对内部审计工作的指导和监督，采取集中培训、上门指导、以审代训、以赛代训等方式，提高内部审计人员的综合素质，提升审计的层次和水平。

（审计局）

统　计

【概述】 2022年，句容市统计局贯彻落实国家、省、市关于统计工作的重要决策部署，紧扣中心、服务大局，推进统计改革，加强统计基层基础建设，开展“数句先锋党旗红”品牌活动，推进依法统计依法治统工作，做好统计监测和预警分析，强化统计监督职能，优化统计服务水平，进一步提高统计数据质量，为全市社会经济高质量发展提供坚实的统计保障。 （统计局）

【统计服务】 2022年，市统计局建立完善月初有快报、月底有预报、情况有专报、专题有研报制度，深入有效开展经济运行监测分析和高质量监测评价工作，加强月度、季度、半年和年度经济走势研判，密切关注经济运行各项指标情况。深入解读高质量发展考评相关文件，加强与上级部门做好2022年度高质量考核指标的衔接，及时将新增指标反馈给主办部门，做好业务指导。建立统计联席会议制度，制定固定资产项目入库管理办法，与各职能部门形成统计信息共享的良好机制，有效提高统计数据质量和经济形势研判的时效性和准确度。积极向市委、市政府和重点部门建言献策，印发《统计专报》《统计月报》《经济运行情况分析》等统计资料。 （统计局）

【统计质量提升】 2022年，市统计局在抓好统计相关法律法规再学习、再深化、再落实的基础上，加大统计数据核查和执法检查力度。全年共对202家单位、46个投资项目进行数据质量核查。开展统计“双随机”执法检查30家单位。为进一步提高依法治统履职能力，对乡镇抽查开展执法检查，检查单位2家。 （统计局）

【基层统计工作】 2022年，市统计局坚持把统计业务培训作为

句容市统计局召开全市新增规上工业统计业务培训会议

夯实基层基础的重要手段，围绕高质量考核体系，开展部门、乡镇数字经济、农业增加值、建筑房地产业核算等专题培训，以及四上单位申报、进退库等业务培训，统计工作人员、部门统计人员及企业统计员累计培训达600人次以上。推动乡镇和企业统计标准化、规范化建设，指导和督促建立完善统计台账，重点推进下蜀工业电子台账试点工作。抓好入规入统工作，全年新增“四上”单位145家，净增“四上”单位116家，新增贸易大个体4家。

（统计局）

市场监督管理

【概况】　2022年，句容市市场监管局推动高质量发展考核工作、创新监管方式、持续优化营商环境、严守“四大安全”底线。动员全系统推进高效能监管，服务高质量发展。年内，后白镇申报的“国家草坪产业标准化示范区”成功获批国家级农业标准化示范区项目，句容市获批国家知识产权强县建设试点县。（周恒悦）

【营商环境优化】　2022年，市市场监管局开展质量提升行动，建华建材（中国）有限公司获2022年镇江市市长质量奖，实现句容市“零”的突破。与句容农商行联合推广“苏质贷”金融产品，40多家获得质量品牌建设相关荣誉的企业首次进入“苏质贷”企业库。实施“标准化+”行动计划，发布6个省、市地方标准，句容首个农产品团体标准《农产品地理标志产品　茅山长青茶》在全国平台公开声明，句容市后白镇申报的“国家草坪产业标准化示范区”成功获批国家级农业标准化示范区项目。推动高质量发展考核工作，制作高质量考核工作挂图作战推进表，按时序进度定期通报，压实各级责任。开展“助企纾困　护航发展”专项行动和“问需于企”走访行动，全面落实全省市场监管领域轻微违法行为不予处罚和从轻减轻处罚规定，办理免罚轻罚案件35件，实行“包容期”信用监管，快速修复企业信用120户。

（周恒悦）

【知识产权管理】　2022年，市市场监管局加强知识产权促进与保护，推进产业强市政策落实，进一步修订和完善《句容市知识产权专项资金管理办法》，协助企业获得融资8253万元。全市专利授权1243件，发明专利授权112件，有效发明专利1827件，高维持发明专利161件。万企有效注册商标企业数达546家。句容市获批国家知识产权强县建设试点县；通过江苏省商标品牌培育和保护地理标志类（丁庄葡萄）项目立项。主动与知识产权所有人联系，共同进行摸排，全年共出动执法人员500余人次，检查食品、酒类、汽配、服装经营单位200余家次，打击侵犯商标、地理标志、专利权等侵犯知识产权以及制售假冒伪劣商品的违法行为。

（周恒悦）

【市场主体监管】　2022年，市市场监管局全面推进“双随机、一公开”监管。全市30个部门依托市场监管信息平台开展“双随机”抽查任务，共抽取市场主体7841户，覆盖率100%。强化信用监管，共办理经营异常名录列入465户次，移出121户次。通过“江苏政务服务平台”推出经营异常名录移出申请材料线上提交功能。创新市场主体退出机制，联合市法院对60多户“僵尸企业”进行公益清算。（周恒悦）

【服务和消费领域监管】　2022年，市市场监管局强化专项整治，先后开展民生领域涉企收费、洗车点问题隐患、养老诈骗、长江禁捕、医美行业等专项整治行动，共查办案件344起，罚没款734.27万元。组织开展全市公平竞争审查工作，引入智慧化监测平台，全面排查规范性文件，并开展有效处置。强化消费领域监管，围绕“共促消费公平年”主题开展消费维权工作，全年共受理投诉举报6562件，办结率100%，满意率99.9%。深入社区、企业开展放心消费示范单位创建提升行动，做好“计量惠民”检定工作，免费检定计量器具1000余台件。组建句容市外卖配送行业党委，打造“句骑先锋”党建品牌。（周恒悦）

【食品安全】　2022年，市市场监管局组织食品抽样检测3176批次，抽检不合格食品按时处置数和食品举报案件按时处置数均为100%。深入开展“守底线、查隐患、保安全”专项整治行动，发现处置风险问题19396个。推进

“互联网+明厨亮灶”等智慧管理模式，压紧压实食品安全属地责任。联合教育部门，推进“引领学校食堂餐饮服务食品安全规范化建设”书记项目，进一步提升学校的食品安全管理水平。全市109家学校食堂实现“明厨亮灶”全覆盖，其中对103家中小学及幼儿园实施“明厨亮灶+互联网”，覆盖率100%。（周恒悦）

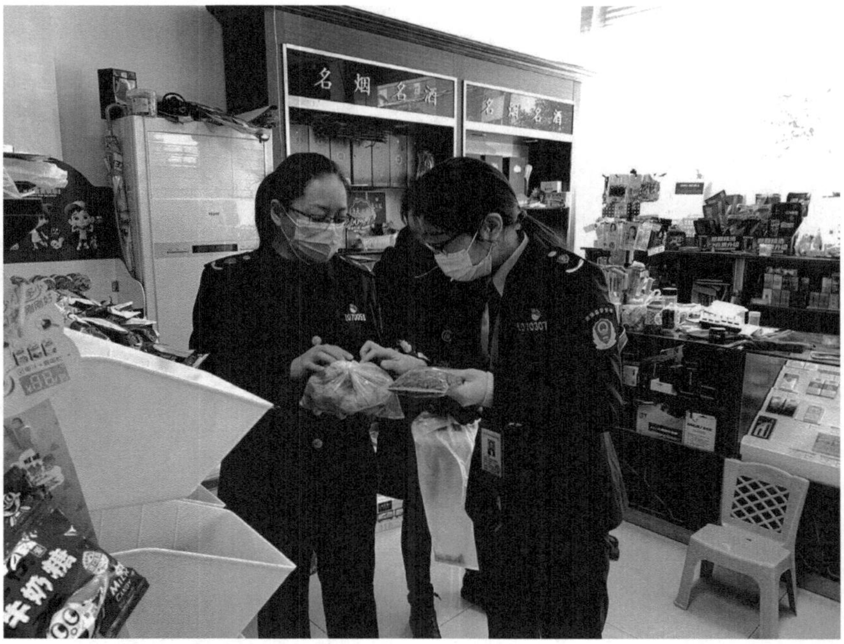

市市场监管局开展食品安全专项检查

【疫苗和药品安全】 2022年，市市场监管局督促全市258家药械经营企业实行质量管理责任制。检查医疗机构49家、药械企业342家次，完成药品抽检160批次。（周恒悦）

【特种设备安全】 2022年，市市场监管局开展特种设备安全大起底、大排查、大整治“百日攻坚”行动，发现处置特种设备安全隐患52条。（周恒悦）

【产品质量监管】 2022年，市市场监管局加大流通领域质量抽检，开展电动自行车非标三四轮车、燃气灶具及配件、机动车检验检测机构等专项整治工作。（周恒悦）

【疫情防控期间市场监管】 2022年，市市场监管局加强进口冷链食品防疫管理，坚持人物环境同防。承担农贸市场、足疗店、外卖平台等14类场所防疫监管职责，巡查1.5万余家次，对问题推行即行即改。对全市230家零售药店进行全覆盖检查，对防控措施执行不到位的22家零售药店给予停业整顿。加强疫情防控期间民生商品价格监管。“新十条”发布后，稳定防疫物资市场供应，开展稳价保供执法行动，帮助连锁药企组织采购医药物资，通过全市87家保供零售药店，将24万片布洛芬免费投放市场。（周恒悦）

【价格管理】 2022年，市市场监管局联合发改委、公安机关对农贸市场、药店进行检查6次；出动价格检查人员3000余人次，检查经营户1500余家次，查办价格案件69件，保障生活物资和涉疫物资的市场价格稳定。开展殡葬行业重点检查，对标价不规范的单位要求立即整改到位。开展物业服务企业收费检查工作，共检查物业服务单位20余家。开展校外培训机构收费主动检查，对于培训机构利用格式条款免除自身责任、加重消费者责任、排除消费者法定权利的行为予以查处。开展房地产行业专项检查，监测企业网站120余家，微信公众号300余个，相关售房信息3000余条，检查房地产企业110家。开展粮食市场秩序专项整治，确保国家粮食价格政策执行到位，切实维护粮食收购和流通秩序。（周恒悦）

农业·农村

责任编校：赵　霞

综　述

【概况】　2022年，句容市粮食亩产453.2千克，总产25.85万吨，全市粮食种植面积38020公顷（57.03万亩），比上年增加约326.66公顷（4900亩），蔬菜播种面积约7380公顷（11.07万亩）。2022年，全市生猪饲养量12.18万头（其中出栏4.98万头），其中母猪1.02万头；羊饲养量2.19万只（其中出栏0.93万只）；大家畜存栏1327头（其中奶牛存栏655头）；肉禽饲养量1664.65万羽（其中出栏1224.44万羽）；蛋禽存栏111.4万羽。羊和蛋禽饲养量略有增加。全市水产养殖总面积3460公顷（5.19万亩），其中特种水产养殖面积为2770公顷（4.16万亩），占水产养殖面积比例逾80%；全年实现水产品产量2.545万吨，实现渔业产值22.02亿元；实现渔业增加值11.01亿元。全市获得绿色食品认证主体91家，194个产品，面积约9286.6公顷（13.93万亩）；获得有机农产品认证主体11家，35个产品，认证面积约3380公顷（5.07万亩），其中种植业约3.62万亩、水产品约1.45万亩；获得农产品地理标志认证2个（茅山长青、丁庄葡萄）；获得绿色优质农产品基地认定约22213.3公顷（33.32万亩）；全市绿色优质农产品比重71%。新型农业经营主体蓬勃发展，截至2022年底，句容市共有农民合作社728家、家庭农场1427家。获得省级财政奖补项目的家庭农场17家。2022年全市新培育农民合作社23家、家庭农场48家。

（唐　明　杨　杨　巫爱军　刘　勇　王丽娟）

白沙村有机水稻

乡村建设

【人居环境整治提升】　2022年，为巩固农村人居环境整治成果，落实长效管理机制，句容市认真贯彻落实上级决策部署，以“四清一治一改”　“四个专项行动”

为主线，持续深入开展村庄清洁行动，以生态宜居美丽乡村示范创建为抓手，不断提升农村人居环境质量。制定《句容市“十四五”开展农村人居环境整治提升行动实施方案》，聚焦年度重点任务，全面落实各项工作的具体责任单位、责任人。

（沈顺忠　许庭霞）

【生态宜居美丽乡村示范镇、示范村创建】　2022年，句容市各镇（街道、园区）首批申报茅山风景区管委会1个生态宜居美丽乡村示范镇和华阳街道下甸村、下蜀镇空青村等12个生态宜居美丽乡村示范村的创建。一年来，各创建单位对照标准，积极作为，年底前全部通过省、市验收。

（沈顺忠　许庭霞）

【农村宅基地工作】　2022年，句容市在建立健全多部门内部联动运行的农村宅基地建房联审联办工作制度和建立“一个窗口”对外受理宅基地审批的基础上，委托上海飞未信息技术有限公司为句容市搭建农村宅基地审批管理系统并投入使用。全年全市共受理宅基地申请149宗，申请面积31.81亩，审批129宗，审批面积共27.77亩，审批的宅基地申请全部上传至宅基地审批管理系统。茅山镇丁庄村和茅管会夏林村作为句容市试点镇开展农村闲置宅基地和农房的盘活利用探索。

（王丽娟　许庭霞）

【村级一事一议财政奖补项目】2022年，句容市村级公益事业建设一事一议财政奖补项目分两批

句容市强民“全程机械化+综合农事”服务中心

下达，共43个，共涉及11个镇（街道、管委会）、35个行政村、81个自然村，涉及省级财政奖补资金共计926.36万元。第一批一事一议奖补项目共28个，其中村内道路硬化15个，道路亮化项目8个，广场项目2个，修建沟渠项目3个；计划总投资827.97万元，其中财政奖补资金660.36万元，奖补村一事一议筹资（不筹劳）总额167.61万元。第二批一事一议奖补项目共15个，其中村内道路硬化8个，道路亮化项目4个，广场项目2个，修建沟渠项目1个；计划总投资337.92万元，其中财政奖补资金266万元，奖补村一事一议筹资（不筹劳）总额71.92万元。2022年，第一批下达项目全部完成验收，第二批下达项目稳步推进中。

（王丽娟　许庭霞）

【村庄清洁行动】　2022年，结合疫情防控，句容市开展村庄清洁行动春季战役和夏季战役，有效铲除病媒生物滋生环境，阻断了疫情向农村蔓延。句容市制定下发《关于做好村庄清洁行动，助力农村疫情防控的通知》，各镇（街道、管委会）明确工作要求，落实工作责任，组建专门的清洁整治队伍，通过明白纸、张贴宣传标语、大喇叭等多种形式加大卫生防疫和环境整治的宣传教育，切实发挥农民群众主体作用，做好村庄清洁行动。

（沈顺忠　许庭霞）

【农村户厕问题摸排整改】　2022年，按照省、市统一部署，句容市开展农村户厕问题摸排整改“回头看”工作。共摸排农户总数134224户，户厕总数131877座，已改厕126000座，改厕率95.5%；摸排出问题厕所3340座，问题户厕主要集中在粪池问题、用水问题、厕具问题、未改户厕、后期维护问题等方面，问题户厕纳入“十四五”改造计划。

（沈顺忠　许庭霞）

扶贫工作

【富民强村帮促行动】 2022年，句容市建立"六个一"挂钩帮促机制。出台了《句容市富民强村帮促行动"六个一"挂钩帮促方案》，"六个一"即"一名市领导挂、一名机关干部领、一个机关部门帮、一个服务团队助、一家优质企业带、一组金融资源推"，逐步完善经济相对薄弱村发展长效机制。截至2022年底，句容市13个镇江市定经济相对薄弱村2022年村集体稳定性收入全部超过120万元。为确保句容市经济相对薄弱村集体有持续稳定的项目收益，结合句容市产业发展实际需求，安排2022—2023年镇江市、句容市两级富民强村帮促行动专项资金1920万元，统筹用于投资入股江苏句容市投资集团有限公司建设年产5吉瓦（GW）高效光伏组件项目，每年经济相对薄弱村获得的固定收益为投资额的5.3%。

（王　晋　许庭霞）

【乡村公益医疗互助试点工作】 2022年，句容市高质量完成省级乡村公益医疗互助试点工作，句容市两个试点镇（后白镇、天王镇）实际参与人数合计40562人，筹资总额324.49万元，平均参与率达75.87%。截至2022年底，累计补助989人次，补助金额达76.14万元，平均减轻个人医疗负担8.6%，其中单笔最高补助金额14300元，最低300元。突出大病重点补，小病也有补的特征，有效减轻了农村居民较大额度医疗负担。 （王　晋　许庭霞）

【防贫保险】 2022年，句容市开展新一轮防贫保险工作，为13249名九类困难群体购买商业保险，围绕医疗（含意外伤害）救助、教育基金救助、危房改造救助3个方面对该群体进行保障，最大限度地减轻他们在"三保障"方面的支出负担。

（王　晋　许庭霞）

农村综合行政执法

【农业市场整顿】 2022年，句容市陆续开展"春雷行动""秋季百日行动""铁牛卫士　护航三秋"等各类专项执法检查行动，全年办理涉农案件89件。在针对农资经营门店、农产品生产单位进行突击执法检查中，共出动执法人员100余人次，检查门店120余家次，重点围绕种子、农药等产品，严厉打击非法经营、制售假冒伪劣农药等行为。在配合公安交警部门开展辖区内重点道路农机执法检查中，重点加大上道路拖拉机的执法检查，严厉查处违法违章行为。截至2022年底，共完成农机执法检查90余次，将安全隐患和事故苗头消灭在萌芽状态。开展农机计分教育，对持句容市拖拉机驾驶证违法计分满12分的，在接到公安部门通报后，通过挂号信（电话）通知的方式及时告知；累计发出记满分教育考试通知书264封，接受教育考试的拖拉机驾驶员190人，通过教育考试恢复驾驶的160人。在针对全市动物卫生检查行动中，共出动执法人员180余人次，执法车辆50余台次，对辖区内的1家生猪屠宰企业、5家兽药、饲料经营门店、4家动物诊疗场所及宠

市农业农村局在全市开展种子等农资市场抽查

物用品店、20多家畜禽养殖场进行多轮随机执法检查。对检查中发现有涉嫌违法行为的5家经营业主下发责令停止违法行为通知书，责令立即停止违法行为。同时期，开展以禽蛋、猪肉、牛肉、羊肉为重点的畜禽产品专项整治，以生猪、蛋禽规模养殖场、生猪屠宰企业为重点对象，严厉打击蛋禽养殖过程中违法使用禁用药品、超剂量超范围使用兽药、使用未批准在产蛋期使用的药物、使用未批准的农药类杀虫剂、不执行休药期规定、销售残留超标禽蛋等行为，重点排查未按规定落实屠宰环节非洲猪瘟自检和官方兽医派驻制度，生猪私屠滥宰、屠宰病死猪、注水注药等违法现象，坚决守住农产品质量安全底线，确保人民群众农产品消费安全。　（赵江楠　许庭霞）

【食品安全】　2022年，句容市通过开展执法抽检活动，强化农产品质量安全监管。将执法关口前移，在抽检工作中严格按照规范抽检样品，现场填写抽样记录单、封存样品、制作抽样询问笔录。年内，针对上市蔬菜瓜果产品进行执法抽检，开展农产品监督抽查74个（其中省级监督抽查30个，市本级监督抽查44个），其中应时鲜果监督抽查46个（省级16个），茶叶监督抽查10个，稻谷监督抽查2个，蔬菜监督抽查2个。开展农药、肥料等农资产品市场抽检工作，制定抽检方案、扩大抽检范围，提升抽检针对性和精准度，增强精准打击力度。全年抽检省统农药产品16个、镇江市统6个、肥料1个样品，并依法送检。开展执法抽检畜禽产品样品25批次，完成执法抽检饲料样品1批次，完成执法抽检兽药样品4批次，全面完成全年执法抽检任务。

（赵江楠　许庭霞）

【农村普法宣传】　2022年，句容市启动农村学法用法示范户培育结对工作，制定结对人员分工方案和指导服务方案，组建普法讲师团，组织16名执法队员与全市145户拟培育学法用法示范户结对，确保每个示范户都有执法人员结对联系。全年与华阳、下蜀、宝华等10个乡镇对接完成，发放各类法律法规材料500余份，组织参与相关培训3场，通过培育，超过60%的培育对象经相关部门的认定，成为农村学法用法示范户。在“夏季百日行动”期间，结合送法下乡宣传活动，发放宣传手册宣传《中华人民共和国种子法》《农药包装废弃物回收处理管理办法》等法律法规，接受问询、举报，营造农资打假人人关注的良好社会氛围。在农机普法工作中，执法人员深入作业现场、农机合作社、田间地头、场院和农户家中，发放安全生产资料，严禁无证驾驶、疲劳驾驶、酒后驾驶、未按操作规程驾驶等不安全行为；同时通过滚动字幕、播放警示教育片、悬挂横幅、张贴公告、发送短信等形式，广泛开展农机安全执法，发放宣传资料总计7000余份。

（赵江楠　许庭霞）

【农机监管】　2022年，句容市使用移动执法终端积极开展农机安全执法监管行动，完成农机执法检查90余次。开展“送检下乡”便民服务，努力提升“三率”水平。严格规范开展拖拉机和联合收割机登记、安全检验等业务工作，确保“人机证”三见面，加强对受理资料的审核，严格执行拖拉机和联合收割机安全检验相关技术标准，结合定期检验重点排查制动、转向、信号、安全防护存在的隐患，对发现的隐患当场书面告知农机手并限期整改，进一步提高安全检查和执法频率，减少拖拉机、联合收割机等农业机械操作人员违反安全操作规程行为。全年拖拉机检验率为92.32%，联合收割机检验率为95.36%。开展农机驾驶人考试及农机驾驶（操作）人员安全知识教育工作，合力做好农机“送考进校”服务工作，宣传农机安全生产要求、法律法规等，增强守法意识和安全意识，普及农机安全知识，推进农机安全长效管理。年内在送考进校工作中通过考试合格发放农机驾驶证331本。

（赵江楠　许庭霞）

农业经济

【新型农业经营主体建设】　2022年，句容市全年培育工商注册农民合作社23家、家庭农场48家。全年新增国家级农民合作社示范社3家、省级农民合作社示范社4家、句容市市级农民合作社示范社10家；省级示范家庭农场8家、镇江市级示范家庭农场26家、句容市级示范家庭农场63家。

句容市小布梨家庭农场入选全省家庭农场典型案例

句容市下蜀镇东来家庭农场入选全国家庭农场典型案例，句容市小布梨家庭农场入选全省家庭农场典型案例；句容市后白镇道兵家庭农场和句容市茅山风景区如花家庭农场入选“百佳家庭农场”；句容市兴农家庭农场发展联盟入选“十佳家庭农场服务联盟”。丁庄万亩葡萄专业合作联社的“丁庄葡萄”品牌获评江苏省“十家电商农民合作社十个网络畅销产品品牌”。

（王丽娟　许庭霞）

【农业政策性保险工作】　2022年，句容市政策性农业保险共计完成保费收入3939.30万元，其中主要种植业保险保费1697.03万元；小麦承保10402.83公顷（约15.60万亩），保费444.18万元；油菜承保4518.01公顷（约6.78万亩），保费149.09万元；水稻承保20274.50公顷（约30.41万亩），保费1014.99万元；玉米承保2557.79公顷（约3.84万亩），保费88.77万元。高效设施农业保险共开办19个险种，保费2242.47万元。由于受春季冻害和夏秋季持续高温干旱的影响，句容市小麦、水稻和高效设施农业保险受灾较严重，全年共计赔款3596.33万元，农业保险简单赔付率达91.29%，理赔受益农户3413户。其中小麦受灾面积约1161.14公顷（17417.10亩），赔款452.23万元；水稻受灾面积约1961.17公顷（29417.55亩），赔款1237.31万元；高效设施农业赔款1855.79万元。

（王丽娟　许庭霞）

【农村产权交易监督管理】　2022年，句容市重点围绕规范农村集体产权流转和交易行为，规范农村产权交易市场和信息服务平台管理，力求做到农村集体产权流转和交易“应进必进”。句容市农村产权交易市场2022年累计成交标段1745个，成交总金额1.32亿元。市农业农村局积极配合市公共交易中心推进农村产权“三期”线上交易，通过线上交易，实现农村产权“不见面交易”，为交易双方节约了交易成本及交易时间，解决了竞价场地、空间的限制，极大提高了交易的效率，避免了暗箱操作，有效防止集体资产流失和农村产权交易过程中不良行为的发生。截至2022年底，平台线上累计成交项目99个，金额6874.59万元。

（马　骏　许庭霞）

种植业

【概况】　2022年，句容市粮食种植面积38020公顷（57.03万亩），比上年增加约326.7公顷（0.49万亩），蔬菜播种面积约7373.3公顷（11.06万亩）。其中水稻栽种面积约22133公顷（约33.2万亩），与上年持平。全市机插秧面积约18813公顷（约28.22万亩），其中应用硬地硬盘育秧栽插面积约6333公顷（约9.5万亩）。水稻亩产560.3公斤，总产18.6万吨；小麦播种面积约9980公顷（14.97万亩），小麦亩产328.3公斤，总产4.915万吨；油菜种植面积约6660公顷（约9.99万亩）。玉米种植面积约2593公顷（3.89万亩），大豆种植面积约1593公顷（2.39万亩），甘薯种植面积约900公顷（1.35万亩）。　（唐　明　许庭霞）

【绿色高质高效创建】　2022年，句容市共建设水稻绿色高质高效示范片7个，集成应用水稻智能化集中育秧、毯苗机插、精确定量栽培、粮油（肥）轮作、综合种

白兔镇解塘村农民进行早稻育秧工作

养等绿色高效技术模式。建设有机肥替代化肥示范点9个，稻田综合种养示范点2个，稻绿轮作模式示范点1个，新品种示范展示基地1个，集中展示优质食味新品种10个。示范点内应用稻鸭共作、稻虾共作等模式，示范展示绿色防控技术如秧田无纺布覆盖、螟虫性诱技术、人工种植香根草、大豆、芝麻以及科学用药等技术措施。通过新品种、新技术、新模式的示范推广，有效提升稻米品质，减少化学农药、化学肥料的使用强度，实现“药肥”双减。通过项目实施与聚集支持，打造一批产业化程度高、规模集中连片的优质稻米生产基地。在产业开发与品牌培育上，形成了“企业（合作社）+基地+品牌”的产业化链式开发新模式，同时也加强稻米深加工的开发，带动周边农户共同参与到优质稻米生产中来，实现增值、收益共享。2022年，全市共有稻米品牌20多个，当地有一定知名度的稻米品牌7个，在第七届“芳桥”杯“江苏好大米”品鉴推介活动中获“江苏好大米”银奖1项。

（罗月越　许庭霞）

【新技术示范推广】　2022年，句容市在水稻、小麦、大豆、玉米、葡萄、草莓等作物上开展新品种、新技术、新产品以及新模式的示范展示，全市共建立县级“三新”技术示范展示基地3个，展示新品种10个、新技术5项、新产品3种、新模式2项。

（罗月越　许庭霞）

【新品种新技术推广应用】　2022年，句容市水稻生产推广应用早熟晚粳武运粳39号、南粳5055等品种，优质食味米品种推广应用早熟晚粳南粳3908、南粳46等品种。小麦推广应用镇麦12、镇麦15号、扬麦33等品种；油菜推广应用沣油737、德核杂油8号等品种。在新技术推广方面，水稻上重点推广机插秧精确定量栽培、稻田综合种养、侧深施肥、病虫害绿色防控等技术；小麦上重点推广稻茬小麦优质高产栽培、麦油机械免少耕、板茬移栽轻简栽培等技术。生产技术上以控肥、减药为抓手，注重推广应用绿色高效生产。（罗月越　许庭霞）

【耕地质量提升】　2022年，句容市对89个耕地质量等级调查评价点开展取土化验分析，对全部土样的pH、有机质、全氮、有效磷、速效钾、缓效钾六项指标进行测定，另对部分样点的微量元素、重金属元素进行化验。按照统一指标体系和质量要求开展耕地质量等级评价，句容市2022年调查评价的耕地质量平均等级为4.19，较上一年度提升0.1个等级。2022年，句容市积极宣传推广有机肥替代化肥、种植绿肥、应用新型肥料和农机具等措施，引导农民科学施肥，全年全市化肥使用总量（折纯）为18445吨，较2020年减少421吨，较2020年减少2.2%。（罗月越　许庭霞）

【绿色防控示范区建设】　2022年，句容市共承担6个绿色防控示范区建设任务，其中水稻3个，葡萄、桃、茶叶各1个。水稻建设地点为边城镇赵村村、白兔镇古隍村和后白镇西城村，核心面积约66.67公顷（1000亩），葡萄建设地点为茅山镇丁庄村，核心面积约6.67公顷（100亩），桃建设地点为华阳镇云塘村，核心面积约6.67公顷（100亩），茶叶建设地点为下蜀镇空青村，核心面积约6.67公顷（100亩）。在示范区内推广农业生态技术、理化诱控技术、生物农药及高效低毒低残留化学农药等技术。2022年，句容市边城科丰粮食种植专业合作社被评为江苏省三星级农作物病虫害专业化防治星级服务组织，句容市天王镇玉华农机植保专业合作社被评为江苏省四星级农作物病虫害专业化防治星级服务组织，桃病虫害绿色防控示范区被评为省级农作物病虫害绿色防控A级示范区，句容市丁庄老方葡萄专业合作社被评为首批100个全国农作物病虫害绿色防控技术示范推广基地。

（罗月越　许庭霞）

养殖业

【畜牧生产】　2022年，句容市生猪饲养量12.18万头（其中出栏4.98万头），其中母猪1.02万头；羊饲养量2.19万只（其中出栏0.93万只）；大家畜存栏1327头（其中奶牛存栏655头）；肉禽饲养量1664.65万羽（其中出栏1224.44万羽）；蛋禽存栏111.4万羽。（杨　杨）

【重大动物疫病防控】　2022年，句容市持续开展动物免疫工作，继续执行“集中免疫和常年补免相结合”的方针，认真落实好重大动物疫病的强制免疫和计划免疫工作。按照“句容市2022年重大动物疫病免疫方案”，执行“集中免疫和常年补免相结合”的方针，实施春、夏、秋3次全市突击防疫行动。2022年动物免疫情况为生猪口蹄疫7.1064万头，牛口蹄疫1153头；羊口蹄疫1.24万头；家禽禽流感共防疫576.17万羽；生猪高致病性蓝耳病7.44万头；猪瘟7.44万头；小反刍兽疫1.35万头。动物疫病的总体防疫密度均达100%，抗体滴度经日常监测和飞行检测总体水平达80%以上。（杨　杨　朱庆锋）

【畜禽粪污资源化利用】　2022年，句容市持续开展畜禽粪污资源化利用巩固提升行动。全市有规模畜禽养殖场188户（年内完成188户），畜禽粪污处理设施装备配套率达100%；小规模畜禽养殖场155户（年内完成155户），畜禽粪污处理设施装备配套率达100%。全市畜禽粪污综合利用率达97.79%。（杨　杨　汤慧云）

【畜牧生态健康养殖技术推广】　2022年，句容市加快推进绿色生产方式，着力构建畜牧业绿色发展新格局。全年新创建1家省级生态健康养殖示范场，2家市级推广场，省级健康养殖示范场累计达15户，市级示范场达187家，畜牧生态健康养殖技术推广率达99.5%。（杨　杨　汤慧云）

【屠宰环节监管】　2022年，句容市强化官方兽医岗位职责，采取官方兽医轮岗制度，督促屠宰企业按照“批批检、头头检、全覆盖”的原则开展非洲猪瘟及“瘦肉精”检测工作，落实肉品品质检验、病害猪无害化处理、车辆清洗消毒等制度，加强检测人员技术培训，发挥远程视频监控作用，做好巡查记录，严格屠宰检疫工作。（杨　杨）

【无害化处理监管】　2022年，句容市病死畜禽无害化处理体系逐步规范，全年全市养殖环节病死猪无害化共4517头，全部交由第三方企业收集处理。

（杨　杨　张　群）

【饲料兽药监督】　2022年，句容市深入开展兽药饲料质量安全监管和兽药减量化行动。兽药饲料经营企业、使用单位诚信自律意识、质量责任意识和守法经营意识进一步增强，兽药饲料市场经营秩序和使用行为进一步规范。

（杨　杨　王　兵）

养殖企业工人分拣鸡蛋、装筐运往市场

【渔业】 2022年，句容市水产养殖总面积约3460公顷（5.19万亩），其中特种水产养殖面积为2770公顷（4.155万亩），占水产养殖面积比例逾80%。全年实现水产品产量2.55万吨，实现渔业产值22.02亿元；实现渔业增加值11.01亿元。

（巫爱军　许庭霞）

【池塘标准化改造项目】 2022年，句容市积极争取各级财政资金101万元实施池塘标准化改造，完成项目的申报、立项及项目实施方案的备案等前期准备工作，确定了项目实施主体10家，总面积75.8公顷（1137亩），大多数项目于年内开工建设，部分项目年内建设完工。

（巫爱军　许庭霞）

【养殖尾水污染管控】 2022年，句容市加强养殖尾水达标排放宣传，通过发放宣传单、开展集中培训等方式向养殖主体宣传池塘养殖尾水达标排放的重要性及超标排放的法律后果。2022年开展集中培训2期，培训120人次，发放“加强水产养殖尾水治理　促进尾水达标排放”宣传单50余份。加强养殖尾水监测，将全市10家规模养殖主体纳入镇江市常态化养殖尾水水质监测，开展了养殖尾水抽检50批次，加强句容河沿线等重点区域内养殖主体的尾水监测，开展了养殖尾水抽检25批次。（巫爱军　许庭霞）

【渔业科技创新】 2022年，句容市继续加大渔业科技创新及推广力度，首次引进“长江2号”河蟹385千克，引进“太湖2号”青虾75千克。继续推广草鱼出血病免疫防治技术，注射草鱼出血病疫苗90万尾。继续实施渔业科技入户，共选聘水产科技人员10名作为技术指导员，负责对全市100户渔业科技示范户进行技术指导与服务，示范面积约466.67公顷（0.7万亩）。

（巫爱军　许庭霞）

【江苏省青虾产业技术体系推广示范项目】 青虾是句容市水产养殖业的主要品种之一，其发展面临良种不足，养殖模式单一等问题。2022年，句容市通过对接省青虾产业技术体系，引进推广良种，创新养殖模式，有力地推动了青虾产业提档升级。

（巫爱军　许庭霞）

【外来入侵水生生物普查】 2022年，句容市启动全市首次外来入侵水生生物普查工作，建立普查工作机构，制定详细的普查工作方案，明确第三方普查单位，开展实地勘查。（巫爱军　许庭霞）

【长江十年禁渔执法】 2022年，句容市持续推进长江禁渔各项工作，建立以属地主体责任、部门联合监管、社会群防群治为基础的长效管理机制，全面禁绝长江句容段非法捕捞行为，切实保护长江渔业资源和生态环境。组织公安、渔政、市场监管等部门开展了打击长江流域非法捕捞专项整治行动、打击长江刀鲚非法捕捞专项打击整治行动、长江流域跨省交界水域及非法捕捞高发水域专项行动、“四清四无”回头看专项行动和销售违禁渔网渔具联合执法整治等专项行动。全年查办33件长江禁捕非法垂钓案件，在长江干流和通江河道一公里范围内的江堤上，安装防护围栏。2022年，句容市长江禁捕工作获省禁捕办书面表扬，句容市1名渔政执法人员获得农业农村部、公安部、中国海警局渔业执法系列专项行动工作突出个人称号，1名护渔员获得农业农村部协助巡

句容市农林场圃情况一览表

表7

名称	所在镇	法人代表	经营项目
下蜀茶场	下蜀镇	谭圣伟	茶叶
九华茶场	开发区管委会	赵小平	茶叶
赵庄林苗场	边城镇	夏爱军	茶叶
张庙茶场	后白镇	张德敏	茶叶
茅山茶场	后白镇	戴军舰	茶叶
浮山果园	天王镇	程学文	茶叶
方山茶场	天王镇	黄成兵	茶叶
种猪场	后白镇	鲁　荣	种猪繁育
良种场	后白镇	鲁　荣	农作物良种繁育

护优秀队员称号。

（巫爱军　许庭霞）

农业产业化

【农业龙头企业培植】　2022年，句容市共有各级农业产业化龙头企业95家，其中国家级1家、省级12家、镇江市级20家、句容市级62家。2022年，镇江市菇满园生态农业有限公司、句容市飞翔园林工程有限公司、江苏草毯绿波生态农业综合开发有限公司、镇江富华农业科技有限公司4家企业创成句容市级农业产业化龙头企业。　（刘书仁　许庭霞）

【乡村产业项目招引】　2022年，句容市以吸引工商资本投资农业领域为重点，以农业优质项目、先进技术、人才、先进管理等为招引目标，依托区域优势，积极开展乡村产业招引工作。全年句容市乡村产业招引有效项目信息共计46个，总投资50.62亿元，其中总投资0.5亿元以上的有效项目共计38个；37个项目落地开工，其中31个项目总投资0.5亿元以上。　（刘书仁　许庭霞）

【现代农业园区建设】　2022年，句容市以建设国家现代农业示范区为统揽，以推进现代农业产业园区为抓手，重点提升园区产业发展层次和综合竞争力，推进现代农业园区建设。年内句容市现代农业产业示范园通过省级现代农业产业示范园认定。

（刘书仁　许庭霞）

【休闲观光农业】　2022年，句容市紧扣“品质提升、品味提档、品牌提振”，推动休闲农业多领域融合、多元素集聚高质量发展。港华紫荆农庄（句容）有限公司成功创成2022“苏韵乡情”江苏休闲农业和乡村旅游四星级企业；茅山镇丁庄村、茅山镇丁家边村、茅山镇永兴村、后白镇西冯村、白兔镇白兔村、白兔镇唐庄村、天王镇唐陵村7个村入选全国乡村特色产业亿元村；白兔镇中心村成功申报成为全国“一村一品”示范村；后白镇西冯村申报创成中国美丽休闲乡村；浮山樱花园、清境田园度假村、伏热花海庄园、天下玫景、仑山湖国际路亚休闲运动基地等5家休闲农业经营主体获得省级乡村休闲旅游农业特色模式（项目）和乡村休闲运动基地推介。

（刘书仁　许庭霞）

句容现代农业产业示范园

【农业品牌化建设】　2022年，句容市通过“一镇一业、一村一品”的大力实施，在天王、后白、茅山、白兔等农业大镇，重点培育出一批“土字号”“乡字号”的特色乡土品牌。丁庄葡萄、茅山长青、有机越光大米和白兔草莓获“镇江市十大农产品品牌”。福地好味稻和茅宝获评首届“镇江市十大农产品品牌”提名奖，句容市农业农村局获优秀组织奖。“茅山长青”成功入选2022年江苏农业品牌目录区域公用品牌名单；“紫云英”“句华”成功入选2022年江苏农业品牌目录产品品牌名单。“东方紫”获江苏品牌农产品营销促销创意赛铜奖。

（刘书仁　许庭霞）

【农村创新创业工作】　2022年，句容市围绕促进乡村产业兴旺的目标任务，大力挖掘、培育和吸引一批勇于创新、敢于担当的农业带头人，助力句容优势产业高质量发展。选送2个新型农业项目参加第六届镇江市农村创业创新项目创意大赛，其中鱼菜共生项目获镇江市级初创组第一名。

（刘书仁　许庭霞）

【农产品展示展销】 2022年，句容市成功举办第六届句容优质农产品（南京）展销会，中国农民丰收节江苏省重点活动暨句容农民丰收节在句容市天王镇戴庄村白沙自然村举行，句容丁庄葡萄节获省十佳丰收节特色活动。

（刘书仁 许庭霞）

【数字化智慧农业】 2022年，句容市坚持以“互联网+农业”为驱动，以服务“三农”为宗旨，加大农业物联网技术在现代农业中的应用范围。“港华紫荆农庄智慧管理平台”入选“江苏省农业数字化建设优秀案例”。

（刘书仁 许庭霞）

句容市省级及以上农民合作社示范社一览表

表8

序号	名 称	示范级	序号	名 称	示范级
1	句容市天王镇戴庄有机农业专业合作社	国家级	22	句容市天王镇农旺畜禽养殖专业合作社	省级
2	句容市天王华安彩叶苗木专业合作社	国家级	23	句容市广发农机植保专业合作社	省级
3	句容市后白镇西冯花草木专业合作社	国家级	24	句容市粮满仓稻谷专业合作社	省级
4	江苏爱农葡萄专业合作联社	国家级	25	句容市苏合农产品销售专业合作联社	省级
5	句容市捧花蜂业专业合作社	国家级	26	句容市华阳街道下句果蔬专业合作社	省级
6	句容市虎耳山无花果专业合作社	国家级	27	句容市青江农机植保专业合作社	省级
7	句容市丁庄老方葡萄专业合作社	国家级	28	句容市后白三水果品专业合作社	省级
8	句容市茅山绿盾机械植保服务专业合作社	国家级	29	句容市后白镇西冯老方茶叶专业合作社	省级
9	句容市茅山镇丁家边紫玉桑葚专业合作社	国家级	30	句容市容润茶叶专业合作社	省级
10	句容市纪兵农业机械服务专业合作社	国家级	31	句容市白兔镇新三农粮食种植专业合作社	省级
11	句容市二丫葡萄专业合作社	国家级	32	句容市康泰中药材专业合作社	省级
12	句容市边城科丰粮食种植专业合作社	国家级	33	句容市后白镇兴农农机专业合作社	省级
13	句容市宝华镇仓头村强民稻米专业合作社	国家级	34	句容市白兔镇沁香果品专业合作社	省级
14	句容市丁庄万亩葡萄专业合作联社	国家级	35	句容市茅山镇介文葡萄专业合作社	省级
15	句容市后白镇道兵农机专业合作社	国家级	36	句容市下蜀健蜂园蜂业专业合作社	省级
16	句容市边城绿农粮食种植土地股份专业合作社	国家级	37	句容市茅山风景区青峰茶叶专业合作社	省级
17	句容市润民食用菌专业合作社	国家级	38	句容市茅山风景区陈庄自然农法农副产品合作社	省级
18	句容市白兔镇致富果业专业合作社	国家级	39	句容市后白草坪专业合作联社	省级
19	句容市白兔镇庆生果品专业合作社	省级	40	句容市肖庐山茶叶专业合作社	省级
20	句容市蓝天茶叶专业合作社	省级	41	句容市茅山镇东霞土地股份合作社	省级
21	句容市苏苑稻米专业合作社	省级			

（农业农村局）

句容市省级及以上示范家庭农场一览表

表 9

序号	名　称	示范级	序号	名　称	示范级
1	句容市后白镇喜美家庭农场	省级	30	句容市茅山镇恒泰家庭农场	省级
2	句容市华阳镇道银家庭农场	省级	31	句容春宝家庭农场	省级
3	句容市天王镇袁琳家庭农场	省级	32	句容市春城曹庄家庭农场	省级
4	句容市后白镇道兵家庭农场	省级	33	句容市茅山镇满日家庭农场	省级
5	句容市白兔镇小燕子家庭农场	省级	34	句容市茅山风景区德兵家庭农场	省级
6	句容市茅山镇满园香家庭农场	省级	35	句容市茅山风景区卧龙山庄家庭农场	省级
7	句容市朝花夕拾家庭农场	省级	36	句容市后白镇永彬家庭农场	省级
8	句容市莹惠园家庭农场	省级	37	句容市厚俊家庭农场	省级
9	句容市宁道龙琴家庭农场	省级	38	句容市郭庄镇刘基龙家庭农场	省级
10	句容市春天家庭农场	省级	39	句容市赤山湖凤凤家庭农场	省级
11	句容市茅山洪氏果蔬种植家庭农场	省级	40	句容市易乐家庭农场	省级
12	句容市下蜀镇横山家庭农场	省级	41	句容市华阳崇祥家庭农场	省级
13	句容市茅山风景区如花家庭农场	省级	42	句容市华阳镇福星家庭农场	省级
14	句容市茅山镇黎常富家庭农场	省级	43	句容经济开发区星巍家庭农场	省级
15	句容市后白镇果韵家庭农场	省级	44	句容市下蜀镇东来家庭农场	省级
16	句容市后白镇绿梅湾家庭农场	省级	45	句容市边城镇东篱家庭农场	省级
17	句容市三叶家庭农场	省级	46	句容市茅山风景区怡康园家庭农场	省级
18	句容市天王镇康健家庭农场	省级	47	句容市白兔镇豆豆家庭农场	省级
19	句容市紫薇小院家庭农场	省级	48	句容市宝华镇依云家庭农场	省级
20	句容市白兔镇双丰家庭农场	省级	49	句容市后白镇文波家庭农场	省级
21	句容市华阳镇山本家庭农场	省级	50	句容市郭庄镇舒心家庭农场	省级
22	句容市茅山风景区句曲山隐家庭农场	省级	51	句容经济开发区晟洁家庭农场	省级
23	句容市郭庄镇丰伟家庭农场	省级	52	句容市凤华家庭农场	省级
24	句容市白兔镇笪小华家庭农场	省级	53	句容市后白镇小罗家庭农场	省级
25	句容市白兔镇张峰良品家庭农场	省级	54	句容市茅山风景区志满家庭农场	省级
26	句容市白兔镇纪荣喜家庭农场	省级	55	句容市潘琦家庭农场	省级
27	句容市世杰家庭农场	省级	56	句容市白兔镇木兰家庭农场	省级
28	句容市天辉家庭农场	省级	57	句容市白兔镇红剑家庭农场	省级
29	句容市天王镇立盛家庭农场	省级	58	句容市茅山镇风燕家庭农场	省级

（市农业农村局）

农业综合开发

【概况】 2022年，句容市计划实施高标准农田建设项目2个，建设面积约866.6公顷（1.3万亩），其中郭庄镇约666.6公顷（1万亩），白兔镇200公顷（0.3万亩）。项目总投资3900万元，其中中央财政资金1343万元，省级财政资金796万元，县级财政资金1761万元。

（涂安君 许庭霞）

【高标准农田建设项目】 2022年，句容市完成2021年度高标准农田建设项目3个，财政投资2190万元，建设面积800公顷（1.2万亩），分别位于下蜀镇约326.6公顷（0.49万亩），茅山镇约266.6公顷（0.4万亩），黄梅街道约206.6公顷（0.31万亩）。

（涂安君 许庭霞）

农产品质量监管

【绿色优质农产品供给】 2022年，句容市获得绿色食品认证主体91家，194个产品，面积约9286.6公顷（13.93万亩）；获得有机农产品认证主体11家，35个产品，认证面积3380公顷（5.07万亩），其中种植业2413.3公顷（3.62万亩）、水产品约966.6公顷（1.45万亩）；获得农产品地理标志认证2个（茅山长青、丁庄葡萄）；获得绿色优质农产品基地认定22213.3公顷（33.32万亩）。（刘 勇 许庭霞）

【生产经营主体入网监管】 2022年，句容市监管对象入网主体2907家，全年累计巡查14310次，巡查覆盖率100%。开展产品抽检6.03万个，抽检覆盖率100%；合格证（追溯）打印1073万张，合格证（追溯）出证覆盖率100%。

（刘 勇 许庭霞）

【食品安全高质量发展】 2022年，句容市完成本级各类农产品的定量检测1412个，千人抽检率为2.2批次。开展监督抽查119批次，其中不合格样品4个，不合格产品处置率100%，查处农产品质量安全案件12起，年内开展“三前”环节精准治理。

（刘 勇 许庭霞）

农业科技

【全国农业科技先行县】 2022年，句容市通过党建引领、打造党建带共建、共建促党建的“双建”格局持续放大“戴庄经验”示范效应，发展高效农业；加快推进农机与农艺融合，提升现代化装备建设；汇集多方合力，共同助力乡村振兴。

（刘 勇 许庭霞）

【农业科技推广】 2022年，句容市建设5家省级现代农业产业技术体系示范基地、3家镇江市级“1+1+N”新型农业技术推广基地、6家县级农业示范基地。选聘技术指导员18名，遴选培育210户科技示范户；组织85名农技人员参加省、县级培训。发布县级农业主推技术9个，示范基地推广应用新品种17个，新技术15个，新模式7个。打造“农技耘”地方频道，发布各类信息399条，农技耘用户数7752人。

（刘 勇 许庭霞）

【农业绿色发展】 2022年，句容市打造省级生态循环农业试点示范村戴庄村，镇江市级生态循环农业试点示范村解塘村、东霞村、徐巷村和天王村，句容市白兔镇柏生草莓合作社获评全国生态农场。全市化肥使用量、农用农药使用总量较2020年分别下降2.2%和1.26%；畜禽粪污综合利用率达97.79%；实施池塘标准化改造1000亩，重点区域养殖主体尾水监测合格率为100%；农膜回收率90.5%；秸秆综合利用率97.06%。开展受污染耕地安全利用管理，安全利用率为99.17%。

（刘 勇 许庭霞）

农村电子商务

【概况】 2022年，句容市新型经营主体在淘宝、天猫、苏宁易购等平台开设店铺1600余家，全市农村电子商务综合销售收入16.24亿元。句容市建立公开透明的全程可溯源体系和服务制度，为句容市农特产品提供统一的溯源平台，实现溯源信息展示、可视化追溯和品牌管理。50家企业签订溯源系统合作协议，为20余家企业提供24小时农产品快检服务。完成4款绿色食品种植技术规程，进入全面推广阶段，实行科学种植，提高产品品质。对6家企业完成制度上墙及标识体系搭建，提高其质量意识和标准意识。实施6S标准化现场管理，印制标准化记录手册，将生产记录、农业投入品使用记录等标准化记录体系完善，并现场辅导企业实时记录，为溯源做好记录支撑。

（刘书仁　许庭霞）

农机耕作

【电商物流建设】 2022年，句容市开通4条物流线路，覆盖64个农村电商服务站点正常配送。完成11个镇级和71个村级电商服务站点开发，从物流中心到村级电商服务站点1天内完成配送，解决农村快递揽收和投递“最后一公里”问题，各个服务站点日均配送频率均在1次以上。

（商务局）

农业机械

【省级农业生产全程全面机械化示范县建设】 2022年，句容市全面展开省农业生产全程全面机械化示范县建设。主要农作物机械化水平基本达标，截至2022年底，句容市主要农作物耕整地机械化水平99%，稻麦种植机械化水平89%，收获机械化水平为99%，主要农作物机械化水平为96.0%，在油菜未列入考核的情况下，句容市主要农作物机械化水平已达省级考核要求。特色农业农业机械化水平稳步提升，截至2022年底，句容市特色农业机械化水平达70.76%，其中设施农业63.31%、畜牧养殖80.12%、水产养殖71.47%、果茶桑生产73.50%、农产品初加工65.37%。特色农业机械装备水平进一步提高，2022年新增特色农业机械1608台，其中设施农业机械308台、畜牧机械882台、水产机械71台、林果机械249台、农产品初加工机械98台，除智能化绿色化农机装备外，基本完成预定目标。全年句容市建成镇江市级农业生产全程机械化示范基地11家，建成的畜牧业示范基地全程机械化水平均在90%以上，其他各类示范基地全程机械化水平也在80%以上，示范基地的带头示范作用得到了充分发挥。农机综合服务能力有所提高，2022年句容市在天王镇戴庄村建成省级综合农事服务中心1家，另有郭庄镇在建1家，全市已建或在建综合农事服务中心达3家。

（吴亚云　许庭霞）

【农机购置补贴】 2022年，句容市新增补贴机具1071台。其中插秧机134台，保有量达2831台；联合收割机51台，保有量达989台；大中型拖拉机151台，保有量达到1956台；秸秆还田机26台，保有量达2754台。受益农户191户。全市农机总动力达到57.76万千瓦。全年使用省级以上补贴资金1491.9万元，2022年省级下达句容市农机购置补贴中央资金557万元，2023年提前下达农机购置补贴中央资金646万元，省级资金247万元，上年结转43.126万元，实际可用资金1493.126万元，结余1.226万元。通过政策实施，带动社会投入农机化资金达4311万元。

（吴亚云　许庭霞）

【秸秆机械化还田】 2022年，句容市根据省秸秆机械化还田建设要求，按照“谁还田、补给谁”，种植户自愿申报的原则，全年共计组织23310个实际种植户参与实施，完成省级秸秆还田面积19846公顷（29.77万亩），使用省级补贴资金309.4万元。其中夏季组织7155个实际种植户参与实施，完成省级秸秆还田面积

9625公顷（14.44万亩），使用省级补贴资金144.4万元；秋季组织16155个实际种植户参与实施，完成省级秸秆还田面积11004公顷（16.50万亩），使用省级补贴资金165.0万元。

（吴亚云　许庭霞）

【农机安全生产及监理工作】2022年，句容市持续深化农机安全生产三年专项整治，推进农机源头管理工作常态化、制度化、规范化和信息化。先后开展了送检下乡、服务到户到田头，大力实施拖拉机“亮尾工程”，协调相关部门现场提供农机政策性保险办理、加油卡咨询等便民服务，真正将“服务窗口”延伸，打通“最后一公里”，让机手少跑路。累计送检服务950余台，注册登记142台，农业机械驾驶证申领481人，年度“三率”水平达到88.6%以上。推进“铁牛卫士”农机安全执法行动，使用移动执法终端开展农机安全执法、检查、处罚，坚持“应立尽立、应罚尽罚”，保障农机作业安全。配合公安交警部门开展交通违法联合检查，协查牌证信息，全年共查处农机违法案件20例，行政处罚20起，其中警告13起，罚款7起。通过公众号、宣传展板、张贴资料积极宣传禁止驾驶变拖的规定，认真做好变拖注销清零后续工作，真正做到注销清零、隐患清零。在开展农机助学送考进校中，持续推进“所校联动”工作机制，探索新路径、优化农机监理服务，合力打造“有文化、懂理论、会驾驶”的大学生农机后备人才队伍，全年累计为600余名在校大学生提供全方位考试服务工作。开展驾驶人安全知识宣传、教育、考试。开展“安全生产月”活动、隐患排查、牌证物资自查、数据上报、拖拉机及联合收割机公告注销等重点工作，加大宣传力度，普及农机安全生产知识，逐步健全农机安全生产长效机制。

（吴亚云　许庭霞）

【农机新机具、新技术示范推广及培训工作】　2022年，句容市因地制宜，打造句容市特色（林果茶）农机示范点，发挥农机推广项目、农机购置补贴等扶持政策的引导作用。在句容市农机化专业合作社、农机服务中心，突出以符合本地农业特色（林果茶）的新型农机具为重点，因地制宜，推广先进适用的农机新机具，特别是高效果园农业机械、高效茶叶田间管理、制作等机械，同时依托省农机具开发应用中心、省农科院等科研部门，多方争取资金，引进、试验、示范推广（林果茶）的新型农机具、新技术，加强农机装备与技术的有效供给，缓解句容市（林果茶）“无机可用”“无好机用”的现象。做好农机培训和技术服务工作，举办高素质农民培育（农机）培训班1期、培训50人次，安全生产知识培训2期、培训640人次，农机职业技能培训班3期、培训150人次。做好农机志愿者服务下乡活动，“三夏”“秋收秋种”期间组织农机维修服务队，深入田间地头、场院，开展农机服务活动，确保“三夏”“秋收秋种”期间农机安全生产。　（吴亚云　许庭霞）

农田水利

【概况】　2022年，句容市围绕实施乡村振兴战略的目标，加强农田水利建设、深入推进农业水价综合改革，全面实施河长制，保障水生态文明建设。坚持早安排、早布置、早发动，进一步创新体制机制，以河长制为抓手，大力开展农村生态河道治理和河道疏浚，推行水利设施社会化专

下蜀镇对东山河的河埂进行硬化

业化管理，为改善农业生产条件、优化农村生态环境、提升农民生活质量进一步提供了坚实的水利支撑与保障。2022年，句容市编制完成《句容市2022年度农田灌溉水有效利用系数测算分析成果报告》，根据测算分析，2022年句容市农田灌溉水有效利用系数达0.653，农田灌溉保证率进一步提高。（陶　凯）

【农村水利设施管护】　2022年，句容市投入管护资金726万元，对全市范围内泵站、河道、河塘、渠道、小型水工建筑物等进行长效管护。其中小型农田水利工程管护成效省级评定为优秀，位列全省第九。（陶　凯）

【农业水价综合改革】　2022年，句容市农业水价综合改革工作在2020年顺利通过省级验收的基础上，稳步推进农业水价形成、精准补贴和节水奖励、工程管护、用水管理等“四项机制”，农田水利基础设施逐步完善，在不增加农民负担的前提下，稳步实现农业节水和农田水利管护良性运行的目标。（陶　凯）

【生态河道建设及农村河道疏浚】　2022年，句容市共疏浚乡级河道29条，疏浚土方50万立方米；经省厅认定共建成农村生态河道258.03千米，全市农村生态河道覆盖率为51.75%，较好地实现“河深、水清、流畅、岸绿”的治理目标，为全市保障水生态文明创造了良好的水环境。（陶　凯）

【生态清洁型小流域建设】　2022年，句容市创建白兔镇跃进生态清洁型小流域项目。跃进小流域总面积为7.59平方千米，水土流失综合治理程度达92%，小流域水质及林草保存面积达到95%以上，面源污染得到有效防治，人居环境明显改善，形成较为完善的水土流失防控体系及工程运行、维护机制，防治效益突出、示范作用明显。该项目在省水利厅绩效评价中获得高分95分，全省排名并列第十。（陶　凯）

宝华镇和平河生态河道

【农村河道管理范围划界】　2022年，句容市完成部分农村河道管理范围划界工作，共完成76条农村划界，划界长度达209.95千米，为后期农村河道管理范围提供了有力支撑。（陶　凯）

镇江市农业科学院

【概况】　2022年，镇江市农业科学院共申报各类项目85项，立项44项，争取项目合同经费1034万元。出版专著1部，发表论文35篇，其中SCI4篇、A类以上期刊20篇。镇麦16通过国家品种审定，5个水稻品种通过省级审定。申请品种权16个，获授权11个。申请专利18件，获授权7件。镇麦12号、水稻病虫害全程简约化绿色防控技术被列入农业农村部主推品种技术名录。另有12个品种被江苏省推广站作为主导品种重点推介种植。制定发布省级地方标准2项，市级地方标准3项。获得省级以上成果奖6项，其中牵头申报并获得全国丰收奖二等奖1项、省科技进步三等奖2项，参与获省部级奖3项。全年新引进青年科技人才2名，有8人被确定为省第六期“333高层次人才培养工程”第三层次培养对象。（王敬根）

【科研进展】　2022年，镇江市农业科学院在水稻育种方面，稻瘟病抗性育种取得显著进展，一批抗稻瘟材料已进入中试阶段。

合作开展的抗黑条矮缩病资源创制取得突破，育成的粳稻新种质材料“抗黑201”达到中抗水平。小麦育种方面，育成数个优质多抗小麦新品系，并参加各类中间试验。在果树研究方面，在猕猴桃育种上取得突破，育成的红心猕猴桃新品系，单果比现有主栽品种提高30—40克，且对溃疡病，软腐病等抗性明显提高。引进、筛选出2个表现突出的梨新品种，可替代现有8月中下旬成熟的梨品种。在植保研究方面，葡萄炭疽病多药剂抗性治理取得新进展，研发出高效抗性治理复配制剂组合配方。完成丘陵地区梨树病虫发生历。在小麦DON毒素控制、小麦病虫草害减药增效防控技术研究等取得明显成效，试验示范中减少农药使用量10%以上，亩产增加30千克左右，小麦DON毒素降低30%左右。在生态研究方面，研发出葡萄园减钾增效成套技术，生产示范显示对改善土壤质量和提高果实品质具有明显效果。蔬菜花卉研究方面，选育出10多个甜瓜新品系，其中一个白皮白肉品种的品质和耐储性均表现较好。（王敬根）

【科技服务】 2022年，镇江市农业科学院镇麦系列品种在江苏省累计推广面积536.09万亩，其中，镇麦12号种植面积292.71万亩，成为江苏省种植第一大小麦品种，并入选农业农村部粮油生产主导品种目录，是农科院首个入选该目录的小麦品种。育成推广的镇糯稻系列品种在镇江周边地区大面积订单种植，其中镇糯29号亩产最高达800千克，种植户亩均增收600元以上。育成的油菜新品种（系）镇油8号和镇12F28在多地示范种植成功。“镇甜二号（白富美）”甜瓜在句容市的种植面积达到3000多亩，亩效益3万—5万元。育成的镇桃3号具备品质好、耐储运、受梅雨气候影响小等特点。举办第五届镇江农业科技嘉年华猕猴桃专场活动，为产业加快发展提供支持。在常州金坛、苏州常熟和镇江句容等地密切合作，挂牌成立3个“亚夫科技服务工作站”，组织科技人员驻站服务，与各类农业经营主体全面对接，推进产业发展。指导丁庄葡萄合作社加快葡萄品种技术升级提档，支持白兔草莓解决基质育苗难题，帮助戴庄有机农业合作社解决有机稻品种改良、提纯、繁制种等问题。指导种植的葡萄、桃、梨、甜瓜等农产品共在省级以上行业评比中获得16个金奖。与省院果树所合作共建的江苏丘陵地区桃、梨联合创新中心有序推进。完成梨中心展示基地的土壤改良工作。植保研究领域与省院签订一体化协议；与省院果树所、南京所、徐州所四方建立院系统内的果树学科院地一体化协议，协同促进果树学科发展，为丘陵地区果树产业发展提供持续、有力的科技支撑。

（王敬根）

工 业

责任编校：陈龙浩

综 述

【概况】 2022 年，句容市实现规模以上工业总产值 514.22 亿元，增长 1.3%，实现规模以上工业增加值 148.01 亿元，规模以上工业营业收入 476.8 亿元。建华建材列“2022 中国民营企业 500 强”第 277 位、江苏百强企业第 57 位，获评首届省科技创新发展奖、镇江市市长质量奖。北新建材、台泥水泥获评 2022 年度江苏省绿色发展领军企业，苏博特、江苏和正特种设备、联博精密被认定为省瞪羚企业，获批 2022 年省级战略性新兴产业重点项目。兆鋆新材料、金合能源创成国家级专精特新“小巨人”企业。

2022 年，句容市 30 强工业企业共实现销售收入 353.6 亿元，占全市销售总收入 55.8%；税收 12.5 亿元，占全市工业税收的 48.5%。企业主要分布在开发区、下蜀镇、郭庄镇和边城镇四大板块，其中位于开发区企业 13 家、下蜀镇 9 家、郭庄镇 3 家、边城镇 1 家。剩余 4 家企业则位于宝华镇、后白镇和白兔镇。30 强企业所在行业主要涉及电力能源及装备制造、高性能材料、新一代信息技术、食品及生物医药、服装针织、建材六大行业。

（工信局）

北新建材获评江苏省绿色发展领军企业

【产业结构】 2022 年，句容市先进制造快速崛起。制造业与信息技术、服务经济加快融合，产业层次明显提升。一批优质项目如晶度科技、容泰半导体、高光半导体等先后落地，部分投产见效，提振全市发展先进制造业的信心。传统制造优势增强。建材行业不断加大技术研发投入，建华建材成功创出国家级企业技术中心。台泥水泥开展生产线技术改造，同时实现产能的提升和能耗的下降。位于开发区的智达电气、

2022年句容工业30强企业情况一览表

表10

序号	企业名称（集团企业）	板块	序号	企业名称（集团企业）	板块
1	华电江苏能源有限公司	下蜀镇	16	江苏桃李面包有限公司	开发区
2	句容台泥水泥有限公司	下蜀镇	17	句容市宝源矿业有限公司	宝华镇
3	建华建材（中国）有限公司	下蜀镇	18	江苏兆鋆新材料股份有限公司	开发区
4	巨宝精密加工（江苏）有限公司	开发区	19	天宁香料（江苏）有限公司	开发区
5	句容协鑫光伏科技有限公司	郭庄镇	20	江苏盛邦家俱制造有限公司	开发区
6	句容宁武新材料股份有限公司	边城镇	21	江苏苏美达创意家纺实业有限公司	郭庄镇
7	江苏骏成电子科技股份有限公司	开发区	22	镇江金得顺新型碳材料有限公司	白兔镇
8	句容毅马五金制品有限公司	下蜀镇	23	江苏华阳管业股份有限公司	开发区
9	江苏久禾光电有限公司	开发区	24	镇江一马先制衣有限公司	开发区
10	圣象地板（句容）有限公司	下蜀镇	25	江苏圣海服饰科技有限公司	后白镇
11	江苏和远电力科技有限公司	开发区	26	江苏天晟药业股份有限公司	宝华镇
12	江苏天工科技股份有限公司	下蜀镇	27	江苏中容电气有限公司	开发区
13	江苏联博精密科技股份有限公司	下蜀镇	28	江苏科创电器有限公司	开发区
14	江苏智达高压电气有限公司	开发区	29	江苏电科电气设备有限公司	郭庄镇
15	镇江北新建材有限公司	下蜀镇	30	江苏汤辰机械装备制造股份有限公司	下蜀镇

（工信局）

天力变压器等输变电企业加大创新研发投入以及国外市场开拓力度，产业链拉长、新产品贡献加大，市场应对能力不断增强。集聚效应开始显现，推进“一区五园”建设，鼓励新引进项目向专业园区集中，形成下蜀循环经济产业园、开发区机电信息产业园两个百亿级产业园。边城镇被核定为国家火炬（新材料）特色产业基地、郭庄镇加大绿色新能小镇创建力度。（工信局）

【企业结构】 2022年，句容市有规上工业企业285家，其中应税销售亿元以上企业91家，实现销售466.7亿元，与上年度基本持平，占全市工业应税销售比重73.7%。销售20亿元以上企业5家，实现销售172亿元，占全市销售比重27.1%；销售10亿元以上企业11家，实现销售273.4亿元，占全市销售比重43.1%；销售5亿元以上企业16家，实现销售306.5亿元，占全市销售比重48.3%。（工信局）

【项目引进】 2022年，句容市

句容市制造业“智改数转”诊断服务培训会

深度分析自身产业结构特点，推动全市每个板块对接一个南京市辖区域，围绕南京积极开展驻点招商、专题招商活动。组建地铁沿线招商工作专班，持续提升招商工作专业化、市场化水平。全年累计举办招商活动13场，新签约投资亿元以上产业类项目61个，总投资149亿元。

句容市对标南京“五标八链”（即新能源汽车、集成电路、人工智能、软件和信息服务业、新医药与生命健康等五大地标产业；软件和信息服务、新能源汽车、新医药与生命健康、集成电路、人工智能、智能电网、轨道交通、智能制造装备八条产业链）和镇江“四群八链”［即高端装备制造、生命健康、数字经济和新材料四大主导产业集群；新型电力（新能源）装备、汽车及零部件（新能源汽车）、高性能材料、医疗器械和生物医药、新一代信息技术、航空航天、海工装备、智能农机设备八条重点产业链］方向，通过“1+4+N”产业规划、智改数转、产业评估、1+X政策引导等具体工作，不断延链、补链、强链，努力打造出符合句容特色的产业链体系，持续推进产业链的进档升级。近年来，根据主体功能区规划，句容市初步形成以绿色建材为主导，建华、北新、台泥等为龙头企业的下蜀建材产业集群；以太阳能光伏组件、切片为主要产品，协鑫、恒嘉为龙头企业的郭庄新能源产业集群；以有色金属材料、高分子材料、无机非金属材料为主要产品，宁武、南瓷、苏博特为龙头企业的边城新材料产业集群；和开发区以智达电气、天力变压器、五洲电磁线、中容电气和德厚机电等为骨干企业的输变电产业集群，以壹度科技、容泰半导体、高光半导体、中科物栖、中科视语等为重点企业的半导体芯片产业集群，以及正在打造的以国民新能源汽车等项目为重点的高端装备制造产业集群。（工信局）

【项目推进】 2022年，骏成电子车载显示屏生产项目、三超金刚石超精细硅切片金刚石线生产项目、高光半导体金属掩膜版框架生产项目等一批高技术、高成长型、高爆发力的科技型项目成功落户投产，使句容市实体经济发展迈上新台阶。立邦新型材料华东区域生产基地建设、越升智能装备制造、德睿精密等一批新材料、高端装备制造项目签约落户，助力打造句容市工业新经济增长点。中南高科、中新智地、中德产业转化基地、吴中智能制造等工业地产项目开工建设，为句容市产业发展注入新的活力。（工信局）

特色产业

【电子信息产业】 该产业主要分布在句容市开发区，涵盖微型激光显示器、光学镜头、光学组件、电子元件、精密镀膜产品、监测控制器等产品。拥有巨宝精密、久禾光电、骏成电子、晶度科技等一批企业，在行业内具有一定竞争优势。（工信局）

【绿色建材产业】 该产业分布在句容市下蜀镇循环经济产业园，以绿色建材为主导产业，龙头企业包括建华建材、北新建材、台泥水泥等，主要产品包括预应力管桩、新型墙板、环保石膏板等，该区域现正全力打造装配式建筑现代产业基地。（工信局）

协鑫集团

【新能源产业】　该产业主要分布在郭庄镇，龙头企业包括协鑫集成科技、协通光伏、华君光伏，主要产品为太阳能光伏组件。该区域正在着力打造绿色新能源小镇（省级创建类特色小镇），已连续多年被评为优秀。（工信局）

【新材料产业】　该产业主要分布在边城镇交通新材料产业园和开发区机㠯信息产业园，产品涉足有色金属材料、高分子材料、无机非金属材料等行业。拥有宁武科技、天工科技、三超新材料、南瓷绝缘子、苏博特、建华新型墙材等一批龙头企业。重点发展聚醚、金刚石线、悬式绝缘子、高性能混凝土、高强石膏、保温隔热功能一体化墙材等产品，应用于高级公路、轨道交通、新型建筑等多个领域。（工信局）

【输变电产业】　该产业主要位于句容市开发区、后白镇。已形成集变压器、电线电缆、电气元器件及智能电网软件于一体的产业基础，拥有中容集团、智达电气、华大天益电力科技园、天力变压器等重点企业，集生产、研发、检测、销售为一体，具有较强的产业优势和行业竞争力。企业之间形成了上下游配套生产，产品销路广阔，产业集聚优势明显。（工信局）

重点企业选介

【句容台泥水泥有限公司】　该企业位于下蜀镇，1997年底建成投产，拥有1×6800吨/天及1×5000吨/天水泥熟料生产线并配套建设水泥粉磨、余热发电及码头物流等系统，年产水泥400万吨，销售近15亿元。该公司是长三角地区重要水泥生产基地，依托水泥窑协同处置生活垃圾焚烧飞灰、污染土、污染泥项目基本建成，实现飞灰处置减量化、无害化、资源化，为镇江市“无废城市”“海绵城市”建设做出应有的贡献。（工信局）

建华建材（中国）有限公司

【建华建材（中国）有限公司】
该企业位于下蜀镇，成立于2002年，是混凝土制品与技术综合服务商，主要产品包括预应力混凝土管桩、预制砼结构构件、预应力混凝土用钢棒、水泥电杆等，可年产管桩2200万米、PC钢棒23.5万吨，年销售近30亿元。企业拥有国家企业技术中心，国家近海公路建设与养护新材料技术应用交通运输行业研发中心，高性能土木工程材料国家重点实验室——预制桩研究中心，工程技术中心，先进土木工程材料协同创新中心，江苏省博士后创新基地，省级“院士工作站”等多个科研创新平台，先后获得中国建材百强、中国建材行业最具影响力品牌、中国水泥制品十大著名品牌、江苏省名牌产品、江苏省优秀管理创新企业、镇江市建筑业龙头企业等荣誉称号。（工信局）

【巨宝精密加工（江苏）有限公司】　该企业位于开发区，为大型外商投资企业，隶属巨腾国际控股有限公司，该企业主要为国际知名资讯企业（如DELL、APPLE、SONY、华硕等）提供计算机配件组装、精密塑料射出成型、产品设计制造、内构件材料及镁合金相关制品的生产服务，主要产品为笔记本电脑外壳组配件，销往昆山出口加工区及苏州物流园区。企业年产9776.3万PCS笔记本电脑外壳，年销售近22亿元。（工信局）

【江苏骏成电子科技股份有限公司】　该企业位于开发区，成立于2009年8月，系研究、开发、生产、销售于一体的液晶显示器及模组专业生产厂家。企业拥有先进的制造设备、检测仪器和专业的技术研发团队，始终以产品研发为依托，以质量为生存，用一流的管理，一流的技术，一流的服务来保证产品质量，是行业领先的黑白屏供应商，连续被评为“江苏省高新技术企业”“三十强工业企业”和“出口创汇十强企业”“纳税十强企业”。企业2021年在主板成功上市，实现句容市零的突破。（工信局）

【句容毅马五金制品有限公司】

该企业成立于2005年，位于下蜀镇，现有员工400人，专业生产管道连接法兰及管桩用端头板，年产量达20万吨，年销售达13亿元，主导产品包括PC-混凝土预应力管桩端板、PTC-混凝土预应力薄壁管桩端板、PHC-混凝土预应力高强度管桩端板，有3大系列，40多种规格，产品销往全国各地。（工信局）

【句容宁武新材料股份有限公司】

该企业位于边城镇，是与美国亨斯迈公司合资的中外合资企业。公司共有7大类、200余种品牌型号的聚醚多元醇产品系列。研发的新产品有13个获省高新技术产品和省自主创新产品，拥有相关技术、产品国家授权专利11件，其中发明专利8件。聚醚产品出口海关统计排名连续多年排名前三，新开发的低VOC聚醚品质领先，企业产品年销售超20亿元。

（工信局）

句容宁武新材料股份有限公司

对外及对港澳台贸易

【概况】　2022年，句容市实现对外贸易进出口总额48.3亿元，比上年下降8.8%。其中，进口总额11.8亿元，下降7.4%；出口总额36.5亿元，下降9.3%，有进出口实绩的企业有132家。主要出口产品为新材料、光电子、自行车、五金机械、纺织服装和其他等七大类，出口到美国、欧盟、东盟、澳大利亚、加拿大、俄罗斯、印度、土耳其、南非、日本、韩国等国家地区，并销往中国港澳台等地区，其中美国市场约占1/3。主要进口产品为煤炭、机器人设备、半导体类设备、羊毛、光电行业辅料配件和服装行业的配件等。自2021年起，句容市丁庄葡萄走出国门，销往马来西亚和新加坡，实现江苏首单“葡萄出口”，2022年继续把阳光玫瑰和巨峰两个品种销往海外。2022年，华电煤炭数据实现首次列统，进口近6000万美元。

（胡　俊）

【出口产品结构】　2022年，句容市出口产品结构如下，以晶度半导体、高光半导体、华祥耀、壹度半导体为代表的半导体产业占全市总额的6%（4家，总额4343万美元）；以久正光电、骏成电子、巨宝科技为代表的光电子类企业占全市的17%（3家，总额1.22亿美元）；以泰茂、都茂自行车为代表的自行车类企业占全市的7%（7家，总额4832万美元）；以宁武为代表的新材料类企业占全市的14%（4家，总额9652万美元）；以盛邦家具、美亚建筑、天工科技等为代表的五金机械类企业占全市的20%（25家，总额1.43亿美元）；以一马先制衣、圣海兰等为代表的纺织服装类企业占全市的18%（25家，总额1.29亿美元）；以华电为代表的煤炭进口占全市的8%（1家，总额5869万美元）；其他产品占10%。开发区共有外贸企业78家，进出口总额为3.28亿美元；边城镇共有外贸企业15家，进出口总额为0.97亿美元；下蜀镇共有外贸企业6家，进出口总额为0.84亿美元；后白镇共有外贸企业16家，进出口总额为0.6亿美元；白兔镇共有外贸企业26家，进出口总额为0.47亿美元；宝华镇共有外贸企业13家，进出口总额为0.37亿美元；天王镇共有外贸企业17家，进出口总额0.24亿美元；华阳街道共有外贸企业14家，进出口总额0.2亿

江苏骏成电子科技股份有限公司

美元；郭庄镇共有外贸企业 15 家，进出口总额为 1421 万美元；茅山镇、茅山风景区进出口总额占全市比重均在 1%以下。（胡　俊）

【企业帮扶】　2022 年，句容市商务局以现场调研的方式走访宁武新材料、一马先制衣、辛西娅制衣等 10 家外贸企业；以电话、微信和问卷的形式调研 2021 年出口超 2000 万元人民币的企业 30 家，形成存在问题汇总表和材料清单。与海关等部门共同走访骏成电子、泰茂自行车等企业，宣传 RCEP 优惠原产地政策，协调电动自行车出口事宜。与中信保公司联合办公司，电话联系所有符合小微企业投保条件的企业，基本做到应保尽保，同时与中小企业保持联系和沟通，推广出口信保业务，帮助企业防范风险。疫情防控期间累计帮助三超金刚石、骏成电子和高光半导体等企业办理外籍技术人员来华邀请函 60 人；帮助科创电器、匠艺工具、兆鋆新材料和巨宝科技等企业畅通物流运输渠道。

年内，争取国家级进口贴息、省级展会、出口信保和商务切块等专项资金近 300 万元，帮助企业开拓国际市场，组织企业参加广交会、“江苏优品 · 畅行全球”、江苏品牌产品丝路行（镇江专场）、“苏新服务 · 智惠全球”等境内外线上展会。向企业宣传国家、省、市稳外贸系列措施。把扶持开放型经济发展写入 2022 年新修订的句容市扶持实体经济发展政策中，具体按照镇江市外贸培强扶优三年行动方案和外资扩量提质三年行动方案执行。（胡　俊）

利用外资及港澳台资

【概况】　2022 年，句容市新设外商投资企业 14 家，实际利用外资 9044 万美元，同比下降 7.4%；其中制造业到账 4698.69 万美元，同比下降 36.49%；注册利用外资 1.4 亿美元，同比下降 69.2%。新设外商投资企业平均注册资本 913.91 万美元。新设企业按注册资本划分，1000 万美元以下项目 11 个，3000 万—5000 万美元项目 3 个。增资项目共 6 个项目。第二产业利用外资 4698.69 万美元，占 51.96%，下降 36.49%；第三产业利用外资 4345.31 万美元，占 48.04%，下降 36.2%。（谢　婷）

【利用港台资情况】　2022 年，句容市新设 14 家外商投资企业中，港资企业 6 家，累计注册外资 7909.75 万美元，占新批注册外资的 55.31%；台资企业 5 家，累计注册外资 340.85 万美元，占 2.3%。2022 年到账 9044 万美元中，港资 7302.91 万美元，占全部到账的 80.75%，台资到账 1513.03 万美元，占 16.73%。（谢　婷）

2003—2022 年句容市进出口额情况一览表

表 11　　单位：万美元

年度	进出口额总计	出口额	进口额	年度	进出口额	出口额	进口额
2003	9695	5929	3766	2013	61461	47540	13921
2004	14330	8439	5891	2014	57916	45183	12733
2005	22152	14477	7675	2015	52800	45400	7426
2006	36175	27855	8320	2016	59300	47200	12200
2007	42325	32068	10257	2017	53962	45332	8631
2008	36476	27812	8664	2018	68781	60030	8751
2009	32107	19559	12548	2019	67946	59681	8265
2010	44158	30579	13579	2020	61047	47756	13291
2011	52879	38498	14381	2021	82171	62481	19845
2012	61000	44488	16511	2022	71768	54235	17533

（商务局）

2022 年句容市出口额前十位企业一览表

表 12

单位：万美元

序号	企业名称	2022 年出口额	所属乡镇	序号	企业名称	2022 年出口额	所属乡镇
1	句容宁武新材料股份有限公司	7420	边城镇	6	巨宝精密加工（江苏）有限公司	2300.9	开发区
2	江苏久正光电有限公司	4271.9	开发区	7	美亚建筑用品（江苏）有限公司	2279.6	宝华镇
3	镇江一马先制衣有限公司	2932.3	开发区	8	江苏盛邦家俱制造有限公司	2244.9	开发区
4	江苏骏成电子科技股份有限公司	2735.8	开发区	9	镇江圣海兰进出口有限公司	2161.2	后白镇
5	江苏泰茂车业有限公司	2536.9	开发区	10	江苏伟建工具科技有限公司	1605.5	开发区

（商务局）

2022 年句容市进口额前十位企业一览表

表 13

单位：万美元

序号	企业名称	2022 年进口额	所属乡镇	序号	企业名称	2022 年进口额	所属乡镇
1	华电环球（北京）贸易发展有限公司江苏分公司	5868.6	下蜀镇	6	容泰半导体（江苏）有限公司	1079	开发区
2	江苏高光半导体材料有限公司	2236.7	开发区	7	巨宝精密加工（江苏）有限公司	946.5	开发区
3	江苏天工钛业科技有限公司	1975.9	下蜀镇	8	江苏晶度半导体科技有限公司	436.5	开发区
4	江苏久正光电有限公司	1531.9	开发区	9	江苏兆鋆新材料科技有限公司	379	开发区
5	江苏龙锦国际贸易有限公司	1246.2	华阳街道	10	大塚江苏汽车部件有限公司	367.2	后白镇

（商务局）

综　述

【概况】　2022年，句容市完成社会消费品零售总额179.01亿元，同比增长0.7%。限上批发业销售额118.87亿元，同比下降6%；限上零售业销售额28.43亿元，同比增长0.4%；限上住宿业营业额0.99亿元，同比下降6.7%；限上餐饮业营业额5.32亿元，同比下降3%。年内，全市市场运行监测工作在科学化、制度化和规范化上不断完善，样本企业总数达9家，经营业态更为丰富，通过对样本企业监测数据的分析，更加有效的引导生产、指导消费、稳定市场。　（周　淼）

供销合作

【概况】　2022年，句容市供销合作总社系统深入学习贯彻落实习近平总书记关于“三农”工作的重要论述指示精神，按照上级供销合作总社和市委、市政府的部署要求，从“三农”工作大局出发，牢记为农服务根本宗旨，持续深化综合改革，完善体制机制，拓展服务领域，加快打造服务农民生产生活综合平台，为推进乡村振兴贡献力量。

2022年，句容市供销合作总社以系统内35家植保、服务类专业合作社为载体，为农户提供代耕代收、统防统治、烘干收储一条龙系列化服务；全系统农业社会化服务面积26.35万亩，全托管服务面积7.03万亩。加强与金融机构合作，与中国银行句容支行、句容农村商业银行签订战略合作协议，在供销社系统内推广小额信用贷款。召开信用合作恳谈会、在基层网点举行“益农贷”小额农贷现场办理会等形式，帮助系统内企业与金融机构对接，发放信用贷款2000万元。

（刘　柳）

7月22日，市供销合作总社举行2022句容爱心助农公益直播活动捐赠仪式

【基层组织建设】　2022年，句

市供销合作总社组织企业参加2022长三角供销合作社名优农产品展销会

容市供销合作总社充分利用现有土地、房产等资源，分批分类推进全系统9家基层供销社改造提升，进一步完善服务功能。白兔供销社投资30余万元改造原古隍村茧站，与当地村集体合作建设社区服务中心，改善农村地区的基本公共服务；后白中心社投资120万元，建设集农产品加工研发、农产品展示展销、培训功能为一体的农技推广培训中心，进一步扩大华达公司农产品深加工产业规模。（刘　柳）

【农资保供服务】　2022年，句容市供销合作总社严格执行疫情防控要求，围绕农业生产大局，充分利用市镇村三级农资经营网络优势，做好农资供应服务工作。全年全市供销系统共销售尿素1.2万吨，复合肥1.09万吨，农药约150吨，服务全市210家放心农资经营点。农资连锁公司加强货源的组织与调拨，维护农资市场秩序和价格稳定。同时强化对农资经营网点的管理，严把进货质量关，杜绝假冒伪劣农资商品流入市场。采取电话预约、网上订货、送货上门等方式，直接将农资供应到田间地头，打通“最后一公里”。加强对现有“农资惠”网点平台建设考核，重点考核网点的线上销售情况，对其中的1家县级平台、10家基层网点进行考核奖补。（刘　柳）

【流通服务】　2022年，句容市供销合作总社依托系统内便民超市、茅山人家等社会平台，通过展示展销会、公益助农、年货大集等活动，助力农民销售农产品。联合便民超市，新成立供销社参股企业“句品划算”。开展5场农产品公益助农直播，邀请全国脱贫攻坚楷模赵亚夫直播带货，销售白兔草莓、丁庄葡萄等特色农产品，累计销售金额突破200万元。深化东西协作、对口帮扶，茅山人家馆内开设西藏、青海、陕西等系列有机农产品销售专区，销售金额约600万元。参加长三角供销合作社名优农产品展销会、镇江“消费助农”农产品进机关等活动，组织系统内优秀企业、合作社、茅山老区经济相对薄弱村的句容特色农产品参展，提升句容当地农产品的知名度和影响力。

（刘　柳）

电子商务

【概况】　2022年，句容市实现网络零售额37.1亿元，同比增长2.91%。年内“句品划算”电商区域公用品牌培育初见成效，媒体宣传和线下落地活动等各项工作扎实推进，创新推行“1+N”品牌体系，建立公共品牌培育机制、准入准出制度，完善区域品牌管理体系，完成“句品划算”插画作品、宣传口号、Logo图案作品著作权登记申请进行版权保护；完成品牌价值支撑、定位、宣传口号、形象宣传设计、包装设计、宣传片拍摄、宣传物料设计等工作；为12家企业颁发品牌授权证书，纳入品牌推广应用主体。全年举办电商普及性、实操性等各类培训40场，培训3137人次，613名学员完成个人视频号网上店铺开设。（周　淼）

【农村电子商务】　2022年，句

容市开通4条物流线路，覆盖64个农村电商服务站点正常配送；完成11个镇级和71个村级电商服务站点开发，从物流中心到村级电商服务站点1天内完成配送，解决农村快递揽收和投递“最后一公里”问题，各个服务站点日均配送频率均在1次以上。建立公开透明的全程可溯源体系和服务制度，为句容市农特产品提供统一的溯源平台，实现溯源信息展示、可视化追溯和品牌管理。50家企业签订溯源系统合作协议，为20余家企业提供24小时农产品快检服务。完成4款绿色食品种植技术规程，进入全面推广阶段，实行科学种植，提高产品品质。对6家企业完成制度上墙及标识体系搭建，提高其质量意识和标准意识。实施6S标准化现场管理，印制标准化记录手册，将生产记录、农业投入品使用记录等标准化记录体系完善，并现场辅导企业实时记录，为溯源做好记录支撑。2022年，句容市商务局联合本土便民超市举办“句品划算”年货跨年（2022）直播活动，下单8600多单，总金额超过百万元。参与举办句容市第三届福桃节直播环节，活动当日销售3000余箱，总销售额超过200万元。举办“葡萄熟了”2022公益葡萄节，销售总额80余万元。举办“句品划算　全网嗨购”农产品电商直播和展销活动，全市33家优质农特产品企业参加，活动通过“线上直播+线下展销”的方式进行，共实现线上、线下销售额约20万元。12月17日—19日，组织全市农业企业参加“中国江苏电子商务大会暨产业互联网博览会”，共计20余款产品参展。12月31日，举办2023句容市优质农产品展销暨便民优选（句品划算）年货跨年直播活动首，成功下单5500余单，总成交金额近100万元。（周　森）

应急粮油供应网点抽检

粮食

【概况】　2022年，句容市粮食流通体制进一步优化，国有粮食企业改革全面完成，粮油收购工作平稳有序。全市粮食系统吹响“全面深化改革年”的战斗号角，以整改为支点，撬动全市粮食工作迈向新台阶。（邰　甜）

【企业改革】　2022年，经市委全面深化改革领导小组会议研究和市政府12次常务会议审议通过《句容市国有粮食企业改革方案》，句容市粮食集团有限公司于9月26日挂牌成立。公司由市国资办出资组建，下设办公室、财务部、资产管理部、粮油贸易部、句容市储备粮管理有限公司、句容市郭庄粮食储备库有限公司及句容市军粮供应站有限公司。（邰　甜）

【涉粮巡视巡察】　2022年，针对省委巡视反馈的20个问题、镇江市委巡察反馈的32个问题，市粮食系统全部整改到位。全年出台21项制度文件，组织开展财务检查、政策性粮食巡查、粮食出库检查等各项检查50余次。（邰　甜）

【粮食宣传】　2022年，市粮食系统开展粮食科技进社区、进军营、进企业主题宣传活动6次，营造“全民爱粮”的浓厚社会氛围。联合市文明办、市粮食和物资储备局开展“小学生走进粮食安全宣传基地”“反对浪费·崇尚

节约”文明宣传活动。（邰　甜）

烟草

【概况】　2022年，句容市实现卷烟销量2.78万箱，同比增长1.92%；含税销额14.11亿元，同比上升8.74%；单箱销售额5.07万元，同比增长6.69%；贡献税利4.49亿元，同比增长9.27%。2022年，句容市烟草专卖局共查处各类涉烟案件222起，其中5万—20万元23起，20万—50万元5起，50万—100万元的3起，查获违法卷烟494.57万支，总案值664.67万元。年内成功破获“12·2”网络案件，涉案金额105.8万元。2022年，市烟草专卖局获得国家版权局授予的计算机软件著作权2项。QC课题参评省局荣获二等奖、新申报QC课题再获镇江市局一等奖。（市烟草专卖局）

盐　业

【概况】　2022年，句容市销售盐产品3835.54吨，其中小包装食盐销售2184.94吨；大包装食盐销售1304.6吨，小工业盐销售346吨。年内，句容市盐业有限公司完成大、小包装700吨食盐政府储备任务，确保应急状态下的全市食盐供应。3—4月，句容地区面临新冠疫情的反复冲击，市场上再次出现抢购生活物资不理性消费的现象，市盐业公司发挥食盐保供主渠道优势，向全市各大商超、农贸及零售店紧急投放小包装食用盐326吨，投放量同比增长24%，有效平抑食盐抢购风波，最短时间恢复食盐市场的正常秩序。（工信局）

石油

【概况】　中国石化销售股份有限公司江苏镇江句容石油分公司，简称中石化江苏句容石油分公司，隶属中国石化，于1999年在海外上市。2022年，公司下辖33座加油（加气）站，分布在华阳、宝华、茅山、后白、郭庄、黄梅等乡镇的国道、省道线上，担负全市近68%的工农业用油。2022年，成品油销售总量为15.43万吨，其中加油站零售13.8万吨；非油品销售额为3259万元。（张　娟）

2022年句容市石油系统在营加油站一览表

表14

序　号	名　称	地　址	占地面积（平方米）
1	中石化江苏镇江句容城区加油站	华阳镇华阳东路	956
2	中石化江苏镇江句容城东加油站	华阳镇五里墩转盘	2664
3	中石化江苏镇江句容城南加油站	104国道华阳镇南岗村	2326
4	中石化江苏镇江句容城西加油站	华阳镇人民路西段	2200
5	中石化江苏镇江句容城北加油站	101省道开发区三里井村	4872
6	中石化江苏镇江句容三岔加油站	104国道1175公里处	7928
7	中石化江苏镇江句容后白加油站	104国道1188公里处	6365
8	中石化江苏镇江句容茅山加油站	常溧公路144公里+200米	3554
9	中石化江苏镇江句容石狮加油站	104国道1162公里+900米	3223
10	中石化江苏镇江句容三里井加油站	101省道30公里+800米	2001

续表 14

序 号	名 称	地 址	占地面积（平方米）
11	中石化江苏镇江句容黄二加油站	101 省道 24 公里+700 米	4787
12	中石化江苏镇江句容宝华加油站	312 国道 286 公里+700 米	3399
13	中石化江苏镇江句容下蜀加油站	312 国道 271 公里处	1400
14	中石化江苏镇江句容河山加油站	312 国道 227 公里+500 米	4078
15	中石化江苏镇江句容郭庄加油站	句容市郭庄集镇	3000
16	中石化江苏镇江句容句茅路加油站	句茅路与弘景路交叉路口	2850
17	中石化江苏镇江句容白兔加油站	白兔站兔西村	4600
18	中石化江苏镇江句容西环加气站	华阳洪武路东侧下路村	5000
19	中石化江苏镇江句容文昌路加油站	文昌东路北侧肖杆路西侧	4800
20	中石化江苏镇江句容袁巷加油站	袁巷乡牧羊场	1915
21	中石化江苏镇江句容福地加油站	句容福地路与致远路交叉口	3000
22	中石化江苏镇江句容致远加油站	句容致远路与通宁路交叉口	2250
23	中石化江苏镇江句容后白二站	后白镇南 300 米 104 国道西侧	3102
24	中石化江苏镇江句容天王二站	句容市天王集镇菜场北侧	1900
25	中石化江苏镇江句容天王三站	天王镇 104 国道 1195 公里处	2000
26	中石化江苏镇江句容桥头加油站	句容下蜀沿江快速通道南侧	3000

（张 娟）

综 述

【概况】 2022年，句容市有A级景区8家，其中，AAAAA级景区1家、AAAA级景区2家、AAA级景区5家。拥有省级旅游度假区1家。全年共接待游客1036.6万人次，比上年下降33.0%，全年实现旅游总收入约80.84亿元，下降49.9%。年内，句容市创成市省级“文化和旅游产业融合发展示范区”“红色旅游融合发展示范项目”“长三角高铁旅游小城”，连续5年入选全国县域旅游综合实力百强县。（文体广旅局）

【全省民宿高质量发展大会】 9月5日至6日，由江苏省文化和旅游厅、中国旅游协会民宿客栈和精品酒店分会指导，江苏省旅游协会、句容市政府等联合主办的2022江苏民宿高质量发展大会在句容市举办。大会以“多元联动促民宿 融合创新振乡村”为主题，围绕疫情防控常态化下民宿业态创新、民宿与乡村振兴、民宿与年轻化消费等话题，通过主题演讲、圆桌论坛等方式，探讨江苏民宿高质量发展路径。活动现场，主办方公布江苏省2021—2022年度“精品民宿”“精品酒店”榜单并举办授牌仪式，并发布“最受网民欢迎”民宿。会上还举行省内民宿品牌与句容市文体广电和旅游局的意向合作签约仪式。（文体广旅局）

2022年句容市接待游客人数及收入统计一览表

表15

指　标	合　计	一季度	二季度	三季度	四季度
到句游客（万人次）	1036.6	326.23	151.96	476.21	82.2
旅游总收入（万元）	808374.77	275736.12	120595.46	360224.29	51818.9

（文体广旅局）

2022年句容市旅游景点游客接待情况一览表

表16

单　位	接待（万人次）	单　位	接待（万人次）
茅山景区	267.81	茅山红木艺术馆	0.51
宝华山森林公园	129.99	伏热花海	17
江苏茶博园	35.35	茅山半岛	5.3
怡景湾度假村	0.72		

（文体广旅局）

句容市星级旅行社一览表

表 17

序号	名称	星级	地址	电话	总经理
1	句容市假日旅行社	三星	句容市华阳西路文体综合楼 8 号	87264880	吉爱萍
2	句容市阳光旅行社	三星	句容市华阳东路都市晴园门面房 108 号	80781001	陈　梅
3	句容市茅山旅行社	三星	香江丽景民生银行向南 100 米处句卓路 1-6 号	87231055	徐迎春
4	句容市旅行社	三星	句容市崇明公园东门对面香溪湾门面房	87267570	吴荣富
5	句容市金色假期旅行社	二星	文昌东路 17-47 号	87276879	孙宏旭
6	句容市环宇旅行社	二星	句容市华阳镇崇明路南侧宁杭路西侧崇华苑 02 幢 1-2 层	87300661	朱　莉
7	句容市蓝天旅行社	一星	句容市华阳南路芳邻雅居正大门旁	87309588	蒋美忠

（文体广旅局）

旅游规划建设

【概况】　2022 年，句容市以项目为导向，狠抓文旅产业招引和服务。近年来完成句容维斯登大酒店项目、金象网红乐园项目、那田山水生态园二期项目、林深见鹿精品乡旅项目、茅山烽火李塔项目、江苏紫东假日酒店项目 6 个文旅项目评估和 6 个 5000 万元以上文旅项目签约，项目总投资额达 3.6 亿元。获得省级、镇江市级各类扶持奖补资金近 2000 万元。积极推进宝华山千华古村民俗文化街区争创省级旅游休闲街区、鸿义酵素园争创省级工业旅游区、美人鱼茶艺园民宿争创镇江旅游民宿金宿品牌，开展容酒生态园工业旅游区厕所等 3 家旅游厕所 A 级评定工作。

（文体广旅局）

千华古村夜景

【文旅融合】　2022 年，句容市推动文化和旅游产业高水平融合、高质量发展，句容创成省级“文化和旅游产业融合发展示范区”，“铁军东进战地，茅山红色传承”红色旅游融合发展项目入选第一批江苏省红色旅游融合发展示范项目名单，被省文旅厅、发改委推荐申报文化和旅游部全国红色旅游融合发展试点单位。千华古村创成省级夜间文旅消费集聚区，入选第二批全省“无限定空间”非遗进景区项目。茅山涵田酒店入选“江苏精品休闲度假饭店”并获评 2021—2022 年度精品酒店。承办全省民宿高质量发展大会，出台《关于促进句容市旅游民宿规范发展的实施办法》，三十六季客栈创成国家甲级旅游民宿。推进全市文化和旅游资源普查工作，完成 1862 个资源评价定级，审定《句容市文化和旅游资源普查报告》。（文体广旅局）

【景区建设】　2022 年，句容市推荐山水葛园文化旅游项目、伏热花海农文旅融合转型升级项目申报省文化和旅游产业发展专项资金项目；康缘仙草童话项目、句容涵田半岛酒店项目申报2022年江苏省旅游产业发展基金项目贴息；《茅山景区——句容茅山风景区红色美丽村庄建设》《江苏茶博园——江苏茶文化与科技园升级项目》申报2022年扶持旅游景区提质扩容项目。推选茅山“烽火李塔生态旅游观光项目”申报2023年江苏省重点文旅产业项目，推进金象网红乐园项目在镇江第16届金山文化艺术国际旅游节上成功签约。（文体广旅局）

旅游宣传推介

【中国句容福地文化旅游节启动仪式暨茅山五福路线产品发布会】 5月19日，句容市文体广电和旅游局联合茅山风景区管委会在茅山风景区游客中心共同举办了中国句容福地文化旅游节启动仪式暨茅山风景区五福路线发布会，大力宣传句容的福地文化，吸引更多的游客亲临句容，感受句容丰厚的福地旅游资源。福地文化旅游节是句容市“一福地四名城”城市定位统筹下的品牌活动，分为“悠游田园”“问道寻福”“文娱盛宴”“跃动容城”四大板块，串联了全市各类文化旅游优势资源，以茅山福文化旅游节、葡萄文化节、樱花文化节、茶文化节、农民丰收节、泡山节等系列节庆活动为支撑，深入推进文化、体育和旅游深度融合，推动句容乡村旅游产品线路化、主题化、特色化，从而进一步促进文旅消费复苏，持续提升“山水田园　福地句容”的知名度、美誉度、吸引力。茅山福文化节是句容市福地文化旅游节的一个重要板块，此次推出的茅山五福路线，围绕平安、姻缘、财运、健康、学业五大方面，结合茅山风景区的知名打卡景点，形成5条特色旅游路线。本届福文化节也将围绕“健康是福”的理念，结合景区“福”元素打造系列精品文旅活动。（文体广旅局）

【第三届华阳福桃文化节】 7月16日，句容第三届华阳福桃文化节在南京马群地铁站开幕，以“桃不出宁的手心”为主题进行现场互动。活动现场，主办方向市民代表赠送华阳福桃采福卡，通过采摘体验的形式，让广大市民感受到“离都市不远，离生态很近”的生活向往。本次福桃文化节持续至7月30日。（文体广旅局）

【外地旅游推介活动】 8月12日，句容市组团参加中国国际旅游交易会，展示了茅山福碗、宝华玉笋茶、“福地好味稻”大米、天王手工醋、“印象·句容”邮册等旅游产品。9月23日，组织全市主要景区和部分旅游企业参展第十届澳门国际旅游（产业）博览会。9月23日至25日，参加第四届大运河文化旅游博览会，展示宝华山福袋香囊、“福”字画、茅山风景明信片、茅宝葛根系列产品、句容手绘地图、句容水墨画帆布包等各类创意文创产品，来自句容的国家非物质文化遗产秦淮灯彩传承人陈柏华在博览会现场展示秦淮灯彩的制作工艺。通过参展，进一步扩大句容“山水田园福地，宜居宜游名城”的

句容市组织参加中国国际旅游交易会

影响力和知名度。（文体广旅局）

旅游节庆活动

【宝华山第六届花山古庙会】 2月1—15日，宝华山风景区举办第六届花山古庙会，活动期间举办非遗集市、非遗杂技表演、非遗手工业展示、非遗民间风俗复原等形式多样的活动。

（文体广旅局）

【茅山景区、宝华山景区端午活动】 端午节期间，茅山景区举办了编五彩绳、制作香囊、点额（画额）、包粽子等民俗体验活动，同时围绕平安、姻缘、财运、健康、学业五大方面，结合茅山风景区的知名打卡景点，推出5条特色旅游路线。宝华山千华古村举办端午游园会，上演舞龙舞狮非遗表演，并每晚举行篝火晚会。

（文体广旅局）

【宝华山“泡山节”活动】 7月28日，由江苏省林业局、句容市政府主办，以“悦享森活、自在宝华，泡山、泡水、泡时光”为主题的2022“绿美江苏·生态旅游”系列推介活动之宝华山“泡山节”活动在宝华山国家森林公园启动。在活动现场，江苏省林业局和省体育局签订“全面推进美丽江苏建设　共创健康美好生活”战略合作协议；省林业局发布全省森林步道形象LOGO，进一步展示江苏省森林步道品牌形象和内涵，规范全省范围内森林步道标识标牌系统建设。现场还举行了“美丽宝华山画画画”优秀儿童画获奖作品颁奖仪式。

（文体广旅局）

宝华山民俗展演

【第十三届丁庄葡萄节】 8月20日，2022中国·句容第十三届丁庄葡萄节开幕式在茅山镇丁庄万亩葡萄专业合作联社草坪广场举行。开幕式上，还进行了第六届“丁庄杯”早中熟精品葡萄评比大赛颁奖；丁庄万亩葡萄专业合作联社与深圳百果园签订了销售协议。本届葡萄节持续到9月底，其间采取线上线下相结合的模式，通过微信、微博、淘宝、抖音、小红书等新媒体平台，讲好葡萄故事，提高大众参与度，激活线上销售。（文体广旅局）

旅游行业管理

【概况】 2022年，句容市旅游主管部门贯彻《中华人民共和国旅游法》，不断加强对星级旅游饭店、旅行社的监督管理，帮助、督促他们不断提升服务质量。同时为应对疫情对旅游业的冲击，积极寻求对策，携手旅游企业共渡难关，帮助全市11家旅行社、旅行社分社办理暂退全部旅游质量保证金，总金额28.5万元，帮助句容市阳光旅行社、句容旅行社成功申报江苏省文化和旅游厅发放的旅行社企业创新发展奖补共计50万元。加强对旅行社的安全管理，利用微信群等方式，通过分享案例、播放安全警示片等，加强对旅游企业的安全教育。建立健全旅游投诉处理制度，通过投诉电话、12301旅游监管服务平台、12345政府热线等渠道，安排专人负责，确保旅游投诉处理及时高效，全年投诉办结率及满意度均达100%。组队参加镇江市旅游饭店从业人员职业技能竞赛，取得西餐组第一、前厅组第二、中餐组第三、团体第二的成绩。

（文体广旅局）

综　述

【概况】　2022年，句容市有财险公司14家，寿险公司19家。截至12月底，财险公司累计保费收入42238万元，寿险公司累计保费收入124872万元。

2022年，全市正式营业证券公司共3家，分别是申万宏源证券、南京证券、华泰证券，实现交易额568.71亿元，减少23.19%；总开户数47525户，比年初增加6695户，增长16.4%。

2022年，全市有融资性担保机构3家，分别是中小企业融资担保有限公司、华夏万泉融资担保有限公司和省农担句容分公司，总注册资本4亿元，截至年末在保余额15.54亿元，比年初增加6.89亿元，增长79.6%。

2022年，句容市有4家在营业的农村小额贷款公司和1家科技小额贷款公司，注册资本总额5.05亿元，贷款余额4.86亿元，实现净利润473.86万元，纳税170.84万元。

2022年末，全市共有6家典当行，总注册资本2.05亿元，总交易余额2.20亿元。其中，动产交易余额7258.14万元；房地产交易余额11278.78万元；财产权利交易余额3422.54万元。

（赵　彤）

金融管理

【实体发展助力】　2022年，句容市地方金融管理局认真贯彻“产业强市”一号战略，组织召开全市金融赋能高质量发展大会，镇江市20家金融机构与市政府签署战略合作协议。发挥考核指挥棒作用，通过修订完善全市银行业金融机构服务高质量发展考核办法、召开全市银行行长联席会议等，引导金融机构向重点行业领域、重大产业项目投放信贷资源。发动全市金融机构参与“助企纾困　护航发展”专项行动，搭建银企对接桥梁，加速构建服务“绿色通道”，2022年，句容市银行机构共减免各类支付手续费1262.72万元，累计惠及企业

镇江市银行机构与句容市政府签订“十四五”时期战略合作协议

5.15万户。2022年，句容市银行业金融机构各项贷款余额1556.62亿元，比年初增加101.82亿元，增长7%。（赵　彤）

【普惠金融】　2022年，句容市地方金融监管局关注小微需求，依托省综合金融服务平台全力缓解融资信息不对称问题，平台累计注册各类市场主体5046家，撮合融资授信4345笔，授信金额达235.89亿元。鼓励政策性担保公司与金融机构共建“普惠增信联盟”，实现“见贷即保”“见保即贷”和风险共担。截至2022年年末，句容市3家政府性融资担保机构在保企业688户，在保余额15.54亿元，比年初增加6.89亿元，增长79.6%。中小企业转贷服务公司单日转贷利率万分之二，为镇江辖区内最低。探索“金融+三农”服务新模式，持续推进“金穗行动”，支持乡村振兴工作。（赵　彤）

【企业上市服务】　2022年，句容市地方金融监管局把推进企业上市作为优化营商环境的重要抓手，协调建立企业上市“绿色通道”，帮助企业破解上市进程中的难点、堵点、痛点问题，不断更新企业上市“后备军团”。邀请券商、北交所等深入企业，“一企一策”提供专业化辅导和服务，帮助企业理清上市思路；举办“推进资本市场发展”系列活动，做优做实精准服务，加快企业上市步伐。1月28日，骏成科技成功登陆深交所创业板，实现本土企业主板上市零的突破，天工股份、联博精密进入省证监局辅导阶段。（赵　彤）

【金融风险化解】　2022年，句容市金融监管局强化地方金融从业机构监管，开展企业年审、线下检查及评级等，强化监管、扶优限劣。通过部门联动排查、线上监测、举报受理等方式开展非法集资风险排查，2022年，排查机构（企业）数三千余家，切实做到“底数清、情况明”。在全市广泛开展防范非法集资宣传活动，利用报刊、电视、互联网等传媒手段，加大对处置非法集资法律法规和典型案例的宣传报道。（赵　彤）

【金融服务提升】　2022年，句容市金融监管局以句容市金融系统党建联盟为平台，在城区银行网点倡导开展“扮美金融客厅、提优金融服务”行动，围绕爱心服务、文明服务、活力服务三个重点，优化基础设施，落实文明规范，着力推动银行厅堂文明提档升级。所有银行网点均建成书香阅读角，部分网点还建立“红色港湾”“爱心助考驿站”“劳动者港湾”等不同形式的“文明驿站”。（赵　彤）

银　行

【概况】　2022年，中国人民银行句容市支行认真落实稳健的货币政策，深入推进金融助企纾困，全力防范化解金融风险，持续提升金融管理服务水平，各方面工作取得积极成效。（李苏涵）

【货币政策执行】　2022年，中国人民银行句容市支行举办全市金融工作座谈会、金融惠企推进季句容专场、金融赋能高质量发展大会，做好货币信贷政策宣传推介，用好用足货币政策工具。

7月11日，人民银行句容支行召开二季度金融运行形势分析会

灵活运用支农支小再贷款，指导推动法人机构推出“再贷款+容易贷”等项目，截至2022年年末，发放支农支小再贷款12.43亿元，支持2003户小微企业；运用政策性开发性金融工具，成功落地镇江首笔农发基础设施基金1593万元；运用保交楼专项借款政策，配合地方政府争取问题楼盘专项借款6.56亿元，推动房地产市场平稳发展。截至2022年年末，句容市金融机构各项本外币贷款余额1556.62亿元，比年初增加101.82亿元，增长7%；全市各项本外币存款余额1085.08亿元，比年初增加22.19亿元，增长2.09%。（李苏涵）

【银企对接工作】　2022年，中国人民银行句容市支行认真贯彻落实人民银行、外汇局助企纾困“金融23条”，运用普惠小微贷款支持工具向2家法人机构提供激励资金1640万元，撬动辖内法人机构新增普惠小微企业贷款11.85亿元。积极牵头“银税合作”行动，推动发放镇江市首批“留抵贷”1300万元，并对32家企业预授信1亿元。截至2022年年末，句容市普惠金融领域贷款余额273.92亿元。（李苏涵）

【金融赋能乡村振兴】　2022年，中国人民银行句容市支行扎实推进“句容市农村信用信息平台”建设试点工作，初步建成农村征信平台，归集涉农替代信息超260万条，并指导句容农商行平台试应用，开发设计“容易贷”专属产品，依托平台发放贷款2亿元，首贷户1100户。积极推进金融服务乡村振兴示范区创建，制定实施方案，实施“再贷款+N”工作机制、“金穗行动”、“信用惠农工程”等有力措施，句容市成功入选首批江苏省金融支持乡村振兴示范区。截至2022年年末，全市涉农贷款余额877.16亿元，同比增长12.16%。（李苏涵）

【金融风险监测】　2022年，中国人民银行句容市支行严格督促句容苏南村镇银行定期报送拨备和流动性情况表，现场督导辖内2家法人机构开展流动性风险应急演练。重点关注房地产金融风险，积极参与市政府防范化解房地产项目风险专班，坚决防止风险扩散蔓延至金融领域。（李苏涵）

【金融稳定工作】　2022年，中国人民银行句容市支行积极发挥金融稳定协调机制作用，召开金融稳定协调小组联络员会议，组织推动2021年度金融生态县和“八城同创”创建工作，积极做好存款保险宣传工作，对金融机构执行人民银行政策情况开展综合评价，强化评价结果的运用，助推句容信用环境建设。

（李苏涵）

【支付结算管理】　2022年，中国人民银行句容市支行切实落实好减费让利政策。全年全市各银行机构共为有关客群减免各类支付手续费1262.72万元，累计惠及企业5.15万户，其中小微企业和个体工商户占全辖企业总数的96.2%。推进农村普惠金融服务点建设，打造“助农驿站”品牌，建成助农驿站166个，活跃度达61%。（李苏涵）

【国库管理】　2022年，中国人民银行句容市支行开通防疫资金快速拨付“绿色通道”，通过实拨和集中拨付疫情资金1127笔，金额13087万元。切实做好国债发行工作，共销售储蓄国债7353.73万元，其中农村销售占比26.09%。落实好留抵退税政策，共办理留抵退税1208笔，金额16.62亿元，惠及企业1040户，其中小微企业958户，金额6.27亿元。

（李苏涵）

【现金工作】　2022年，中国人民银行句容市支行开展拒收现金专项整治工作，做好冬奥普通纪念币、纪念钞再次预约宣传工作，维护人民币的形象和权威。做好假币收缴工作，全年共收缴假币287张，共计26065元。

（李苏涵）

【征信管理】　2022年，中国人民银行句容市支行完善个人信用报告代理查询点布设工作，首个乡镇个人信用报告代理查询点在农行句容宝华支行开通，在句容农商行营业部增设1个城区代理查询服务点。（李苏涵）

【外汇管理】　2022年，中国人民银行句容市支行全面落实企业名录登记业务全流程网上办理，新增进出口企业名录登记33家，其中32家全程网上办理。积极推进外汇便利化政策试点工作扩容提质，有4家银行和9家企业参加了货物和服务贸易收支便利化试点，有效提升银行业务处理速度

10 月 21 日，人民银行句容市支行召开传达货币信贷重点工作会议

和企业资金流转效率。严厉打击外汇领域违法违规行为，对 1 企业涉嫌逃汇行为开展立案调查，处罚人民币 85.5 万元。（李苏涵）

【中国工商银行句容支行】 2022 年，中国工商银行句容支行有 11 家网点。年内获“全国文明单位”荣誉称号。截至 2022 年年末，人民币存款余额 113 亿元，人民币贷款余额 159.98 亿元，其中银监普惠口径贷款余额 5.55 亿元。新开对公结算账户 1616 户。升级改造网点 4 家，创建 1 个适老化营业网点。

2022 年，中国工商银行句容市支行与北京分行等单位组建银团，做好粮食和能源安全领域融资支持，满足煤炭安全生产建设、发电企业购买煤炭、煤炭储备等领域需求，获得专项授信 5 亿元。工行句容支行以“草坪贷”和“工银兴农贷”为重要抓手，提升乡村金融服务效率和水平。截至 2022 年年末，支行涉农贷款余额达 5.12 亿元。出台保交楼专项借款配套融资、保交楼贷款支持计划等政策工具，推进项目筛选评估、报送确认和贷款投放，取得宝华镇、郭庄镇两个乡镇开立保交楼账户资格。2022 年，工行镇江句容支行成功签约并挂牌 6 家农村普惠金融服务点，累计投放乡村普惠金融贷款 3000 万元有余。（工商银行）

【中国农业银行句容市支行】 2022 年，句容农业银行有营业部 1 个，辖营业网点 15 个、自助银行 21 个，有员工 225 人。获得“江苏省文明单位”“镇江市文明行业”荣誉称号，支行营业部被评为句容市文明示范窗口。截至 2022 年年末，句容农业银行各项存款余额 167.1 亿元，各项贷款余额 207.94 亿元。

2022 年，句容农业银行围绕省级专精特新企业名单以及省、市重点产业类项目，积极支持民营制造业发展，营销先进制造业贷款；围绕市政府重点基础设施建设，加大与当地平台的对接力度。大力推进普惠金融发展，持续高效推进农户贷款业务发展，以农户建授信档为抓手，持续开展万人进千村工作，实行一镇一方案，开展“一点一月一村”活动。强势推动个人经营类贷款有效发展，深度挖掘存量“一项目一方案一授权”项目提质工作。对接工商部门，深入摸排辖内专业市场情况，大力开展“走进市场”活动。（农业银行）

【中国银行句容支行】 2022 年，中国银行句容支行实现营业净收入 3.25 亿元，比上年同期降幅 0.82%。中间业务净收入 4622 万元，比上年同期降幅 20.74%。截至 2022 年年末，本外币存款余额 64.23 亿元，比上年末增长 23.97 亿元；本外币贷款余额 146.04 亿元，比上年末增加 18.26 亿元。

2022 年，支行推进普惠业务工作，全年累计获得新客户新批复 79 个，累计批复总量 3.49 亿元，普惠贷款余额 12.20 亿元；线上贷款余额 3.51 亿元，较年初新增 1.83 亿元，信贷计划和线上业务双双达标。主动上门服务民营企业，加强与他们沟通，真实地了解他们的业务需求和金融服务需求。全年累计支持实体经济授信 78 户，累计投放 14.65 亿元，余额 9.61 亿元。（中国银行）

【中国建设银行股份有限公司句容支行】 2022 年，中国建设银行句容支行有营业室 1 个，辖内营业网点 6 个，自助银行 36 个。截至 2022 年年末，对公存款余额

59.7 亿元，个人存款余额 37.72 亿元。对公贷款余额 43.99 亿元，个人贷款余额 126.65 亿元，乡村振兴贷款余额 2.63 亿元，中间业务净收入 4270 万元。

2022 年，支行主动对接当地政府，了解当地发展规划，着力对接 2022 年以来落地句容市范围内的大型企业以及政府重点建设项目。新增项目储备金额合计 18.7 亿元，累计实现投放 9.7 亿元。组织巨宝精密加工（江苏）有限公司与建行为宝华政府赠送防疫物资，政银企关系深化融洽。对潜在的风险客户进行名单制管理，加大走访客户的频率，加强对企业现场和非现场排查的广度和深度，有效防止重大信贷风险事件发生。截至 2022 年年末，乡村振兴贷款余额 2.63 亿元。

（建设银行）

【交通银行句容支行】 2022 年，交通银行句容支行有营业部 1 个，辖营业网点 1 个、自助银行 1 个，有员工 24 人。2022 年，各项存款余额 109836 万元，各项贷款余额 412833 万元，理财产品余额 14887 万元。

2022 年，支行个贷团队到白兔镇开展烟户贷宣传活动；在新生开学季到江苏科技大学，为新生提供银行卡激活；到丁庄葡萄合作联社，拟为葡萄种植户提供优惠的贷款利率助力乡村振兴的发展；开展一系列走进社区宣传活动，如“加强账户管理，防范电信诈骗”“支付为民、开户不难”“存款保险宣传”等。为特殊人群提供上门服务 5 次。

（交通银行）

【中国邮政储蓄银行句容市支行】 2022 年，中国邮政储蓄银行句容市支行下辖 29 个营业网点，二级支行 7 个、代理网点 22 个。2022 年，句容邮政金融系统储蓄存款余额达 77.25 亿元，其中活期余额为 9.97 亿元；各项贷款余额达 89.19 亿元，其中零售贷款结余 74.91 亿元，小企业贷款结余 4.66 亿元，公司信贷结余 9.62 亿元。

2022 年，邮储银行句容市支行推出“极速贷”“网商贷”“发票贷”“E 捷贷”“产业贷”等线上产品，配套“贷款展期”“无还本续贷”等产品，发挥互联网产品优势，引导客户通过线上渠道申请贷款，全力以赴助力乡村振兴。推进“整村授信”升级工作，精准实施信用村建设和信用户评定工作，截至 2022 年年末，建成信用村一百余个，评定信用户五千余户。聚焦“定方案、推产品、减费用”，推出“无还本续贷”业务，降低小微企业贷款成本。上线句容水务集团水费缴费开放式平台，实现句容市水费开缴全覆盖；获批并投放工程保理项目 1 亿元，全年办理小微票据贴现近两百笔、六千余万元。

（邮储银行）

【句容农村商业银行】 截至 2022 年年末，句容农村商业银行辖内营业网点 36 个、自助银行 9 个。截至 2022 年年末，各项存款余额 304.46 亿元，各项贷款余额 245.51 亿元，累计发放社保卡达 59.32 万张。

2022 年，句容农村商业银行坚持践行“乡村振兴”战略，始终立足“三农”定位，做大做实普惠金融。积极外联外拓，以战略合作党建共建为抓手，与 17 家部委办局、23 家商会组织建立合作，努力实现“一次签约、一项产品、一站服务”实现共赢。

（句容农商行）

【江苏银行句容支行】 2022 年，江苏银行句容支行有营业部 1 个，辖营业网点 2 个、自助银行 2 个。

11 月 24 日，句容农村商业银行“科技银行”揭牌仪式

截至2022年年末，各类存款余额44.29亿元、贷款余额68.7亿元、理财产品15.12亿元。

2022年，江苏银行句容支行助力平台转型，持续服务三农，助力乡村振兴，强化与政府平台等合作力度，加大对基础设施、民生工程等的投入力度。支行加大民生类信贷投入，投入句容民生、基础建设资金合计约6亿元。围绕“3+2+X”产业链，以高端装备制造和新材料两大主导产业为重点，支持智能电气、高性能合金、先进高分子材料、医疗器械等行业发展。做大做强绿色金融，支持句容市绿色环保重点领域和重大项目。开展党员进社区活动，支行网点联合社区开展书写春联活动，走进授信企业、居民小区等开展消费者权益保护宣传、普及金融知识万里行、反诈宣传等活动，引导公众树立正确投融资理念。（江苏银行）

【句容苏南村镇银行】 2022年，句容苏南村镇银行有营业网点1个、自助银行1个。截至2022年年末，总存款余额44954.67万元，增幅11.35%，其中对公存款余额18134.36万元，储蓄存款余额26820.31万元，总贷款89418.74万元，增幅10.87%，不良贷款余额2204.05万元，不良率2.46%，较年初下降0.19个百分点。

2022年，支行开展网格化营销，走访营销菜场、市场、商业街，贷款客户2545户，较年初增加790户，信贷结构向小向散；运用“江小鱼”线上产品，拓展整村授信、整企授信等“白名单”客户，促进零售业务的新增长。针对不良贷款客户和出现风险预警信号贷款客户情况，按照一户一策的原则制定清降方案，指定专人负责风险处置工作，与司法部门、借款企业、保证企业等沟通交流，累计处置不良贷款2335.94万元；核销不良贷款1983.77万元。

（苏南村镇银行）

【兴业银行句容支行】 2022年，兴业银行股份有限公司句容支行有营业部1个，自助银行1个。截至2022年年末，各类存款余额18.53亿元，贷款余额33.26亿元，理财产品余额5.16亿元。

2022年，运用“e票贷”“快押贷”等场景版产品以及“快易贷”“科创快易贷”等纯信用线上产品，推出“兴农贷”“个人经营贷”等产品，在本地市场塑造“兴业普惠”的品牌形象。截至2022年年末，支行小微企业贷款余额9100万元，较上年新增11户、5400万元；个人经营贷结余151户，余额9378万元，较上年新增939万元。年内投资海外债句容投资集团4400万美元，支持句容重点制造业产业项目17000万元，支持政府基础设施建设93000万元，新增普惠金融7800万元。截至2022年年末，为“句容市南部片区现代农业项目”投放60000万元，当前余额32000万元；为“句容经济开发区现代农业产业园项目”投放9750万元，当前余额9750万元。截至2022年年末，累计向33户农户提供了1845万元信贷资金支持，涉及苗木种植、草坪种植、农产品加工等多个句容特色涉农产业，有力支持农户的生产经营工作。

（兴业银行）

【光大银行句容支行】 2022年，光大银行句容支行有营业部1个，辖营业网点1个、自助银行1个。截至2022年年末，存款余额32.45亿元，贷款余额73.12亿元。2022年，为政府提供了乡村振兴贷款2亿元，城市更新贷款5亿元。（光大银行）

【紫金农商银行句容支行】 2022年，紫金农商银行句容支行营业网点1个，自助银行1个。截至2022年年末，各项存款余额13.81亿元，较年初增长0.94亿元，各项贷款余额24.89亿元，较年初增长1.74亿元，理财产品余额2755.54万元，较年初增长821.3万元。

2022年，利用“见贷e贷”“信e贷”“税微贷”等信用类产品，加大对普惠型小微企业信用贷款的投放力度；加强“富民创业贷”的宣传推广，取得经办行资格，10月成功落地首笔“富民创业贷”业务。加强与商会、协会合作，推广“通商e贷”产品。围绕特色农业和乡村旅游业，为苗木、茶叶、农产品等提供普惠型信贷支持，解决小微企业融资难、融资贵问题。通过风险担保机制，解决涉农贷款担保难问题，与江苏省农业融资担保有限责任公司开展业务合作，通过惠农快贷产品，加强对家庭农场、种植户的信贷支持。加强企业走访宣传，走访园区、乡镇企业和农户，推动普惠金融直达“三农”一线，让广大涉农主体和农户了解更多

的金融政策、金融知识和金融产品。在句容市天王镇唐陵村句容市花木商会建设农村普惠金融服务点。（紫金农商行）

【常熟农商银行句容支行】 2022年，常熟农商银行句容支行目前辖区共设1个支行，自助银行1个。截至2022年年末，总存款31422万元，贷款总额63169万元。

2022年，针对小微企业及农户设计多种贷款产品，并一对一上门服务，引导信贷投向，推动小微企业贷款业务的发展，推进“信保贷”、动产质押贷款等产品，对于500万元以下抵押类贷款，开通绿色通道，缩短审批流程。推进乡村振兴建设，加大“省农贷”项目的推进力度。对接天王镇党委、政府，完成天王镇唐陵村整村授信工程，召开“整村授信”推进会，借助政府公告栏、标语、广播、微信群、短信等渠道，加大宣传力度。截至2022年年末，建立家庭户档案1113户，有对公授信客户5户，共计授信金额2300万元，存量小微客户100多户，授信金额约1800万元，多为精英苗木客户。

（常熟农商行）

【中国农业发展银行句容市支行】 2022年，中国农业发展银行句容市支行各类支农贷款15.81亿元，同比增加6.73亿元，贷款余额52.52亿元，比年初增加5.31亿元，企事业单位存款余额3.69亿元，存款日均余额9.51亿元。

2022年，中国农业发展银行句容市支行立足区域特色优化信贷投向，不断扩大支农成效，累计发放粮棉油贷款1.7亿元，维护区域粮食市场安全稳定；服务农村基础设施建设，发放中长期贷款11.08亿元；服务农业产业现代化，发放农业产业贷款3.04亿元。落实政策性金融工具，积极贯彻落实党中央稳经济大盘战略部署，协助地方政府完成6.56亿元“保交楼”专项借款申报投放，发挥了稳民生的积极作用；发放1593万元农发基础设施基金，成为镇江市唯一一家政策性金融工具落地的金融机构。

（农发行）

小贷公司

【概况】 2022年，句容市有4家在营业的农村小额贷款公司和1家科技小额贷款公司，注册资本总额5.05亿元，贷款余额4.86亿元，净利润473.86万元，纳税170.84万元。（赵　彤）

【小贷行业发展】 2022年，市地方金融监督管理局严格执行“扶优限劣”政策，立足小贷公司发展实际，开展地方金融从业机构整治整改工作。加强日常监测管理，开展分类监管、现场检查和监管评级，限时办结相关行政权力事项转报工作，对区域内小额贷款公司进行现场检查和联合双随机检查，确保各公司符合监管要求，保持正常经营。

（赵　彤）

交通·邮政·物流

交通综述

【概况】 2022年，句容市围绕“融入南京、接力镇江”战略部署，认真履行交通运输职责，交通各项事业保持良好的发展态势。推进312国道句容段快速化改造项目，工程累计完成投资11亿元，约占总投资的27.7%。投资3400多万元，完成1.2千米266省道连接线（康缘大道）工程建设。完成马邹线、266省道连接线（康缘大道）交工验收和华阳东西南北路、疏港大道的竣工验收。马邹线建设工程通过“镇江市公路水运平安百年品质工程”验收。完成开发区唐姚线—文昌西路平交口改造工程，解决交叉口隐患，方便百姓出行。完成边城镇大华村规划发展村庄试点道路工程、何庄乡村振兴道路工程以及后白镇水乡路建设工程，进一步发挥交通在实施乡村振兴战略的支撑和先行作用。打造省级“平安放心路”样板路、“美丽农村路”样板路，句容市“宝天线西部干线”入选省级“最美农路”样板路，句宝线获评省级“平安放心路”样板路，完成“乡乡都有美丽农村路”的验收工作，助力实现路优景美，路畅民富的乡村振兴发展新景象。 （朱 莉）

马邹线建设工程通过交工验收

【法治交通建设】 2022年，句容市交通系统组织2次全体执法人员能力提升培训，组织4次集体学法，开展交通运输法治宣传月系列活动，重点对《中华人民共和国民法典》《中华人民共和国行政处罚法》《中华人民共和国长江保护法》《江苏省公路条例（修正案草案）》《江苏省农村公路条例》《江苏省铁路安全管理条例》《江苏省普通国省道管理办法》等新出台修订和实施的法规规章进行宣传贯彻工作。全年按时按期办理句容人大建议10件，政协提案10件，镇江人大建议3件，政协提案2件，总共25件。办理“12345”投诉1939件，处理“96196”热线投诉115件，确

保做到答复率100%，满意率95%以上。（朱　莉）

【平安交通建设】 2022年，句容市交通局加强对自身监管职能进行再梳理、对行业安全现状进行再摸底，对问题隐患原因进行再溯源，以周例会、督查清单、定期通报等形式，持续推进专项整治行动走深走实。局领导带队安全检查16次，迎接上级部门督导检查13次，联合专家检查6次，开展督导检查20余次，联合第三方专家现场检查4次，排查上报各类问题隐患97起，案件处罚数11起，罚款4万元。联合多部门对辖区1296座桥梁进行逐一摸排，对所排查桥梁落实“一桥一档”要求，建立桥梁基本台账。排查中共发现隐患桥梁369座。其中危桥（重大隐患桥梁）13座，一般隐患桥梁356座。

（朱　莉）

【交通系统疫情防控】 2022年，句容市交通系统积极应对宝华“3·15”和“4·8”连续两轮疫情，构建公路查验“三张网”（环宝华镇防控网、句容市域防控网、环句容城区防控网），创新防控措施，开辟缓冲区和过渡带，开发“货运通”小程序，开展关爱货车司机行动。适应形势需要，实现疫情防控由平急向平常防控转换，认真抓好“落地检”等疫情防控措施落实，扎实抓好“两站一码头”和四条高速路口常态化交通查验工作，强化交通、公安、卫健三方协作，明确各方职责，落实落细闭环管理。随着疫情防控形势不断向好，贯彻落实中央优化调整疫情防控的决策部署，撤除交通查验点，将工作重点由“防感染”向“自我防护”上转变，畅通交通运输通道，搞好服务保障，最大限度地减少疫情对经济社会发展的影响。

（朱　莉）

交通建设

【概况】 2022年，句容市推进312国道句容段快速化改造项目，完成1.2公里266省道连接线（康缘大道）工程建设，完成马邹线、266省道连接线（康缘大道）交工验收和华阳东西南北路、疏港大道的竣工验收。完成开发区唐姚线—文昌西路平交口改造工程，完成边城镇大华村规划发展村庄试点道路工程、何庄乡村振兴道路工程以及后白镇水乡路建设工程。南沿江城际铁路句容段完成投资35亿元，工程主体建设完成，南沿江城际铁路“四电”主体工程完成总体设计的85%。句容立体综合交通枢纽市政配套工程完成投资2.25亿元，占总投资的80%；枢纽广场配套工程完成投资0.24亿元，占总投资的35%。推进高铁句容站桥下空间与南北广场一体化建设、立体化布局。做深做细扬镇宁马城际铁路前期工作，扬镇宁马城际铁路完成工可编制。（朱　莉）

【南沿江城际铁路“句容站”挂牌】 2022年，“句容站”站名安装到位，南沿江城际铁路句容站站名标识正式挂牌亮相。南沿江城际铁路句容站房位于该市城区南部，为线侧下式旅客站房，站房建筑面积1.5万平方米，地上两层，地下一层。外形设计取材中国传统建筑与山水轮廓相结合，犹如在山水间划出的一道优美的弧线，隐喻着城市丰富的山脉迹线，渲染出句容的灵动与秀美。（朱　莉）

南沿江城际铁路句容段工程

【266省道连接线工程通过交工验收】 2022年11月22日，266省道连接线工程顺利通过交工验收。266省道连接线工程位于句容市茅山风景区茅山水库的东侧，路线起于环湖路，总体走向自西向东，终点与266省道相接，路线全长约1.2公里。采用二级公路兼城市主干路标准建设，设计速度40公里/小时，规划红线宽度40米，横断面宽度27米，沥青混凝土路面。工程建设内容包括道路工程、排水工程、安全设施工程等。（朱 莉）

【马邹线建设工程通过交工验收】 2022年12月，句容市白兔镇马邹线建设工程顺利通过交工验收。该工程是为全面推进白兔镇农高园区建设，推动地方草莓经济、乡村旅游发展，实现句容福道串联"山水田园"的目标而确定的工程项目。项目位于句容市白兔镇境内，属于农高园区重点建设项目之一。路线全长4.461公里，起于句春线，总体走向自西向东，先后经过余家棚、陈巷、邹巷、邹培塘等村庄，与东部干线平交后，终点与龙山湖大道相接。项目采用四级公路标准建设，设计速度20公里/小时，路面宽6米，路基宽8米。（朱 莉）

【句容立体综合交通枢纽市政配套工程】 2022年，句容立体综合交通枢纽市政配套工程匝道桥第九联桥面铺装层开始施工，标志着市政配套工程迈入施工新阶段。市政道路配套工程匝道桥及四条道路工程量完成进度81%；南广场停车场开始基础施工，北广场

句容立体综合交通枢纽工程

宁句地铁3号出口地下通道支护结构、防水工程全部完成，同时开始北广场换乘中心建设以及南北广场硬质铺装施工。（朱 莉）

交通运输管理

【概况】 2022年，句容市制定出台《句容市交通运输综合行政执法大队行政执法公示制度（试行）》《句容市交通运输综合行政执法大队执法全过程记录制度（试行）》《句容市交通运输综合行政执法大队重大执法决定法制审核制度（试行）》等文件，围绕执法公示、执法全过程记录、法制审核重点任务，全面细化，明确目标，切实提高可操作性。积极组织开展"双随机、一公开"监管，对全市4家客运企业、1家危货企业、6家汽车客运站、3家巡游车经营企业、282家道路普货运输企业、11家机动车驾驶员培训企业、40家机动车维修企业进行随机抽查，积极维护全市道路运输市场环境。贯彻落实省局关于"一体化+智慧执法+信用监管"交通综合执法新模式工作要求，统筹整合执法领域专项治理行动，进一步提升综合执法治理效能，对江苏省交通运输失信联合惩戒对象名单进行公示、公布，在系统中全部审核完毕，不断拓宽信用监管渠道。做好"12345"热线和投诉电话处理，处理"12345"工单和疫情工单共计1934件；每月对"12345"热线的投诉事项、群众来信来访进行梳理汇总，梳理主流媒体、自媒体、网民观点，建立并动态更新执法领域问题线索库。针对突出问题制定具体整改方案，及时进行整改。开展综合执法人员业务培训，共开展2次培训，通过以点带面，不断提升执法人员业务水平。（朱 莉）

【公路管理】 2022年，句容市

积极开展路基标准化整治工作，切实营造良好的公路通行环境。全年整治路肩、边坡100.1万平方米，边沟清理550公里，清理偷倒建筑垃圾物36处，浆砌设施维修196立方米，雨水井维修184套。完成沥青路面灌缝2.14万米，沥青路面病害维修5.86万平方米，维修改造排水设施472米。完成大中修工程243省道郭庄段单幅16.14公里、338省道下蜀段单幅3.6公里、122省道城区段单幅16.54公里。干线车辙处置专项养护工程，路面水毁及应急抢修养护专项工程全面启动，车辙处置完成104国道19个点计2.76公里、002省道2个点计0.48公里、122省道3个点计0.44公里，243省道7个点计0.9公里处于施工中。应急抢修（243省道及122省道段）完成1.83万平方米沥青摊铺，243省道水毁段（东南环段）完成1.1万平方米沥青摊铺。积极开展“美丽农村路”建设，通过典型引路、示范带动，211县道有机农业圈线、253县道花海路、CZC3金山线入选2021年省级“美丽农村路”“平安放心路”样板路名单。（朱　莉）

【航道管理】　2022年，句容市交通局创新养护巡航手段，首次使用无人机进行养护巡航，对无法到达的航道区域进行航拍，全方位了解航道的情况，突破过去因无船、无路无法查看航道情况的困境。同时留下图片和视频资料，方便日后查看，对比航道及航道周边的变化情况，极大地方便日常航道养护巡查工作。年内对句容河、大道河、便民河、秦淮南河、秦淮中河、赤山湖航道进行养护巡查，全年养护巡航里程1120公里，36人次。完成三条不通航航道的禁航标志和防船驶入设施的设置。完成大道河航道护坡绿化项目的施工。全年港航中心完成工程总投资计划21.5万元。（朱　莉）

X202渔空线港口段项目

【路政巡查】　2022年，句容市交通局优化路政巡查中队线路，进一步规范巡查内容，制定《2022年第二、第四季度全市路域环境整治方案》，重点查处违法非标广告、违法占用挖掘穿越设施、利用桥梁下部空间等堆放物品和搭建设施、季节性摆摊设点和打谷晒场、公路路面及用地范围内堆放物品和倾倒垃圾等易发多发且影响公路安全通畅的涉路违法行为。共出动执法车辆63辆、工程车辆9台，出动执法人员203人。整治总长度约26公里，涉及桥下空间约1.9万平方米，排除安全隐患18处。全面排查出违法行为70余件，现场整改非标26起，移交公路事业发展中心清除边沟堵塞7起。

（朱　莉）

【非法网约车整治专项行动】2022年，为贯彻落实上级部门关于加快推进网约车合规化的相关工作要求，进一步规范该市道路运输市场运营秩序，加大对市区客运市场非法营运行为的打击和管控力度，句容市交通运输部门开展非法网约车整治专项行动。成立专项行动工作小组，落实落细非法网约车专项整治行动，重点整治未取得网约车经营许可、擅自从事网约车经营活动的非法行为。重点对汽车客运站、地铁站、学校、医院、景区以及大型社区等客流集中区域进行整治。

行动中，采取定点与流动、定时与随机相结合的形式，对来往车辆进行逐一甄别排查。

（朱　莉）

【宁句城际运营管理】　2022年，宁句城际日均客流量3.29万乘次，单日最高客运量6.6万乘次。市交通局联合住建、城管及属地政府开展宁句城际句容段站内秩序和站外环境治理，初步探索形成具有“句容”特色的轨道运营管理模式。积极参加宁句城际联席会议，畅通双方沟通渠道，努力形成宁句城际运营安全齐抓共管的良好格局。（朱　莉）

【国家路网技术状况监测工作】　2022年6月11日，句容市顺利完成该年度国家路网技术状况监测工作。公路部门做好充分准备工作，从提升路况和路域环境等多个方面入手，开展路面病害修复、路肩整修、边沟清理、边坡杂草清除、护栏清洗、绿化修剪、路面标线出新、沿线附属设施完善，进一步提升路况水平。

（朱　莉）

市交通局开展交通安全设施评估评估现场检测

邮　政

【概况】　2022年，句容邮政分公司业务收入达14454万元。年内持续优化业务结构、克难求进，政务市场围绕便民服务，加强与政务部门联系，开发法院集约送达、行政中心驻点收寄等项目，实现句容政务业务全覆盖。邮务专业以全市开展“书香句容　全民阅读”为突破口，主动对接宣传部门，向各乡镇、街道办推介数字阅读有声图书墙；以当地特色产品+文化旅游为背景，借助“茅山林品”的品牌优势，多方共同策划开发采福卡产品，带动农文旅发展；结合道教文化、福地文化应用，研发定制“茅宝葛根茶”“福地茅山酒”等邮政文创长线产品，持续做好两山（茅山、宝华山）文创开发及邮政服务推荐工作。加快农村电商“网点+站点”模式创新，建成活跃站点426个，优质站点220个；积极推进惠农项目，以邮银协同带惠农，打造五农生态圈，聚焦当地农产品，做好农产品上行、工业品下行工作，全年农产品销售额839.8万元。

2022年，句容邮政分公司收寄国内平常信件0.4万件，国内挂号信件0.9万件，国内本埠给据信件0.1万件，国内邮资机函件5.9万件，邮资封片卡销售1.5万件；国际及港澳台函件400件；销售通信邮票6.6万枚。全年收寄国内包裹1078.32万件，其中普通包裹0.32万件，快递包裹1078万件；全年收寄机要邮件1002件。全年投递各类报刊1168.3万份，杂志25.03万份。至2022年年末，邮政投递道段总长度4695.6公里，其中城市1691公里，农村3004.6公里，道段全年运行里程2331109公里。（陈　颖）

【邮政惠农合作】　2022年，句容邮政分公司全面推进惠农合作项目，落实集团公司乡村振兴战略部署，为合作社、家庭农场、农户提供包括销售、寄递、贷款、文传在内的一揽子综合服务，共同破解“融资难”“销售难”“寄递难”问题，“融资E”新增贷款1527万元。聚焦交邮合作、邮快合作，在邮电大楼内建设完成50平方米生鲜冷链低温仓。同时建设下行批销仓100平方米、农产品基地仓100平方米。完成天王镇交邮仓配营销中心、东片仓配运营中心、宝华镇寄递物流共配中心、下蜀镇交邮仓配营销中心、郭庄镇寄递物流共配中心等5个镇级中心建设，2022年，累计将包括邮政公司在内的各快件公司55.61万件邮件送入各村级站点，邮快合作建制村 68 家。结合三级物流体系建设要求，以集镇共配中心为依托，对 51 条农村投递段道进行整合。农村投递段道优化为 22 条，新增汽车 18 辆，农村投递汽车化道段占比 81.8%，达到上级下达目标。采用交邮合作、自有车辆盘活、私车公助等形式，提高全农村的投递效率。对所辖的 690 个自提点进行全面摸排，将长期休眠的、投诉率较高的自提点停止使用，重点维护实际投入使用的 283 个自提点。年内改造网点 2 个，局部改造网点 3 个。

（陈　颖）

【邮政快递】　2022 年，句容市邮政快递完成寄递收入 3290 万元，比上年增长 44.5%。年内先后开展“寄递新客户开发”“拓客蓄客　提速增收”“特快项目型业务”等营销活动以及“生鲜项目”“秋收再旺”“奋战 70 天”“决胜旺季”等劳动竞赛。组建成立速递组，专门负责特快大客户的开发与维护工作，瞄准潜在客户，拓客增量，成功开发金汤仓储、杭州春麒科技等 7 家电商客户，累计形成收入 330.4 万元。聚焦重点客群、轻小件和优势线路，挖掘在线大客户，重点开发新客户。成功实施郭庄镇准加盟制后，发件客户 18 户，日均出口总量约 2.4 万件，全年形成业务量 874.9 万件，业务收入 1754.6 万元。引进规模客户苏州汇仓南京分公司，全年发件 111.1 万件，形成收入 222.07 万元。

（陈　颖）

物流业

【概况】　2022 年，句容市物流行业实现营收 20.66 亿元，较 2021 年增长 1.89%，其中增幅最大的是郭庄镇，增长 120.7%，全市物流行业入库税收 3079 万元，比上年下降 50.79%。句容市不断引进现代化物流项目，加快物流园区、道路交通等基础设施建设，建立完善的现代物流服务体系，逐步把句容市建成辐射周边、连接全国的区域性物流枢纽。

（陈　尧）

【物流企业发展】　2022 年，句容市注册备案的交通、仓储和邮政业的企业共有 559 个，其中年营业收入超过 1000 万的有 21 家，其中郭庄镇最多有 6 家。全市年营收超 1 亿元的物流企业有 5 家，分别是志宏物流园、江韵物流、新运程物流、中国邮政句容分公司和京迅递供应链，其中志宏物流年内被认定为省级物流基地。从就业方面看，全市从业人数估计超过 7000 人。截至 2022 年年末，句容市在建的重点物流项目有 2 个，均在郭庄镇，总投资 9.2 亿元。

（陈　尧）

综　述

【概况】　2022年，句容市信息基础设施建设持续推进，深入实施制造业“智改数转”三年行动，不断提高企业智能化、信息化水平，推动信息化建设取得成效。（工信局）

【信息基础设施建设】　2022年，句容市加大通信基础设施建设力度，不断提升建设水平。2022年，句容市固定电话用户数79203户，移动电话用户数663381户；固定宽带用户数272060户，其中农村地区固定宽带用户数160847户；全市互联网电视用户数203923户；新增5G基站600个，5G用户数达277584户。年内，完成宁句S6、南沿江高铁、京沪高铁等重点工程、重点项目通信网络逐步覆盖、持续优化，并对重点区域进行5G补盲工作，通过信息基础设施建设不断提升信息化水平。（工信局）

【智改数转工作】　2022年，句容市共创建省星级上云企业7家，其中四星级2家，五星级1家，实现五星级上云零的突破。通过国家两化融合管理体系评定企业12家，获评省两化融合管理体系贯标试点认定企业5家，1家企业通过省级智能制造车间认定。60家企业完成规上企业“智改数转”诊断服务工作，晶度科技数字化转型路径与实践入选镇江市智改数转优秀案例，企业应用数字技术和数据资源的能力进一步提升。做好软件和信息服务业年报统计工作，组织多家企业围绕嵌入式软件、软件产品、信息技术服务等方面开展软件业务收入统计工作。持续数字项目跟踪监测，围绕智能化数字化技改、企业上云、产业链供应链数字化转型等方面，定期梳理形成“智改数转”项目清单，有针对性地指导企业开展数字化转型工作。加强“智改数转”政策宣贯，指导企业抢抓“智改数转”发展窗口期和政策红利期，推动企业“数智”转型。（工信局）

【无线电管理工作】　2022年，工信局全力协调镇江无线电监测站，做好小高考、中考、高考等考试期间的无线电监测保障工作，切实维护句容市考点周边无线电波秩序。（工信局）

通　信

·中国电信股份有限公司句容分公司·

【概况】　2022年，中国电信股份有限公司句容分公司（以下简称“句容电信”）持续开展“我为群众办实事”主题实践活动，落实小微企业租用房屋房租减免工作、中小企业宽带提速降费、网络强国、网信安工作，进行老旧小区改造、适老化服务、社区公益系列活动。开展防诈专项整治工作，紧抓“实名制”源头管控，实行7×8小时研判制度，织牢反诈防护网，有效遏制网络诈骗活动。（句容电信）

【网络建设】　2022年，句容电

信累计投资3200万元深入推进公共基础设施建设，千兆接入能力稳步提升，实现句容市区千兆光纤全覆盖。加强5G室内建设，完成重点场所室内5G信号全覆盖，包含交通枢纽、大型商场、酒店等重点场景。协同资源优化4G建设，加强共建共享，完成用户感知弱覆盖区域补盲工作，针对新建小区的电梯地下室覆盖重点补盲，保障网络畅通。（句容电信）

【信息化建设】 2022年，句容电信致力服务地方发展，完成中高考期间的客户保障工作，以老旧小区改造项目为契机改善居民居住环境，助力民政局养老项目打造“数字养老新生活”。积极推进“云改数转”战略，科技赋能，助力企业转型升级，带动经济发展。推动政务上云，优化治理能力。共建教育医疗云生态，助力智慧教育建设。（句容电信）

【数字乡村建设】 2022年，句容电信进行平安乡村建设，结合村委实际情况，为众多乡村安装视频监控系统，实现治安防控全覆盖，提升乡镇综合治理能力与现代化水平。全面推进智慧社区平台建设，助力建设智慧社区70余个，为政府和物业提供数字化治理方案，提升小区安全，提高管理效能。（句容电信）

·中国移动通信集团江苏有限公司句容分公司·

【概况】 2022年，中国移动通信集团江苏有限公司句容分公司全面推进新型信息基础设施建设，全年投资超1500万元，实现句容市区、乡镇、景区等热点区域的5G网络高质量覆盖和农村区域的700M打底覆盖，持续扩大千兆光网覆盖范围，达成“双千兆”网络建设目标。落实“民生工程”，助力城区老旧小区改造工作，服务地方政府，完善“智慧镇江”城市体系，全力支撑市级重大产业活动。参与句容市智慧农业平台建设，为全市农业产业升级转型提供大数据整合研判，推进平安乡村，打造智慧社区。

（句容移动）

【农林学院的服务乡村振兴的5G现代农业虚拟仿真职业教育共享示范基地项目】 2022年，中国移动句容分公司利用移动5G大带宽、低时延等特点，将农林学院优势农业职教资源互动化、三维化、可视化，突破教学场景、教学师资、教学设备的时空制约，推动5G与乡村振兴融合创新。该项目获第五届“绽放杯”5G应用征集大赛乡村振兴专题赛二等奖。

（句容移动）

·中国联合网络通信集团有限公司句容市分公司·

【概况】 2022年，中国联合网络通信集团有限公司句容市分公司积极推进集团新战略规划，推进网络强国、数字中国、智慧社会，做强、做优、做大地方数字经济，聚焦“大联结、大计算、大数据、大应用、大安全”五大主责主业，实现发展动力、路径和方式的全方位转型升级。

（中国联通）

【数字化建设】 2022年，中国联通全面数字化转型打造高品质的生活新服务，以高运营效率支撑更响应效能，发挥数字经济双循环的新发展格局引领作用。实施“1+9+3”战略规划体系，统筹落实“九个坚定不移”，坚持“数字化、5G化、融合化、价值化、协同化”发展，聚焦“服务营销一体化、公众产品创新运营、全渠道数字化转型、手机与泛终

农林学院的服务乡村振兴的5G现代农业虚拟仿真职业教育共享示范基地项目获第五届“绽放杯”5G应用征集大赛二等奖

端运营”转型赋能，深耕“5G、存量客户、智慧家庭、细分市场”等重点市场。加强差异化和互联网化运营，调整移动业务发展策略，严控用户发展成本，利用大数据分析赋能，实现精准营销，通过5G创新应用引领用户消费升级，提升盈利能力。在5G方面，公司与电信实现5G网络共建共享，实现5G网络能力翻倍，截至2022年底开通5G基站累计达到727个。（中国联通）

广电网络

【概况】 句容市广电网络有限公司（以下简称广电网络公司）是经市政府批准，由江苏省广电有线信息网络股份有限公司和句容市融媒体中心共同出资组建的国有文化传媒企业。2022年，广电网络公司坚持“稳字当头、稳中求进”的工作总基调，统筹“稳基础、稳规模、育动能、防风险”各项工作。2022年10月，市委批复同意组建句容市广电网络公司党委，加强党对国有企业的领导。（广电网络公司）

【网络建设】 2022年，广电网络公司推进全光网覆盖工作，完成15个新建小区网络建设，覆盖用户14940户，完成299个自然村光纤覆盖工作，覆盖用户新增3.2万余户，完成城区网改37个小区（老旧小区、城中村），覆盖用户12016户。完成优化公司的网络架构和技术架构，加强系统性风险防范，探索5G场景应用，把握IP融合业务平台建成上线契机，完成镇站核心设备升级，全面启用入户网管新系统，分步实施公客、政企业务的网络层剥离。基于超融合硬件和云化架构，搭建社会面视频监控赋能平台，统一现有各类基于监控的多维度业务应用，组建资源共享池，统一门户。优化家庭无线组网方案，在城区主营业厅搭建AC+AP和Mesh两种无线组网模拟环境，辅助网关类智能家居演示。（广电网络公司）

【数字电视服务】 2022年，广电网络公司按照融创转型的总要求，坚持聚焦主责主业，提升用户稳定发展服务能力，新发展数字电视用户3978户，新增互动终端12972台，句容市高清电视终端数达到83964台，新增宽带用户11737户，广电宽带用户数达到46199户。推广江苏有线“视界观”客户端，提供短视频、电商、社交、用户服务等功能，实现江苏有线大小屏联动拓展。上线“奇异影视”专区，提供互联网端高清视频内容，落实“低保看电视”民生实事工程，解决2157户低保户看电视问题，采取“信息惠民”举措，向农村家庭开展宽带赠送惠民行动，赠送宽带8000余户，开展各类文化惠民、高清普及营销活动200余场。2022年，走访用户20236户，光改入户14527户，为句容市全面完成智慧广电乡镇建设，创建智慧广电乡镇“示范县”打下了扎实基础。（广电网络公司）

【广电5G建设】 2022年6月，中国广电5G“192”放号，广电网络公司全面启动公司全员参与广电5G信号普测。完成句容境内行政区域和540个重点场所信号测试。升级改造营业厅功能布局，完善营业厅的功能配备，为用户提供更好的5G业务体验。2022年共发展广电5G号卡7000余张。（广电网络公司）

【信息化建设】 2022年，广电网络公司保障“文明实践云平台”高效运行，上线文明随手拍功能。完成“智慧党建云平台”系统深度升级，完成市级机关党组织平台覆盖使用准备工作。主动将“智慧安防云平台”与“新时代文明实践智慧云平台志愿者管理系统”对接，在全市文明城市建设常态长效化管理中起到积极作用。负责承建的政协“有事好商量”数字化协商议事中心建设实现全市12个镇（街道）全覆盖，在全省率先实现区域全覆盖。2022年8月29日，江苏有线在句容经济开发区第二批项目集中签约活动中签署“句容新型数据智算中心”战略合作协议。（广电网络公司）

【智慧广电乡村工程建设】 2022年，句容广电网络公司推进智慧广电乡村工程，释放广播电视网络与新一代信息技术融合发展新动能，发挥智慧广电在乡村振兴中的支撑作用。2022年9月，高质量完成郭庄镇、天王镇、茅山镇、茅山风景区管委会智慧广电乡村（街道）工程建设任务。（广电网络公司）

网络管理

【概况】 2022年，句容市委网信办坚持以迎接党的二十大、学习宣传贯彻党的二十大精神为主线，全力履职尽责、积极探索创新，网信各项工作取得明显进展，被推荐为全省网信系统先进集体，属地互联网企业联盛网络获评全省“苏网先锋”先进集体。

（网信办）

【网络宣传】 2022年，句容市委网信办举办互联网行业党委党的二十大精神专题报告会，向互联网行业党员发放党的二十大报告单行本及相关学习辅导书籍，组织开展网信办党的二十大精神学习研讨。做实网上宣讲，建立线上宣讲队伍，制作党的二十大精神宣讲微视频7部，在“句容发布”、看句容App、党建频道、本地网站陆续推出。主流媒体开设“党的二十大”“强国复兴有我”“党代表风采”等专栏，全网推送网评文章25篇次，其中重大主题稿件11篇。（网信办）

【网络安全】 2022年，句容市委网信办建立网络安全联合行动机制，组织实施大排查大整改行动，属地运营商接单查、责任单位按单改，开展“飞检”重点检，压紧压实网络安全工作责任。承办全省网络安全技能大赛决赛，组织81名网评员参加全省网络评论实战比武，取得较好效果。纵深推进“网安2022”专项行动，共检查乡镇、部门104家次、互联网资产5205项，消除网络安全隐患及漏洞829个，完成19个上级网络安全问题整改，整改率100%。举办“1+6+N”国家网络安全宣传周，开展“弱口令”、户外LED屏清理等专项行动。纵深推进“清朗2022”“扫黄打非”“电信网络反诈”等专项行动，开展党政机关公务工作群组清理规范，排查各类政务新媒体App和工作群组1078个，取消178个。9月6日，句容市举办“强国复兴有我 喜迎二十大 e心跟党走”2022年句容市网络安全宣传周启动仪式暨第五届网络嘉年华活动，向6家网络安全应急支撑队伍获颁聘书；对市第三中学等10家“护苗”工作站授牌；举办网络安全知识微讲座及红色宣讲等。

（网信办）

9月6日，2022年句容市网络安全宣传周启动仪式暨第五届网络嘉年华活动举办

城区建设

【概况】　2022 年，市住建局持续优化营商环境，大力开展城乡建设，全面推进城市功能与品质提升，强化建筑市场和房地产市场监管，完善住房保障体系，筑牢住建安全防线，全市住房和城乡建设事业保持向上向好的发展态势。　（戴一平）

【城区征收拆迁工作】　2022 年，义台街项目住宅户回迁完成 206 套。营业性用房建设完成并具备交付条件的有 26 间。义台街 A、B 地块 42 户住宅户均与市住建局达成货币回购协议。上路片区完成安置房办证 1126 套，杨塘岗片区完成安置房办证 1483 套。

（戴一平）

【招投标工作】　2022 年，句容市招投标总额 29.19 亿元。招标通过 98 个项目，其中公开招投标项目 72 个，招标总额 14.06 亿元；直接发包项目 26 个，总额 15.13 亿元。　（戴一平）

【房屋白蚁防治】　2022 年，市住建局签订新建房屋白蚁预防公共服务单 32 份，面积约 82 万平方米，施工工程 40 项，施药面积约 2.92 万平方米，施工面积 252 余万平方米。年内竣工 24 家，竣工面积约 76.7 万平方米。签订后天灭治合同 40 项，面积约 5000 平方米。　（戴一平）

【抗震节能】　2022 年，句容市共完成勘察项目 59 个，绿建方案审查 49 个，市政配套项目审查 65 个，变更项目 71 个。图纸审查工业建筑单体 114 个，面积 98 万平方米；公共建筑单体 71 栋，面积 29.8 万平方米；居住建筑单体 53 栋，面积 23.6 万平方米。

（戴一平）

【消防审查】　2022 年，市住建局共办理特殊建设工程消防设计审查、特殊建设工程消防验收、建设工程消防竣工验收备案抽中及复查项目 73 件，现场验收评定 121 次，验收里程 5544 公里。其中特殊建设工程消防设计审查办件 30 个，审查建筑 97 幢，建筑面积 67.4 万平方米；特殊建设工程消防验收办件 29 个，验收建筑 100 幢，建筑面积 135.4 万平方米；建设工程消防竣工验收备案抽中办件 9 个。　（戴一平）

村镇建设

【美丽乡村建设】　2022 年，句容市完成华阳街道下甸村山芋地和宝华镇仓头村芮庄 2 个镇江市级特色田园乡村的创建工作，完成天王镇戴庄村白沙和华阳街道下甸村山芋地 2 个省级特色田园创建工作。成功申报后白镇芦江村芦江 1 个省级传统村落。完成 10 个美丽宜居乡村建设工作。

（戴一平）

【农村危旧房改造】　2022 年，句容市低收入群体中共排查出 42 户危房，经鉴定共统计新建、翻建 27 户，维修、加固 15 户。年内，

华阳街道山芋地自然村

福地东路运用热再生技术修复路面

42户危房均开工建设并且全部完成改造任务。（戴一平）

市政建设·公用事业

【概况】 2022年，市住建局完成华阳西路、人民路20余栋老旧建筑环境综合提升改造建设。实现管重光路、徐九思路的通车。双利路改造工程顺利完工，新增路灯11盏，拓宽车行道，增设人行道和绿化空间。高骊山路与文矩路口新增DN600铸铁污水管道90米，DN1200雨水管道118米，改善该片区排水系统。（戴一平）

【市政基础设施维护】 2022年，市住建局对城区市政管养窨井盖、雨水篦凹凸不平、检查井覆盖、防坠网缺失、爬梯脱落等问题进行安全排查，共计完成800座雨污水检查井的查缺补漏加固维修工作。对34座桥梁进行常规定检、结构定检、外观检测。累计摊铺城市快慢车道约6500平方米、维修养护城区人行道约5000平方米，完成雨水篦子更新约750套、疏通雨污水管道约21000米。（戴一平）

【路灯养护】 2022年，句容市全市范围内共计更换电缆9047米，更换各类光源1459套，更换镇流器3557只，灯泡2387只，触发器2183只，熔芯1927只，校正灯杆71根，补装灯具158套，更换LED路灯320余盏。（戴一平）

建筑业

【建筑企业监督管理】 2022年，句容市累计监管在建工程项目190个，受监建筑面积约1028.73万平方米，工程总造价约235.08亿元。全年新开工程67个标段项目，建筑面积约155.73万平方米，工程造价约38.78亿元。安全监督竣工项目70个，建筑面积约294.2万平方米，工程造价约60.1亿元。在做好日常安全监管的基础上，相继开展春节复工专项检查、脚手架、起重机械设备、施工用电、消防安全、高温及汛期

2022年住建局市政重点工程建设情况一览表

表18

序号	工程名称	建设内容	责任单位	施工单位	完成情况
1	特色田园乡村建设水平	创建1个省级特田，2个镇江市级特田	住建局	华阳街道 宝华镇	完成
2	海绵城市建设	新建雨水花园、透水铺装、下凹式绿地、雨污水管道、隔油池、截流井	句容市市政公用事业服务中心	江苏山水环境建设集团股份有限公司	完工
3	雨污分流	完成领秀星城等16个片区雨污水及配套设施、辅助设施改造	住建局	江苏亚鑫建设有限公司	50%
4	中低压管道建设	新建乡镇中低压燃气管道100公里	住建局	华润燃气公司	完工
5	老旧小区改造	城区40个老旧小区改造项目	住建局	黄梅街道 崇明街道	完工
6	柏悦华府片区道路	该项目由横一路和纵一路组成，其中横一路自高骊山路起，至通湖路止，正式命名为笪重光路，道路全长647米。纵一路自崇明东路起，至文昌东路止，正式命名为徐九思路。道路全长592米，两条道路均按城市支路标准建设，设计速度为每小时30千米，标准段红线宽度为20米，沥青混凝土路面，全线设置路灯，交通信号灯等，3×10桥梁一座，地下敷设电力、给水、污水、雨水、信息、燃气等配套设施	句容市市政公用事业服务中心	江苏山水环境建设集团股份有限公司	完工
7	句容市双利路农校段改造工程	项目位于农林学院校区南侧，道路全长约300米。新增路灯11盏，拓宽车行道，增设了人行道和绿化空间	句容市市政公用事业服务中心	江苏友达建设集团有限公司	完工

（戴一平）

安全、深基坑、高支模、冬季施工安全等各类和各季度专项检查活动，出动检查人员3500余人次，共检查、巡查在建工程项目达812个（次），排查349个（处）约5万平方米建筑工地临建工棚，发现并整治建筑工地包括消防安全等各类安全隐患4210条，下达整改通知书592份，局部停工整改通知书86份，督促对所有生活区临建工棚进行消防安全改造。全年共监督安装塔吊115台次，施工升降机87台次，附着式脚手架25组，桩机11台；监督拆除塔吊186台次，电梯106台次，附着式脚手架31组；监督检测塔吊255台次、附墙287道、施工升降机173台次、吊篮605台、桩机11台、附着升降脚手架658个机位。（戴一平）

【建筑企业信用管理】 2022年，市住建局帮助指导30家企业完成资质增项、29家企业通过重组分立新申请资质或资质增项，指导施工企业完成合同归集92项、监理企业合同归集71项、施工项目在线交竣工60项、监理项目转业绩70项、工程咨询代理企业完成项目登记85项、帮助指导安管人员的资格证书延期1150人次。

（戴一平）

房地产业

【概况】 2022年，句容市共有房地产开发企业148家，其中暂二级以上企业133家。2022年受经济下行和疫情的持续影响，全市房地产市场未能扭转低迷的态势。全市销售商品房7794套，销售面积86.2万平方米，销售金额73.4亿元，销售均价8523元/平方米，销量达到近十年最低点。句容市商品房库存236万平方米，其中商品住房库存202万平方米，去化周期约16个月。（戴一平）

【商品房预售管理】 2022年，句容市新申领商品房预售许可54.4万平方米，同比下降53%，“供需”两端同步大幅下行。

（戴一平）

【物业管理】 2022年，句容市实有物业服务企业394个小区，其中227个物业小区，成立业委会41家，共有物业公司108家，物业从业人员7514名。全年交存维修资金户数为25688户，交存总面积为306.59万平方米，共交存住宅专项维修资金为1.32亿元。全年共使用维修资金345.36万元。（戴一平）

住房保障

【保障性安居工程】 2022年，句容市城市棚户区改造新开工100套、基本建成1200套；公共租赁住房租赁补贴20户。截至2022年年末，城市棚户区新开工108套，年度任务完成率108%；城市棚户区基本建成1200套，年度任务完成率100%；同时发放公共租赁住房租赁补贴52户，任务完成率260%。（戴一平）

【公共租赁住房】 2022年，句容市共办理13套公共（廉租）租赁住房的退房验收、20套公共（廉租）租赁住房的分配入住交接工作，并对33套公共（廉租）租赁住房进行了必要的维修。

（戴一平）

【保障性补助】 2022年，句容市保障性安居工程获得上级补助资金共计101.02万元（其中公共租赁住房补贴29.2万元；棚户区改造71.82万元），根据保障性安居工程建设任务和实际完成的棚户区改造任务数进行分配，及时足额分配拨付到位。（戴一平）

电力供应

【概况】 2022年，句容市全社会用电量36.12亿千瓦时，同比增长3.41%；售电量32.51亿千瓦时，同比增长1.42%。截至2022年底，全市区域内拥有35千伏及以上运行变电站34座，变压器总数60台，总容量301万千伏安。其中500千伏开关站1座；220千伏变电站6座，总容量126万千伏安；110千伏变电站18座，总容量158万千伏安；35千伏变电站9座，总容量16万千伏安。管辖110千伏线路36条，总长431公里；35千伏线路20条，总长223公里；10（20）千伏线路381条，总长4873公里；低压线路总长1.66万公里；配电变压器共8214台，总容量376万千伏安。

（供电公司）

【电力安全生产】 2022年，市供电公司聚焦安全生产主责主业，修订发布领导人员“两个清单”及全员安全责任清单。做实“前置安全策划”，狠抓作业计划管理与安全风险分析。加大反违章力度，每周开展工作票集中复核，确保各类作业现场安全可控在控。认真开展“百日攻坚”行动，结合“三下三上”、迎峰度夏、防汛防台等重点，一体推进问题隐患

10月11日，南沿江城际铁路句容站项目正式用电一次合闸送电

排查治理。加强外包安全双准入管理，严格落实“负面清单”“黑名单”考核模式，持续强化消防安全管理。（供电公司）

【电网建设】　2022年，市供电公司主动融合句容市“三区三线”国土空间规划，全面导入2035年电网远景规划。上报2025—2029年句容市220千伏电网规划需求，110千伏白兔变等3项工程通过省发改委核准，110千伏亭子变改造工程路径方案通过规划审查。积极协调重点基建工程手续办理和矛盾化解，推进220千伏新坊变、华阳变和110千伏华南变等工程。持续强化属地保障，南沿江电铁配套工程句容段全线贯通，仑山湖抽水蓄能电站500千伏送出线路工程进场施工，110千伏肖杆变、容西至郭庄线路工程有序推进。实施110千伏句北变、35千伏二圣变主变扩建工程，完成110千伏春城变、石狮变综合自动化改造。加快实施G312国道杆线迁改工程，完成110千伏及以下线路迁改50处。年度配农网投资2.73亿元，新增改造配电变压器107台、中低压线路463千米。深化配网自动化、线路分级保护技术应用，全自动FA、分级保护动作正确率分别达95%、91%，累计减少停电3300时户数。（供电公司）

【供电服务】　2022年，市供电公司建成新型电力负荷管理系统，开发区出台电力需求响应补贴政策，高效运转政电应急会商机制，累计14天启动需求响应，日最大响应6.5万千瓦，发放需求响应补贴502.46万元。政企共担实施办法正式出台，实现省级园区“开门接电”全覆盖和“电水气讯”一窗受理、一网通办，创新开展“契约式”接电服务，率先落地镇江首个新建居住区政企共担项目。积极助企纾困，中小微企业“三零”服务惠及企业568户，节省用户接电成本710余万元。服务“保交楼”和重点民生工程，华阳恒大24地块、南沿江高铁客运站等项目顺利送电。服务疫情防控大局，9天完成应急隔离“健康疫站”电力接入，减免865户企业欠费违约金18.98万元，协助办理电e贷350万元。实施电动矿车、粮食电烘干等电能替代项目，推广乡村电气化项目168个、全电厨房33个，替代电量2.96亿千瓦时。促请市发改委出台居住区充电设施健康发展相关政策，建成4个“开门接桩”示范小区。（供电公司）

自来水供应

【概况】　2022年，市水务集团（下蜀、宝华镇除外）总供水量为5722.2万吨。全年办理新增用户14990户，办理水费卡过户4485件，派出管道维修单8164件，管网维修率保持99%以上。年内，市水务集团智慧水务系统基本建设初见成效，营销系统上线运行，推进漏损管理控制系统建设，为降低管网漏损率和供水产销差提供技术支撑。（水务集团）

【供水管网建设】　2022年，市水务集团结合雨污分流和海绵城市建设对8个老旧小区给水管网和3条市政老旧管道进行改造，水压和水质明显提升。贯通江宁石狮来水通过西转盘向城区供水的管道，有效缓解供水高峰期的全市水量紧张的问题。保质保量保时完成福地健康驿站供水管道工程铺设工作。（水务集团）

【供水服务】　2022年，市水务集团压缩报装办理时间，真正做到“一表申请，一次办好，一站式服务”。7月1日，24小时供水服务热线“962001”正式运行，实现“一号呼入，高效受理”，全年共计接听各类来电18000余件。落实各项助企纾困政策，小微企业与个体工商户欠费不停供，减征用户4—12月的水资源费，缓收企业第四季度污水处理费和水资源费，减轻企业经济负担，助力复工复产。同时给水安装工程款由原来的开工前全额付清改为按开工与竣工分期付款的方式，缓解企业一次性付款的经济压力，提高企业资金周转率，优化营商环境。（水务集团）

天然气供应

【概况】　2022年，句容市（除宝华镇）天然气用户达13.9万户，工商用户779户，年销气量超过8082万立方米。天然气管道共950千米，其中高压管道总长25.60千米，中压管道总长378千米，低压管道总长为546.40千米，有高中压调压站6座、中中压调压站 2 座。句容市宝华天然气有限公司通气管网共计 250.08 公里，其中中压 45.19 千米，低压 204.89 千米。截至 2022 年 12 月底，宝华镇天然气居民用户 4.6 万户，总用气量约 1137 万立方米。（戴一平）

【天然气建设】 2022 年，句容市计划新建乡镇中低压燃气管道 100 千米，乡镇天然气管道工程总投资额为 6600 万元。年内，白兔镇完成 2 千米；下蜀镇完成 25 千米；茅山管委会完成 3.5 千米；后白镇完成 14 千米；天王镇完成 6.5 千米；茅山镇完成 37 千米；郭庄镇完成 14 千米；边城镇完成 3 千米。截至 12 月底，累计安装完成 105 公里。（戴一平）

【燃气安全】 2022 年，句容市开展各类安全检查共计 22 次，下发整改通知书 41 份，收集整改问题 166 条，证据保存单 16 份，现场暂扣 15 公斤液化气钢瓶 143 只，50 公斤液化气钢瓶 46 只。联合商务部门督促餐饮经营场所开展隐患自查，共上报隐患 75 处，年内整改 75 处。联合各属地政府对老旧小区、底层“住改商”、地下和半地下室、车库使用瓶装液化气和管道燃气情况开展排查工作，全年共上报安全隐患 18 处，整改 18 处。（戴一平）

城乡管理

【概况】 2022 年，句容市城管局紧扣“服务大局、服务民生，着力推进城市治理现代化”这一中心任务，着力统筹发展与安全，大力实施“服务品牌建设年”行动计划，以全国文明城市创建为抓手，以“‘六心’容城管家用党建‘绣’出城市之美”书记项目为载体，在打造服务品牌、推进民生实事、提升城市品质、保障社会发展、规范行政执法、抓好疫情防控等方面积极探索和实践城市治理现代化句容模式，取得一定的工作成效，为推动城市治理现代化打下坚实基础，也为促进全市经济社会高质量发展持续有力地贡献城管力量。年内，市城管局被评为 2022 年度全省城市管理宣传工作先进单位、2022 年度镇江市档案工作先进集体、2022 年度镇江市城管工作先进集体。（黄　潇）

【市容环境治理】 2022 年，市城管局常态化开展市容环境治理专项行动，重点围绕市容市貌提升、渣土扬尘管控、停车秩序管理、生态环境维护等重点工作开展集中执法。强化市容市貌整治，深入开展占道经营、背街小巷、户外广告等系列整治行动，更新、优化公益广告 100 余处。加大餐饮业油烟污染整治力度，开展联合检查 40 次，安装油烟净化器 306 家。强化渣土扬尘管控，扎实开展“零点行动”等专项整治，累计开展整治行动 10 次，检查出土工地 370 余次、渣土车 460 余辆，查处随意倾倒、擅自运输、擅自设立弃置场等违规行为 15 起。强化停车秩序管理，开展非机动车专项整治，规范停车秩序，新增医院、地铁出入口附近非机动车停车泊位 1900 个。强化生态环境维护，进一步规范垃圾焚烧飞灰处置，焚烧处置生活垃圾 24.54 万吨，生活垃圾无害化处置率 100%。（黄　潇）

【环境卫生管理】 2022 年，市

积雪扫除

城管局依据全国文明城市常态化长效建设工作标准，不断强化城市环境卫生管理。集中力量对辖区内主次干道、集贸市场周边、背街小巷及卫生死角进行全面清理，辖区内生活垃圾做到日产日清，全年共清运生活垃圾 8.49 万吨、清理无主建筑装潢垃圾 400 余吨。全面清理沿街墙体、电线杆“牛皮癣”小广告，监督规范第三方外包公司，全年累计清理 19 余万处，确保管理范围全覆盖，不留死角、不留盲区、不留空白。加大道路机械化清扫清洗力度，加大洒水降尘作业频次，共对城区范围内主次干道洒水降尘 8300 余车次，喷雾降尘 5000 余车次，作业过程中落实“湿法作业”，减少道路扬尘。建立共建共享机制，推动社区共同治理全年累计督查出社区责任区相关卫生问题 190 余起，与各社区沟通 60 余次，逐步建立起内容互补、关系互助的良好联动关系。切实做好垃圾填埋场的长效管理工作。制定相关管理制度，坚持每日安全巡检，做到定时、定人开展消杀、除臭、降尘，并委托第三方专业公司对城北及天王填埋场的废水、地下水、大气及声音等进行定期采样监测。（黄　潇）

【垃圾处理】 2022 年，市城管局对城区 115 个已实施垃圾分类的小区开展宣传推广及积分兑换活动，兑换积分可用于兑换生活用品或到定点超市抵扣现金选取物品。全年共计开展小区定时定点宣传活动 5300 次；开展垃圾分类进学校宣传活动 2 场；进社区宣传活动 7 场；进公园宣传活动 5 场，在小区开展端午及中秋等节日主题宣传活动 12 场；组织学校师生及市民参观可回收物分拣中心活动 2 场。完成 42 个四分类小区建设工作（包含 13 个省级生活垃圾分类达标小区），并且在有条件的试点小区完成撤桶并点清洁屋 4 座。同时，牵头各镇、街道、管委会，完成 80 座垃圾房（池）改造、5 辆垃圾车辆密闭化改造、1 座垃圾中转站升级改造工作任务。（黄　潇）

【环卫设施建设管理】 2022 年，市城管局积极加强环卫设施管理，配合焚烧发电厂完成超低排改造及检修工作，通过提升燃烧效率，有效降低了烟尘、二氧化硫、氮氧化物等气体的排放浓度。进一步强化对生活垃圾焚烧发电厂的监管，委托第三方公司做好对焚烧发电厂的“一进四出”（一进：生活垃圾，四出：垃圾渗滤液、烟气、飞灰、炉渣）等生产过程的有效监管；完善监管考核体系，根据《句容市生活垃圾焚烧处置监管考核办法（试行）》开展月度考核及周督查。（黄　潇）

【城市管理综合行政执法】 2022 年，市城管局认真落实行政执法“三项制度”，强化对执法案件的法制审理。配合综合执法“三整合”改革，发挥执法办案业务指导作用。依法处理政府“12345”政务热线和群众信访、投诉、举报事件，全年办结“12345”政府热线交办案件 1501 件，综合满意率 100%。建立健全违法建设巡查和举报制度，逐步完善市镇村三级违法建设防控机制，强势推进防违控违治理，年内累计拆违面积 8743.19 平方米。规范综合行政执法，全年共办理行政处罚案件 220 件，其中一般程序案件 47 件，简易程序案件 173 件，共计处罚金额 23.3 万元；数字化城管立案处置率、按期处置率分别为 98.28%和 93.81%。（黄　潇）

【乡镇管理】 2022 年，市城管局立足本职，聚力打好乡镇管理“三场硬仗”。全力打响执法改革提效攻坚战，围绕权力清单，就

垃圾分类公益进社区

末下放职能执法事项进行履责，对涉及职权划转、案件办理等工作开展业务指导。全面打实违建防控治理长效战，不断加大治违工作力度，坚决遏制集镇违建不良之风。针对违法建设，做到严格依法查处，同时积极配合属地政府做好说服动员工作，努力化解矛盾。全力打赢渣土管理蓝天保卫战，践行提前介入、无缝监管的长效管理模式，加大巡视检查与执法力度，对各重要卡点采取 24 小时布控，严防区外渣土车辆进入辖区。采用流动堵截、跟踪督查等措施，严管无证运输、沿途撒漏和乱倒渣土不法行为，对倾倒渣土重点部位进行严密盯守。（黄　潇）

城市绿化与园林建设

崇明公园

【概况】 2022 年，句容市城市建成区绿地率 37.8%，建成区绿化覆盖率达 39.05%，人均公园绿地面积 14.21 平方米。市城管局直接负责管养的绿地面积为 273.46 万平方米（其中城区为 211.84 万平方米、开发区为 28.62 万平方米、华阳街道为 33 万平方米）。公园绿地 10 分钟服务半径覆盖率为 68.9%。

（黄　潇）

【园林绿化工程建设】 2022 年，市城管局以公园广场品质提升行动为契机，悉心打造城市精品工程。持续推进玉清河水生态保护与修复改造、文昌路风光带景观改造、香溪湾口袋公园规划设计、中山路绿岛改造、城区绿道（文昌路段）改造、行道树景观改造等工程，努力提升市民的获得感、幸福感。完成人民路西路公厕、福地东路西侧公厕周边绿化用地升级改造项目，完成华阳北路延伸段绿岛改造项目，不断提升城市绿化品质。完成肖杆河风光带、句容河一期风光带等绿化市场化养护发包，完成容城大道、西部干线等亮化市场化养护发包，持续提升养护质量，倾力打造城市靓丽形象。同时，采取“总体规划、分段实施”的方式，结合生态修补、绿色出行、公共生活、魅力文化的绿道总体定位，精心打造复合型城市绿道。（黄　潇）

【绿地养护】 2022 年，市城管局结合文明城市创建要求，进一步优化绿地养护，规范黄土裸露治理。对地铁 S6 号线沿线籽播百日草、月见草、金鸡菊约 6.2 万平方米；104 连接线籽播百日草约 2.9 万平方米；城区主要节点籽播百日草、孔雀草约 5000 平方米；文昌路、句卓路等道路绿化带及树池补植红叶石楠、麦冬，铺设草坪约 4000 平方米；儒香苑北侧绿地栽植麦冬约 1920 平方米；崇明东路六朝渡桥西侧绿地栽植阔叶麦冬约 900 平方米，铺设草坪约 500 平方米；崇明公园木栈道周边籽播百日草约 8000 平方米；公厕周边绿地补植麦冬约 950 平方米、铺设草坪约 430 平方米，补植紫薇、紫玉兰等苗木 26 棵；崇明公园、福地广场树池、花箱栽植草花约 830 平方米；东昌路、崇明路、县中东侧绿岛补植行道树约 130 棵；玉清路、华阳四路、福地广场等地复播黑麦草约 16 万平方米。在保证日常养护的同时，为减轻法桐飘絮对市民的困扰，对法桐注射“绝育药剂” 4658 瓶。每日安排工作人员清运管辖路段的树枝、树叶、杂草、石块等杂物，确保卫生无死角。对管护范围内各路段、公园、广场的绿篱、树木、草坪进行修剪，全年修剪树木约 2 万棵，修剪草坪约 43 万平方米。（黄　潇）

【公园广场管理】 2022年，市城管局深入推进口袋公园建设，对管辖范围内的公园、广场等绿地的公共设施进行每日巡查，累计排查并整改安全隐患220余处，更换破损座椅132张，在句容河风光带沿线存在安全隐患的位置设置警示标志17块，在公园广场悬挂安全生产横幅10条。在崇明公园南大门两侧，加装可拆卸式立柱20根、新增非机动车停车位2处，进一步规范停车秩序，为市民创造安全的游园环境。同时，安排6名专职打捞人员对肖杆河风光带、句容河一期风光带及老句容河风光带等河道开展全方位的漂浮物打捞清理工作，持续改善河道水生态环境。 （黄 潇）

水利设施建设与管理

【概况】 句容素有“五山一水四分田”之称，2022年，全市水资源总量3.9841亿立方米，年用水量2.7130亿立方米。境内河流分属秦淮河水系、太湖水系和沿江水系，特定的地形条件，使得句容成为水旱灾害频发的地区，也决定了水利在全市经济社会发展中始终占有特殊的地位。全市共建成在册中小型水库57座，湖泊2座，省名录骨干河道14条，镇级河道62条，管护名录范围内灌排泵站392座，干支斗农渠道499.18千米，各类水工建筑物15986座。这些水利设施的建成，使全市基本形成比较配套完善的蓄、引、提、调、排、灌水利工程体系，在历次防洪抗旱过程中，发挥巨大的社会和经济效益。2022年，市水利局完成《句容市“十四五”水利发展规划》及《句容市水系专项规划》的报批工作。完成《江苏省中小河流治理方案编制》的对接工作，按照省、市级水利部门要求，完成与句容市自然资源和规划局有关“三区三线”划定水利基础数据的对接工作。（马 骏）

贾相村美丽移民乡村建设

【水库移民后期扶持项目】 2022年，省水利厅共下达给句容市5387.92万元，其中直补资金及后扶项目1100.46万元，自主外迁移民补助14.46万元，大中型水库移民后期扶持基金项目4273万元。2022年直补资金发放全部完成，后扶项目及大中型水库移民后期扶持基金项目推进有序，年内主要实施了茅山镇何庄村、天王镇唐陵村、边城镇王村、华阳街道贾相村和北山水库等11个项目。 （舒作香）

【水利建设项目质量监督】 2022年，句容市质量监督管理站对移民工程、仑山水库除险加固工程等在建项目进行了质量监督，督促施工单位按月足额支付农民工工资，并下达了各类巡查意见10多份，提出需整改的问题90多条。定期举办全市水利工程技术人员建设管理培训，全面提高全市水利工程建设管理水平。 （舒作香）

【水利工程招投标监督】 2022年，市水利局对2022年度在镇江市公共资源交易中心的招投标项目进行发标、开标、唱标、评标等全过程监管。完成镇江市要求的对招投标领域“双随机一公开”抽查工作，对接完成镇江市政务处营商环境水利工程招投标季度考核任务。 （舒作香）

【水利工程建设】 2022年，句容市重点水利建设方面主要是仑山水库除险加固工程，工程主要建设内容包括加固主坝、东副坝坝体，拆建溢洪闸，封堵主坝涵，

市水利局开展水法宣传进社区活动

护砌东涵进水口，西涵出口，完善必要的管理和观测设施等。工程批复总工期19个月，主体工程于2021年3月9日正式开工，2022年7月31日完成全部工程内容。2022年8月10日，通过下闸蓄水验收。2023年1月11日，顺利通过合同工程完工验收。

（卞伟嘉）

【水利工程管理】 2022年，句容市完成全市51座小型水库管理和保护规划编制工作，通过镇江水利局组织的专家审查。6月，完成墓东、潘冲、杨家坝、何家坝、小马埂、金山（袁）、尹巷7座水库工程精细化管理评价。11月，完成冷水孔、深坑、肖庄、团结、固江口、红旗5座水库工程精细化管理评价。12月，市水利局组织白蚁防治人员对句容河3公里、中河2公里堤防和团结、王庄、尹巷、戴木坝、民兵、龙山、青菜地、草塘、杨家坝、石龙洞10座小水库蚁害进行复查验收。经实地查看现场、听取管理单位白蚁防治工作汇报、查阅白蚁防治台账资料，以上水库均通过蚁害复查验收。

（张佳丽）

【水政水资源管理】 2022年，市水利局认真贯彻落实水利改革发展总基调，系统推进年度水资源管理各项工作。扩展水资源管理信息平台覆盖面，全市11家自备水用水户、37家省级节水载体、37家计划用水户全部纳入水资源管理信息平台。积极创建节水型载体，申报省级节水型企业1家，省级节水型学校2家。开展节水宣传，世界水日期间贴宣传横幅、宣传海报5份，发送“节水中国，你我同行”宣传彩信，发放《镇江市节约用水条例》《节水宣传手册》，开展以“节水护水，点滴在心”为主题的有奖征文、征画活动，增强全社会节约用水的责任感。

（许晓辉）

2022年句容市水库一览表

表19

序号	水库名称	水库规模	所在乡镇	序号	水库名称	水库规模	所在乡镇
1	北山水库	中型	华阳街道	9	石山头水库	小（1）型	华阳街道
2	句容水库	中型	华阳街道	10	固江口水库	小（1）型	黄梅街道
3	仑山水库	中型	边城镇	11	虬山水库	小（1）型	郭庄镇
4	二圣水库	中型	后白镇	12	王庄水库	小（1）型	白兔镇
5	茅山水库	中型	后白镇	13	中心水库	小（1）型	白兔镇
6	墓东水库	中型	茅山风景区	14	龙山水库	小（1）型	天王镇
7	潘冲水库	小（1）型	茅山风景区	15	马埂水库	小（1）型	茅山风景区
8	李塔水库	小（1）型	茅山风景区	16	方山水库	小（1）型	天王镇

续表 19

序号	水库名称	水库规模	所在乡镇	序号	水库名称	水库规模	所在乡镇
17	幸福水库	小（1）型	白兔镇	38	五四水库	小（2）型	黄梅街道
18	红旗水库	小（1）型	茅山风景区	39	黄坑水库	小（2）型	宝华镇
19	老虎洞水库	小（1）型	茅山风景区	40	五里冲水库	小（2）型	宝华镇
20	肖庄水库	小（1）型	华阳街道	41	白沙水库	小（2）型	天王镇
21	青菜地水库	小（1）型	天王镇	42	杨家坝水库	小（2）型	天王镇
22	小马埂水库	小（1）型	茅山风景区	43	跃进水库	小（2）型	天王镇
23	上杆水库	小（1）型	茅山风景区	44	龙海水库	小（2）型	天王镇
24	仑环水库	小（1）型	边城镇	45	金山（袁）水库	小（2）型	天王镇
25	何家坝水库	小（2）型	白兔镇	46	石龙洞水库	小（2）型	华阳街道
26	邹培塘水库	小（2）型	白兔镇	47	戴木坝水库	小（2）型	茅山镇
27	尹巷水库	小（2）型	白兔镇	48	南塘水库	小（2）型	茅山镇
28	小沿坝水库	小（2）型	边城镇	49	青年水库	小（2）型	天王镇
29	团结水库	小（2）型	边城镇	50	金山（天）水库	小（2）型	天王镇
30	东庄水库	小（2）型	边城镇	51	迎春水库	小（2）型	天王镇
31	茅陈水库	小（2）型	茅山风景区	52	溧西水库	小（2）型	天王镇
32	东塘水库	小（2）型	后白镇	53	四清水库	小（2）型	天王镇
33	白云观水库	小（2）型	茅山风景区	54	草塘水库	小（2）型	天王镇
34	南庄水库	小（2）型	茅山风景区	55	林华水库	小（2）型	天王镇
35	东进水库	小（2）型	茅山风景区	56	深坑水库	小（2）型	下蜀镇
36	民兵水库	小（2）型	茅山风景区	57	冷水孔水库	小（2）型	下蜀镇
37	蟒蛇洞水库	小（2）型	茅山风景区				

（水利局）

综　述

【概况】　2022年，句容市科技工作坚持以习近平新时代中国特色社会主义思想和党的二十大精神为指导，围绕实施创新驱动发展战略，以创建创新型示范市为目标，着力“优环境、稳政策、强服务、壮主体、促合作”，苦干实干，奋勇争先，全市科技创新工作亮点纷呈，为推动“十四五”开好局、起好步打下坚实基础。

（巫欣彤）

【科技指标推进】　2022年，句容市聚焦创新驱动，全力推动指标进位，充分发挥工作专班作用，确保指标工作落实落细。强化企业创新主体地位，深入实施科技企业新“双倍增”计划，加强“选苗、育苗、壮苗”，打造科技企业成长梯队。高新技术企业新认定59家，净增17家，增量历年最多，高企总数达到141家；新增省科技型中小企业307家。建华建材进入省新一轮创新型领军企业培育行动入库企业名单。以江苏省技术交易市场句容分中心建设为契机，完善优化技术要素市场体系，全年完成技术合同成交额30.96亿元，位列镇江第1。2022年，研发占比约为2.2%。

（巫欣彤）

【平台载体建设】　2022年，句容市依托现有孵化器、加速器等优势，平台载体能级进一步提升。新增国家级众创空间1家、镇江市级科技企业孵化器1家、镇江市众创空间2家。新增12家镇江市级工程技术研究中心，获批数量再创新高，1家省级工程技术中心获绩效评价优秀。共拥有省级众创社区1家，国家级科技企业孵化器5家，国家级众创空间2家，省级科技企业加速器2家。

（巫欣彤）

【科技金融发展】　2022年，句容市充分发挥“科技+金融”作用，利用现有金融产品，最大程

11月4日，江苏省科技企业融资路演服务中心“科e融”纾困专场路演活动

度撬动民间资本。积极征集企业的融资需求，对接省科技金融中心及合作银行，帮助企业对接融资，助力科技型中小企业转型升级。持续优化服务保障，助力企业拓展创新发展新路径，发挥科技金融路演中心以及技术市场行业分中心职能，开展科技金融进孵化器活动，组织江苏银行、中国银行、中信银行等多家银行，在该市孵化器开展融资路演活动。结合省创新资源中心、金融中心开展创新资源政策及科技金融政策宣讲活动，不断健全科技金融创新服务体系。（巫欣彤）

2月16日，句容市召开“十四五”科技创新规划专题研讨会

科技管理

【概况】 2022年，句容市立足特色和优势产业，明确全市科技创新的目标定位、重点任务和重要举措，聚焦科技规划引领，推进科技体制改革，保障科技主体服务，不断完善创新机制、优化创新生态、提升创新效能，全面提升以科技创新为核心的全社会创新能力。句容市创新氛围日渐浓厚，综合实力稳步提升，科技创新竞争力位居“2022全国科技创新百强县市”第48位。

（巫欣彤）

【科技规划引领】 2022年6月，句容市正式发布《句容市“十四五”科技创新规划》，清晰描绘未来五年该市科技创新发展蓝图，提出六大发展目标、6项重点任务及23项工作举措。与江苏省发展战略研究院合作，7月中旬发布《句容市科技产业地图》，为全市产业布局发展和双招双引工作提供新指引。（巫欣彤）

【科技体制改革】 2022年，句容市整合市生产力促进中心、市科技创新服务中心、市高新技术创业服务中心职能，组建市科技创新服务中心。全面升级科技计划项目系统，新增“信用评价”模块，对科技项目实施存在问题的项目承担单位或个人科研诚信情况进行系统备案登记。持续深化“放管服”改革，推进政务服务便民化，开设“外国人来华工作、居留许可联办专窗”，实现“一窗受理”新模式，核心突出“一次办好”。成立市第一家科技银行——句容农商银行“科技银行”，实现“科技银行”零的突破，打造“金融+科技”全新模式，为创新发展注入金融活力。

（巫欣彤）

【保障科技主体服务】 2022年，句容市组建科技助企先锋队，开展“千名党员联千企”先锋服务活动，坚持走乡镇、入企业、进园区，开展科技下乡、科技帮企、科技进园等活动近30场次。重新整理汇编《句容市科技人才政策》，实施“助企纾困　护航发展”专项行动，共开展政策宣讲会近20场，发放宣传资料600余册。依托“苏企通”平台功能，及时发布惠企政策，提供“一站式”咨询和办理服务，助力企业纾困解难。吸纳高校毕业生参与科研工作，发布科研助理岗位12个，吸纳应届毕业生8人。（巫欣彤）

科技活动

【概况】 2022年，句容市紧抓长三角一体化和宁镇扬一体化发展机遇，以加快科技成果转化，提高企业创新能力为目标，扎实推进“创新链+产业链+资本链+

人才链”融合发展，着力构筑“政产学研金”深度融合的创新生态体系，发挥科技企业、高校院所和科技管理部门的作用，依托该市主导产业搭建合作平台，推动产学研深度合作。围绕企业技术需求，组织到上海、西安、南京、镇江等地高校院所开展产学研对接和科技招引活动，全年共向全国相关高校院所发布技术需求80余项，签订各类产学研合作协议40余项。（巫欣彤）

【科技招商和产学研合作】 2022年，句容市积极融入长三角科创圈、南京都市圈，依托宁镇科教和创新资源优势，联动312国道沿线的宝华、下蜀等片区，推进312国道产业创新走廊建设。7月，举办第七届清华校友三创大赛晋级赛优秀项目落地暨科技合作推进会，大力推动清华科创资源到句容转移转化，进一步赋能该市高质量发展。推动联博精密、赛达电子、同辉新材等企业与省产业技术研究院共建联合创新中心，推动江苏长三角总部经济园与南京理工大学共建江苏感知智慧交通产业技术研究院。

（巫欣彤）

科技计划

【概况】 2022年，句容市坚持科技创新引领发展，强化科技项目带动，激发企业创新活力，壮大创新市场主体，促进产业转型升级，推动实体经济高质量发展。

（巫欣彤）

3月9日，智能交通与车联网联合研发中心揭牌仪式

【科技项目申报与立项】 2022年，句容市紧盯该市产业发展优势，精准把握政策、科学谋划项目，并邀请专家集中辅导，确保项目数量质量双提升。2022年，省级项目立项4项，镇江市级项目立项6项，争取各类项目资金511万元。其中江苏伟建工具科技有限公司承担的航空微钻用粉末冶金超高合金高速钢微细丝制备关键技术研发项目为2022省级重点研发项目，获得经费180万元；由镇江鑫源达园艺科技有限公司承担的西蓝花育种材料创新与新品种选育的合作研发项目为2022省级重点国别产业技术研发合作项目，获得省级经费拨款120万元。积极做好句容市科技计划申报立项工作，6月，发布《关于印发〈2022年度句容市级科技计划项目指南〉及组织申报项目的通知》，线上线下共受理项目160项，共立项68项，下达资金近1200万元，持续为企业科技创新赋能发展。（巫欣彤）

科技成果

【概况】 2022年，句容市依托区位优势，集聚宁镇创新资源，大力推进创新平台载体布局与升级，不断完善孵化培育生态链，孵化空间规模快速增长、孵化服务质量持续提升。年内新增国家级众创空间1家，镇江市级科技企业孵化器1家，镇江市众创空间2家，持续加强“众创空间+孵化器+加速器+产业园”的孵化—加速—产业化全链条创新体系建设。在省级孵化器绩效评价工作中，1家获得A类优秀评级，4家获得B类良好评级。（巫欣彤）

【科技平台载体发展】 2022年，句容市依托现有孵化器、加速器等优势，大力实施“扩容提质增效”行动，持续加强“众创空间+孵化器+加速器+产业园区”创

2022 年句容市科技计划项目（镇江市级及以上）情况一览表

表 20

序号	项目名称	承担单位	项目类别	项目级别
1	航空微钻用粉末冶金超高合金高速钢微细丝制备关键技术研发	江苏伟建工具科技有限公司	重点研发项目	省级
2	西蓝花育种材料创新与新品种选育的合作研发	镇江鑫源达园艺科技有限公司	创新支撑计划国际科技合作/港澳台科技合作—重点国别产业技术研发合作项目	省级
3	句容市现代农业电子商务产业星创天地	江苏九谷生态农业有限公司	星创天地后补助	省级
4	江苏农村科技服务超市句容经济林果产业分店	镇江万山红遍农业园	科技超市后补助	省级
5	基于多元废物协同降碳的高性能混凝土制品研发及产业化	建华建材（中国）有限公司	重大科技专项	镇江市级
6	休闲观光新业态下的葡萄景观化综合利用技术集成与示范	镇江嘉成农业生态科技有限公司	重点研发计划—现代农业	镇江市级
7	濒危道地中药材茅苍术种质资源的保护及高效繁育研究	江苏茅山地道中药材种植有限公司	重点研发计划—现代农业	镇江市级
8	草坪草景观化综合利用技术集成与示范	江苏草毯绿波生态农业综合开发有限公司	重点研发计划—现代农业	镇江市级
9	饮茶与常见慢性病及生化指标的关联性研究	句容市疾病预防控制中心	重点研发计划—社会发展	镇江市级
10	基于 DAGs/PKCε 通路探讨四妙丸改善肥胖型胰岛素抵抗的效应机制	句容市人民医院	重点研发计划—社会发展	镇江市级

（巫欣彤）

孵链条建设，推动该市孵化载体高质量发展。富达创客吧获批国家级众创空间；南工宝华孵化器获批镇江市级科技企业孵化器；华昌科创空间和南林水杉创客空间获批镇江市众创空间；汇智众创空间和华创空间被列入镇江市众创空间重点培育点名单；12 家镇江市级工程技术研究中心获批公示，1 家省级工程技术中心获得绩效评价优秀。年内，省高创科技孵化器获得省级孵化器绩效评价 A 类优秀评级，句容边城镇光明中小企业科创园、江苏万城青年人才创业园、江苏东恒空港高新技术创业园、富达创业园获得省级孵化器绩效评价 B 类良好评级。（巫欣彤）

【企业入选省级瞪羚企业】 2022 年，句容市着力构建并完善“科技型中小企业—高新技术企业—瞪羚（潜在）企业”的科技型企业创新培育成长链。12 月，省生产力促进中心发布 2022 年江苏省独角兽、潜在独角兽和瞪羚企业评估结果，该市镇江苏博特新材料有限公司、江苏和正特种装备有限公司、江苏联博精密科技有限公司 3 家企业入选 2022 年江苏省瞪羚企业，实现市省级瞪羚企业零的突破。（巫欣彤）

【企业获评省科学技术奖】 2022 年，句容市获评省科学技术奖 5 项。其中，省科学技术二等奖 2

项，分别为江苏华电句容发电有限公司参与完成的超大型冷却塔结构抗风理论与关键技术及应用和建华建材（中国）有限公司参与完成的高性能预制桩关键技术研发与应用；省科学技术三等奖3项，分别为江苏丘陵地区镇江农业科学研究所参与完成的青花菜高萝卜硫素新品种选育与应用、丘陵山区果蔬茶灌溉装备关键技术与应用和镇糯系列品种的选育与应用。（巫欣彤）

气象

【概况】 2022年，句容市加强综合气象观测和天气预报服务，做好基础气象业务工作。地面观测业务质量考核，未出现责任性错情，业务质量保持稳定。年内，市气象局强化服务意识，以优质服务为宗旨，提高气象预报服务水平。制定《2022年决策服务方案》，围绕重大节假日、春耕春播等重大活动做好气象服务保障。完成汛期气象服务及省局内审检查各项准备工作，完成相关制度的修订和整改。完成新建区域站和雷达站的选址勘察等工作。

（胡丹丹）

【气象为农服务】 2022年，句容市气象业务人员加入镇江市气象局生态气象服务创新团队和江苏省茶叶气象服务团队。对照目标任务要求，成立气象服务团队，加强与农业农村局和地方茶场合作，共发布茶叶气象服务材料8期，其中联合省气象局在农技耘发布专题服务材料4期，联合镇江市气象局发布专题服务材料1期，联合农业农村局发布专题服务材料1期，并通过微信、微博、短信等向茶场和茶叶种植大户开展直通式服务。在春耕春播、夏收夏种期间及时向种粮大户发布气象服务短信，提醒他们根据天气变化适时播种。

（胡丹丹）

【气象灾害防御】 2022年夏季，句容市连续高温干旱，受持续干旱的影响，市气象局多次参加句容市委、市政府、镇江市政府领导开展的调研工作。为切实做好抗旱保产工作，市气象局联合水利局到宝华镇、下蜀镇和黄梅街道开展抗旱指导工作，对旱情及抗旱行动情况、农业生产形势、抗旱水源调度进行调查分析，研究落实具体抗旱措施，帮助解决抗旱工作中的突出困难。及时抓住有利时机，在白兔镇开展人工增雨作业，中南部效果明显，有效缓解土地干旱情况，改善空气质量。

（胡丹丹）

综 述

【概况】 2022 年，句容市有 3 所普通高中，1 所中专校，11 所初中，28 所小学，2 所九年一贯制学校（含 1 所民办句容碧桂园学校），1 所特殊教育学校，57 所幼儿园。普通高中学生 8120 人，职业教育学生 3781 人，初中学生 12559 人，小学生 31111 人，在园幼儿 16695 人，特殊教育学生 138 人。

2022 年，句容市教育系统以习近平新时代中国特色社会主义思想为指导，全面贯彻立德树人教育方针，聚焦教育发展问题和人民群众关心的问题，教育督导精准有力，教育发展生态不断优化。坚持深化人事制度改革，“县管校聘”改革继续推向深入，岗位聘任规范实施，教师队伍的补充与培养卓有成效，干部队伍建设不断强化，教育形象进一步改善。坚持把育人放在首要位置，“双减”要求全面落实，“集团化办学”改革深入推进，教育质量再创历史新高。坚持守住安全底线，校园安全管理的科学化水平不断提高，心理健康教育防线日益牢固，家校社协同育人成效明显，信访矛盾化解卓有成效，教育保障有力有效。坚持加大统筹力度，尊师重教氛围日益浓厚，教育资源不断扩充，教育经费使用质效不断提高，教育发展环境不断优化。 （毕道玉）

【集团化办学】 2022 年，句容市教育局全面落实市委、市政府出台的《关于深入推进全市义务教育集团化办学的实施意见》，对相关管理人员、执行校长、考核办法等进行明确。义务教育阶段学校的九大教育集团开始实质性运转，集团内跟岗位支教、教学案研讨、师生活动有序进行，更加注重集团文化打造、强化内涵建设等，集团资源配置更加合理，办学水平趋于均衡，各项工作协调统一，管理水平、教师素质和教学质量明显提高。结合县管校聘改革，科学安排集团内教师交流，不断均衡师资，化解结构性缺编矛盾。 （毕道玉 陈远明）

【“双减”工作】 2022 年，句容市加强对培训机构的监管，针对校外违规培训的特点，及时联合市场监管局等相关部门对违规机构开展调查，全年对 8 起违规开展学科类培训的行为进行查处、曝光。发挥校园主阵地作用，不断丰富课后延时服务内容，课后延时服务增加写字、科普等“五育”并举服务内容，小学生参与率 90.2%，初中生参与率 99.4%。启动“研学课堂”教学改革，不断提升课堂效率。认真落实“五项管理”，实施分层作业，鼓励弹性作业和个性化作业。市教育局在镇江市研学课堂推进会中作主题发言，市崇明小学文昌校区成功申报江苏省“双减”示范学校。 （毕道玉 唐莉）

【家校社协同育人】 2022 年，句容市全面实施“1+N、N+1”全员育人导师制。利用“落地式家长学校”“家庭教育讲师团”等平台，推动《中华人民共和国家庭教育促进法》进校园、进社区。

1月19日，句容市大中小学思想政治理论课一体化建设联盟成立大会召开

开展“百师进千家”大走访活动，发挥校外辅导站、乡村少年宫等育人功能，努力构建家校社“三位一体”育人网络。联合妇联、融媒体中心在句容人民广播电台开设家庭教育栏目《一起成长》，全年录制节目58期。（毕道玉）

【思想政治理论课一体化建设联盟成立】 2022年1月19日，句容市大中小学思想政治理论课一体化建设联盟成立大会召开，大会审议通过《句容市大中小学思想政治理论课一体化建设联盟章程》《句容市大中小学思想政治理论课一体化建设联盟第一届理事会选举办法》，选举产生联盟第一届理事会理事、常务副理事长、副理事长、秘书长、副秘书长及学术研究、课程教学和资源建设三个专业委员会主任、副主任。

（毕道玉　周华红）

【教科研成果】 2022年，句容市在省级各类竞赛评比活动中，共有4人获一等奖，8人获二等奖；成功申报省教育科学“十四五”规划2022年度课题2项、镇江市2022年教育教学研究专项课题18项、镇江市社科应用研究教育专项课题18项、句容市微课题139项。获镇江市首届教学成果奖评选一等奖1个、二等奖2个，其中一项成果被推荐参加国家教学成果奖评选；句容市实验高级中学、崇明小学文昌校区和袁巷中心小学共3个项目获评省级基础教育内涵建设项目，江苏省句容高级中学等9个项目获评镇江市级基础教育内涵建设项目。

（黄　梅）

教师队伍

【概况】 2022年，句容市有在编在岗教职工4814人，其中专任教师4531人。省人民教育家培养对象2名，特级教师13人，正高级教师14人（2022年新增1人），省“333高层次人才培养工程”培养对象10人，镇江市有突出贡献中青年专家5名，镇江“169工程”学术技术带头人5人、镇江“169工程”科技骨干29人，句容市“313工程”学术技术带头人4名、句容市“313工程”科技骨干34人，镇江市学科带头人48人、镇江市骨干教师268人、句容市学科带头人416人、句容市骨干教师共有958人，镇江市教坛新秀35人、句容市教坛新秀99人，镇江市名校长3人、句容市名校长18人。有省级乡村骨干教师培育站2个，镇江市名师工作室5个，句容市级乡村骨干教师培育站2个，句容市教师工作室31个。（许　兵）

【教师培训工作】 2022年，句容市继续开展省中小学教师信息技术应用能力提升工程2.0培训，分三年对全市教师实施全员培训。句容市中小学幼儿园教师全员参加远程培训和2022年公需科目培训。2名教师硕士学历（学位）进修毕业，天王中学戴秋入选省乡村优秀青年教师培养计划，1名教师被评选为省名师工作室主持人，1名教师被评选为省教学名师，2名教师成功申报省级乡村教师培育站主持人，3名教师被评为镇江市第六批名校长，150名教师被评选为“句容市教学能手”。

（许　兵）

【师德师风建设】 2022年，句容市加强“四有”好教师团队建设，全市拥有省级“四有”好教师团队1支，镇江市级7支，其中崇明小学“向着明亮那方——生命自觉理念下的‘致和’教师

团队”被认定为省重点培育“四有”好教师团队。教师节表彰镇江市十佳教师8人、镇江市“出彩教育人”16人、第三届句容市最美乡村教师5人、句容市优秀教育工作者50人、句容市先进教育工作者61人、句容市优秀德育工作者50人、句容市师德先进个人60人、句容市优秀班主任100人。（许　兵）

【教师交流工作】　2022年，句容市选派援疆教师7名，援陕教师（初中2人、小学2人、幼儿园2人）6名。组织13人到陕西蒲城开展教师全员培训送教活动，7人线上送教。年内，4所学校（幼儿园）与蒲城结对共建。接受13名蒲城教师到句容跟岗学习。

（许　兵）

【教师补充渠道优化】　2022年，句容市共补充97名教师，师资补充质量继续提升。到陕西师范大学、吉林师范大学、南京师范大学举行校园招聘，引进高素质的国家级免费师范生2名和13名校硕士研究生。开展定向培养，鼓励优秀高中生报考省乡村定向师范生，全年发放奖励金142.25万元；对2022毕业的35名省乡村定向师范生进行从教岗位测试，以综合成绩排名开展选岗。“句容市设立专项资金鼓励优秀高中生报考省定向师范生”入选2021年镇江市“十大教育新事”。通过公开招考，成功招聘到43名素质较高的教师。其他地区教师流动到该市13名，缩小教师培养周期。

（许　兵）

【人事制度改革】　2022年，句容市继续深入推进“县管校聘”人事制度改革，开展“适岗竞聘”工作，加强教师的工作量管理与聘后管理。年内有56名教师从超编学校分流到缺编学校，教师发展中心2位研训员到学校任教，流动教师218名（其中义务教育阶段173人），占符合流动条件教师的16%，向农村学校流动34名；58名教师进行集团内交流，其中下乡挂职支教31人，27名乡镇教师到城区学校跟岗，进一步优化师资配置，提高效率，激发活力。（毕道玉　许　兵）

教育督导

【概况】　2022年，句容市以“五育并举”为重点，积极开展常规督导和各类专项督导，统筹做好各类监测工作，助力教育高质量发展。全年聘任36名责任督学，中小学和幼儿园共划分16个责任区，落实五类情形督学回避制度，实现学段全覆盖。年内9名责任督学被评为“镇江市优秀责任督学”。（张晓蓉）

【督学工作】　2022年，句容市进一步优化整合常规督导，中小学组开展常规督导和专项督导；全年下发反馈单611份，听课1287节，电话访谈家长4271人次，座谈走访教师3872人次、学生3479人次、家长2155人次，问卷调查教师2478人次、学生6158人次。（张晓蓉）

【督政工作】　2022年，句容市联动协调推动考评，对上年度教育工作考核存在的薄弱环节和可能的扣分点，列出清单排出时序加以整改，协调做好督政问题的梳理盘点、分析研究、沟通协调、有计划整改等跟踪工作。规范有序开展乡镇考核。对原有考核细则进行修订完善，通过沟通协调设计各镇个性化问题清单，依据考核细则和确定的目标任务对乡镇、管委会年度教育工作情况进行考核，客观评价各镇教育履职情况。（张晓蓉）

【现代化监测工作】　2022年，句容市科学开展学前教育普及普惠监测，明确目标任务，准确采集数据，梳理汇总形成报告。推进义务教育优质均衡发展，制定《句容市义务教育优质均衡发展督导评估工作规划（2021—2025）》，规划2025年年底前达到江苏省义务教育优质均衡发展市督导评估标准，并通过评估验收；2026年创建全国义务教育优质均衡发展市。采取网络普查与现场抽查相结合的方式进行教育满意度问卷调查，召开校长会分析满意度调查情况，指导学校在做好归因分析的基础上积极整改提升，不断提高教育满意度。

（张晓蓉）

教育基础建设

【概况】　2022年，句容市推动实施《句容市“十四五”教育布局专项规划》，教育资源得到新的补充。实验小学福地校区建成交付使用，中专校、市二中、崇明中学等学校运动场消险改造全部完成，异地新建的省句中、新建的福地路幼儿园、宝华中心小学教学楼、宝华新城小学等建设工程有序推进。　（万和兵）

【市实验小学福地校区建成】 2022年8月，句容市实验小学福地校区建成交付使用。该项目总投资2.18亿元，总用地53292平方米，总建筑面积30832.41平方米（其中地上24751.77平方米、地下6080.64平方米），可容纳48个教学班，2160名学生。　（徐继良）

【幼儿园保教费收费标准调整】 2022年，句容市教育局会同市发改委调整幼儿园保教费收费标准，城区省优园由每学期2150元调整到每学期2650元，乡镇省优园由每学期1900元调整到每学期2450元，缓解幼儿园的运行压力，保障学前教育的可持续发展。实施天王中学报告厅装修工程，开发区中心小学报告厅、宝华中心小学教学楼开工建设。　（万和兵）

9月21日，南京栖霞区与句容市中小学校结对交流座谈会在文昌中学举行

5月13日，市教育安全生产专委会工作例会暨校园及周边环境综合治理推进会召开

教育装备

【概况】 2022年，句容市教育装备工作积极推行“标准+特色”教育装备发展模式，精细管理，科学使用，紧抓省、市智慧校园创建的契机，不断提升教育信息技术与装备水平。　（刘以平）

【教育装备管理】 2022年，句容市指导学校完成26项货物类采购工作，配合镇江市市场监督管理局和省装备中心完成教室照明提升项目灯光抽检工作。完成市实验小学福地校区货物类采购项目验收工作。积极开展中小学生实验操作大赛、实验改进与创新设计评比、自制教具展评、综合实践案例征集等活动，获国家级奖项8个、省级奖项12个、镇江市一等奖32个。市装备中心获省首届中小学生实验操作大赛优秀组织奖，连续六年获镇江市自制教具评比优秀组织奖。　（刘以平）

【教育信息技术建设】 2022年，句容市6所幼儿园通过镇江市智慧幼儿园创建。实施教育城域网、教育网站群等保加固工作，开展教育网络系统安全专项整治，教育城域网、教育网站群两个系统顺利取得等级保护备案证书。

（刘以平）

校园安全

【概况】 2022年，句容市建设多层次、全方位的安全防范和风险防控体系，巩固“4个100%”（专职保安员配备率、校园封闭管

理达标率、一键报警和视频监控与公安联网率、“护学岗”配备率）建设成效，推动掌上校安系统深度运用，健全校园安全网格化管理和风险隐患的即查即报即改机制，稳步推进校园智慧安防建设。校园安全培训扎实有效，不断强化新任校级领导、新上岗教师、安全管理人员和全体教师的安全管理培训。组织全市学校近5000名教职工开展“开学第一课”线上安全教育培训，组织全市中小学学生、家长在线培训，35000名左右家长参加培训，联合市公安局对全市中小学、幼儿园320名校园保安开展为期2天的实操技能培训，联合市应急管理局组织开展全市学校安全管理人员培训。全市共聘请79名法治副校长，有省餐饮质量安全示范学校食堂28家，7所学校创成镇江市三星平安建设单位，3所创成镇江市四星平安建设单位。

（王　进）

【校园安全专项整治】　2022年，句容市16所中学危化品室配齐通风设施、洗眼装置、应急救护器材，增加危化品柜，实现从存储、实验、教育演练和硬件设施设备标准化管理。对全市学校燃气和瓶装液化气使用情况进行体检式的安全检查，有13所学校完成“瓶改电”，4所学校完成“油改电”，1所幼儿园瓶装气改成管道燃气。推进学校安全防护设施安装，全市46所中小学全部完成安全防护设施加装。推进消防安全标准化管理，开展电动自行车专项整治，全市教育系统共有电动自行车停放点113个，安装智能充电设施11个，电动自行车专用充电插座1197个。投入160万元为11所直属学校新建“平安校园安全用电系统”。开展校际安全互查和校园及周边联合检查，镇江市安全生产问题处置监管平台累计上传隐患信息206条，整改率100%。

（王　进）

10月12日，市教育局召开2022年秋季学前教育工作研讨会议

学前教育

【概况】　2022年，句容市有57所幼儿园，在园幼儿16695人，其中普惠性幼儿园覆盖率91%，公办园覆盖率84%，省、市优质园幼儿园覆盖率92%。年内，建成省级区域推进课程游戏化项目1个、省基础教育前瞻性教学改革实验项目园2所、省课程游戏化项目园1所；镇江市课程游戏化项目幼儿园2所，镇江市级园本课程建设园1所、镇江市指南实验项目园8所；句容市区域推进共同体4组、句容市级课程游戏化项目园31所、句容市级园本课程实验园16所。

（孔　慧）

【保教质量提升】　2022年，句容市结合该市幼儿园目标管理考核细则，引导幼儿园找准发展问题，制定发展目标。完成幼儿园名称规范清理，成立教材专项巡查小组，完成全市所有幼儿园教师用书、幼儿读物和操作手册的清理整改工作。把准幼小衔接工作中的问题，明确幼儿园幼小衔接阶段推进的工作重点，持续推进幼小衔接工作。

（孔　慧）

【学前教育内涵建设】　2022年，句容市不断提升共同体教研活动质量，加大与专家对接力度，改变“我听专家来安排”的被动式合作方式，为“我需要专家为我做”的主动发展模式。关注“市、共同体、幼儿园”三级教研实效，全年共完成20余次共同教研活动和3次领衔人培训活动。开展4轮课程游戏化视导，全面推进区域内所有幼儿园的提档升级。1所幼儿园的园本课程获省基础教育成果奖一等奖并推荐至教育部参评，1所幼儿园参与南师大教授虞永平“四合院”项目组劳动课程研究，1所幼儿园的园本课程在中国学前教育研究会中作为典型案例分享交流，2所幼儿园成功申报镇江市课程游戏化项目幼儿园，2位园长入选镇江市前瞻性项目研究小组。（孔　慧）

句容市第三中学学生参加文艺表演

小学教育

【概况】　2022年，句容市有小学28所小学，2所九年一贯制学校（含1所民办句容碧桂园学校），共有小学生31111人，入学率100%，巩固率100%。（唐　莉）

【小学写字工作推进会】　2022年12月9日，句容市2022年小学写字工作推进会在石狮小学召开，全市各小学分管校长及语文教研组长60余人参加本次活动。与会人员参观6个小学教育集团的写字工作展牌、正心教育集团优秀作业展及句容市中小学生书法作品展，会上向成功申报句容市中小学写字（书法）研训基地的9所学校进行授牌。（唐　莉）

初中教育

【概况】　2022年，句容市有11所普通初中学校，2所九年一贯制学校（含1所民办句容碧桂园学校）。共有初中学生12559人，学额巩固率为100%。（陈远明）

【初中“研学课堂”推进展示】　2022年11月8—11日，句容市“践行课标新理念，展现课堂新样态”初中研学课堂推进展示暨培训活动在城区4所初中举行，镇江市教师发展中心、教科研中心主要负责人及该市各初中相关学科教师等1000余人参加活动，各初中学校18位教师分别展示语文、数学、英语、物理、化学、生物、道德与法治、地理、历史等学科“研学课堂”教学。活动推动教师对研学课堂教学目标、环节落地、学科元素、学生参与度、方法规律等有更深一层的认识，同时也推动各教育集团校之间的融合沟通。（陈远明）

普通高中教育

【概况】　2022年，句容市有3所普通高中，1所九年一贯制民办句容碧桂园学校（设有高中附设班），有普通高中学生8120人。（周长鹰）

【高考成绩】　2022年，全市有1924人参加高考，1人取得江苏省理科第二名的好成绩；C9高校达线33人，985高校达线82人，211高校达线152人，C9、985达线人数明显高于以往年度。重本达线人数605人，达线率35.4%；本科达线1391人，达线率80.7%；体艺类达线195人，达线率90.3%。（周长鹰）

特殊教育

【概况】　句容市特殊教育学校是一所含学前、小学、初中的十二年一贯制学校，2022年，在校学生138人，教职工28人。全市建成31个融合教育资源中心，并通过教育、民政、卫健委、残联四部门的联合认定。宝华中学、华阳实验小学、下蜀中心幼儿园、天王蒲溪幼儿园等四所学校（幼儿园）成功申报镇江市融合教育基地校，天王中心小学成功申报江苏省融合教育示范校建设项目。（唐　莉）

校外培训

【概况】　2022年，句容市共有各类培训机构400余家，67家原学科类培训机构办学许可证均注销，学科类培训机构压减率100%。市文体广旅局和市科技局启动所辖机构的监管与准入登记工作，有1家机构在国家平台进行全流程监管试点。（刘忠武）

【培训机构监管】　2022年，句容市形成线上线下校内校外同步全方位立体式的“双减”政策宣传，切实履行告知义务和宣传责任。通过日常巡查、专项检查、“双随机、一公开”检查和“12345”举报督查，始终对违法违规培训行为保持高压态势，开展学科类校外培训治理“回头看”工作，进一步明晰培训机构的部门分工，牵头组织开展句容市校外培训机构恢复线下培训申报验收工作，分七批公布367家恢复线下的校外培训机构名单。强化违规培训查处力度，开展校外培训“监管护苗”2022年暑期专项行动，联合相关部门先后开展培训机构文明城市、消防安全和违规广告宣传等专项检查，共通报7家机构所存在的超范围开展变相违规培训行为，有2家机构被消防单位进行立案查处。（刘忠武）

“温暖童行”公益阅读志愿者走进特殊教育学校

职业教育

【概况】　2022年，江苏省句容中等专业学校新招学生1330人，在校生总数3781人。毕业生双证获取率98.86%、就业率99.4%、当地就业率95.34%、家长满意度95.7%。学校入选江苏省优秀中等职业学校和江苏省优质专业建设单位，获江苏省职业学校“教学管理30强”称号，获江苏省教科研先进集体称号，获镇江市教学成果奖1个一等奖、2个二等奖，2项课题获第四期省职业教育教学改革研究优秀课题。校企“产教研训创”育人工作室被省教育厅遴选为2022年江苏省职业教育校企合作示范组合培育项目。学校有2名正高级教师，3个省职业教育名师工作室，1个省中等职业教育教师教学创新团队培育对象，1个省职业教育“双师型”名师工作室立项建设单位，1个镇江市职业教育名师工作室，拥有各类拔尖人才47名。（滕庆林）

【职业院校技能大赛获奖】　2022年，江苏省句容中等专业学校参加全国职业院校技能大赛获1个一等奖；参加江苏省职业院校技能大赛，获5个一等奖、5个二等奖、17个三等奖；参加省创新创业大赛，获1个二等奖。（滕庆林）

【职教高考】　2022年，江苏省句容中等专业学校共301名学生参加职教高考，本科达线73人，本科达线率24.3%，超省均本科率（11.5%）近13个百分点。

（滕庆林）

社区教育

【概况】　2022年，句容市社区教育教师积极参与疫情防控志愿服务工作，做好社区教育内涵品牌项目建设，服务乡村振兴和社区治理。组织开展“能者为师”“寻找社区好老师”的评选，老年智能技术和家庭教育进社区等各类社区教育培训活动。市社区培训学院入选省级学分银行试点单位；茅山风景区社区教育中心的红色文化传承体验基地获省级“优质项目化基地”立项，“茅山红色文化”游学项目获评省教育厅和省成人教育协会的“社区教育品牌项目”；市教育局获评全省“社会教育宣传报道先进集体”。（滕庆林）

【全民终身学习】 2022年12月19日，句容市全民终身学习活动周启动仪式在句容曙光国际大酒店举行，活动以“学习贯彻二十大，终身学习向未来”为活动主题。在全民终身学习活动周期间，市教育局还开展“社区教育好教师”“优秀学习共同体”“优秀居民学校”表彰活动。（滕庆林）

老年教育

【概况】 2022年，句容市促进全市老年教育事业健康有序快速发展。句容市老年大学开设23个科目，35个教学班级，外聘教学经验丰富的专业教师22名，每学期学员600余人，周开课率为1200余人次。学校贯彻以“老有所学，老有所乐，老有所为”为目标的办学理念，把“积极老龄观、健康老龄化”理念融入办学全过程。（徐长林）

【建校30周年系列庆祝活动】 2022年是句容市老年大学建校30周年，学校开展系列庆祝活动。征集教研论文、书画作品、征文及诗歌散文作品；举办庆祝建校30周年教学成果展；举办建校30周年文艺会演；开展评选优秀教师、学员活动；组织社会公益活动；编印《句容市老年大学30周年纪念册》《句容市老年大学教师论文集》。（徐长林）

【教育教学】 2022年，句容市老年教育管理工作以便利高效为方向，探索建立教与学双向信息反馈的教学管理模式，达成“学习教育与文化康养”双重并举的目标。上半年新开健身气功课，下半年新开柔力球课。课堂教学力抓教师备课、上课和课后班级微信群“视频指导”这三个环节，做到线上线下教学同步开展；积极开展教学研讨活动，组织全体教师撰写教学论文及老年教育文章。（徐长林）

高等教育

【江苏农林职业技术学院】 2022年，江苏农林职业技术学院拥有校本部和茅山两个校区、江苏茶博园和江苏农博园两个实训基地，校园占地面积237.53公顷（3563亩），实训基地375.67公顷（5635亩），建筑面积50多万平方米。有10个二级学院43个专业（方向），全日制在校生12000多人，教职工800余人。学院立项工信部产教融合专业2个，推进IEET工程教育认证专业3个。获评国家在线精品课程6门、省级16门、省级课程思政示范课程1门。牵头组建全国农业职业院校思政课创新发展联盟，2个案例分别入选省高等职业院校“三全育人”工作典型案例和省高等职业院校二级院系德育特色案例，1个项目获江苏省高校思想政治工作精品项目立项。获省“十四五”职业教育规划教材6部，开发活页式、工作手册式教材22部，入选国家级虚拟仿真基地建设优秀案例1个、省级虚拟仿真基地1个。获全国教学能力比赛三等奖1项，省级教学能力比赛一等奖2项，省微课比赛一等奖1项。获全国技能大赛4赛4金，“互联网+”大赛国赛2银1铜。参与“粮农食品安全评价”等32种1+X证书制度试点工作，建成省级考点28个，1512名学生完成考证。推进现代职教体系项目实施，开展4+0、3+2、3+3、专转本等试点项目15个。创新社区育人新模式，获批教育部“一站式”学生社区综合管理模式建设试点单位。

2022年，学院引进博士48人，专任教师研究生学历（学位）比例89.5%。新增国家级职业教育“双师型”教师培训基地1个，全国轻工技术能手1人，省技能大师工作室1个，省技术能手1人，省职业教育“双师型”名师工作室和技艺技能传承创新平台各1个，省教学名师1人，省“333工程”培养对象7人，省高校“青蓝工程”培养对象4人、学术带头人2人、优秀教学团队1

个，选聘江苏省产业教授2名，1名辅导员获高校辅导员年度人物称号。新增镇江市有突出贡献中青年专家、镇江市十佳教师、镇江工匠各1人。推荐省科技厅科技咨询专家、省级乡土专家等38人。43人到企业挂职锻炼，404名教师参加培训、研修和实践锻炼。加强青年教师培养，创新开展青年教师校内挂职锻炼，首批选拔10人；13名干部担任驻村第一书记。

2022年，学院立项纵向科研项目28项，其中国家自然科学基金、省自然基金、中央财政林业科技推广示范等省部级以上科研项目16项，获得资助经费1739万元。立项横向课题58项，立项院级科技项目65项。立项教科研及人文社科类项目132项，其中教育部项目3项、省社科基金后期资助项目1项。获得全国农业技术推广成果奖三等奖1项。获授权专利和软件著作权65项，省级审定农作物新品种2个。登记技术合同71项，总成交额3493.6万元。20支亚夫科技服务团队对接句容16个特色村，推广“三新”技术32项，服务175家新型农业经营主体，入选全国高职院校服务乡村振兴典型案例。举办各类培训班197次，培训量13万余人日（3.3万余人次）。承办全省乡村振兴系统专题培训，首批开发25门乡村振兴培训课程，1门课程获2022年江苏省社区教育精品课程。中国现代农业职教集团举办中国小动物技能大赛骨科专赛、全国智慧农业虚拟仿真创新设计大赛，首次评选出职业技能公共实训基地、职教名师和职教名课。举办首届中国宠物行业人才培养高峰论坛。学院牵头的江苏农林职教集团获批省级示范职教集团。（陈凡学）

【南京财经大学红山学院】 2022年，南京财经大学红山学院面向全国18个省（市、自治区）录取新生2704人，实际报到2635人。全年共评选出国家奖学金2名、省级三好学生6名、省优秀学生干部5名、省级优秀毕业生4名、国家励志奖学金167名、省先进班集体3个。

2022年，学院致力于培养政治素质高、实践能力强、富有创新精神的经管文法类应用型、技术技能型人才，全方位持续提升教研工作水平。实施督导3个课程思政示范专业、26门课程思政示范课程和1门思政课程示范课程建设工作。组织开展全国“互联网+”大学生创新创业大赛校内选拔赛，推优省赛主赛道1项、产业赛道1项，推进2022年“领航杯”江苏省大学生信息技术应用能力暨第二届人工智能比赛的选拔工作，开展青年大学生创业意识（GYB）培训工作。持续推进3项江苏省教育科学“十四五”规划2021年度课题、1项江苏省生产力学会2021年度开放课题、1项2021年江苏高校“教学研究工作”专项课题、1项江苏省高等教育学会高质量公共课教学研究专项课题、33项院级教育教学改革课题和1项江苏省高等教育学会共建高质量的外语教学新生态项目建设工作，提升课题含金量。组织“2022年度教育部高校思政课教师研究专项高校思政课教学研究项目”“2022年度高校哲学社会科学研究项目”“2022年度教育部人文社会科学研究一般项目”“2022年教育部社科司关于2022年度教育部人文社会科学研究一般项目”等多个科研项目的申报工作，全力开展“自科课题”“2022年度镇江市社科应用研究课题”的申报、评审与管理工作。

2022年，学院建立就业工作两级管理机制，完善就业工作目标考核体系。积极开展线上线下招聘，全年共举办几十场线上、线下小型招聘会，提供对口岗位近千个。

（南京财经大学红山学院）

文　化

·综述·

【概况】　2022 年，句容市文化文艺工作紧紧围绕迎接宣传学习党的二十大这条主线，以“美丽句容”为切入点，擦亮品牌活动名片，强化文艺精品创作，以文化人、成风化俗，推进文化自信自强，铸就社会主义文化新辉煌。不断夯实国家公共文化服务体系示范区创建成果，公共服务水平显著提升。充分发挥文化馆、图书馆等市级文化设施的总揽作用，通过分馆、文化站、村级基层文化服务中心等基层服务点建设，融合文体广场建设，实现文化资源的有机整合。　（文体广旅局）

·公共文化服务·

【概况】　2022 年，句容市发挥公共文化机构的基本职能作用，规范各类公共文化机构服务项目和服务流程，加强公共图书馆、文化馆、博物馆设施免费开放工作，着力提升农村公共文化服务水平和服务效能，全市文化惠民各项工作扎实开展。围绕公益文化服务供给，不断拓展公共文化服务阵地，促进现代公共文化服务水平不断提升，满足人民群众对美好精神文化生活的新期待。市文化馆结合自身优势，将文明礼仪、文明公约融入文艺创作、文艺培训中，着力打造线上、线下同频共振，公共文化服务体系建设与文明城市创建协同并进的新模式，持续开展送戏下乡、社教讲座、广场舞比赛、从小爱场馆、文化伴夕阳、图片展等各类活动逾千场。图书馆利用总分馆体系，实现句容全民阅读高覆盖率，推动城市公共阅读空间转型升级。多年来免费提供便民服务，从传统的借还服务到推广全民阅读，不断创新，整合文化资源，举办丰富多彩的文化活动，让公共图书馆成为文化磁场，吸引市民读者前来，营造良好的文化氛围。　（文体广旅局）

6 月 15 日，句容市文化馆在开发区杨塘岗社区开展“喜迎二十大　文化镇村行”专题演出

【文化惠民】 2022年，句容市公共文化场馆服务450余万人次，人均接受公共文化场馆服务7.16次。年内，紧扣“喜迎二十大，奋进新征程”主题，举办“礼赞新时代　奋进新征程”2022句容美术摄影作品主题展、“新时代颂”2022江苏美术摄影主题展、公益绘本阅读、公益素描培训等活动150余场；组织第二十八届少儿故事创作演讲大赛、第十届广场舞大赛、“百姓大舞台”等线上线下活动逾200场。举办3期全民艺术普及免费培训班。承办第十五届江苏省“五星工程奖”音乐类终评，以线上赠票、电视转播、网络直播、实地转播等方式，服务本地居民3万余人次；“文化云”平台观看945万人次，真正做到“群众文艺群众享”。小品《这赞点不点》获第十五届江苏省五星工程奖，句容市文体广电和旅游局获得优秀组织单位奖。小品《父与子》、小音乐剧《恐归》入选镇江市第二届群星奖。

（文体广旅局）

【广播电视管理】 2022年，市文体广旅局落实全市广播电视安全播出、网络安全以及设施保护等各项工作，完成播出任务。为强化和规范句容市卫星电视广播地面接收设施管理，遏制全市境内非法销售和安装使用卫星电视广播地面设施的违法违规行为，市文体广旅局联合公安、工信、文化市场综合执法大队扎实开展卫星电视传播秩序专项整治工作，加强卫星电视地面接收设施的长效管理，对非法安装、销售行为进行高管严查；积极配合做好“黑广播”工作，加强对“黑广播”“黑电台”“伪基站”的监听监管，有效维护全市广播电视健康有序发展。2019年、2020年、2021年连续三年获全省境外卫星电视传播秩序专项整治工作先进单位。

（文体广旅局）

·文化设施·

【图书馆】 句容市图书馆是句容市公共图书馆，于2015年实行全面免费开放服务政策，新馆建筑面积达1.5万平方米，功能区设置主要有电子阅览室、数字图书馆、学术报告厅、亲子乐园、少儿借阅、成人借阅、期刊报纸、残障人借阅、24小时自助图书馆、密集书库等。2022年，图书馆村级分馆覆盖率100%，图书馆总分馆服务点250个，其中农家书屋178个、分馆72个，图书馆流动服务车累计出动80次。总分馆建设不断拓展新思路、引进新模式，积极参与城市书房、小哥驿站建设，实现崇明公园城市书房、义台街城市书房、帕提亚小哥驿站、吾悦小哥驿站等建成运营，累计配送图书5000册，累计编目8000余册。

（文体广旅局）

【博物馆】 句容市文博单位主要包括句容市博物馆和句容市先吴文化博物馆。民间和行业博物馆有江苏神牛红木艺术博物馆、茅山道教博物馆、茅山红木艺术馆、句容民间收藏艺术博物馆、句容市钱币馆等非公博物馆近十家。句容市博物馆位于葛仙湖公园内，占地0.58公顷（8.8亩），建筑面积1800平方米，拥有展室四个。全市拥有各级文物保护单位41处，其中全国重点文物保护单位4处，分别为南梁康简王萧绩墓石刻、隆昌寺建筑群、城上村遗址、春城土墩墓群。另有江苏省文物保护单位4处，镇江市文物保护单位10处，句容市文物保护单位23处。句容市博物馆现有馆藏文物1099件，古钱币10余万枚，石碑24通。句容市先吴文化博物馆位于镇江句容市茅山风景区内，占地面积1.67公顷（25亩），建筑面积达6230平方米，原名江南土墩墓博物馆，2013年12

2月12日，句容市图书馆举行“喜乐元宵　巧手灯笼”亲子手工创意灯笼制作活动

月8日，正式建成对外开放，2018年3月，更名为句容市先吴文化博物馆。（文体广旅局）

·文化遗产·

【非物质文化遗产】 2022年，句容市共计有55项县级非物质文化遗产项目，涉及民间文学类、传统音乐类、传统舞蹈类等九大类。经认定，共有王晓林、何玉洪等28人成为句容市级非物质文化遗产代表性传承人。截至2022年年末，句容市列入国家级保护名录的项目有2项，“句容秦淮灯彩”（2008年），陈柏华为国家级代表性传承人，唐荣瑜、巫海书、陈梦媛为市级代表性传承人，唐荣军、唐爱民等5人为县级传承人，“茅山道教音乐”（2014年），何春生为国家级代表性传承人，何玉洪、朱世平为市级传承人。列入省级保护名录的项目有3项，分别是“二龙戏珠”（2008年）、“春城马灯阵舞”（2015年）、“红木家具细作技艺”（2015年）。列入镇江市级保护名录的项目有7项，分别是“张家锐舞”（2006年）、“茅山符箓”（2014年）、“句容南乡花船”（2016年）、“老人山程氏祖中医骨伤疗法”（2016年）、“五渚坊香会”（2016年）、“茅山手工茶制作技艺”（2019年）、“花岸龙灯会”（2019年）。

（文体广旅局）

【文物和文化遗产保护利用】 2022年，句容市推进文物保护利用和文化遗产保护传承，挖掘文物和文化遗产的多重价值。与南京栖霞、仪征签署《宁镇扬核心区长江文化保护与传承战略合作协议》，加强合作共识，进一步深化文化、文物、旅游、体育、广播电视等全方位的交流与合作，保护好、传承好、弘扬好长江文化。为前期南沿江动车配电牵引站选线工程勘察春城土墩墓群，审查市供电公司高压线路穿越春城土墩墓群的设计方案并上报国家文物局。隆昌寺消防工程通过省文物局验收，完成破冈渎故道调查研究立项。开展历史文化资源调查，归并两馆文物库房，完成馆藏三级以上文物的基础档案。历史文化丛书《滨江下蜀》文稿收集整理完成。“馆校结合”促进博物馆与学校教学、综合实践有机结合，先吴文化博物馆开展中小学生第二课堂素质教育活动及“我和我的家乡研学行”主题活动。开展全市第三批市级非遗名录项目的申报工作，在千华古村举办句容非遗漫画展活动，出版《句容非遗漫画》书籍。

（文体广旅局）

句容市开展非遗文化暑期实践活动

·文化艺术·

【概况】 2022年，句容市为进一步扩大公共文化产品供给，加大文化惠民力度，举办2022“福地句容文化艺术节”，推进18年的老品牌“新苗杯”少儿器乐比赛、少儿故事创作演讲的开展。聚力开展“百姓大舞台”和“乡村文艺播种计划”，全市3000多人参与。精品文艺创作有新成果，以赵亚夫的先进事迹为创作素材的扬剧《赵亚夫》在句容市首演成功。通过“三下乡”、“四进社区”和文化进万家、文化志愿服务支持文艺团体和文艺工作者深入基层开展文化活动，丰富广大群众的精神文化生活。（宣传部）

【文艺创作】 2022年，句容市切实提高本土文艺创作理论高度、思想深度、文化内涵和艺术价值，致力于讲好新时代“句容故事”。加大“乡村文艺播种计划”与新时代文明实践活动有效融合，开展全市“三个一百”文艺人才库建设，组织动员全市文艺人才及志愿者投身乡村文化建设。强化志愿者队伍业务培训提升，推出一批文艺志愿服务特色项目，结对辅导一批乡村文艺组织举办乡村文艺提升成果的展览展示展演活动，建立从“送文化”到“种文化”再到“创文化”的生态链。按照“一镇一队”的目标，鼓励市级文化部门、文艺家协会帮助镇（街道）园区从文化传承、文艺基础、节目编排上整合民间文艺团队，各地通过购买服务的方式组织巡演和市级“乡村文艺播种计划”“民间文艺大比拼”等活动，推动业余文艺团队在农村生长出来、成长起来，演在一线、乐在农村。以把握内容为重点，提升文艺创作“走精”。坚持“立足地方特色，紧扣重大主题，集聚本土人才，讲好句容故事”的宗旨，紧扣时代精神，出版纪实文学《葡萄镇》、漫画《句容民俗漫画集》。（宣传部）

【传统文化传承发展】 2022年，句容市按照建设“最有味道的历史文化名城”目标，对传统文化坚持保护、传承与发展并重，加强展示展演及传承规划。开展民俗非遗挖掘保护，拍摄《我在句容拍文化》非遗短视频，全年拍摄七部。用“数据库”抢救性记录非遗传承人。对舞美、编排、时长进行创作改进，适度融入现代元素，适合舞台展演，提升民俗文化的时代感和观赏性。加强对非遗传承保护及民俗演出团队的指导规划，利用文化艺术节平台开展民俗文化展演，提升演绎的层次和水平；结合“乡村文艺播种计划”开展“一镇一民俗”句容民俗非遗文化展演。将民俗展示有效融入乡村旅游集市及重大活动开幕中，以此加大民俗展演推广力度，传承句容地方文化特色。开展传统文化“三进”活动，以传统文化传承及培育为重要目标，重点开展主题活动。开展“戏曲进校园”，推广戏曲特色课，建设戏曲特色校园，组织专业剧团走进学校，开展专场演出15场次。开展“非遗进社区”，主要是让“秦淮灯彩”“剪纸”等制作展示走进社区，通过传承人的公益培训讲座，提升本特色非遗的知晓率，发现培养爱好者，加大民俗文化的传承力度。

（宣传部）

·文化产业·

【概况】 2022年，句容市以政策完善提升文化产业发展质效。根据《句容市文化产业引导资金管理办法》，针对重点文产项目、新增规上文化企业、文化创意产业以及文化企业营业收入较上年增长较大的企业（文化服务业超过上年1000万元、文化制造业超过上年5000万元）给予奖励，使文产引导资金真正围绕高质量考核发挥作用。（宣传部）

【文化项目建设】 2022年，句容市文化产业新建项目两个，即1912商业街区，大美天第博物馆（展览馆）研制项目，总投资7.5亿元。续建文产项目共6项，计划总投资62.89亿元，包括江苏可一文化艺术数字产业园、森豊新材料二期、康缘中医药文化产业园、伏热花海、茅山半岛度假村、山水葛园养生度假酒店等。

（宣传部）

大众传媒

【概况】 2022年，句容市融媒体中心切实把握好“时度效”，充分发挥主阵地、主渠道、主力军作用，统筹对内对外、网上网下宣传，更好引导群众、服务群众。年内，完成地面数字电视升级改造及700兆频率迁移工作，平台

2022年“文艺播种计划”——张家镗舞

共发射传输17套电视节目、12套广播节目供市民免费收看收听。组建外宣、融直播、FM91.7、强国供稿、广电蓝等10个融媒专业工作室，推进融媒对外宣传和经营创收实现稳步发展。与江苏农林职业技术学院经济和人文学院签约，成立“禾木容融”工作室，强化校媒融合。“打造十个专业工作室，提升融媒品牌影响力”获评2022年度江苏省县级融媒体中心建设优秀案例。（曹小旭）

【党的二十大精神宣传】 2022年，句容市融媒体中心全面铺开党的二十大新闻宣传报道工作。为全力做好喜迎党的二十大社会氛围营造，开设10个专题专栏。党的二十大召开期间，开设《二十大时光》专栏，深入基层一线，采访各行业受众群体，连续刊播45篇稿件；紧紧抓住句容元素做文章，报道句容市两位党代表回到工作岗位带头宣传落实党的二十大精神的场景；刊播《学习贯彻党的二十大精神进行时》专题80余篇，全面报道我市传达党的二十大精神和各级各层的宣讲贯彻情况。（曹小旭）

【电视新闻宣传】 2022年，句容市融媒体中心围绕高质量发展、产业强市、高品质生活、乡村振兴、党的建设等重大主题，打造一批内容精良、形式创新、传播有力的新闻产品。聚焦产业强市，推出系列报道《打好产业强市攻坚战》。聚焦乡村振兴，开展“喜迎二十大·看美丽句容”直播、“共富路上镇村行”等行动，以整版+新闻+短视频的方式为16个镇村量身定制矩阵宣传，展现乡村振兴的句容特色和句容担当。聚焦疫情防控，共采制抗击疫情电视稿件近400篇，推出系列短视频《封控区里的故事》。聚焦文明城市，开设《持续奋斗再出发 建设新时代更高水平全国文明城市》《文明花开新时代》《文明实践 志愿同行》等专栏，为创建文明城市提供舆论支持。（曹小旭）

8月，融媒体中心开展“葡萄熟了”2022公益葡萄节直播助农活动

【报纸媒体宣传】 2022年，《句容日报》围绕中心、服务大局，做强做深新闻宣传。开设《学思行》专版，宣传阐释习近平新时代中国特色社会主义思想。紧扣产业强市，助推高质量发展，相继推出《全力以赴干产业》《有困难 我来帮》《实施“四同四助”推进产业强市“一把手”访谈》等新闻专栏，采写《以龙头担当扛起产业强市的园区使命》《勇当改革发展先行者 擂动产业强市“新引擎”》等一批高质量稿件。开设《融媒评论》，发表《全力以赴打赢疫情防控阻击战》《奋进新征程、谱写新篇章》等文章20多篇。关注民生动态，开设《防范电信诈骗》《民生热线12345》等专栏，刊登50多篇稿件，着重报道群众反映的重点难点问题解决情况，助力治理突出实效。疫情防控期间，推出专版99个，打破星期六、星期天停刊的惯例，增加7期报纸，传达重大决策部署，科学普及防疫知识。（曹小旭）

【新媒体宣传】 2022年，句容市融媒体中心强化移动优先战略，走好主流媒体的群众路线。按照“新闻+政务+服务”功能定位，优化“看句容”App架构，实现电视、广播、报纸、视频等平台集聚，用户通过一个平台可满足全媒体的资讯需求。强化“看句容”App的服务功能，接入8大

类152项便民服务项目（筛选显示69项），深化公共交通、婚姻登记、水电气热等与群众日常生活相关的缴费、查询类便民服务项目。截至年末，“看句容”App和“句容日报”微信公众号用户数分别达16.7万、20万，浏览量1万次以上稿件数224篇。

（曹小旭）

【宣传】 2022年，句容市融媒体中心持续深掘全市生产生活生态中的热点和亮点，做好宣传工作。全年在央视用稿56条，其中央视《新闻联播》9条；省台用稿539条；国家级客户端用稿25篇；“学习强国”用稿249篇，《句容日报》在省级以上媒体发稿103篇。全国和同城热搜阅读总量突破2.75亿次，在人民网、人民图片网用稿48条，其中11月30日，《江苏句容：白雪映红柿 茅山披银装》视频被人民网、《人民日报》微博转发之后，登上全国热搜榜和镇江南京双城热搜第一，单条阅读量高达1.2亿次。

（曹小旭）

【传媒产业发展】 2022年，句容市融媒体中心深耕“媒体+产业”运营模式，拓展创收渠道，优化经营模式，推进市场开发。深化教培产业，举办“融聚童心 梦想启航”少儿汇报演出，开展融媒新闻研学、科普研学、少儿公益读书活动共计30余场次。成立融直播工作室，建立融先锋直播体系，开展政务直播，完成句容开发区招商“云推进”活动、“喜迎二十大 筑梦向未来——小主持小记者选拔赛”“句容市第九届运动会”开幕式全程直播等活动；开展助农直播，实施“第一书记直播间”、2022公益葡萄节直播助农活动等20多场；开展联企直播，实施“句容市优质农产品跨年直播活动”“‘句品划算·全网嗨购’2022句容农产品电商直播节活动”和“天‘e’购直播”系列活动。广电蓝工作室挖掘文化内涵，创新活动表现形式，成功承办“人民在我心中”句容市公安局主题报告会、“第十三届丁庄葡萄节”等活动8场。

（曹小旭）

6月30日，句容市融媒体中心与江苏农林职业技术学院举办“禾木容融”校媒合作签约揭牌仪式

体 育

·群众体育·

【概况】 2022年，句容市文体广旅局以科学发展为指导，以提高全民身体素质和健康水平为宗旨，以体育惠民为主线，加快提升公共服务水平，推动群众体育、竞技体育、体育产业协调发展，各项工作取得了新的进展。年内，获评江苏省2018—2021年群众体育先进集体，向省体育局争取到体校建设资金800万元，体校建设成为2023年全市民生工程。

（文体广旅局）

【体育设施建设】 2022年，句容市实施体育惠民工程，出台《句容市全民健身实施计划（2021—2025年）》，不断加强体育基础设施和公共服务能力建设。2022年全市共建有5个体育小公园、4个镇江市级多功能运动场、300多公里健身步道。持续加强对体育设施的维护管理，建管结合、注重实效，不断提升其利用率和使用价值，全年共更新、拆除、改扩建190多个健身场地。截至

2022年年底，全市体育场地面积268.34万平方米，人均体育场地面积4.19平方米，超全省平均水平。全市12个镇街、12个城市社区、153个行政村均建有文体活动广场和文体活动中心，实现了市、镇、村体育健身场所全覆盖。

（文体广旅局）

【全民体育】 2022年，句容市成立了运动与健康专项委员会，华阳、崇明、天王卫生服务中心被评为镇江市级运动促进健康中心和服务站试点，负责指导全市开展科学健身。连续8年开展全民健身系列活动，涵盖乒乓球、羽毛球、登山等13个项目，年均参与人次过万。依托公共体育设施广泛建立体育指导中心，积极扶持和帮助基层单位建立多种形式的体育指导站和体育健身站，使其发挥全民健身阵地作用。句容市社会体育指导员共3334人，每年组织安排社会体育指导员培训3.5场次。经常参加体育锻炼人口达到43%，国民体质测定标准合格率95%以上。

（文体广旅局）

【体育组织建设】 2022年，句容市不断健全群众体育组织网络，建立多种类型的体育协会，发挥各级各类体育协会在群众体育活动中的桥梁、纽带作用。全市有体育类社会组织近80家，全年举办各项活动60余场，服务人民群众近万人次。句容市门球协会通过了省民政厅的评估，成为全市首家AAAAA级社会组织。以句容市老年人体育协会、门球协会、健身气功协会等为承载，全年举办全民健身日全国门球大联动江苏省主会场活动、2022年江苏省老年人体育节句容分会场活动等各类活动10余场，惠及群众4000余人次。

（文体广旅局）

8月8日，句容市文体广电和旅游局举办全民健身游泳比赛

【体教融合】 2022年，市文体广旅局普及推广少儿体适能，恢复句容市业余运动学校工作。联合市教育局，充分利用多方资源，积极探索俱乐部进校园合作发展新模式。句容市体育运动学校落户句容市文昌中学，2022年共注册运动员163人，2021年夏小茜输送到江苏省乒乓球运动队之后，2022年输送王思睿进省游泳集训队。确定句容市“5621”计划，5个体育项目为田径、篮球、乒乓球、象棋、羽毛球，每个项目布局6所小学、2所初中、1所高中；全市各幼儿园根据自身情况分别开展趣味田径、街舞、体能闯关、跑酷、花式篮球、综合体能、幼儿基本体操少儿竞技体适能等项目，覆盖率达80%以上。截至2022年12月，句容市共有全国及省市各级青少年校园足球特色学校及特色幼儿园45所，其中国家级25所、省级5所、镇江级15所。召开体教融合工作联席会议，筹办句容市体育运动学校（文昌中学），成功向江苏省体育局争取体校建设专项资金800万元。深入贯彻落实“双减”工作政策，加强体育类校外培训机构监管，进一步深化校外培训机构治理，全面规范非学科类培训行为。全市登记备案的体育类培训机构有近100家，组织召开体育类校外培训机构平台培训会3场，推动体育类校外培训机构全流程纳入“全国校外教育培训监管与服务综合平台”，引导校外体育培训行业适应新形势，促进其有序运营。

（文体广旅局）

·竞技体育·

【概况】 2022年7月，句容乒乓球队代表镇江参加江苏省第二十届运动会青少年部比赛，获1金3银1铜。9月，代表镇江市参赛的句容市游泳队获得女子11—12岁组4×50米自由泳接力赛金牌。

市九运会群体部篮球比赛

最终在省运会中取得了2块金牌、5块银牌、2块铜牌，这是句容市参加省运会的历史最好成绩。同时，在2022年“玘迹体育杯”江苏省第七届小学生乒乓球锦标赛上，句容市22名运动员参加了七个组别的团体和单打比赛，获得2枚银牌和五个第五的成绩。

（文体广旅局）

【体育赛事】 2022年，句容市积极争取，承办省、镇江市各级比赛。江苏省第二十届运动会青少年部高尔夫球比赛于8月在白兔镇龙山湖开球。10月，2022年江苏省青少年乒乓球锦标赛在句容举行。12月，承办康泰杯江苏省第38届钓鱼锦标赛，获评优秀组织奖，江苏省第五届残疾人钓鱼全国邀请赛同期在句容市举行。12月11日，第十二届LTW国际路亚（BASS）大奖赛在边城镇仑山湖举行。

（文体广旅局）

【句容市第九届运动会】 2022年11月10日，句容市第九届运动会开幕，2023年1月17日闭幕。此次九运会以“相约九运 逐梦未来”为主题，赛事从8月启动、12月完赛，共有80个代表团7000多名运动员参赛，是自2016年以来全市规模最大、历时最长的综合性全民健身运动会。

（文体广旅局）

·体育产业·

【概况】 2022年，加快推进文化旅游体育等产业全方位、全链条深度融合，推动形成集文化体验、体育娱乐、康养休闲等于一体的全域旅游业态，擦亮文体旅特色品牌。茅山康缘养生谷等产业项目序时推进，集养生、养老、健康与旅游休闲于一体，助推康养人居、旅游休闲产业发展和消费模式升级。白兔龙山湖跑步线路入选“魅力江苏 最美体育”2022江苏省最美跑步线路。全年体彩销售1.26亿元，同比上涨29.9%，实现历史突破。

（文体广旅局）

综　述

【概况】　2022年，句容市拥有各级各类卫生机构258个，比上年增加11个，医院数10个，病床总数2383张。在岗职工4504人，比上年增加210人；卫生技术人员3693人，比上年增加171人，在岗注册乡村医生245名。完成诊疗总人次350.4万人次，其中出院病人4.3万人次。卫生事业费43797.72万元，比上年减少14.3%。全系统固定资产原值123931.07万元，净值56416.12万元。平均每一门诊人次医疗费用238.71元，每一出院病人医疗费用8719.9元。全年全市无甲类传染病报告。　（华　超）

疾病预防控制

【新冠疫情防控】　2022年，印发健康科普资料近7万册，对风险点等地的消杀开展指导，对疫源地开展终末消毒约3万平方米。做好政府储备库物资管理，及时配送接种点等地所需防疫物资。

（刘　敏　杨玉亭）

【急性传染病控制工作】　2022年，句容市传染病报告总发病率167.38/100000，比上年上升1.42%。无甲类传染病发生。高效处置传染病散发个案189例、流感暴发疫情1起、突发公共卫生事件2起，收集住院肺炎病例信息579例。　（刘　敏　杨玉亭）

【免疫规划工作】　2022年对全市442名预防接种人员开展复训，发放预防接种上岗证28张。完成一类疫苗接种8.17万剂次，新建证儿童3517人，单苗接种率均达95%以上。乙肝疫苗首针及时率90.28%。1周岁水痘疫苗免费接种率94.56%，4周岁水痘疫苗免费接种率88.05%。

（刘　敏　杨玉亭）

【慢性非传染病防治】　2022年，句容市累计报告死亡个案5293例，报告粗死亡率828.61/100000；医疗机构登记报告慢性病个案8862例。开展与健康生活方式相关的主题媒体报道工作，及时上报全民健康生活方式工作情况，深入推进全民健康生活方式行动。在茅山、天王、后白3个项目点开展糖尿病高危人群筛查干预项目，完成3000人次筛查，对高危对象进行健康干预；在茅山管委会、郭庄和边城组建糖尿病、高血压和老年人防跌倒各5个自我管理小组，每个小组12—15人，分别进行10次自我管理小组活动，完成效果评价。

（刘　敏　杨玉亭）

【艾滋病防治】　2022年，句容市各类人群HIV抗体检测174725人次。新增治疗艾滋病病人21例（该地新纳入15例，外地转入治疗6例），在管患者治疗覆盖率99.57%，纳入治疗病人全部落实病毒载量检测；完成CD4细胞检测219人次。（刘　敏　杨玉亭）

【结核病防治】　2022年，句容市发现并规范治疗管理活动性肺结核患者 156 例，初诊患者查痰率、高危人群耐多药筛查率、病原学阳性新患者分子生物学耐药筛查率、医疗机构肺结核病人报告率、病人系统管理率、病原学阳性患者密切接触者筛查率、病人转诊率均保持 100%。组织完成重点人群肺结核筛查 158920 人次，对出现可疑症状的 4994 人，全部实施免费胸片筛查诊断。快速规范处置学校结核病报告疫情 6 起，对 267 例密切接触者开展症状筛查、PPD 筛查及胸片检查等，及时规范完成疫情处置各项工作，有效防止疫情扩散和蔓延。

（刘　敏　杨玉亭）

【血寄地防工作】　2022 年，句容市组织开展螺情调查 1563.05 万平方米，解剖钉螺 8178 只未发现阳性；实施药物巩固灭螺 177.66 万平方米。完成血吸虫病 DDIA 筛查 10753 人，对 27 例阳性结果经集卵孵化后予以排除。连续 19 年未发现感染性钉螺，连续 16 年未发现该地新感染病例。强化疟疾监测，血检发热病人 485 人次，RDT224 人，未发现阳性；落实土源性线虫病省级监测，调查 1014 人，虫种感染率 0.29%。监测零售商店盐样 40 份，碘含量均符合要求；完成 200 名 8—10 岁学生和 100 名孕妇碘营养调查，碘营养处于适宜水平。通过问卷调查、盐样采集、尿样采集开展江苏省重点甲状腺疾病专项调查，共调查小学生 329 人，初中生 350 人。（刘　敏　杨玉亭）

【健康教育与健康促进工作】　2022 年，句容市发放《健康之窗》220 套，《今日保健》杂志 350 份，编印《健康快车》7 期共 35 万份。累计建成健康主题公园 2 座、健康广场 12 个、健康步道 14 条、健康小屋 20 个。组织开展市级宣传科普 9 次，累计受众 2 万人。开辟《今日句容》“卫生与健康”专栏，刊登健康知识 52 期；运用“句容疾控微健康”微信公众号，推送健康科普信息 217 篇。组织完成健康素养现场监测 450 人份。在 21 所中小学开展减盐健康教育推广项目。继续推广“居民健康素养”网上学习测评 36804 人次，知识知晓率达 88.65%，行为形成率达 94.82%。　（刘　敏　杨玉亭）

卫生监督执法

【概况】　2022 年，句容市开展卫生监督疫情防控专项、集中隔离医学观察场所消毒、无证行医、全省防暑降温、全市健康领域安全生产、公共场所集中空调通风系统、涉水产品、餐（饮）具消毒、二次供水、传染病防控等专项整治 15 类次，共出动监督人员 5865 人次，车辆 652 车次，检查单位 4315 户次。推行“智慧卫监”执法工作，开展“163”平台建设与应用管理，进一步优化日常监督、行政执法等体制机制。按时完成 172 项国家监督抽检任务和 39 件省级监督抽检任务。配合省市完成食品安全国家标准跟踪评价。加强非法行医监测监控体系建设与规范管理，充分发挥哨点管理和卫生监督协管作用，建成打击非法行医长效管理机制。公共场所经营单位量化分级管理率达 100%；办理行政处罚案件 46 宗，罚没款共计 38.82 万元。

（张　荣　张　玲）

爱国卫生

【病媒生物防治】　2022 年，句容

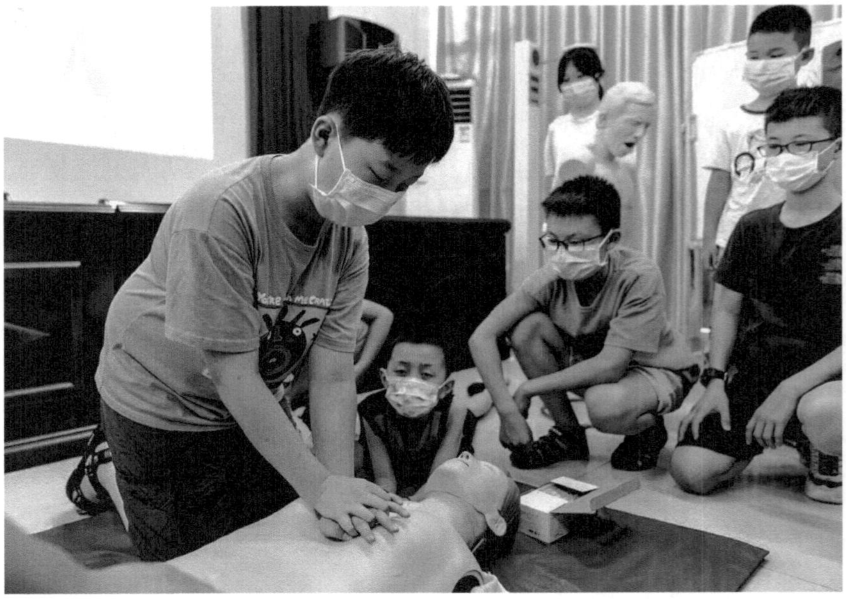

卫健委医护志愿者走进社区开展急救培训

市结合国家卫生城市长效管理工作，进一步完善除“四害”工作网络。对农贸市场、城郊结合部等重点区域，规范、科学实施蚊、蝇、鼠、蟑螂密度监测。新增毒饵站1000余处。坚持环境综合整治与药物灭杀相结合，日常防治与突击灭杀相结合，城区“四害”密度始终控制在国家卫生城市标准以内。

（葛　飞　吕振东）

【健康促进】　2022年，句容市以“健康镇江”项目任务为突破口，专人每月对建成的健康场景进行现场维护和管理。各基层医疗机构积极开展健康科普宣传和咨询服务进乡村，深入机关、学校、社区、企业开展健康素养巡讲活动共计200余场次。妇联牵头开展健康促进家庭建设工作，全市共推选健康促进家庭100户。爱卫会联合妇联、市级机关工委开展健康促进机关建设工作，共建成健康促进机关71家。新建成崇明、肖杆河健康主题公园2个。市场监管局打造健康促进药店2个，在全市范围内进行试点，将健康宣传阵地前移并拓宽。

（葛　飞　吕振东）

【控烟工作】　2022年，句容市按照省市相关要求，并结合国家卫生城市长效管理工作，积极开展公共场所控烟工作，开展2轮次专项监督检查。根据第35个世界无烟日宣传活动要求，开展形式多样宣教活动，印制并张贴禁烟标识2万多张，发放宣传手册等资料2000余份。

（葛　飞　吕振东）

基层卫生

【概况】　2022年，句容市推进基层医疗卫生机构综合改革，落实投入保障机制，创新引进培养机制，改革绩效分配机制。持续开展“优质服务基层行”活动，15家基层医疗机构中有6家达“推荐标准”，9家达“基本标准”，总体达标率100%；郭庄中心卫生院创成江苏省农村区域性医疗卫生中心基本建成单位；边城、宝华卫生院建成社区医院。至2022年年底，共建成国家级“群众满意的乡镇卫生院”5家，国家级“优质服务示范社区卫生服务中心”1家，“全国百佳乡镇卫生院”1家，江苏省社区医院4家，农村区域性医疗卫生中心（二级医院）3家。8家基层医疗机构建有江苏省基层医疗机构特色科室，建成江苏省甲级村卫生室7家、省级示范村卫生室35家。优化家庭医生签约服务包设计，制定3大类、11个服务包，覆盖健康人群、慢性病的高危人群、慢性病等十一类人群，做实做细家庭医生签约服务工作。全年完成家庭医生签约28万余人，其中：个性化签约21万余人，常住人群家庭医生签约服务率达43.8%，重点人群签约率达77%。

（陈　刚）

妇幼健康

【概况】　2022年，句容市按时序进度完成基本公共卫生妇幼项目，其中增补叶酸2026人，“两癌”检查20013人，发现乳腺癌6例、宫颈癌8例、癌前病变92例，均给予及时治疗、随访及进一步转诊。全市产妇2444人，活产数2477人，早孕建卡2079人，早孕建卡率83.93%。接受婚前检

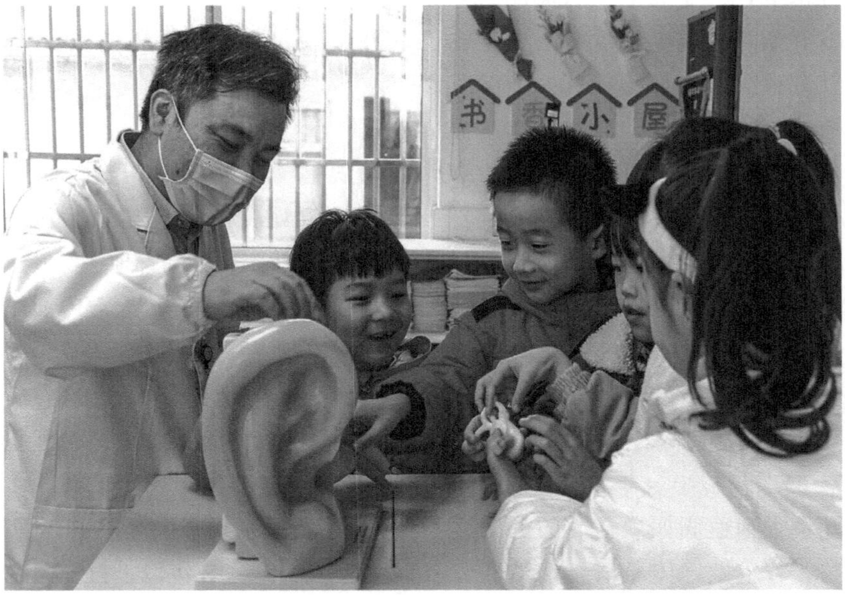

全国爱耳日，医务人员为小朋友讲解耳朵的结构和功能

查 2046 人，婚检率 90.37%，检出患有疾病 764 人。新生儿 2477 人，新生儿访视 2421 人，访视率 97.73%。新生儿疾病筛查 2454 人，筛查率 99.07%。新生儿听力筛查 24621 人，筛查率 99.39%。7 岁以下儿童健康管理人数 28813 人，保健管理率 90.38%；3 岁以下儿童系统管理 9033 人，系统管理率 83.8%。（陈　刚）

老龄健康

【概况】　2022 年，句容市积极开展老龄化国情教育和宣传，普及老年健康知识，提高老年人健康素养和健康水平，围绕“改善老年营养　促进老年健康”主题，开展老年健康宣传周活动，以“反诈防骗，敬老助老”为主题组织敬老月系列活动。为帮助老年人跨越“数字鸿沟”，实施老年人运用智能技术专项普及培训工程，共培训老年人 3031 人次。指导下蜀镇空青村建成全国示范性老年友好型社区、宝华镇栗庄村建成江苏省老年友好型社区，全市所有医疗机构建成江苏省老年友善医疗机构。基层医疗卫生机构结合实施基本公共卫生服务项目要求，建立老年人健康管理服务制度，为老年人免费建立电子健康档案，加强老年人健康指标监测和信息管理；累计为 116118 名老年人建立居民健康档案，为 80373 名 65 岁及以上老年人进行包含 B 超检查和血脂四项在内的健康体检，着重做好体检信息反馈和咨询，为老年人提供个体化健康教育。以家庭医生签约服务方式为行动不便的居家老年人提供上门的健康管理和康复护理等服务，年内共签约 86441 名 65 岁及以上老年人，通过健康团队活动为老年人提供一对一的健康咨询和健康指导服务。（王　琛）

卫生基础建设

【概况】　2022 年，句容市妇幼保健院异地新建项目总投资 2.03 亿元，基建部分全部完成，整体搬迁设施设备招标工作全部完成，大部分设备、家具进场安装。后白卫生院综合楼项目总投资 2856 万元，基建部分全部完成。10 月，句容市急救站救护车一体化洗消中心建设完成并投入使用，项目总投资 450 万元；句容市妇幼保健院发热门诊项目总投资 420 万元，主体验收已通过。

（刘四清　孙　行）

医政管理

【概况】　2022 年，句容市巩固三级医院转设成果，加强市人民医院与省人民医院在医院管理、学科建设、教学科研、质量安全等方面深度合作。制定下发《关于成立市人民医院医疗集团和市中医院医疗集团的通知》《句容市医共体管理委员会章程》，推进紧密型医共体实质化运行。完成市中医院 PCR 实验室建设。4 家二级以上公立医院完成医废信息化监管系统建设，制定《关于印发〈进一步加强塑料污染治理的实施方案〉的通知》，持续做好医疗废物专项整治。会同市场监管、医保部门，开展不合理医疗专项督查和依法执业专项检查，不断规范医疗行为。全年共审核批准句容洪皓口腔门诊部都市晴园分部等 12 个新增机构的执业注册审批，实施电子化注册管理。完成医师注册 207 人次，首次注册 55 人次、变更注册 91 人次、多机构备案 61 人次；完成护士注册 150 人次，首次注册 23 人次、变更注册 83 人次、延续注册 36 人次、重新注册 8 人次。（凌　凯　孔圆圆）

中医中药

【概况】　2022 年，句容市基本建立以市中医院为龙头、基层医疗机构为主体的全市中医药服务网络。实施中医药文化惠民工程，开展中医药文化科普巡讲活动，全年共组织开展中医“三进”义诊及宣传 6 场，中医药健康知识讲座 20 场，岐黄校园行 4 场，受惠群众达 8000 人。市中医院脾胃病科、中医骨伤科为镇江市级中医重点专科，脾胃科被列为江苏省中医重点建设专科，肛肠科、针灸科被列为镇江市中医重点建设专科，建立朱秉宜省名老中医工作室工作站和全国名老中医王平生中医工作室，并开展市中医院中医药适宜技术推广基地建设，加强基层常见病、多发病中医药适宜技术推广。开展 4 期中医适宜技术培训，推广 20 种中医适宜技术。华阳社区卫生服务中心、后白卫生院二圣分院中医馆分别创成江苏省五星级和四星级中医馆。加强全市基层卫生院中医药综合服务区建设，在装修上体现中医药文化特色。基层形成边城中医妇科、小针刀，天王中医骨科，二圣中医外科，黄梅中医伤骨科和石狮小儿疳积科、肛肠等一批特色显著、疗效确切、在句容市及周边具有一定影响力的特色专科（专病）。（施道刚）

【边城卫生院中医馆入选省五星中医馆】 2022年10月，江苏省卫健委公示基层医疗卫生机构五级中医馆评审结果，边城卫生院中医馆入选，成为句容市首家五级中医馆。中医馆位于边城卫生院二楼，占地面积近400平方米，由四个诊疗科室组成。

（陈龙浩）

10月，边城卫生院中医馆成为句容市首家五星中医馆

民政事务

【概况】 2022年，句容市民政局认真学习贯彻党的二十大精神，以“人民对美好生活的向往就是我们的奋斗目标”为出发点和落脚点，认真践行“民政为民、民政爱民”工作理念，深入推进高质量现代民政建设，2022年各项工作取得显著成效。（陈静静）

【民生保障】 2022年，市民政局开展特殊困难群体专项摸排整治，创新实践深化精准救助。截至12月底，全市城乡低保共有2333人，城乡特困人员2221人。加强防疫期间特困供养人员照料服务，认真落实困难群众临时救助工作。残疾人“两项补贴”及时足额发放，全年共发放两补资金6775.84万元。关爱和保障困境留守儿童，全年累计发放困境儿童生活补贴523.32万元，投入资金7.5万元为375名困境儿童购买人身意外伤害险，投入资金8.13万元组织189名困境儿童进行健康体检活动。稳妥推进镇级儿童关爱之家、未成年人保护工作站建设。（陈静静）

【养老服务】 2022年，句容市出台《句容市“十四五”养老服务发展规划》。以全面构建居家社区机构相协调、医养康养相结合的养老服务体系，显著提升广大老年人的获得感、幸福感、安全感为工作目标，推进构建完善基本养老服务制度框架、打造多元化养老服务供给体系、推动养老服务提质增效、加强养老服务队伍建设、开展农村养老服务提升计划、壮大银发经济产业规模、强化养老服务发展要素支撑、建立健全养老服务监管机制、建立完善养老服务领域应急管理体系等九项重点任务。（陈静静）

【公共服务】 2022年，句容市推进殡葬改革，推进林地生态葬，在白兔镇林地生态葬试点成功的基础上，积极推进城市公益性生态葬公墓建设项目。做好清明文明祭扫安全生产，举行集中代祭扫仪式。做好日常救助管理，强化防疫措施，进一步加强对流浪乞讨人员的救助管理，建成句容市救助管理站。开展乡镇级勘界行政区域界线勘定试点。完成江苏省级地名文化遗产评定，西冯、青山、石狮沟、丁庄入选镇江市级地名文化遗产，石狮沟入选省级地名文化遗产。9月1日起，实行省内离婚登记通办试点工作。（陈静静）

社会治理

【概况】 2022年，句容市民政局多措并举促使社会治理更加高效。认真做好村（居）民委员会补选工作，设立答疑工作电话，及时解答相关镇（街道、管委会）对补选工作中关于人员、程序、时间等疑问，全面完成该项工作。加强村（居）民委员会组织建设，建立健全村（居）民委员会下属委员会，全面完成村（居）民委会下属委员会的设置工作。持续推进民主协商，在2021年全市城乡社区民主协商议事会建成率达100%的基础上，出台《关于推动城乡社区民主协商议事会标准化建设的通知》，严格规范民主协商议事会人员、程序、制度，推动城乡社区民主协商议事会标准化建设高质量发展。在宝华镇新城社区和华阳街道城上社区开展“五社联动”试点。优化服务，规范开展社会组织登记工作。加强监管，推动社会组织健康规范发展，句容市门球协会“创新社会化服务　大力推广门球运动”获评江苏省社区社会组织协同基层治理高质量发展优秀案例。

（陈静静）

【社会工作人才队伍建设】 2022年，市民政局注重人才培养，加强社会工作人才队伍建设，加强社会工作者职业水平考试的宣传发动，委托专业培训机构开展考前辅导培训，聘请专家老师进行线上授课，切实保障该市学员参训率、通过率。截至2022年年底，全市共有持证社工452名，每万人拥有社工数量约为7个。做好服务引导，推进全市志愿服务工作有效开展，指导全市800多家志愿服务队在全国志愿服务信息系统中开展信息更新、志愿者注册、项目发布、时长录入工作，加强对志愿服务活动的监督管理，全市有志愿服务时长的志愿者占注册志愿者比例50.7%。

（陈静静）

【“五社联动”试点】 2022年，句容市引进专业社会治理社会组织镇江市正益社会组织发展促进中心，在宝华镇新城社区和华阳街道城上社区开展“五社联动”试点，推动形成“五社联动”机制，构建以社区为平台、以社会组织为载体、以社会工作者为支撑、以社区志愿者为辅助、以社会慈善资源为补充的现代基层治理行动框架，实现广泛联动多元主体参与社区治理，以项目化方式承接社区公共服务。2022年7月，该社会组织进驻入场，开展“五社联动”工作。（陈静静）

【社会组织发展】 2022年，市民政局加强社会组织事中事后监管。开展2021年全市社会组织（不含慈善组织）年度检查工作，委托会计师事务所开展抽查审计。开展社会团体分支（代表）机构、“僵尸型”社会组织、民办非企业单位（社会服务机构）非营利监管，行业协会商会乱收费专项整治“回头看”行动。通过社会组织自查、登记管理机关抽查、联合相关部门检查等，对全市社会组织进行多层次的深度检查。对内部管理不规范的社会组织及时进行整顿；对长期不开展活动、不接受监管的给予注销或撤销登记；对未经登记审批、擅自以社会组织名义开展活动的非法社会组织依法取缔。进一步优化社会组织结构，净化社会组织发展环境，防范化解社会组织风险，促进社会组织高质量发展。2022年，句容市新登记社会组织26家、注销登记16家、变更登记54家、换届42家。（陈静静）

【镇（街道）社会工作服务站建设运营】 2022年，市民政局印发《句容市镇（街道）社会工作服务站建设实施方案》，统筹下拨省级福彩公益金60万元支持各镇（街道）社工站建设。与市财政局、市慈善总会共同印发《关于推进镇（街道、管委会）社工站与慈善服务中心一体化建设运行的实施方案》，由市民政局每年补助10万元，市慈善总会每年补助4万元支持镇（街道、管委会）社工站建设运行。鼓励引导各镇、街道优秀社工人才加入，建立专业社工组织，支持优先录用本地持证社工，坚持社会工作者本土化发展。（陈静静）

人口和家庭

【概况】 2022年，句容市出生人口1795人，出生率3.04‰，出生人口性别比基本正常。句容市稳妥实施三孩生育政策，着力发展普惠托育项目，分别建成江苏省示范性托育机构、江苏省普惠托育机构、镇江市普惠托育机构各1家，多措并举做好政策衔接工作。落实计生奖励扶助政策，对2022年申请享受的5741名奖扶对象、149名特扶对象进行资格审核、公示、确认，全年共向36726人发放奖励扶助金4596.59万元；对2022年申请享受的1832名退休企业职工、67名城镇非从业人员进行资格审核、公示、确认，全年共发放一次性奖励金569.7万元。开展“三个全覆盖”专项行动，加大常态化帮扶计划生育特殊家庭力度。（王　琛）

婚姻登记

【概况】 2022年，句容市共办理结婚登记2902对，离婚申请1935对，离婚登记1062对，补领婚姻登记证1003对，登记合格率100%。9月1日起实行省内离婚登记通办试点工作。做好吉祥日等特殊日子登记工作，邀请“江苏省道德模范提名奖”获得者王秀燕为新人颁发结婚证，联合微能家园社会组织的志愿者们为新人发放《婚俗改革文明手册》和《婚俗改革倡议书》。联合市妇联开展“爱满七夕节，送法婚登行”活动，发放《“平安家庭”指导手册》《中华人民共和国家庭教育促进法》。深入后白镇西冯村开展“治理高额彩礼 抵制大操大办 减轻人情负担”移风易俗专项行动座谈会。 （陈静静）

【婚俗改革】 2022年，句容市政府将婚俗改革写入政府工作报告，作为市政府的重点工作。按照“一个中心、四个个性婚仪点”的“1+4”模式，把婚姻登记中心建设作为婚俗改革的重点内容，按照国家AAAAA级婚姻登记场所标准新建，设置婚俗文化展示厅、婚姻课堂、文化廊，将婚姻文化与园林文化、句容福文化有机融合。打造展示句容婚俗文化新思想、新理念的婚姻登记中心，在全市布点四个形式各异的个性文明颁证点打造展示句容婚俗文化新思想、新理念的“1+4”文明婚仪基地。 （陈静静）

【婚姻家庭辅导】 2022年，市民政局设置独立的婚姻家庭辅导室，聘请“壹心关爱家庭服务社”社会组织参与婚姻家庭辅导服务。2022年度开展“相爱珍惜，智慧相守”新婚夫妻问卷调查和访谈，《家庭教育读书会》沙龙分享，以及“婚姻家庭暨婚前辅导与离婚冷静期的工作培训”等活动，共计十余场讲座沙龙；开设“姐妹在一起·妇女微家”公益课堂。 （陈静静）

养老服务工作

【概况】 2022年，句容市在镇江市首家出台《句容市“十四五”养老服务发展规划》，明确“十四五”时期全市养老服务发展的总体要求、发展目标、主要任务和保障措施，积极应对人口老龄化的多样化发展需求，强化体系、保障供给、扩大覆盖、提升服务，推动养老服务高质量发展。实现尊老金审批权下放及线上申报。作为镇江市首个尊老金线上申报试点，全面优化句容市尊老金办理流程，将审批权限下放至镇（街道），打通养老服务“最后一公里”。开展居家适老化改造，为165户特殊困难老年人家庭实施居家适老化改造，居住环境更加安全、舒适和便捷。高质量推进居家养老上门服务，联合第三方做好服务内容、服务过程、服务质量、服务结果的监管。开展空巢老人专项排查工作并建立关爱询访制度。开展安全生产大检查，筑牢养老机构安全防线。

疫情防控期间，出台“三包一”政策，采取镇（街道）分管领导、民政干部、村（社区）工作人员“三包一”包一个养老机构的方式，确保全市养老服务领域新冠疫情“零发生”。为支持全市民营养老机构积极应对新冠疫情，切实保障民营养老机构运营，对全市15家民营养老机构

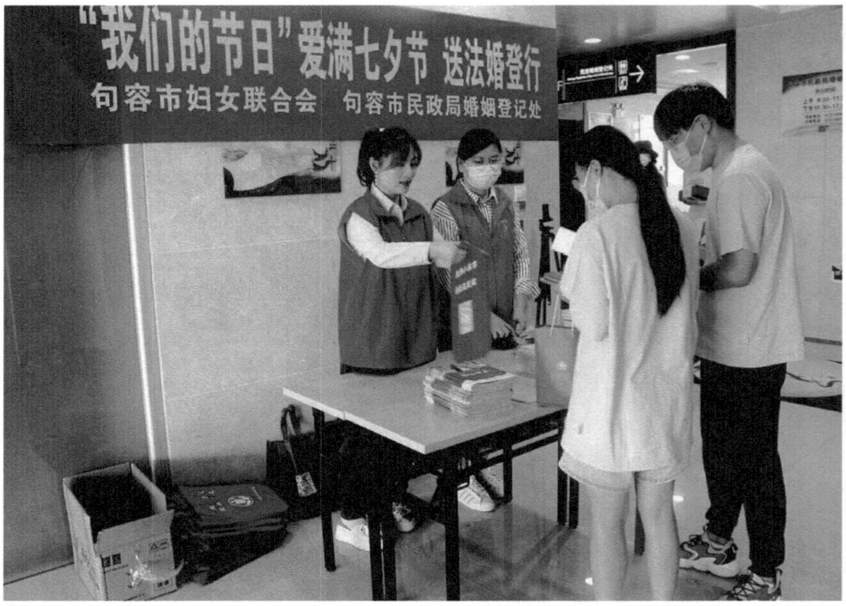

市民政局开展“我们的节日”爱满七夕节 送法婚登行活动

2022年句容市百岁老人情况一览表

表21

序号	所属地区	姓名	出生年月	序号	所属地区	姓名	出生年月
1	白兔镇	顾日光	1923-11-23	28	后白镇	王银宝	1923-09-11
2	白兔镇	汪兴隆	1921-12-08	29	华阳街道	许明兰	1920-10-22
3	白兔镇	吴桂英	1923-07-26	30	华阳街道	魏玉兰	1923-09-10
4	白兔镇	冯素青	1920-11-20	31	华阳街道	张元英	1922-06-13
5	白兔镇	周学礼	1923-04-13	32	华阳街道	陈法根	1921-08-03
6	白兔镇	巫顺兰	1923-06-21	33	华阳街道	谢永英	1923-10-04
7	白兔镇	王友运	1920-03-08	34	华阳街道	芮蓝萍	1923-07-14
8	边城镇	柯红英	1923-06-13	35	华阳街道	陈帮英	1922-08-28
9	边城镇	吉小罗	1923-07-11	36	开发区（黄梅街道）	黄政仁	1922-01-25
10	边城镇	林小白	1923-06-21	37	开发区（黄梅街道）	梅发英	1923-10-19
11	崇明街道	朱映云	1923-06-30	38	开发区（黄梅街道）	陈良余	1923-07-29
12	崇明街道	宋章英	1923-10-16	39	茅山管委会	王昌英	1921-12-29
13	崇明街道	刘邦武	1919-02-16	40	茅山管委会	吴兴玉	1922-04-09
14	崇明街道	张　淳	1921-12-04	41	茅山管委会	周长凤	1920-09-22
15	崇明街道	方　青	1922-09-09	42	茅山管委会	周守英	1923-10-20
16	崇明街道	戴淑梅	1919-04-17	43	茅山镇	李维全	1921-03-12
17	崇明街道	杨国元	1923-10-07	44	茅山镇	孙玉美	1921-08-05
18	崇明街道	于福新	1923-08-28	45	茅山镇	王凤英	1923-03-07
19	崇明街道	吴素英	1921-12-06	46	天王镇	刘大勤	1922-04-04
20	崇明街道	闻广德	1919-10-01	47	天王镇	张忠庆	1922-11-27
21	崇明街道	王永穆	1922-05-12	48	天王镇	孙有贵	1923-06-14
22	崇明街道	周　荻	1923-02-17	49	天王镇	刘荣珍	1923-04-18
23	崇明街道	刘永仙	1923-03-10	50	下蜀镇	王继凤	1923-07-07
24	郭庄镇	杜志华	1917-09-09	51	下蜀镇	李春荣	1923-02-14
25	郭庄镇	周德仁	1923-10-19	52	下蜀镇	戴玉珍	1922-02-26
26	郭庄镇	王士英	1923-10-16	53	下蜀镇	陈凤英	1920-10-27
27	后白镇	张映凤	1921-09-01	54	下蜀镇	成少卿	1922-09-08

（民政局）

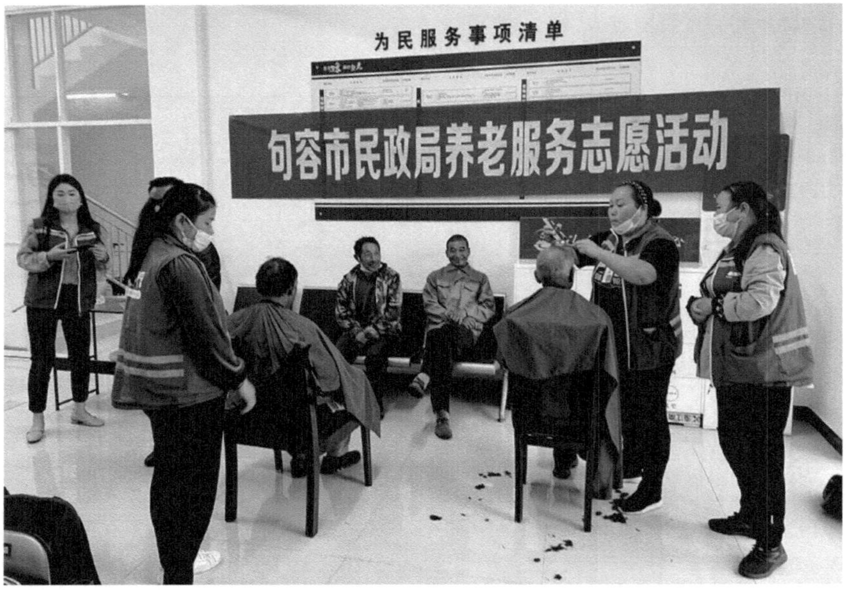

句容市民政局到白兔镇幸福村开展养老服务志愿活动

发放一次性纾困补贴112万元。

（陈静静）

【整治养老服务诈骗专项行动宣传】 2022年，市民政局持续开展以“守住钱袋子、护好幸福家”为主题的防范养老服务诈骗专项行动宣传。制定《关于印发句容市打击整治养老服务诈骗专项行动实施方案的通知》，同时部署到各镇（街道）民政部门做好宣传，深入各养老机构加大宣传力度，如发放手册、张贴海报、滚动字幕、开展现场讲解。全市养老机构签订防范养老服务诈骗承诺书23份，并向入住老人家属发放防范养老服务诈骗告知书1200余份。

（陈静静）

【养老服务队伍建设】 2022年，市民政局开展养老服务相关培训，全省养老护理员线上培训课程组织350人参训。举办民政系统养老机构安全管理培训班，邀请老师为全市养老机构负责人、安全员解读新修订的《中华人民共和国安全生产法》并开展人员密集场所应急救援处置演练。举办2022年度养老护理员职业技能培训班，逐步增加高级技能人员的数量，共有400余人参与培训，并有110名人员在护理员大赛中取得高级证书。

（陈静静）

【养老机构安全整治】 2022年，市民政局开展养老机构消防安全风险隐患“百日攻坚”行动、既有建筑安全再排查再整治、夹芯材料彩钢板建筑消防安全专项整治工作。完成5家公办养老机构、3家民办养老机构“气改电”工作，1家民办养老机构“瓶改管”工作。

（陈静静）

【居家适老化改造】 2022年，市民政局为165户特殊困难老年人家庭实施居家适老化改造，出台《关于做好2022年我市老年人家庭居家适老化改造工作的通知》。加快市政府为民办实事之一句容市养老护理院建设，确保完成任务。高质量推进居家养老上门服务，高龄、经济困难失能老年人养老服务保障覆盖率排名镇江市第一，联合第三方做好服务内容、服务过程、服务质量、服务结果的监管。

（陈静静）

关心下一代工作

【概况】 2022年，句容市关心下一代工作坚持服务青少年正确方向，按照“本职工作做出特色，特色工作做出声势”的要求，主动作为，推动关心下一代工作高质量发展。年内，市关工委组成单位增加到25个党委、政府部门，基层关工委组织做到应建尽建，实现全覆盖。全市登记在册的“五老”人员达7500人。举办“关爱基金”发放仪式，向困难家庭儿童发放助学金10万元。11月2日，市关工委召开成立30周年庆祝会议。

（滕秀平）

【青少年主题教育】 2022年，市关工委在全市组建54个“五老”宣讲团，举办宣讲报告会95场，参会青少年达2.5万人次。通过“句容市关心下一代网站”“网上家长学校网站”“句容教育在线”等媒体开展线上宣讲，各中小学组织学生收看。在全市中小学组织开展读书征文活动。8月24日，市关工委、文明办、教育局联合在华阳实验小学举办“老少心向党，喜迎二十大”节目展演，各镇级关工委都选派节目参

加展演。（滕秀平）

【校外辅导站建设】 2022年，市关工委进一步推进辅导站建设，基本形成“党政主导、关工委主责、党建带动、各方联动、资源共享”的辅导站组织模式。普遍做到“三纳入、三列入”，即关工委的校外辅导站建设纳入精神文明建设总体布局、纳入乡村振兴战略部署、纳入干部责任考核目标体系；列入为民办实事项目、列入政府重要议事日程、列入地方财政预算。（滕秀平）

【“三扶两创”活动】 2022年，市关工委召开涉农部门关工委和市科技指导组专家座谈会，落实帮扶责任，建立一个涉农部门、一名科技专家、一个帮扶基地的“三个一”帮扶机制。9月，全省“三扶两创”工作现场推进会在句容市召开，参会人员实地参观白兔镇致富果业专业合作社、虎耳山无花果专业合作社和华阳镇山本家庭农场3个关工委帮扶的青年农民创业基地，句容市在会上作《让青年农民扬起创业的风帆》主题发言。11月，市关工委与市农业农村局联合组织学员参加部级高素质农民培训班，并组织学员到南通现场考察学习。

（滕秀平）

社会救助

【概况】 2022年，句容市社会救助工作以兜牢民生底线，完善救助改革为主线，强化防疫期间救助能力，夯实精准救助水准，创新举措、完善实施，推进全市救助制度改革，高标准、严要求促使全市社会救助工作高质量发展。健全分层分类救助制度体系，统筹发展社会救助体系，出台《关于改革完善社会救助制度实施方案》。创新实践深化精准救助，2022年，全市共发放低保金1965.87万元、共发放特困资金3005.98万元。2022年全市城乡累计救助287人次，共发放临时救助金51.22万元，另镇级转介慈善救助131.84万元；协调市慈善总会安排专项救助资金100万元下拨至各镇（街道），共救助特殊困难群体1315户。（陈静静）

【特殊困难群体专项排查整治】 2022年3月，全省特殊困难群体救助帮扶专项排查整治工作启动后，市民政局组织业务培训，整合各镇（街道、管委会）基层力量，共组建350余个排查小队近600名工作人员开展专项排查。建立特殊困难群体数据库，将需要摸排的群体与数据库进行对照，防止漏筛错筛。组建走访排查队伍，见人见面开展排查。实行排查整治日报制，掌握实时进度的同时也摸清困难群体底数。共摸排六类已纳入保障特殊困难群体14037人次，摸排未纳入保障但可能存在特殊困难或风险的对象86人次，排查出需要跟踪帮扶的重点户有321人次，各镇（街道、管委会）5月底均形成“一报告、两清单”。坚持边排查梳理、边救助帮扶、边整治落实，发现和解决突出问题10个。成立三个督察组通过实地走访、电话询问、村民访谈、信息比对等方式，对各镇（街道、管委会）六类已纳入保障特殊困难群体和未纳入保障但可能存在特殊困难或风险的对象按10%进行抽查，年内对重点跟踪帮扶户100%完成核查。

（陈静静）

【精准救助】 2022年，社会救助审批权全面下放后，为不断推进救助政策的精准落地，句容市在镇（街道、管委会）自查、市级督查的基础上，委托第三方对全市社会救助对象开展入户复核、家庭情况调查等工作，对核查中发现的问题梳理通报，限期整改，更客观准确地了解全市救助现状和突出矛盾，提升精准救助能力。完成全市城乡低保、特困供养人员30%的专项抽查，第三方共复查出的疑点数据134条，退出低保24户，调整低保金3户，退出特困36人。

【救助补助金专项治理】 2022年7月起，句容市开展困难群众救助补助资金审计发现问题专项治理工作，主要从应享未享、违规享受救助、重复享受救助问题、资金违规使用问题等方面开展重点排查整治。要求各镇（街道、管委会）明确整治内容，强化整治措施，开展自查，在此基础上市民政局又联合多部门开展信息比对，前期筛查出96条存疑信息，要求各镇（街道、管委会）对存疑信息再次进行核查，最后筛查出车辆信息2条、不动产登记信息3条，年内全部处理完毕。

（陈静静）

慈善事业

【概况】 2022年，句容市慈善总会全力践行“慈善为民，依法行善”要求，紧紧围绕全市民生工作大局，推进慈善事业发展再上新台阶。2022年，句容市慈善总会共募集善款2600万元，各类慈善救助活动共支出2420万元，惠及困难群众4万多人次。年内，句容市慈善总会被省民政厅评为全省“AAAAA级社会组织”；被省慈善总会授予全省慈善网络募捐“最佳组织奖”；实施的句容市“萱草花”志愿服务项目获江苏省第六届“江苏慈善奖”最具影响力慈善项目。句容市被中华慈善总会授予首批“幸福家园”工程全国联动区域慈善协同创建示范县称号。（陈静静）

【慈善助医】 2022年，市慈善总会对低保户、建档户家庭尿毒症患者透析治疗阶段符合医保政策规定的自付部分给予全额救助，全年救助金额38万元，救助220人。对低保户、建档户家庭中白血病、红斑狼疮患者进行救助，全年救助金额80.5万元，救助361人。对低保户等特困人群的住院医疗费用实行慈善救助，全年救助47.5万元，受助1459人。对全市身患重大疾病的困难群众进行临时救助，救助金额23.4万元，全年救助95人次。孤儿父母监护缺失的儿童、父母无力履行监护职责的儿童、低保家庭、建档立卡户和低保边缘家庭中的少年儿童患重大疾病进行救助，救助14.92万元，受助12人。资助市中医院50万元，用于购买4台血透机。

【慈善助困】 2022年，句容市对低保家庭、特困职工家庭和特殊教育学校智力残疾儿童、孤儿，以及其他特困家庭的在校学生，按类别给予1000元到8000元的资助。元旦、春节期间，在全市开展“百万善款送温暖”春节慰问活动，安排资金100万元，慰问全市500户贫困户家庭。对因疫情造成生活特别困难的群众进行专项救助，安排专项资金100万元，全市共救助1315人。资助对口扶贫的蒲城县慈善协会资金24万元，专项用于蒲城县5个村“幸福家园”示范村建设和6个“慈善文化进校园”项目建设。（陈静静）

【“幸福家园”村社互助工程】 2022年，市慈善总会全面推进“幸福家园”村社互助工程。全市12个镇（街道、管委会）都确定1—2个项目参与“幸福家园”村社互助工程试点，涵盖“助老、助医、助残、助困”等慈善服务内容，较好地把公益慈善事业落地下沉到城市社区和农村基层。郭庄镇全镇22个村全面实施“幸福家园”村社互助工程项目。年内有34个项目上线，并完成筹款目标。（陈静静）

【社工站和慈善服务中心一体化挂牌运行】 2022年，市慈善总会主动与市民政局对接，推进社工站和慈善服务中心一体化建设运行，推动形成基层慈善社会工作精准化、社会化、专业化、一体化服务机制。年内，全市12个镇（街道、管委会）全部实现社工站和慈善服务中心一体化挂牌运行。全市慈善义工服务队发展到11支，登记在册义工达8751名；全年服务于文明城市创建的义工超过1000人。（陈静静）

市民政局开展“携手慈善　与爱同行”慈善知识宣传活动

安全生产

【概况】 2022年，市应急管理局牢固树立安全发展理念，强力推进各项任务全面落实。夯实部门属地监管责任，出台《句容市2022年安全生产工作要点》，明确安全生产“六提升、六强化”核心任务，强化党委（党组）理论中心组安全生产学习，严肃年终履职述职，加大安全生产责任考核力度。加强安委办督导作用，成立6个督导组对各镇（街道、园区）和各有关部门开展巡查督查。压实企业主体责任，开展安全生产专题宣讲，全年累计宣讲干部67名，覆盖企业809家、企业员工7420人，推行企业第一责任人承诺制度，开展重点企业主要负责人“一述四评”。强化事前执法，倒逼企业责任落实，全年事前处罚立案158件（含省市立案15件），处罚金额161万元，5万元以上案件6件。

深化安全生产专项整治。明确2022年39项重点工作任务和6项个性化考核目标任务。截至2022年年末，全市危险化学品、非煤矿山、冶金工贸、建筑施工、道路施工、桥梁、城镇燃气、消防、洗车点、经营性自建房等重点领域共发现隐患问题38685条，完成整改38300条，整改率达99%。

组织开展危化品安全风险集中治理。印发《句容市危险化学品安全风险集中治理实施方案》，优化危化品安全生产专业委员会，重新梳理各成员单位的工作职责，健全危化品联席会议工作机制。强化对“两重点一重大”企业的安全监管，通过本质安全诊断和深度安全检查等对危化企业开展全面安全隐患排查。通过建设仪表系统（SIS系统）和远程监控系统（DCS系统）以及重大危险源企业“五位一体”在线监测预警系统等现代安全信息化平台，实现对危化企业的数字化动态监控。推进重点危化品企业老旧化工装置评估工作、危化品重大危险源

句容市开展2022年安全生产月活动

企业双重预防机制数字化建设工作、重点监管危险化工工艺企业全流程自动化控制改造工作。

（应急管理局）

【“三包干一统筹”工作】 2022年，市应急管理局制定印发《关于开展重点时段安全生产工作分片包干指导的通知》，成立6个安全生产分片包干指导组，对全市12个镇（街道、园区）和15家重点行业领域部门以及市直管的危化企业、非煤矿山、工贸企业开展面对面指导、点对点督办，督促所有镇（街道、园区）和22家安委会重点成员单位，对重点行业领域、重点企业、重点场所等落实包干责任，推动实现标本兼治。全市共成立督导检查组270余个，检查企业（场所）710余家，其中市领导带队检查20余次，检查企业场所60余家。派出专家指导服务企业270余家。

（应急管理局）

【省级安全发展示范城市创建】 2022年，市应急管理局根据“关于加快推进省级安全发展示范城市创建的议案建议”，结合句容实际制定《句容市创建省级安全发展示范城市实施方案》，明确创建目标，将创建评价体系49项重点内容细化为290项具体工作任务，组织专家开展业务培训、上门指导，提高创建工作效率。

（应急管理局）

【非煤矿山安全生产】 2022年，市应急管理局结合三年专项行动，夯实非煤矿山基础工作，提升监管水平。坚持分类治理、因库施策，全年投入治理资金1800余万元，对全市4座尾矿库进行综合治理，在全省率先完成闭库销号。按照“淘汰关闭一批、改造提升一批、整合做大一批”原则，合力助推宝源矿业加快向抽水蓄能电站转型、严格把关金拓矿业和康泰膨润土领证换证、依法推动仙人桥矿业停产关闭。投入200余万元，推进非煤矿山安全生产风险监测预警系统建设，3家矿山企业预警系统上线运行。加大数字化智能矿山建设，促进矿山企业“机械化换人、自动化减人”，台泥水泥数字化智能矿山建设顺利完成并逐步完善，5G网络无人驾驶运输矿车正式投入运营。重点围绕矿山企业生产现场管理、重大风险防范、应急处置能力等方面，抓好顶板管理、掘进迎头、台阶边坡等关键部位和环节管理，防范坍塌、爆炸、火灾、滑坡等事故发生。专项行动开展以来，共实施检查督查50余次，整治安全隐患600余处，提出安全管理建议100多条，企业隐患整改率100%。

（应急管理局）

【工贸企业安全生产】 2022年，市应急管理局以安全生产专项整治三年行动为主线，制定《冶金等工贸行业安全生产专项整治三年行动集中攻坚方案》《冶金等工贸行业安全生产大排查大整治行动实施方案》，明确目标任务、工作职责，压实企业主体责任。组织开展工贸行业“打非治违”、有限空间隐患专项攻坚、使用危化品集中治理、动火等高危作业专项整治等行动。企业通过分级分岗自查自纠，排查整治安全隐患；属地政府实施全覆盖安全检查，实行销号管理；应急管理部门依托安全专家进行督查核查，紧盯隐患整改不放松。三年来，全市共检查冶金等工贸企业2000余家次，排查整治安全隐患7300余条，其中重大隐患100余条，立案处罚400余起。（应急管理局）

【危化品使用专项治理】 2022年，市应急管理局本着强化运行、保质保量推动危化品安全风险管控能力得到明显提升的工作目标，深入开展危化品专项整治行动。对12家危化品（医药、化工）企业实施常态化检查，制定详细检查方案，邀请省市专家监督检查

5月27日，市应急管理局开展安全生产执法培训

企业152家次，整治安全隐患1054条，其中督促宁武新材料累计投入2000余万元，完成“五位一体”信息化平台建设。开展危化品使用、经营单位安全风险分区分级评估，绘制危化品企业安全风险“一张图一张表”，对高风险区域、部位、岗位，实行重点盯防，落实重点管控。开展“小化工”百日攻坚行动，排查企业（作坊）635家，排查空厂房、空场地174处，关闭违法违规“小化工”企业8家，整治小作坊和黑窝点129家。在全市老旧化工装置、油气长输管道、危化品储存运输、危险废物处置、重大危险源管控等方面开展集中治理，明确重点整治部门，细化分解整治任务，坚持靶向施策，精准发力。全年12个责任部门和各镇（街道、管委会）共检查涉及危化品单位1330家次，发现问题隐患1307条，整改1277条。

（应急管理局）

市应急管理局到学校开展防灾减灾知识讲座活动

防灾救灾

【概况】 2022年，句容市应急管理局制定出台《句容市“十四五”应急体系与能力建设规划》《句容市“十四五”安全生产规划》《句容市“十四五”综合防灾减灾规划》，进一步提升全市防灾减灾救灾能力。做好防灾减灾救灾工作，发放冬春救助省级救灾资金20万元，落实镇江自然灾害“惠润万家”保险项目，组织开展“5·12全国防灾减灾日”“10·13国际减灾日”宣传活动，下达《2022年救灾物资购置计划》。推进“1+13+X+Y”基层应急预案体系建设，制定完善全市1个突发事件总体应急预案和50个市级专项应急预案。督促各单位开展应急预案演练工作，全年全市共组织各类专项应急预案演练31批次。做好自然灾害预防预警，协助市水利局开展防汛防台风准备工作，联合自然资源和规划局统计全市地质灾害隐患点排查及相应防范措施，选取典型的隐患点进行专业自动化监测及人工监测。联合气象等部门发布预警信息，对突发地质灾害情况开展应急抢险等工作，建立群测群防体制。做好应急值班工作，按照应急值班相关要求，督促局值班人员熟练掌握通信应急宝App、指挥视频系统、5G布控球、便携式应急指挥箱等系统，随时接受省和镇江市的点调。严格落实领导带班、24小时应急值守制度，要求一旦遇到突发事件，值班人员需认真做好应急信息的接收、传达和报告等工作，确保联络畅通，及时掌握、接收和向领导报送紧急突发事件信息。（应急管理局）

【应急管理综合执法改革】 2022年，市应急管理局印发《句容市深化应急管理综合行政执法改革实施方案》，明确了执法大队工作职责。年内综合执法大队挂牌，办公场所布置到位。

（应急管理局）

【防震减灾】 2022年，市住建局持续做好地震监测日常工作，按时对监测站仪器设备进行检查和维护。在5月12日第十四个“防灾减灾日”和科普宣传周期间，通过《句容日报》、句容发布和句容住建公众号等线上媒介，开展防震减灾科普知识宣传。9月27日，在崇明中学开展防震减灾宣传和紧急疏散演练，提高学生应急避险和自救互救能力。年内，

森林消防队伍开展专业技能培训

完成第一次全国自然灾害综合风险普查房屋建筑和市政设施调查工作，该项工作共计完成房屋建筑386944栋、市政道路102条、市政桥梁39座的普查任务。

（戴一平）

【消防工作】　2022年，句容市消防救援大队以高速公路事故处置、高层建筑火灾扑救和地铁灾害事故救援等实战化课题为牵引，从单兵、班组、建制中队等作战环节入手，全力做好灭火救援准备。贯彻江苏安全生产专项整治决策部署，联合各部门先后开展燃气、高层建筑、自建房、市政消火栓、“三合一”沿街门面房、电动自行车等10余项专项行动，推广安装电动车集中充电系统241套、独立式感烟探测报警器800个、简易喷淋90套、电气火灾监控系统6套、消防设施联网监测系统15套。将“智慧消防”建设嵌入“智慧城市”建设规划，开发区、郭庄镇、下蜀镇和白兔镇完成“智慧消防”建设并投入运行。推动专职消防力量建设发展，年内建成天王执勤点并投入执勤，形成“一个国家队、三个专职队、三个执勤点”的消防站点格局，全市重点区域和乡镇应急救援能力得到有效提升。以消防宣传“五进”为主线，以“119”消防宣传月为载体，以联合支队“周二有约”抖音直播和句容融媒体曝光各类消防隐患为契机，通过“消防安全蓝码”、全民消防学习平台、电视、广播、户外LED屏、楼宇广告等媒介，深入开展消防宣传教育，全年发放消防宣传海报4万余份，发送节日消防短信提醒3万余条，消防站累计开放70余次，接待参观6000余人次。

（杜媛媛）

人力资源服务

【概况】　2022 年，句容市人社局聚焦高质量发展，坚持稳就业、优保障、聚人才、促和谐、强服务，推动人社事业高质量发展持续走在前列。全年引进大专以上人才 4218 人，其中本科以上 2081 人。坚持“以赛引才”，连续八年举办创业大赛，142 个项目报名成功；首次增设海外人才的独自参赛区，征集参赛项目 50 余个，近 10 个项目初步达成落户意向。新增省级首席技师 1 名、省级技能大师工作室 1 家，每万名劳动力高技能人才数 926 人。（文　清）

句容市举办首届海外人才创业大赛

【人才政策升级】　2022 年，句容市全面落实高校毕业生到句就业创业政策，做好生活补贴、租房补贴、交通补助等政策的落地落实工作。出台青年人才“金燕来巢”计划，对来句就业创业人才给予创业社保补贴、科技人才奖补、专技人才奖补等 10 项政策扶持。2022 年累计发放生活补贴 813 人次、151.94 万元，租房补贴 149 人次、25.4 万元。

（文　清）

【青年人才培养】　2022 年，句容市坚持“以赛促创、以赛引才”，连续八年举办“福地青年英才”创业大赛，142 个项目报名成功，20 个初创项目落户。举办首届海外人才创业大赛，征集参赛项目 50 余个，2 个海外项目在句落户。承办第二届中国镇江国际精英创业大赛总决赛，1 个项目获总决赛一等奖。累计开发就业见习基地 186 家，拓展岗位 1665 个，组织见习 663 人，全年为 232 名见习人员发放补贴 153 万元。

（文　清）

【技能人才培育】　2022 年，句容市新增高技能人才 684 人，培养企业技能人才 214 人，职业技能等级认定取证 2685 人；创成省级技能大师工作室 1 家、省级乡土人才大师工作室 3 家，镇江市技能大师工作室 1 家、镇江市企业首席专家工作室 1 家。全年新增全国技术能手1名、江苏工匠2名、省级企业首席技师1名，镇江市突出贡献中青年专家4名、镇江市企业首席专家3名。

（文　清）

【人力素质优化】　2022年，市人社局推进职称评审公平公正，实行“全面公开、全程透明、全社会监督”，开展职称评审会1场，765人获得职称证书，其中387人获得初级职称证书，257人获得中级职称证书，121人获得高级职称证书。开展事业单位公开招聘8场，招录事业人员196人；规范事业单位岗位设置、退休备案、等级晋升、定期奖励等，共备案退休事业人员229人，岗位晋升47人，1575人给予嘉奖、138人记功。（文　清）

就业创业

【概况】　2022年，句容市人社局实施减负稳岗扩就业行动，支出稳岗返还、一次性扩岗补助、一次性留工培训补助、社保补贴等资金9714.97万元。全年举办线下“春风行动”、专场招聘、线上直播带岗等35场次。全年提供就业岗位50500个，全市城镇新增就业13779人，城镇登记失业率1.32%。（文　清）

【创业创新】　2022年，市人社局完善富民创业贷款政策，落实创业带动就业、创业孵化、创业失败等6项补贴实施细则，全年发放富民创业担保贷款2.01亿元、创业补贴43.34万元，惠及创业者1653人次；夯实孵化载体建设，句容市边城镇光明新材料科创园通过省级创业示范基地复审，后白镇西冯花草木创业孵化基地入选省级创业示范基地备案名单，全市省级创业示范基地8家、镇江市级示范基地12家、“互联网+”创业载体8家，入驻孵化对象758户，带动就业8527人。（文　清）

江苏省首届评茶员职业技能大赛在句容市举行

【重点群体扶持】　2022年，市人社局推进高校毕业生就业见习、实习、创业帮扶等，对880名高校毕业生实名制调查，高校毕业生就业率达87%，发放就业见习补贴153万元；发挥公益岗位托底作用，新开发公益性岗位127个，发放补贴504.67万元；延续执行失业保险保障阶段性扩围政策，发放失业金、补助金2621.39万元，惠及失业困难人员17328人次。（文　清）

【就业技能提升】　2022年，市人社局开展城乡劳动者技能培训，结合句容市产业特色开展葡萄、草莓、花卉苗木种植等技能培训班；根据市场需求开展家政养老、育婴健康、电工、焊工、钳工等技能培训。建立培训质量监控体系，全部培训采取网上经办，以实名制培训，以大数据、信息化促进培训增质提效。开展技能培训80期，培训5888人次，发放补贴资金144.55万元。（文　清）

劳动监督与仲裁

【概况】　2022年，句容市推进和谐劳动关系创建，创建省级劳动关系和谐企业2家、镇江市级13家。完善劳动保障监察，做好劳资纠纷调处。全年共接处劳动人事争议案件1188件，涉及劳动者1443人，涉及经济标的近5000万元。（文　清）

【和谐劳动关系】　2022年，严把特殊工时审批关口，共审批特殊工时企业10家；做好企业薪酬调查，发布最低工资标准，引导企业合理确定职工工资水平，健全工资增长机制；加强劳动关系协调员队伍建设，持续提升劳动关系协调员队伍职业能力素质和服务水平；创建省级劳动关系和谐企业2家、镇江市级13家。

（文　清）

【劳动保障监察】　2022年，市人社局开展整治拖欠农民工工资问题专项行动、清理整顿人力资源市场秩序专项行动、休息休假排查整治行动、在建工程项目“欠薪隐患体检”等，对42个在建项目发出问题清单，对39个在建项目未落实到位的实施B级监管，立案查处40件，处理4件，处罚2件，向公安部门移送1件，向270多人追发530万多元。

（文　清）

【劳资纠纷调处】　2022年，市人社局坚持“调解为主、调裁结合”，完善案前调解机制，加大农民工欠薪及工伤待遇案件的调处力度。挂牌成立工伤案件巡回审理点，首次现场审理工伤行政复议案件。全年共接处劳动人事争议案件1188件，涉及劳动者1443人，涉及经济标的近5000万元，结案率达99.8%，调撤率达67.59%；其中案前调解144件，调解成功率达72.22%，仲裁管理信息系统按期运行率达100%。（文　清）

社会保障

【概况】　2022年，句容市健全社会保障体系，推进扩面征缴，提高保障水平，落实惠民政策。年内全市企业职工养老、失业、工伤、城乡居民养老保险参保人数分别达10.58万人、7.98万人、9048人、6.21万人。年内延续执行失业保险保障阶段性扩围政策，发放失业金、补助金2087.28万元，惠及12531人次失业困难人员。（文　清）

【保障体系健全】　2022年，句容市全面落实企业职工基本养老保险省级统筹制度，统一执行省定的缴费比例以及上下限标准；稳步推进机关事业单位养老保险改革，落实省市机关事业单位参保编外人员政策；纵深推进城被征地保障工作，谋划制定句容市实施方案；完成市慈善爱心助保协会第四届理事会选举，推动爱心助保事业发展。（文　清）

全市治理欠薪工作会议

【保险扩面征缴】　2022年，句容市企业职工养老、失业、工伤、城乡居民养老保险参保人数分别达10.58万人、7.98万人、9048人、6.21万人，法定参保人员实现应保尽保，新开工备案工程参加工伤保险率达100%；落实超过法定退休年龄人员、实习生等参加工伤保险政策，该类特定劳动群体参保人数达1000人。聚焦新就业形态人员推进参保扩面，基层快递员参加工伤保险约1200人，外卖员等新就业形态人员参加职业伤害保障3000人。

（文　清）

【社保惠民】　2022年，市人社局落实困难企业缓缴社保费政策，为19家困难企业申办社保缓缴，费用达174.3万元。推进养老待遇提升，5.8万名企退人员基本养老金实现“十八连增”，近8000名机关事业退休人员养老金第七次同步调整，10.2万名城居保退休人员养老金连续十二年上调，基础养老金提高到每人每月243元。举办“喜迎二十大　幸福舞起来”老年人广场舞比赛、“人社杯”门球比赛等文娱活动，安排3万余名退休人员参加免费健康体检等。（文　清）

【基金监管】　2022年，市人社

局落实《句容市2022年社保基金监督工作要点》、基金管理提升年行动方案，开展社保基金安全警示教育，加强基金监督检查和管理；强化违规领取社保待遇追缴，梳理重复待遇领取、死亡冒领、服刑等违规领取数据，开展追缴工作。（文 清）

医疗保障

【概况】 2022年，句容市医疗保险在本市参保人数为50.51万人，其中职工医保12.39万人、城乡居民医保38.12万人。建成茅山风景区管委会为民服务中心、郭庄镇为民服务中心两个省级示范点，全市“15分钟医保服务圈”建设达到示范县标准。择优设立57家“医保便民药店”，覆盖全市所有镇（街道、管委会），切实提高医保集中采药和国谈药便捷购药可及性。推进定点医药机构准入常态化管理，新增19家定点医药机构，全市定点零售药店达到219家。保持基金监管高压态势，深入宣传解读《医疗保障基金使用监督管理条例》，作出行政处罚5家，失信两定机构信用认定5家。（李 俊）

【职工基本医疗保险】 2022年，句容市职工基本医疗保险参保人数达123854人，比2021年同期增加1877人，增长1.54%；基本医疗保险基金全年收入63657万元（含生育保险收入），比去年同期减少2237万元，降低3.39%；全年支出49624万元（含生育保险支出），比去年同期增加6893万元，增长16.13%；当年结余14033万元，历年累计滚存结余147569万元。（李 俊）

【城乡居民医疗保险】 2022年，句容市城乡居民医疗保险参保人数38.12万人，比2021年减少30687人，降低7.45%；全年筹资标准为1130元/人（个人缴费370元，财政补助760元），全年基金收入47545万元，其中个人筹资16392万元，各级财政补助30782万元；全年基金支出48499万元，其中基本医疗保险支出41885万元，大病保险支出6484万元，全年基金收支平衡、略有结余。（李 俊）

【公共服务】 2022年，句容市医疗保障局实行“一窗受理、一站办结”综合柜员制服务，严格落实国家、省医保局待遇清单制度，优化整合服务事项，按省定服务事项清单和流程规范承接32个医保服务事项，业务事项和办事指南网上公开，方便参保人员查询办理。推进“15分钟医保服务圈”建设，依托12个镇（街道、管委会）为民服务中心和177个村（社区）便民服务中心设立医保服务窗口，分别下沉15个和6个医保业务事项。依托各级医疗机构、村卫生室和定点零售药店建立21个医疗保障服务中心、112个医疗保障服务站和106个医疗保障服务点。创新“医保+银行”服务，在句容农商行4个服务网点设立医保服务网点，受理8个业务事项，多渠道、广覆盖的“市-镇-村”三级医疗保障服务网络为全市参保对象提供切实便利。（李 俊）

【医疗救助】 2022年，句容市建立完善基本医疗、大病医疗、医疗救助、慈善补助、商业补充等多层次保障体系，切实保障救助对象医疗待遇。连续4年实现救助对象应保尽保，由政府出资，困难人员无须缴费即可享受医疗保障待遇。2022年，救助对象共

6月，市医保局对定点零售药店开展双随机检查

就医 14.81 万人次，享受医疗救助待遇 1542 万元；困难人员发生医保制度内住院费用 7027 万元，基本医疗、大病医疗、医疗救助等各类报销 6566 万元，政策范围内个人自付比例 6.55%。为全市 1.3 万名救助对象免费参加商业补充保险，救助对象发生医疗费用享受各类报销、救助待遇后，总体支付比例低于 90%的，不足部分由商业保险补齐，全年为 1679 名救助对象提供补充待遇 237 万元。由商业保险公司为全市城乡居民医疗保险参保对象统一参加城乡居民意外伤害保险，全年为 3365 名参保对象提供理赔共计 370 万元。 （李　俊）

2 月，句容市实现“双通道”管理药品在 5 家定点医疗机构实现一站式服务

【药品采购】　2022 年，市医保局落实第六批国家药品和耗材集中带量采购，落地 16 个胰岛素品种，价格最大降幅达到 73.16%。2022 年，9 月落地的第三批国家耗材集中招采，中选耗材平均降价 84%，其中胸腰椎微创手术所用耗材平均每套价格从近 3.3 万元下降至 4500 元，部分进口品牌每套平均价格从 6 万元下降至 4800 元。落实国家谈判药“双通道”管理机制，确定 3 家定点医疗机构和 3 家定点零售药店为“双通道”药品定点医药机构，参保人员在“双通道”管理定点医药机构发生的符合规定的费用，不设起付线，职工医保基金报销 70%、居民医保基金报销 60%。在市人民医院等 5 家定点医疗机构实现“双通道”药品申请认证、定期评估、就医购药、结算报销一站式服务模式，解决特殊重大疾病患者跑腿烦恼。 （李　俊）

【医保基金监管】　2022 年，市医保局组织“空中云在线培训”、签订防范欺诈骗保承诺书等系列活动，规范定点医药机构及从业人员服务行为。完善大数据监管规则，开展线上监管和现场检查，拓宽综合监管渠道，强化医疗保障行政执法与刑事司法深度衔接。强化内外部监管联动机制，畅通与卫健、市场监管、审计等部门综合监督管理渠道，完善接收其他部门涉及医保监管职能范围案件线索的移交程序，规范医保行政执法，提升依法行政水平。2022 年，共作出协议处理 203 家，行政处罚 5 家，追回医保基金 61.1 万元，扣除违约金 48.94 万元，行政罚款 12.9 万元，分别对 1 家医疗机构和 1 名医保医师作出暂停中医科医保服务 6 个月、暂停处方权处罚，对 1 家定点零售药店作出暂停 6 个月医保服务处罚，公开曝光案例 13 例，失信“两定”机构信用认定 5 家。

（李　俊）

开发区建设和管理

责任编校：陈龙浩

综　述

【概况】　江苏省句容经济开发区成立于1992年，1993年经省政府获批为省级开发区。2022年，全区总面积144平方千米，规划开发面积61平方千米，其中核心区4.8平方千米，城镇集中建设区44.38平方千米，弹性发展区11.27平方千米，下辖20个村（社区），辖区户籍人口约6.9万人，常住人口约14.5万人。句容经济开发区作为产城融合型开发区，成为句容市首要的招商引资和项目建设载体，核心区内供水、供电、供天然气等“九通一平”基础设施全部建设到位，集金融、商贸、文化教育、娱乐服务等于一体的现代城市功能配套日趋完善。2013年，省政府下达《省政府关于撤销句容市华阳镇设立句容市华阳崇明黄梅3个街道办事处的批复》，句容市黄梅街道办事处成立。句容经济开发区按照“统分结合”的原则，开发区与黄梅街道实行“以区带街、统分结合”管理模式，在开发区党工委、管委会领导下，黄梅街道实体化运作，内部机构、人财物管理等方面相对独立。开发区主要负责产业优化、招商引资、投融资服务和区域城市建设管理等职能；黄梅街道承担社会管理事务职能，主要负责党的建设、农业农村、社会事业、社会治理和征地拆迁等。对于市委、市政府以及条块工作，开发区和黄梅街道按职责分工确定责任主体，负责抓好任务落实。　　（林　桢）

2月18日，句容经济开发区召开开发区（黄梅街道）项目攻坚大突破 营商环境大优化　作风效能大提升动员大会

【经济发展】　2022年，句容经济开发区完成一般公共预算收入9.6亿元；完成工业应税销售139.46亿元；完成工业税收4.6亿元；完成地区生产总值160亿元；完成固定资产投资50.5亿元；完成制造业投资14.7亿元；实际利用外资6311.17万美元，其中完成制造业外资5311.17万美元。截至年末，全区拥有规上工业企业80家，高新技术企业46家，亿元工业企业33家。

（林　桢）

开发区项目建设

【概况】 2022年，句容经济开发区在产业发展上，聚焦产业强市“一号战略”，抢抓区域一体化、碳达峰碳中和等重大战略机遇，不断放大宁句城际轨道交通的区位优势，围绕半导体、新能源、新材料、装备制造及数字经济等园区重点产业，锚定“产业链”精准出击，聚焦“多渠道”精准发力，突出“专业化”精准招引，全力打造“2+N”（新一代信息技术和新能源汽车及零部件2条百亿规模的产业链，新材料、新能源、数字经济、绿色食品等N个新兴产业）的重点产业体系。1月28日，江苏骏成电子科技股份有限公司在深交所创业板上市。（林 桢）

【招商引资】 2022年，句容经济开发区深入贯彻落实产业强市“一号战略”，克服疫情、经济下行等外部不利因素，加快推进在手项目签约落地，全年成功举办两次集中签约活动。5月10日，以“相约福地，激情奔跑”为主题举办2022年句容开发区招商“云推进”活动，28个项目集中签约，涉及新能源汽车及其零部件、新一代信息技术、高端装备制造、新材料、食品等多个产业领域，总投资达80亿元。8月29日，举行2022年句容经济开发区第二批项目集中签约暨重大产业项目集中开竣工活动，涉及数字经济、新能源、现代物流供应链、

8月29日，2022年句容经济开发区第二批项目集中签约暨重大产业项目集中开竣工活动

智能制造等12个总投资60亿元的项目签约落户。

2022年，句容经济开发区正式签约亿元以上项目30个，项目投资额约90亿元，新签约项目实现50%列统。21个零地招商项目精准盘活存量，10个实现当年签约、当年列统。盘活中翠食品、华德新材料、万珂机械等项目闲置低效用地近500亩，盘活闲置厂房3万平方米。巨宝、中容、沃德、利索、万珂、华德、中翠等一批企业完成转型升级新上项目。园区在省级开发区2022年度土地集约利用评价结果中综合排名提升2位。（林 桢）

【项目推进】 2022年，开发区共有重点产业项目36个，其中镇江市重点18个，句容市重点18个；项目计划总投资177.9亿元，2022年度计划投资46.2亿元。新建项目26个，续建项目10个，其中新拿地项目14个。华梓车业、兆鋆三期等13个项目实现竣工投产，容泰半导体二期、澳博阳、山东章鼓等16个项目开工建设。华梓车业项目首批110辆新能源车于9月交付河南、山东等地经销商；高光半导体开始小批量试生产，联东U谷、骏成电子等项目按序时推进。（林 桢）

【科技创新】 2022年，句容经济开发区坚持系统化思维，发挥省级开发区示范引领、突破攻坚的作用，支持企业集中攻关、破解难题，形成“小微企业—专精特新小巨人—单项冠军”梯次发展格局。兆鋆新材料、金合能源2家企业创成国家级专精特新小巨人企业；智达高压、晶度半导体等5家企业创成省级专精特新中小企业5家；创成华昌织物、大华激光等6家企业创成镇江市级专家特新小巨人企业。继三超金刚石公司企业技术中心由镇江市级升级为省级后，园区累计建成6家省级企业技术中心，并新增5家镇江市级工程技术研究中心；骏成电子、京华电气2家企业创成镇江市级绿色工厂；越升智能通

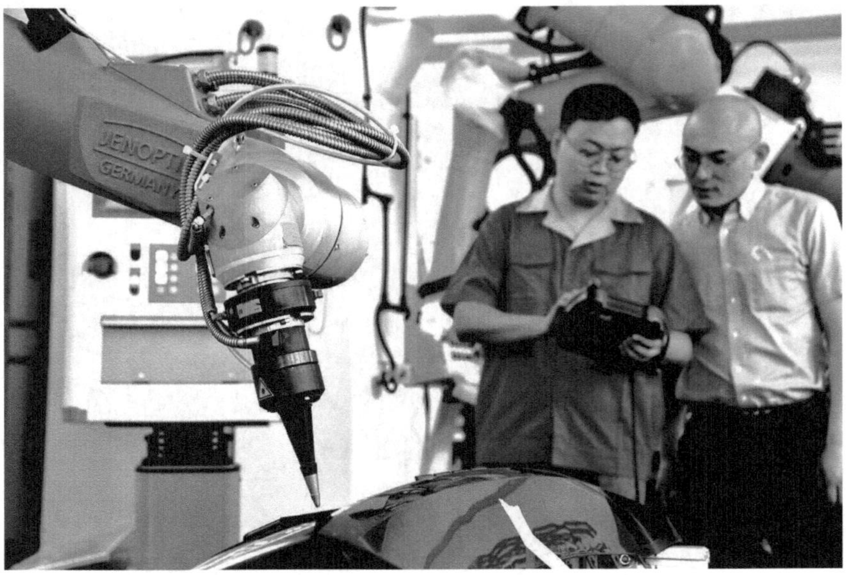

江苏维力安智能科技有限公司的机器人三维激光加工系统

过镇江市级重大首台（套）认定。2022年，全区信息技术行业规模企业共实现应税销售45.53亿元；智能电网行业规模企业共实现应税销售18.6亿元，同比增长24.11%；新材料行业规模企业共实现应税销售12.0亿元，同比增长9.29%。

随着新兴产业的集聚壮大和科技创新生态的不断完善，截至2022年年末，开发区共拥有国家级企业博士后科研工作站1家，省级博士后创新实践基地2家，省博士后创新实践基地（区域站）1家；拥有国家级人才9人，省双创人才11个，“博士计划”7人，镇江“金山英才”33人，“福地英才”96人，“科技副总”28人，共计184人。拥有国家级科技企业孵化器2家，省级众创空间5家，省级企业加速器2家，省级企业研究生工作站13家、省级工程技术研究中心17家。成功认定科技型中小企业106家，拥有国家高新技术企业46家，省级四星上云企业累计建成2家，省级三星上云企业累计建成14家，富达创客吧创成国家级众创空间；创成江苏省特色创新（产业）示范园区（光电子产业园）。

（林　桢）

【企业服务】　2022年，句容经济开发区搭建企业用工资源对接平台，组织开展线上线下集中招聘会，扎实推进人力资源产业园建设，精准解决企业用工难题。提升产业工人素能，新增一批产业工人队伍建设改革试点企业，放大试点单位示范效应，推动产改工作走深走实。优化人才服务环境，坚持“以产聚才、以才兴产”，结合闲置资产盘活，加快推进人才公寓建设，为劳动密集型企业解决员工宿舍问题，推动优质项目、高层次人才加速集聚。

围绕企业共性技术需求，搭建统一服务平台。强化商会赋能，围绕“智改数转”等重点工作，定期组织开展高质量业务培训。开展“服务再升级、助企加速跑”活动，畅通政企沟通渠道。提升行政审批效能，深化项目全生命周期管理，优化“帮办代办”制度，为企业提供从项目办证、发改立项到开工建设、竣工投产的全方位服务，推动完成节能评价、洪水影响、地震安全性、文物保护4项区域评估，完成句容市智能制造产业园区域环评审查，进一步提高项目审批服务效率和质量。加快项目推进速度，全面推行“拿地即开工”服务模式，通过倒排图纸总评设计、用地规划许可预审、工程规划预审、施工图预审、施工许可预审加快时间进度，将项目拿地前的“等地期”转化为项目推进“加速期”，保障35个市级以上重点项目序时推进。

（林　桢）

开发区管理

【概况】　2022年，句容经济开发区秉持“精致开发”理念，开展城市有机微更新，提升城市规划水平，高标准推进城市建设，加强城市精细化管理，优化园区功能品质。办好2022年度全市民生实事项目，完成老旧小区改造、家庭教育指导服务示范社区和“梦想小屋”建设。办好2022年优化营商环境“十件实事”，构建富有温情、体现温度的最优营商环境。

（林　桢）

【基础设施建设】　2022年，句容经济开发区高标准规划黄梅片区交通枢纽建设，推动宁句城际轨

开发区推进黄金河整治提升

道沿线路网、公交站点无缝衔接，规划开通园区公交线路，打通九华、122省道断头路。研究出台园区绿化亮化、道路管网等配套设施建设和养护方案，优化园区形象。推进污水处理提质增效行动，严格落实“排口长”制，开工建设开发区工业污水处理厂及配套管网一期工程。完成海绵城市新城试点区工程建设任务，完成32个海绵城市建设、1.57千米污水提质增效建设以及黄梅片区雨污整治工程，整治改造西南线、句黄线、唐姚线等10余条道路。全面推进乡村振兴，3100亩高标准农田通过验收，微谷农业项目被评为省重点高新项目。建成杜家山河水利文化广场、汤泉河生态河道，固江口水库创成省级规范化建设小型水库。开展安全生产风险隐患大起底、大排查、大整治“百日攻坚”行动，发现隐患问题2774条，完成整改2751条，整改率99.2%，全力提升园区本质安全水平。办结第二轮第六批中央环保督察组交办开发区信访件3件，抓好栾家桥断面、冯岗河等重点水体整治，严防“散乱污”企业回潮反弹，全面提优园区生态环境质量。（林　桢）

【社会民生事业】　2022年，疫情防控期间，句容经济开发区在全市率先成立企业保供专班，为300余家企业打通运输“生命线”。办结营商环境十件实事，开展“助企纾困　护航发展”企业大走访活动，推进“三走进，三服务，三满意”作风效能主题活动，收集问题153条，纾困解难137件。开展基层党组织建设专项整顿，按照“村村到、户户进、人人访”的要求，走访辖区群众2.6万户、9.2万人，收集整理问题426条，解决422条。前三季度城镇新增就业4656人，超过全年任务的37.96%。调解矛盾纠纷209起，调解率100%、解决率97.1%。推行渐进式城市有机更新，完成安和家园、建材楼等老旧小区改造，加快智慧物业平台建设和应用，推进园区黄金河支流沿线步道等公共空间更新，完善公共服务便利共享，构建一刻钟企业综合服务便利站。下荫安置房、金香樟小区办理竣工验收，科技新城主体封顶，凤竹小区加快建设中。（林　桢）

【社会治理】　2022年，句容经济开发区推进基层治理体系和治理能力现代化，建立街道、派出所、社区三级领导包联台账，推动“三官一律”进网格，培养发展一批“法治明白人”“法治带头人”和专兼职调解员，联合司法、法院、公安、检察院、辖区律师事务所等部门搭建“一站式”矛盾纠纷排查化解平台，全年排查矛盾49起，化解矛盾229件。结合“八五”普法工作要求，在“4·15”、国家宪法日、反电信诈骗宣传月、法治建设宣传月等特定普法节日，开展反邪教、反电信诈骗、禁毒、国家安全等各类法治宣传活动20余场，发放各类法治宣传资料、宣传品2000余份。针对群众关注的社会热点难点问题，开展专项法治宣传教育和法律援助，引导公民依法表达利益诉求，维护合法权益，促进社会矛盾的化解，增强群众依法办事、遇事找法、解决问题靠法的法治意识。实施清风护航计划，强化作风效能建设，强化党员干部作风建设、家风建设，促进干部队伍精神面貌改变，增强责任意识，恪守发展之责，优化发展环境。（林　桢）

华阳街道

【概况】　华阳街道位于句容城区东部，面积为120平方千米，下辖14个村和3个社区居民委员会，户籍人口为6.6万人。2022年，华阳街道全面落实“疫情要防住、经济要稳住、发展要安全”的重大要求，把握稳中求进工作总基调，克服经济下行压力和疫情反复袭扰等多重影响，统筹推进疫情防控和经济社会发展，发展和安全，各项事业稳健推进。全年完成地区生产总值104.3亿元，实现限上社会销售品零售95亿元。（陈雨心）

【经济建设】　2022年，华阳街道坚持产业强市“一号战略”不动摇，紧抓宁镇扬一体化加速、“双铁”时代等多重叠加机遇，重点聚焦科技人才等新兴领域，到多地开展招商。推进中电光谷项目签订框架协议；洽谈推进通广建筑等近10个项目；新能源产业园签订正式协议；与南京高校拓展合作，推进华阳人才港项目，引进入驻项目3个。主动上手为项目推进梳理流程，帮企业代跑帮办，年内东软双创园、1912商业街区、骨科医院等项目如期落地开工，威斯登酒店试营业。通过实地走访、商会活动、座谈会等形式，全面了解企业经营发展的困难和问题，持续加大“稳经济33条”和“苏政40条”“苏政办22条”等政策宣传和指导力度。疫情防控期间，坚持稳产保供，成立货运保畅工作组，组建271人服务队伍，累计接驳车辆4000余次，保障企业货运需求，解决企业物流运输难题。（陈雨心）

【城乡建设】　2022年，华阳街道加大生态保护力度，聚焦乡村振兴，深化社会治理，推动城乡融合协同发展。深入推进污染防治，全面系统开展巡河和排口溯源工作，完成塘坝清淤22座、农村厕改221户，大自然花园和府南苑等3个小区雨污分流改造，新建修复雨污管网6732米，启动老句容河综合整治，农村生活污水治理超任务完成，水域环境持续改善。持续加大扬尘管控和禁烧秸秆巡查力度，空气质量不断改善。深入拓展特色品牌价值，巩固农村人居环境整治成果，成立新坊老鹅协会，举办第三届华阳福桃文化节、筹备“新坊老鹅美食节”等活动，重点打造贾相、山芋地等美丽乡村，山芋地省级特色田园乡村创建工作通过验收，王许庄创成镇江市级特色田园乡村。完成绿色优质大米申报9500亩，“江苏省绿色优质桃基地”申报近6500亩，新增镇江市级及以上示范家庭农场2家、句容市级示范家庭农场4家、省级现代农业发展项目2个，争取奖补资金40万元。开展“为群众办实事”实践活动，建成文昌苑街心公园，维修加固桥梁3座、农村公路4.5千米。（陈雨心）

【民生事业】　2022年，华阳街道不断加强基本公共服务供给，加快推动公共服务均衡发展、公共资源共享利用。坚持就业创业优先导向，举办“春风行动”专场直播招聘会，提供招聘岗位1000个；累计举办各类培训班2期，培训人数60人；扶持创业500人，创业带动就业近3200人，帮助180人办理创业贷款金额2500多万元。社会保障水平稳步提升，持续实施失业保险稳岗返还政策，返还失业保险稳岗补贴资金200余万元。基本完成7个安置小区办证工作，全面启动城上城、文昌雅苑等两个安置小区办证工作。累计受理12345热线共计4627件，办结率100%，满意率99.87%。加强社会救助，持续进行特困等人群排查，开展各类救助活动，发放各类生活补助、救助金、困难慰问金、尊老金等超753万元。加强精神障碍患者管理，完善建档立卡，落实“四包一”措施，保障精神病患者的救治经费。联合市妇联等部门，排查智力障碍妇女、困境儿童等重点家庭76户，并及时介入调解、开展帮扶。推进居家养老服务，建设3A级以上居家养老服务中心1家、2A级居家养老服务中心10家，实现居家养老上门服务共服务1636人，上门服务率达95.9%。推进基层治理，进一步优化网格设置，组织开展预防网络诈骗宣传12场次、各类法治教育宣传活动3400场次，调解矛盾纠纷686起，接受法律咨询160次，提供便民法律服务200余次，提高矛盾纠纷调处能力和法治政府建设，提升基层治理能力。12月9日，枢纽商圈党群服务中心正式启用。（陈雨心）

【安全生产】 2022年，华阳街道为强化风险意识、底线思维，营造安全稳定的社会环境，全力做好风险防范化解工作。落实隐性债务管控要求，截至9月末，完成年度任务的102%。恒大世纪梦幻城项目全面复工，预期良好。持续管好安全生产，开展“百团进百万企业千万员工”专题宣讲活动，组织在线学习安全生产重要论述，增进安全生产责任意识。开展各重点行业领域“百日攻坚”行动，抓好自建房、建筑消防、燃气、电动自行车、危化品集中治理等重点工作。通过开展安全生产风险隐患大起底、大排查、大整治等专项行动，排查闭环工业、建筑等企业安全隐患341条，立案处罚6起，处罚金额9.8万元，排查自建房9139户，整治完成有安全隐患的经营性自建房2户；在物业小区开展消防检查安全检查和应急救援演练，发放各类电动自行车宣传材料2750份。（陈雨心）

华阳街道万家河入选江苏省幸福河湖典型案例

【句容市新坊老鹅协会成立】 6月28日，华阳街道召开句容市新坊老鹅协会第一次会员大会。近年来，华阳街道把发展壮大以新坊老鹅为代表的乡村产业作为富农兴农、产业强村的重要途径，依托融入南京、接力镇江战略导向，充分发挥地理条件优势，千方百计加大投入，集中力量兴业引客，聚力打造根植适应性好、示范带动力强、群众参与度高的特色产业。（陈雨心）

【第三届江苏句容华阳福桃文化节】 7月16日，江苏句容第三届华阳福桃文化节在宁句城际和南京地铁2号线的换乘站马群地铁站开幕。活动主题为“桃不出‘宁’的手心”，展示句容的山水田园福地，与南京市民开展互动。文化节持续至7月30日，其间每天向游客派发华阳福桃伴手礼，并与句容电商协会合作开展多场直播活动。3月，华阳桃业协会申请注册“华阳福桃”品牌商标，从赏花到品桃，形成一条完整的

“桃”产业链，进一步打响华阳福桃品牌影响力。（陈雨心）

【华阳街道万家河入选江苏省幸福河湖典型案例】 万家河整治是街道重点水利、环保和民生实事工程，河道位于句容河上游东南侧，全长2.6千米。近年来，华阳街道以全面贯彻落实河长制为抓手，采用“控源截污、内源治理、生态修复、景观提升”的技术路径系统治理，创新利用“食藻虫”引导水生态修复技术，护城河水质保持在地表Ⅲ类水，万家河水质达到地表Ⅳ类水以上。2022年11月，华阳街道万家河成功入选江苏省幸福河湖典型案例。（陈雨心）

【中电光谷（句容）数字经济产业园签约】 11月11日，中电光谷（句容）数字经济产业园签约仪式成功举行。项目将依托句容枢纽经济核心区的交通区位和成本要素等优势，主动对接南京都市圈和长三角区域，打造数字经济的先导区。（陈雨心）

下蜀镇

【概况】 下蜀镇位于句容市北端，镇域面积96.4平方千米，户籍人口3.4万人，常住人口4万人，下辖9个行政村。作为句容市唯一的沿江乡镇，拥有3.75千米长江深水岸线，境内有长江、大道河、便民河等20多条河流，宁镇山脉自西向东蜿蜒而过，山林资源近10万亩。2022年，全镇完成地区生产总值85.3亿元，完成一般公共预算收入4.52亿元。年内，下蜀镇在全国千强镇排名跃升至第298位，获评“江苏省乡村振兴先进集体”，入选2019—2021年度江苏省文明乡镇名单。（蒋泽丰）

【工业经济】 2022年，下蜀镇实现工业应税销售收入261亿元。完成固定资产投资16.9亿元，其中制造业投资6.57亿元，高技术产业投资5.04亿元，进出口贸易总额6亿元。全年招引亿元以上产业项目15个，新增省级创新型领军企业1家，企业技术中心1家，瞪羚企业1家，省、镇江市级专精特新企业5家，镇江市级工程技术中心1家，绿色工厂3家，市长质量奖1家，新增“四上”单位企业12家。建华建材位列“2022中国民营企业500强”第277位，获首届省科技创新发展奖，被授牌“江苏省智能制造示范车间”“行业预制混凝土绿色低碳研究中心”；北新建材、台泥水泥获评2022年度江苏省绿色发展领军企业，汤辰机械获镇江市首台（套）重大装备认定。台泥水泥“智能化矿山”项目引领国内现代化数字矿山建设，率先实现无人驾驶纯电动矿车全矿区覆盖。全年新认定国家高新技术企业6家、省科技型中小企业18家，成功申报国家级人才计划3个、省双创团队1个，引进A类外国高端人才2人、入选省科技副总1人。将句容下蜀临港产业园更名为句容下蜀高新技术产业园，进一步聚焦高端方向，持续推动产业转型升级。（蒋泽丰）

【农业发展】 2022年，下蜀镇大力发展现代农业，高质量落实4900亩高标准农田建设任务，全年粮食种植面积3.18万亩、粮食总产1.5万吨。成功申报省级农业合作社1家、省级家庭农场能力提升项目2家。主动应对汛期返枯、高温干旱等极端天气，统筹实施长江、内河翻水100多万立方米，有力保障农业保产稳收。（蒋泽丰）

【镇村建设】 2022年，下蜀镇持续推进“三农”工作，坚持规划先行、系统推进，通盘考虑土地利用、民居布局、生态保护和历史文化传承，完成六里村村庄规划编制，梁庄自然村创成“省级绿美村庄”。完善城乡居住环境及基础设施，修缮新村村、亭子村防火通道20千米，筑牢森林防火墙。优化集镇功能，完善配套建设，长江花园、君临天蜀、南财桥头校区天然气接管通气，桥头集镇天然气主管铺设有序推进，新增居住小区电瓶车智能充电桩、电动汽车充电桩250余套。新大线新村段、龙高线祝里段大中修改造工程完成招标，完成老便民河水毁修复（建华五七桥段）工程。统筹推进污水管网建设管养，下蜀镇引水河段截污及污水主管改造工程竣工验收，4座农村标准化污水处理设施投入使用，13座村庄污水提升泵站实现常态化运维管护，实施19个自然村农村污水治理项目，下蜀集镇西侧片区污水集中收集处理项目全部完成。深入开展全镇6357户自建房安全排查“回头看”行动，整改农村危房13户。历次中央和省级环保

下蜀镇老便民河完成水毁修复工程

督察交办、环境信访举报、突出环境问题等“六类问题清单”252项全部办结销号。冷水孔水库维修、下王泵站改造、水库移民后扶工程全面完工。引河水功能区水质达到Ⅲ类，2个省考断面保持优Ⅲ水质。（蒋泽丰）

【民生事业】 2022年，下蜀镇累计举办“春风行动”等各类线上线下招聘会10余场，推动天工、联博与江苏农林职业技术学院开展校企合作，探索高技能人才定制培养，全镇新增就业3000余人。落实社保“降缓返补”等系列纾企解困政策，全年发放富民创业贷款744万元，办理社保补贴361件。加强企业劳资纠纷排查，调处各类劳资纠纷60起，调解成功率100%。践行慈善救助事业，全年累计帮扶困难群众500余人次，发放资金140万元。加快推进镇村两级养老中心和“颐养中心”建设，为全镇1300多名80周岁以上的老年人提供“一站式”居家养老上门服务；空青村获评国家级示范性老年友好型社区。深化优质普惠医疗服务，加强“互联网+农村医疗”卫生服务平台建设，有序推进老年人群体疫苗接种“应接尽接”。多措并举守好群众“钱袋子”，全年电信网络诈骗案件发案数降至41件，同比下降40%，案件压降率位列全市第一。实施“八五”普法，新建法治文化教育示范基地2处，培育“法律明白人”专业化队伍80人；空青村获评国家级民主法治示范村，空青村“民法典绿美乡村”入选省级法治文化建设示范点。累计开展企业安全检查243次，下达责令整改通知书207份，整改安全隐患1300余条。精心组织“百姓大舞台”“文化进万家”等主题文化活动60余场，村级文化活动室、农家书屋、体育健身设施实现镇域全覆盖。（蒋泽丰）

宝华镇

【概况】 宝华镇因宝华山而得名，地处句容市西北部，境内有312国道、337省道、京沪高铁、沪宁城际轻轨、老沪宁铁路等交通要道，并设有宝华山高铁站。辖风坛、栏江、仓头、铜山、栗庄、宝华、和平、华山8个行政村，宝华花园、新城2个社区，常住人口约6.7万人，户籍人口3万人，总面积103平方千米，基本形成北部圩区、东南面景区、西面新城区的基本格局。境内拥有30平方公里的国家级森林公园及国家AAAA级风景区，有7000年前的“丁沙地”文化遗址和享誉东南亚的佛教名寺隆昌寺，生态资源丰富、文化底蕴深厚，是全国综合实力千强镇、全国第二批小城镇改革试点镇、江苏省对外开放重点工业卫星镇、江苏省旅游名镇、江苏省卫生镇。2022年，宝华镇全年实现地区生产总值60.9亿元，完成一般公共预算收入5.46亿元；累计完成固定资产投资35亿元；农民人均纯收入达31838元，增长5.46%，成为全省首批经济发达镇培育对象，位列2022年中国中小城市高质量发展千强镇排名第69位。宝华玉兰入选《江苏省生物多样性红色名录（第一批）》。（陈 鑫）

【工业经济】 2022年，宝华镇共招引产业项目4个，开展招商洽谈20余次。集聚重点产业项目8个，累计投资额达7.5亿元。风坛创新社区被列入镇江首批保留10个开发园区名单。深化南京区域产业合作创新，紧扣产业定位，持续开展“双招双引”。全年国家级人才计划引进6人，句容“福地青年英才”创业大赛6个项目获

宝华山千华古村开展句容非遗漫画展活动

奖。全年新增省高新技术企业培育入库4家，国家级高新技术企业8家。南工宝华孵化器获批镇江市级科技企业孵化器，南林水杉创客空间获批镇江市级众创空间。总投资近百亿元的“石砀山抽水蓄能电站项目”列入国家“十四五”能源规划并完成预可研工作。（陈　鑫）

【农业发展】　2022年，宝华镇特色农业发展形成品牌，港华紫荆农庄获评“江苏省休闲农业与乡村旅游四星级企业”。“富民强村”帮促行动取得实效，建成“省级美丽宜居乡村”1个，“省级绿美乡村”2个，铜山村石榴园合作社被评为镇江市帮促行动典型案例，华山村与江苏农林职业技术学院签署校地共建合作协议。亚夫科技服务句容工作站宝华山服务点揭牌。（陈　鑫）

【文化旅游】　2022年，宝华山景区先后成功举办“第六届花山古庙会”、“精灵森友会”、2022年“绿美江苏·生态旅游”系列推介活动，千华古村顺利通过省级夜间文旅消费集聚区验收，成功挂牌“江苏省无限定空间非遗进景区示范项目”。6月，句容非遗漫画展在宝华山千华古村开展。（陈　鑫）

【镇村建设】　2022年，宝华镇编制完成《宝华镇交通专项规划》《宝华镇污水管网专项规划》等各类规划。深入实施污水处理厂提标扩建工程，缓解污水处理超负荷运行压力。中心小学新建教学楼基础施工完成。制定安置房权证补办规范流程，完成权证发放7500本。办结中央环保督察组信访交办件15件，满意率100%。物流整治“回头看”取得实效，集中整治物流园区4个，清理物流专线29条，强制拆除“散乱污”企业7家。开展垃圾清理专项行动，全年累计清理生活垃圾超3.6万吨，投入70万元完成冬春水利工程，人居环境显著改善。（陈　鑫）

【民生事业】　2022年，宝华镇社会保障持续完善，积极组织“春风行动”招聘会，参加企业30余个，累计发布岗位300多个。全年新增就业850人，新增农村劳动力转移310人。帮扶救助全面覆盖，镇慈善分会救助困难群众1257户，救助资金129.8万元；镇民政帮扶157户，临时救助资金18.6万元；全年救助困难群体384人。为民服务中心累计办结业务2.5万件，办结率100%。开展跨区域联办事项35件、“宝”满意志愿服务活动45场，服务企业103家，帮助特殊困难群体100余人。政务公开持续推进，主动接受人大、政协监督，办理人大、政协议案建议47件，满意率100%。新冠疫情处置及时高效，先后投入防疫工作人员近5000人次，成功处置两轮疫情。邀请第三方强化施工现场检查，全年日常巡查380次，完成安全隐患整改2400处。常态化开展餐饮场所用气安全检查，152户餐饮商户完成燃气整改。科学化解风险隐患，推进问题楼盘复工，按照“保交楼、保民生、保稳定”三保要求，督促房地产企业严格落实主体责任，稳妥推进项目处置。（陈　鑫）

【句容非遗漫画展】　6月11日，由句容市文体广电和旅游局主办，宝华山国家森林公园管委会协办的句容非遗漫画展，在宝华山千华古村举办。此次展览经过三年多的创作，将句容本地国家、省、市级等22项代表项目设计成漫画并制作成展板，系统介绍它们的历史渊源、传承区域、表现形态、文化价值以及目前存续状况，这

是句容非物质文化遗产的一次集中展示。（陈　鑫）

【宝华山“泡山节”活动】　7月28日，由江苏省林业局和句容市政府联合主办的2022“绿美江苏　生态旅游”系列推介活动之宝华山“泡山节”在宝华山国家森林公园启动，本次活动以“悦享森活、自在宝华，泡山、泡水、泡时光”为主题。活动现场，省林业局和省体育局签订“全面推进美丽江苏建设　共创健康美好生活”战略合作协议。发布全省森林步道形象LOGO。（陈　鑫）

白兔镇

【概况】　白兔镇位于句容东郊，宋置为土市，元代置税务于此，是一座文化名镇。境内古迹众多，形成白兔独特的东乡文化。这里有乾隆皇帝下江南时路宿的太平庄、唐代著名书法家颜真卿的墓葬地、句容第一个党支部大支里旧址等。全镇总面积115.5平方千米，户籍人口3.9万人，辖15个行政村。

2022年，白兔镇全面落实“疫情要防住、经济要稳住、发展要安全”重大要求，经济社会发展呈现出稳中有进、进中趋优的良好态势。全年实现地区生产总值43.7亿元，完成工业应税销售28亿元，完成一般公共预算收入4962万元。（文　舒　王　帅）

【工业经济】　2022年，白兔镇把做强做优实体经济作为主攻方向，推进产业强镇，培育新的经济增长点。围绕新材料、汽车零配件、针纺行业等制造业的上下游企业、合作企业，积极开展以商引商、零地招商、乡贤招商。全年开展招商活动42次，招引优质项目10个，新增在谈项目4个，竣工投产项目5个。组织16家针纺企业到浙江、福建参观学习，拓宽针纺企业电商发展渠道，增强企业核心竞争力。2家企业入库国家高新技术企业，3家企业成功在江苏省股权交易中心挂牌，1家企业创成省级两化融合试点，2家企业分别创成江苏省级和镇江市级专精特新“小巨人”企业，7家企业入库“四上”企业。建立健全人才引进培养的保证、扶持和激励机制，引进美籍博士1人、英国留学硕士1人，入选金山英才1人。开展“有困难、我来帮”和“助企纾困、护航发展”专项行动，累计帮助企业解决问题26个。推行管家式“代办帮办”服务，1个镇江市级、9个句容市级重点产业项目均按序时推进。举办法企同行合作签约仪式，共同推进法律服务进企业。全年为82家企业办理留抵退税1007.95万元。（文　舒　王　帅）

【农业发展】　2022年，白兔镇完成粮食种植面积8.66万亩，总产量4.5万吨，创成水稻绿色高质高效示范片1000亩。推进3000亩高标准农田建设，农业生产条件得到改善。与边城、宝堰协调取水1000多万立方米及时灌溉，缓解旱情对全镇农作物种植的影响。保障农产品质量安全，652户经营户主体纳入有效监管，创成江苏省五星级乡镇农产品质量安全监管站。坚持做大做强草莓、葡萄、茶叶等优势产业，完成草莓产业绿色可追溯体系建设，白兔草莓获首届中国草莓品牌大会2项金奖，成功入选“2022年度受市场欢迎草莓区域公用品牌榜”和“镇江市十大农产品品牌榜”。新型经营主体加速发展，新增省级示范家庭农场2家、镇江市级4家、句容市级8家，柏生草莓专

5月25日，白兔镇开展防汛抢险应急演练

业合作社入选国家生态农场名单，徐村草莓采摘园、张峰良品葡萄采摘园被评为四星级采摘园。中心村（茶）获全国“一村一品”示范村，白兔村、唐庄村入选全国乡村特色产业超亿元村，现代农业产业示范园通过省级认定命名。

（文　舒　王　帅）

【镇村建设】　2022年，白兔镇高标准打好蓝天、碧水、净土保卫战，开展工业“散乱污”企业专项整治，关停“散乱污”企业8家，督促搬迁2家，整治重点场所80家。建成并启用白兔镇大气自动监测站，做到动态监测、实时预警。持续抓好扬尘管控，重点加强建筑工地、混凝土生产企业等重点区域、行业治理，督查12家露天砂石售卖点做好覆盖。打击危废固废非法倾倒行为，加快推进固废倾倒案件整改清零。开展农村违法用地整改，整治违法用地165.87亩。完成马庄桥等11个自然村农村生活污水处理设施建设，完成白兔镇生活污水处理提质增效、行香污水处理厂提标改造。跃进河小流域创成省级生态清洁型小流域，华仑桥省考断面水质保持Ⅲ类水标准。完成尹巷水库、邹培塘水库整治提升工程，水库防洪灌溉能力不断增强。完成上荣、中心、古隍、西井4个村“一事一议”项目建设。开展安全隐患桥梁排查工作，修复隐患桥梁16座。完成行香菜场升级改造，铺设天然气管道1.9公里。　（文　舒　王　帅）

【民生动态】　2022年，白兔镇发放低保、五保、优抚、尊老、慈善慰问等各类资金965万元，帮助购买居家养老服务2543人，完成6个村“梦想小屋”建设。加强“残疾人之家”规范化运营，为35名残疾人提供日间照料服务。完成镇级“15分钟医保服务圈”建设、白兔小学运动场提档升级。全年帮助就业480人，培训新型职业农民400多人次，办理发放创业担保贷款735万元。安置小区一期、二期办证946户；农村不动产确权登记办证7112户。“12345”政务热线受理群众诉求698件，办结率100%。调解劳资纠纷13起，帮助职工追讨工资110万元。开展“八五”普法，培育法律明白人108人，古隍村创成省级民主法治示范村。开展安全生产“百日攻坚”大检查，累计开展各类安全生产检查611次，下达责令整改文书319份，消除安全隐患738处。完成应急救援体系建设和应急管理末端治理工作，全镇智慧消防平台建成并投入使用。（文　舒　王　帅）

【中心村入选全国“一村一品”示范村】　11月1日，农业农村部发布了第十二批全国“一村一品”示范村镇名单公示，白兔镇中心村入选。中心村以茶叶为主导产业，其中特色茶叶以茅山长青为主打品牌，还有碧螺春、翠眉、白茶以及红茶等特色产品。中心村以“茅山长青”品牌为媒介，打造乡村茶产业项目，吸引和帮助本地农民主动投入茶产业链条并从中获益，实现品牌战略落地，形成茶叶“龙头企业+合作社+茶农”的联农带农模式。

（文　舒　王　帅）

边城镇

【概况】　边城镇地处沪宁经济走廊，是中国沿海和长江三角洲对外开放的重点区域，东临镇江，西接南京，南濒茅山，北依宝华山；获国家火炬特色产业基地、国家级科技企业孵化器等荣誉称号；亿年鱼化石、千年银杏树、八百年木瓜树被誉为“边城三宝”。镇域面积109平方千米，辖14个行政村，户籍3.4万人口。全年实现地区生产总值45.6亿元；完成一般公共预算收入2773万元；完成固定资产投资20.5亿元；完成制造业投资6.2亿元，同比增长28.5%；农民人均可支配收入达到3.15万元。

（边城镇）

【工业经济】　2022年，边城镇17个市级以上产业类项目推进顺利。江苏句容抽水蓄能电站完成年度投资11.7亿元，累计完成总投资54.5亿元。世泰、圣龙、肯立、苏博特二期等一批项目序时推进，中纤、格莱斯、隆协、新富瑞等项目开工建设，长菱检测、智能仓储设备等项目顺利签约。全年开展各类招商活动42次，招引亿元以上项目7个。光明科创园创成省创新创业示范基地。全年申报国家级人才项目6个，省“双创计划”项目3个，镇江“金山英才计划”项目4个，“福地英才项目”计划7个。承办句容市“福地青年英才”创业大赛首届海外专场，储备国际人才项目20余

边城镇国家火炬计划特色产业基地

个。引进全职博士1名，落户科技项目2个，高层次人才创业项目4个。全年申报高企15家，新增省级专精特新中小企业3家。苏博特创成省级瞪羚企业，获批2022年省级战略性新兴产业重点项目并成功引进国家启明计划人才1名。每月进企走访，助企纾困，累计梳理、协调困难问题100余条，累计落实各类扶持资金5200余万元。（边城镇）

【农业发展】 2022年，边城镇粮食种植面积46911亩，疏浚农村河道河塘3.28万立方米，投入抗旱水泵81台套。市重点产业项目温氏养殖、中医药养生园项目有序推进，衣庄蔬菜基地扩建立项，大华稻鸭共作、佴池稻鳖共作、陈武千亩高粱等绿色循环农业继续发展。年内成功申报国家级示范合作社1个，省级示范家庭农场1个，县级示范家庭农场5家。“紫云英”“句华”品牌入选江苏农业品牌目录产品品牌候选名单，紫云英大米被评为江苏好大米。（边城镇）

【镇村建设】 2022年，边城镇完成中央和省级、市级生态环保督察反馈问题18个，办结率100%。坚持精准科学治污，完成镇域9公里主管道排查，改造65处雨污合流点，污水进水COD浓度稳定在136毫克/升，提前完成市级年度任务目标。推进绿色低碳发展，严控“两高一低”（高能耗、高污染、低水平）项目，对全镇178家企业全覆盖摸排，完成11家散乱污企业整治验收工作和6家散乱污场所自主关停。完成安全生产三年专项整治工作，安全生产形势总体保持平稳可控。加快推进安置房一期、二期办证工作，发证530本，完成率90.13%。农房改善和农房隐患整治工作完成率100%。（边城镇）

【民生事业】 2022年，边城镇社会保障全面加强。持续扩大新型农村养老保险覆盖率，全年新增灵活就业和企业职工养老保险人数997人。落实创业优惠政策，协助88名创业人员申请贷款1197万元。开展特殊困难群体救助帮扶工作，救助困难家庭1217户，严重精神障碍患者以奖代补监护补贴发放率达98.9%，累计发放低保、特困、残疾人、困境儿童生活补贴等各类补助资金660余万元。维护退役军人合法权益，优待证办证率达99.4%。持续扩大文化受众面，开展各类文化知识普及活动，累计服务7.9万人次。持续提升医疗服务供给，边城卫生院中医馆成为句容首家五级中医馆，边城尘肺康复站入选镇江市十佳民生实事。精准实施“八五”普法，“非讼服务站”入选为镇江法治惠民实事项目。成功举办第六届高骊山文化旅游登山节和第十二届仑山湖路亚大赛，仑山湖省级旅游度假区创建工作持续推进中。边城镇获评2022年度镇江市乡村振兴工作先进集体。12345工单、“阳光信访”、纠纷调处按时办结率和满意率均为100%。（边城镇）

【句容市首届海外人才创业大赛】 2022年，边城镇承办2022年“福地句才”海外人才创业大赛。大赛于5月正式启动，共吸引50余个项目报名参赛，经资格审核和大赛初评，最终有21个项目进入总决赛。9月21日，总决赛落幕，共评选出一等奖1个，二等奖2个，三等奖3个，对获奖并落户的项目，分别给予5万元、3万元、1万元、0.5万元资金奖励。其中一、二、三等奖获奖项目，符合2023年江苏省“双创”计划申报条件的，将直接纳入句容市“福地英才”计划创业类一般项目资助管理，给予60万元的项目资助。（边城镇）

郭庄镇

【概况】　郭庄镇位于句容市西南部，紧邻江宁开发区、江宁大学城和南京禄口国际机场，总面积150.55平方千米，耕地面积62.69平方千米。2022年，户籍人口6.6万人，常住人口5.3万人，下辖22个行政村。境内拥有发达的交通路网和独特的城际枢纽优势，宁杭高铁、宁杭高速、243省道等多条交通要道纵横贯穿其中，先后创成国家卫生镇、江苏省文明乡镇、江苏省健康镇等。境内总面积13平方公里的赤山湖湿地公园，享有“秦淮第一湖”的美誉，是国家级湿地公园、国家水利风景区、全国科普教育基地，并入选首批30家“中国旅游好资源”名录。2022年，完成地区生产总值78.1亿元，限上社会消费品零售总额5.88亿元，一般公共财政预算收入1.4亿元。

（刘庆庆）

【工业经济】　2022年，郭庄镇坚持“产业强镇”一号战略，推动经济高质量发展。全年建设镇江、句容市级重点项目17个，5GW高效光伏组件项目主体施工基本完成，总投12亿元的句容氢能源主题产业园和总投3.4亿元的宏通光伏项目开工建设；时恒技改、苏新智能标签、圣汉环保涂布等7个项目投入生产。坚持把招商引资作为经济高质量发展的主要抓手，先后到澳门、广东、安徽等地，累计开展各类招商引资活动40余次，专题招商7批次，驻点南京招商15批次，成功签约引进固驰精密仪器等亿元以上项目15个。新能源科技产业园实现纳税亿元工业企业零的突破，协鑫光伏获评句容市首家省级“五星级上云企业”。江苏和正特种装备有限公司入选2022年江苏省瞪羚企业，实现句容市省级瞪羚企业零的突破。郭庄新能源科技产业园成为镇江市第一批保留开发区（园区），东恒产业园引入意大利博洛尼亚大学、哈尔滨工业大学等多名高端人才。落实助企纾困政策，累计留抵退税超过6900万元。

（刘庆庆）

郭庄镇高标准农田

【农业发展】　2022年，郭庄镇全年完成粮食种植面积10.85万亩，其中小麦4.1万亩、水稻5.95万亩，其他粮食作物种植0.8万亩，粮食产量稳定度居全市前列，良种覆盖率100%。年内完成2500亩高标准农田补建项目，推进10000亩高标准农田建设项目。新增设施农业面积610亩，申报稻米、茶叶等绿色食品认证2.82万亩。累计投入280万元灌浆加固二干河堤防和中河堤防；翻堤加固高阳河龙德桥段80米；维修损坏防汛通道10公里；完成河塘疏浚及塘坝改造775座。开展重大动物疫病集中防疫工作，强化畜禽养殖污染治理，优化畜禽养殖区域布局，完成1家省级、3家市级畜牧生态健康养殖示范场的创建。

（刘庆庆）

【镇村建设】　2022年，郭庄镇深化“多规合一”成果运用，依法依规编制镇国土空间总体规划，科学合理调整镇控制性详细规划。改善百姓住房条件，交付康居花园三期安置房442户，盘活丹湖小区存量安置房290户，葛村安置房主体完成封顶。完成文溪路1490米路灯亮化工程，实施空港园区污水管网提升改造工程。开展防旱抗旱工作，清理镇级河道、沟渠10条。加强城乡秩序综合治理，开展流动摊点占道经营专项整治行动，拆违面积620平方米，查处违规渣土车辆78辆，取缔占道经营1800余起。落实各级河长巡河、管河、护河责任，创建生态河道9.7公里，建成“幸福河湖”河湖长制主题公园。总投资1000余万元，完成5个自然村生活污水设施建设，农村生活污水治理自然村覆盖率达70%以上。推进辖区内环境集中整治行动，新增垃圾分类自然村5个。严格对全镇生产企业进行环保监管，限批散乱污企业24家，整治导管企业46家，扬尘管理砂石料经营户24家。全年创成江苏省级文明村1个，镇江市级以上文明村3个。

（刘庆庆）

【民生事业】 2022年，郭庄镇坚持民生优先，财政民生支出占一般公共预算支出的比重达87%。就业形势保持稳定，发放创业贷款2403万元。义务教育“双减”政策全面落实，郭庄中学与南京市雨花台中学友好合作办学，普高录取率达55%。郭庄中心卫生院成功与泰康仙林鼓楼医院签署医联体合作协议。加快“15分钟医保服务圈”省级示范点建设。赤山湖国家湿地公园获全国科普教育基地称号，成功入选国家青少年自然教育绿色营地名录。兜底保障政策全面落实，发放低保补助、医疗救助、重残补助、五保供养等资金2000余万元，核发富民创业贷款2403万元。持续推进村级标准型居家养老服务中心建设，创新实行居家养老上门服务。优化审批服务，承接城乡最低生活保障、特困人员供养、尊老金等行政审批类事项。推进慈善事业，在全市率先完成“幸福家园”村庄互助工程全覆盖。开展安全生产风险隐患大起底、大排查、大整治“百日攻坚”行动，发出安全隐患整改通知单41份，整改工作全部销号。（刘庆庆）

【赤山湖国家湿地公园获评全国科普教育基地】 2022年3月，句容赤山湖国家湿地公园入选“2021—2025年全国科普教育基地第一批认定名单”。作为湿地、水利知识科普和宣传教育的重要窗口，赤山湖始终致力于湿地、水利资源的保护与利用，不断加强保护管理力度，提升展示利用水平，努力探索湿地文化旅游发展新路径，力求教育功能发挥最大化。10月，赤山湖国家湿地公园入选2022年国家青少年自然教育绿色营地。（刘庆庆）

【郭庄镇产业项目开工暨集中签约仪式】 7月14日，郭庄镇产业项目开工暨集中签约仪式举行。总投12亿元的第一工园·句容氢能源主题产业园和总投3.4亿元的宏通光伏项目正式开工。其中，氢能源主题产业园主导产业以氢能源+智能制造产业为主体，融合发展新能源、光学仪器、电子信息及新一代信息技术等产业；宏通项目将在郭庄投资建设2GW高效多主栅大尺寸新型太阳能电池组件。在线上签约环节，以科尼奇光学、埃帕克斯光学等为代表的光学光电产业集群企业和以江苏国能、阿雷斯氢能源等为代表的氢能源产业集群企业集中签约。

（刘庆庆）

后白镇

【概　况】 后白镇地处国家AAAAA级风景名胜区、道教圣地茅山西麓，国家湿地公园赤山湖东畔。相传明代王氏官员在此建造前后两进别墅，为前别墅、后别墅，后人把“别”说成“白”，后白由此而来。后白境内总面积143平方千米，辖21个行政村和3个居委会，户籍人口5.6万人。2022年，完成地区生产总值61.5亿元，一般公共预算收入6794万元；工业应税销售达37亿元；固定资产投资13.78亿元。先后获得全国文明镇、国家卫生镇、全国生态文明先进镇、江苏省旅游名镇、江苏省生态文明示范镇、江苏“味稻小镇”等多项荣誉称号。

（后白镇）

【工业经济】 2022年，后白镇紧盯“一号战略”，狠抓“产业强镇”，一批优质项目落地建设，环创新材料、德尚精密机械2个项目实现当年签约、当年开工、当年列统。发挥乡贤作用，开展“迎老乡、回故乡、建家乡”活动，引进返乡创业项目5个，总投资超7亿元。推进南京力通达综合在线监测系统研发生产、南京斯瑞恩机电设备智能装备生产线以及一马先包装二期等5个项目，总投资6.85亿元。组建专班为项目建设精准服务，确保早开工、早投产、早达效，年内为5个项目举行集中开工仪式。华达铜业等14个重点产业项目加快推进，其中好锝包装、清沐纸业、草毯绿波草坪综合示范区等4个工业技改和农业项目年内建成投产和试运营。深入开展“助企纾困，护航发展”专项行动，帮助正浩制桶、巨业电缆等企业获得稳岗补贴资金近60万元，税收返还近600万元。一马先包装通过国家级两化融合管理体系认定。疫情防控期间按政策规定减免企业租金128.1万元。选派青年干部驻企帮办，协调解决各类问题4个。举办企业家座谈会2场，帮助企业解决“急难愁盼”问题，优化提升营商环境。（后白镇）

【农业发展】 2022年，后白镇坚持农业农村优先发展，坚决遏制耕地“非农化”、防止“非粮化”，全镇完成小麦种植2.8万亩，油菜1.9万亩；落实水稻种植面积6.1万亩，大豆1176亩、大豆玉米带状复合种植220亩。狠抓耕地质量提升与化肥减量增效示范项目，全镇绿肥种植面积5500亩。全年发放各类农业补贴846.47万元，完成农业保险25.38万元，农业抗风险能力进一步增强。坚持以项目招引，推动农业产业提档升级，华东地区规模最大的蛋鸡养殖基地——静庆生态获批2022年农业农村重大项目省级示范项目，全面投产后养殖量达80万羽，年产值超2亿元。圣湖福枣繁育基地项目被列为江苏省重点。“福地好味稻”入选首届江苏省中高端稻米全产业链发展模式优秀案例。国家草坪产业标准化示范区项目获国家标准委批准立项。（后白镇）

【镇村建设】 2022年，后白镇实施民生工程。投资333万元，完成中河堤防多头小直径加固二期工程；完成二圣水库三级提水600余万立方米。投资71.9万元，对集镇老旧破损基础设施进行维修，完成富民路、延福路污水收集改造工程。投入29.6万元，对福源小区78户住户进行雨污分流改造，污水处理厂进水浓度平均COD由不足80毫克/升提升到119毫克/升。水乡桥建成，水乡路顺利通车。西冯村入选中国美丽休闲乡村。（后白镇）

【民生事业】 2022年，后白镇民生支出达1.6亿元，占一般公共预算支出超90%。全年共发放低保、特困、两残经费1602.34万元，覆盖人群2352人。市镇村三级慈善组织救助慰问困难群体5047人次，发放补助367.89万元。给44名困境儿童发放经费69.7万元。完成全镇2023年60—79周岁的老年人意外伤害保险续保工作。坚持便民导向，整合为民服务中心职能，全年综合窗口办件量达9186件，行政审批和公共服务效能有效提升。聚焦高校毕业生、农民工等重点群体，落实援企稳岗政策，完成城镇新增就业767人次，办理创业富民担保贷款1500万元。依法处理欠薪投诉30起，涉及金额150余万元，劳动者合法权益得到有效维护。发放助学兴教资金100万元。创成“省乡村公益医疗互助”试点镇，完成参保25772人，实际交费超100万元，完成率达88.72%。推进安置房办证，共发放不动产权证5265本，占比90.15%。关爱计生特殊家庭，全年对92户特扶家庭提供家庭医生签约服务。举办后白镇第七届农耕文化插秧节、“喜迎二十大，奋进新征程”文艺会演、“我们的节日”等文化活动57场。开展全民阅读活动132场。开展“文明家庭”等群众性精神文明评比，共评选出83户文明家庭，涌现出中国好人沈春雷、镇江好人方露等先进模范。芦江村创成江苏省传统村落。（后白镇）

6月12日，后白镇举办第七届农耕文化插秧节

【后白镇产业项目集中开工仪式】 8月19日，后白镇产业项目集中开工仪式举行。此次集中开工的环创新材料、德尚精密机械、法高智能科技、大美天第、润阳家居5个项目涉及新材料、精密制造、智能制造、文化产业等多个领域，总投资7亿元。

（后白镇）

天王镇

【概况】 天王镇地处宁镇常三市交界处，南与溧阳接壤，东与金坛相依，西与溧水毗邻，是句容市南大门，始建于唐中和二年(882年)，因御赐金匾寺庙——天王寺而得名，至今已有1400多年的历史。全镇地域面积131.43平方千米，下辖16个行政村和1个社区，截至2022年年末户籍人口5.3万人。天王镇土地资源丰富，以丘陵山地为主，大多水源经检测达国家一类水标准。2022年，实现地区生产总值60亿元，完成一般公共预算收入5971万元，农民人均可支配收入达31507元。年内，全国首届“农业生物多样性培育与利用”论坛在天王镇召开。创建镇江市首家网格化公益性群众自治载体“社区网格超市”。成功举办2022年中国农民丰收节江苏省重点活动暨句容农民丰收节。天王镇人民政府获评江苏省丰收节活动组织先进单位荣誉称号。 (谈德寅)

【工业经济】 2022年，天王镇以乡贤招商、以商招商、精准招商为重要抓手，主动出击发挥比较优势，围绕风力发电、自行车、农产品深加工等领域有的放矢。全年到各地开展招商活动17次，新增在谈在手项目7个，总投资1.1亿元的华腾智能家居生产项目签约落户，总投资1.1亿元的年产10万台千帆充电桩控制箱生产项目完成施工准备，总投资2.5亿元的楚江玻璃项目开工建设。始终将优化营商环境作为招商引资的“生命线”，成立天王镇企业家服务中心。以优质的营商环境加快项目建设，在库的1个镇江市级重点项目和8个句容市级重点项目按序时推进。全力以赴盘活存量，腾笼换鸟，努力用“土地存量”换来“发展增量”，全年共盘活存量土地74亩。

(谈德寅)

【农业旅游】 2022年，天王镇采取“因田制宜”的生态措施，促进戴庄村400亩高标准农田高产稳产。依托亚夫团队工作室，在天王村、竹园村推广种植等优质水稻750亩，全镇优质绿色水稻种植面积增至5500亩，天王村成为镇江市生态循环农业试点村，天王生态产业名片进一步做大做强。深度推进农文旅融合，拓展稻米、苗木等主导产业的价值空间，持续放大樱花节、芝樱节等节庆活动的品牌效应。 (谈德寅)

【城乡建设】 2022年，天王镇天王中学430平方米报告厅正式投入使用，镇域内校园食堂煤气改电达到全覆盖。健全公共卫生服务体系，天王卫生院新建公卫楼工程施工结束，近期投入使用。注重推动公共服务便捷高效，打造“15分钟医保服务圈”。强化“一老一小”普惠性服务保障水平，省级未成年人保护站、镇级居家养老服务中心均在年内开工建设。持续开展突出环境问题大排查、大整治，扎实推进中央环保督察信访件办理，抓实工地道路扬尘污染整治、重点污染企业管控，坚决取缔露天混凝土搅拌站、违法废品收购站等污染源头，全年关停取缔“散乱污”企业10家，切实守好天王宝贵的绿水青山。持续深入开展安全生产风险隐患“百日攻坚”行动，对排查出的隐患问题进行督促整改、强化跟踪问效，全年没有发生重特大安全生产事故。 (谈德寅)

【民生事业】 2022年，天王镇开展各项慈善困难帮扶，累计发放款项85万余元。开展各项慈善困难帮扶，累计发放款项85万余元。有序推进省级乡村公益医疗互助项目试点镇工作，镇域内“福村宝”购买人数达14790人，累计补助382人次，补助金额30.86万元。年内袁巷中心校、天王中心校、袁巷幼儿园三个学校选定的课题选录江苏省教育科学“十四五”规划重点课题。牢牢守住重大风险底线是第一责任，深入开展“排风险，除隐患，保稳定”专项行动，着力解决一批信访、安全生产、民生领域的热点难点问题，全力营造安全稳定社会环境。落实“大数据+网格化+铁脚板”机制，深化“村民议事小组”“四级网格”等基层自治模式，创建了镇江市首家网格化公益性群众自治载体“社区网格超市”，进一步激发广大居民参与社会治理和群防群治的内生动力。

(谈德寅)

【句容农民丰收节】 2022年10月29日，2022年中国农民丰收节江苏省重点活动暨句容农民丰收节在天王镇戴庄村白沙自然村举行。活动中，还举行了镇江市十大农产品品牌授牌仪式、镇江市十佳农民颁奖仪式以及2022江苏·句容农民丰收节暨句容晚稻开镰启动仪式。活动当天，除了白沙主会场，边城、白兔、后白和郭庄等四个分会场也精心准备了直播带货、文艺演出、农事体验等系列活动。（谈德寅）

8月20日，句容第十三届丁庄葡萄节在茅山镇丁庄村举行

茅山镇

【概况】　茅山镇位于句容东南，东与镇江市丹徒区宝堰镇交界，西与华阳街道、后白镇相连，北与白兔镇接壤，南与国家AAAAA级茅山旅游风景区毗邻。总面积81平方千米，下辖城盖、丁庄等10个行政村，2022年末户籍人口2.8万人。2022年，完成地区生产总值33.9亿元，完成一般公共预算收入3455万元，社会固定资产投资5.45亿元，农民人均纯收入31025元。年内，丁庄村、丁家边村、永兴村入选2022年全国乡村特色产业亿元村；丁庄万亩葡萄专业合作联社获评江苏省现代农业全产业链标准化基地；丁庄葡萄节获评江苏十佳丰收节庆特色活动；句容市丁庄万亩葡萄专业合作联社入选2022年度江苏省“十家电商农民合作社十个网络畅销产品品牌”。（茅山镇）

【项目推进】　2022年，茅山镇加大项目的推进。新增规上企业9家，其中包括3家工业企业和3家建筑企业；总投资1.1亿元百事特扩建项目开工；义力康酵素项目正式投产；福地源康养项目加速推进。（茅山镇）

【农业发展】　2022年，茅山镇聚焦高产、高质、高效的“三高”农业项目重点发力。丁庄葡萄合作联社新建葡萄分拣无尘车间和专业葡萄分拣包装流水线，日分拣量提升至原来的5倍，减少运输损耗，有效增加货架期。丁庄葡萄合作联社克服疫情影响，持续与盒马鲜生、百果园、叮咚买菜、开市客等优质渠道合作，多批次、稳定地出口到新加坡，拓展丁庄葡萄的海外市场。东方紫产业园区桑葚智能大棚项目和茶叶加工项目有序推进。

年内，茅山镇东霞土地股份合作社获评2022年江苏省省级农民合作社示范社，东霞、袁相片区高标准农田项目通过镇江市验收，丁庄老方葡萄专业合作社入选首批100个全国农作物病虫害绿色防控示范基地。（茅山镇）

【文化旅游】　2022年，茅山镇以“喜迎二十大　讴歌新时代”为主题，开展“乡村文艺播种计划”活动，全镇开展马灯阵舞、剪纸、书法、绘画等各类培训60余次，培训人员达到2000多人次。创作排练原创情景剧《幸福谣》及舞蹈《万疆》参加句容市“百姓大舞台”比赛，配合市文化馆开展第九届广场舞比赛。

2022年，茅山镇农旅融合显成效，成功举办丁庄葡萄节、桑果紫酒节、梅花节，丁庄村（农旅融合型）入选江苏省“共同富裕　百村实践”新型农村集体经济发展典型案例。（茅山镇）

【镇村建设】　2022年，茅山镇重点抓何庄试点推进，强化基础设施配套，优化人居环境提升。何庄村乡村振兴10个组团1186栋民房顺利回迁，水电路气讯等配套工程完工；新建何庄村党群服务中心占地面积844平方米，建筑面积约2200平方米，通过完工验收。通过维修加固或重建方式，完成10户农村危险房屋的改造。修复上太线、春纪线、白马庄线二、句石线二、催庄线、后村线等道路共1.613千

米，完成蒙爱城专线“美丽农村路”评选申报。完成河塘清淤1座，姜家河综合整治1.43公里。新建水泥路1350平方米、沥青道路1500平方米，新建滚水坝1座，袁相河、东霞河生态河道建设1.73千米，违法乱垦乱种将得到有效遏制，水土流失得到进一步治理。（茅山镇）

【民生事业】 2022年，茅山镇坚持以民生改善为根本，积极开展“慈善捐赠月”、老年人“安康关爱行动”、“慈善助老”等活动，收到慈善捐款总计37.3308万元。办理老年人意外险理赔130例，为566名老年人购买新农合医疗保险，共计22.64万元。发放尊老金97.89万元、低保金92.69万元、五保金218.87万元，残疾人两项补贴350.67万元。关爱困境儿童27人，救助困难群众1206人次。开展拥军优属工作，修缮丁家边革命战士纪念碑。网格化社会治理实现全覆盖，对网格区域进行调整。开展“法治宣传月”活动和《中华人民共和国民法典》普法宣传。全面排查农村危房、农村桥梁，百姓住行安全得到保障。（茅山镇）

【句容第十三届丁庄葡萄节】 8月20日，2022中国·句容第十三届丁庄葡萄节开幕式在茅山镇丁庄万亩葡萄专业合作联社举行。开幕式上，进行第六届“丁庄杯”早中熟精品葡萄评比大赛颁奖，丁庄万亩葡萄专业合作联社与深圳百果园签订销售协议。

（茅山镇）

茅山风景区管委会

【概况】 茅山风景区管委会位于江苏省西南部句容市境内，地处南京、镇江、常州三市腹地，规划面积153平方千米，下辖10个行政村，2022年户籍人口约3.2万人。境内拥有国家AAAAA级旅游景区——茅山景区，茅山自然风光清新秀美，有“九峰、十九泉、二十六洞、二十八池”之美景。2022年，茅山风景区推进疫情要防住、经济要稳住、发展要安全和生态要提升的总体要求，推动高质量发展，实现地区生产总值30.8亿元。（陈 瑶）

【经济建设】 2022年，茅山风景区完成国家级人才“启明计划”有效申报数1个，参与承办2022年“福地句才”海外人才创业大赛。推进“一村一品”建设，采用“支部+协会+合作社+农户”模式，以组织化推动产业化，实现各村特色产业品牌共建、渠道共享。探索马埂中药材种植、墓东生态大米、玉晨林下食用菌、潘冲农业休闲观光、天乐草坪等“一村一品”特色产业发展“新路径”。7月14日，第七届清华校友三创大赛晋级赛优秀项目落地暨科技合作推进会在茅山风景区举行，6个晋级项目进行现场展示。江苏省技术产权交易市场高效节能行业分中心、智达高压电气检验检测中心揭牌。为2个国家级科技企业孵化器和1个国家级众创空间授牌。12月18日，句容市中药材招商大会在茅山风景区举办，与药企、科研院所和金融单位签订了研发生产、产品销售、金融扶持等12项战略合作协议。（陈 瑶）

【文化旅游】 2022年，茅山风景区开展“全民阅读春风行”“全民阅读知识村村行”“阅读推广”系列阅读活动。广泛选树文明家庭、句容好人、最美人物等先进典型，评选出2022茅山风景区“最美家庭”“文明家庭”20户。进一步丰富群众精神文化生活，举办2022茅山风景区百姓大舞台。年内先后开展“喜迎元宵庆虎年”“浓情端午”“情暖重阳节”等新时代文明实践活动。举办了中国句容福地文化旅游节暨茅山五福路线发布会、《问道茅山三千年》座谈会暨茅山推介活动。参加2022中国（昆明）国际旅交会、第十届澳门国际旅游博览会等旅游推介会。茅山红色之旅二日游成功入选“我为镇江旅游打个卡”十佳精品旅游线路。茅山新四军纪念馆红色研学活动入选江苏省文旅厅“2021—2022年度江苏文旅消费人力榜”。“铁军东进战地 茅山红色传承”项目入选第一批江苏省红色旅游融合发展示范项目名单。茅山涵田半岛酒店、洲际假日度假酒店、道温泉酒店、茅山宾馆4家酒店成为句容市首批具有接待职工（劳模）疗休养资格的定点酒店。茅山景区与镇江文旅集团、新华日报社镇江分社举行签约仪式，通过资源有效整合，促进合作共赢。不断完善景区电动自行车、新能源汽车、“智慧用电”推广建设，实

6月17日，茅山旅游推介会在茅山风景区举行

现景区低碳化改造提升。

（陈　瑶）

【镇村建设】　2022年，茅山风景区全面推进266省道连接线（万康路）工程，年内顺利完工。加快推进茅山村红色美丽村庄试点建设，完成"两馆一站一堡垒"建设，东进路老街环境改造提升完成188户农厕、3253米污水管网改造。实施红旗、马埂、南庄、茅陈4座水库提档升级，积极推进李塔白阳村、玉晨张巷村的美丽宜居村庄建设，争创省级生态宜居美丽示范镇和县级示范家庭农场。开展安全生产专项整治三年行动和安全生产百日攻坚行动，排查企业288家次，发放各类安全生产工作提醒函24份；组织安全生产培训216人次，开展消防应急演练和"百团进百万企业千万员工"活动，覆盖职工约600人。抓实农村自建房安全隐患排查，共排查27594栋。（陈　瑶）

【民生事业】　2022年，茅山风景区深化基层社会治理新实践镇江市社会治理现代化镇（街道）建设现场观摩会在茅山风景区召开，茅山风景区管委会被镇江市委、市政府评为"社会治理现代化先进镇、街道"。打造"15分钟医保服务圈"省级示范点，开展直播带货培训，多措并举稳就业、保就业，全年新增就业人数349人。突出做好社会兜底保障，发放低保金117.08万元，发放高龄津贴、残疾人两项补贴等共计616.45万元，发放困境儿童生活保障资金31.12万元。完成退役军人及其他优抚对象建档立卡及优待证办理。推进"有事好商量"协商议事工作，围绕"发展茅山道地中药材，带动老区人民致富"开展民主专题协商议事活动。

（陈　瑶）

崇明街道

【概况】　崇明街道地处句容市区主城区，东起东昌中路，南至二圣路，西到洪武路，北抵文昌中路，辖东门、义台街、红旗、崇明、茅山、甲城、河滨、中凌、葛仙、建新、新村、梅花、马扎里13个社区居委会。2022年，户籍人口7.8万人。（张　聪）

【社区建设】　2022年，崇明社区推进老旧小区改造"'十四五'计划"，投入1980万元对38个老旧小区111栋居民楼开展综合改造，涉改面积29.6万平方米，惠及居民3000余户。改造工程始终坚持统筹地上与地下、统筹内在与外在、统筹文明城市建设标准要求等原则，重点实施建筑内外立面修缮整治14.06万平方米、雨污水立管检修更换1.1万米、道路黑色化提升0.7万平方米、三网整治8.2万余米、电动车飞线充电整治1.3万余米等改造项目。加强老旧小区长效管理，推动一批失管小区市场化服务。完成安全生产三年专项整治工作，制定城市建筑、消防等"1+13"应急预案体系，对1450栋自建房、4320户门面房进行排查整治，完成3处城市危房的加固解危工作。在葛仙社区建成集垃圾收集、垃圾分拣、垃圾分类学习教育展示于一体的"智慧分类驿站"并投入使用。（张　聪）

【社区服务】　2022年，崇明街道深化"彩虹桥"惠民助困计划，围绕助困、助医、助老、助残、助学、助贷、助居等七个方面开展精准帮扶。加强"一老一小"友好型社区建设，推进13个社区居家养老服务中心建设，每月为辖区内2000余名高龄老人提供居家上门服务，累计发放尊老金179万余元。兜底保障稳步提升，为67家中小企业办理创业贷款，为828名残疾人常态化开展温情服务。开展"15分钟医保服务圈"

创建工作，将医保工作纳入公共服务事项，为辖区居民办理医保报销业务196件。加强卫生健康工作，推进健康社区建设，扎实开展免费孕检、职业健康、优生优育等工作，营造生育友好的社会环境。完成退役军人“一人一档”管理，审核并发放优待证，向军人军属发放补助金。将为民服务资金以项目化形式直达配置到社区，推动社区为民活动常态化长效开展，全年组织为民服务活动227场，把为民惠民服务做到居民“家门口”。大力推进“红色物业”服务项目，在香江丽景小区创成镇江市级“红色物业”示范点，促进社区工作与物业管理融合发展；制定《城市网格（小区）协商事项指导目录》，明确公共事务类、民生服务类等八大类40条议事事项，开展“网格红管家、幸福进万家”活动，构建起以党组织为核心，居委会、业委会、物委会联动的“一核三委”红色物业新模式。（张　聪）

【社区治理】　2022年，崇明街道深化打造“睦邻崇明”，探索建立以“邻情共议、邻事共治、邻力共聚、邻文共享、邻约共守”为核心的睦邻治理品牌，构建城市睦邻善治新格局。推进社区“睦邻综合体”建设，因地制宜打造社区邻里中心、小区党群服务站、网格We站，推动便民服务进一步进小区、进网格、进楼栋，变社区各类阵地为“五社联动”的功能阵地。推动打造熟人社区，组建社工带头人、社会明白人、社区热心人“三个人”队伍，推进专职网格员和“持证社工”培养计划，街道“双全”社工持证率达100%。实施“邻聚力”计划，推行“志愿集市”“爱心超市”等服务品牌，探索新业态新就业群体参与城市治理，上线“崇明志愿星”睦邻积分平台，形成“参与式治理”共治格局。积极应对、因时因势落实疫情防控措施，有效应对多轮疫情冲击。社区组织动员能力建设和哨点功能得到全面提升，网格服务、健康调查、心理援助、为老陪护机制不断完善。（张　聪）

【社区文明创建】　2022年，崇明街道立足更广领域、更深层次、更高水平，推进文明城市建设。在义台街社区建成城区首家“城市书房”，升级改造新村社区诗词广场，全年累计举办文化阅读活动80余场、原创诗词创作600余首，形成“城市书房—社区书屋—小区书社”三级公共文化空间。通过分类打造，逐步建立城市书房、新村诗社、侨务联盟、红色影院、好人工作室、志愿之家等社区特色文化阵地，形成书香义台街、睦邻马扎里、侨见中凌、诗韵新村、志愿梅花等“一社一品”社区文化矩阵。和市文体广电和旅游局、市文学艺术界联合会等共同举办“礼赞新时代·奋进新征程”2022句容美术摄影主题展。

（张　聪）

崇明街道推进网格We站建设

市领导简介

（2022年发生变动的）

周必松　中共句容市委副书记、市长。2022年11月任句容市委书记。

简介见《句容年鉴（2018）》。

束克之　2022年12月任中共句容市委副书记、代市长。

1974年9月生，汉族，江苏丹阳人，1997年11月参加工作，1997年6月加入中国共产党，省委党校研究生学历。

1997年11以来，历任丹阳市委办公室机要室机要员、秘书科副科长、科长，2003年9月任丹阳市委保密委员会办公室主任、市国家保密工作局局长（副科级），2008年4月任丹阳市委办公室副主任、保密委员会办公室主任、市国家保密工作局局长，2010年10月以来，历任丹阳市司徒镇党委副书记、镇长，（其间：2013年1月至2014年11月兼丹阳市财政和资产管理局局长），2014年11月任丹阳市司徒镇党委副书记、镇长，2015年8月任丹阳市延陵镇党委书记，2016年11月以来，历任丹阳经济开发区党工委副书记、管委会主任、党工委书记，2020年8月任丹阳市副市长、丹阳经济开发区党工委书记，2021年4月任丹阳市委常委、丹阳经济开发区党工委书记。

高庆华　句容市人大常委会党组书记、副主任，二级调研员。2022年1月任句容市人大常委会主任。

简介见《句容年鉴（2006）》。

周　俊　句容经济开发区党工委书记，兼任黄梅街道党工委书记。2022年1月任句容市人大常委会党组成员、副主任。

1974年12月生，汉族，江苏句容人，1995年8月参加工作，1995年6月加入中国共产党，大学学历、学士学位。

1997年10月以来，历任句容市劳动局办事员、办公室副主任，市安监局综合科科长、局长助理，2004年9月任句容市安监局副局长，2008年8月以来，历任句容市边城镇党委副书记、镇长、党委书记（其间：2008年8月至2014年4月任经济实业总公司副董事长、总经理），2016年11月任句容经济开发区党工委书记，2021年5月兼任黄梅街道党工委书记。

王道银　句容市政协副主席。2022年1月任句容市人大常委会副主任，不再担任句容市政协副主席职务。

简介见《句容年鉴（2008）》。

闵　佳　句容市政府党组成员、副市长提名人选，兼任白兔镇党委书记。2022年1月任句容市政府副市长。

简介见《句容年鉴（2021）》。

景建国　2022年8月任句容市政府党组成员、副市长，兼任市委政法委副书记，公安局党委书记、局长、督察长，三级高级警长。

1972年1月生，汉族，江苏丹阳人，1996年8月参加工作，1994年6月加入中国共产党，大学学历、学士学位。

1997年9月以来，历任丹阳市公安局刑警大队科员、吕城派出所副教导员、吕城派出所教导员、治安警察大队教导员（正科级）、治安警察大队教导员（主持工作）、治安警察大队大队长、党委委员、副局长（其间：2013年4月至2015年6月兼任市应急办主任）、政委、党委副书记，2019年11月任镇江市润州区副区长，公安分局党委书记、局长（其间：2022年4月晋升为三级高级警长）。

涂长坤　句容市自然资源和规划局党组书记、局长、一级主任科员，兼任句容市林业局局长。2022年1月，任句容市政协党组成员、副主席。同年9月不再担任句容市自然资源和规划局党组书记、局长职务，不再兼任句容市林业局局长职务。

1968年10月生，汉族，江苏句容人，1990年1月参加工作，1991年7月加入中国共产党，中央党校大学学历。

1990年1月以来历任句容茅西国土所会计、团委书记、副所长、所长，2000年3月以来，历任句容后白镇党委组织委员、副镇长、党委副书记，2009年7月任句容市委办副主任、市信访局局长，2012年2月任句容市安全生产监督管理局局长、党组书记，2015年7月任句容市国土资源局局长、党组书记，2019年2月以来，历任句容市自然资源和规划局党组书记、局长、一级主任科员，市林业局局长（兼）。

谭素平　句容市供销合作总社主任。2022年1月任句容市政协副主席。同年6月不再担任句容市供销合作总社主任职务。

1969年10月生，汉族，江苏句容人，1994年8月参加工作，党外知识分子，大学学历、学士学位。

1994年8月任句容市陈武中学教师，1995年9月以来，历任句容市广电局电视台记者、编辑、人秘科副科长、电视台新闻部主任、副台长，市委宣传部新闻科科长，2002年12月任句容市后白镇副镇长，2006年3月任句容市宝华镇副镇长，2012年2月以来，历任句容市地震局副局长、局长，2019年2月任句容市供销合作总社主任。

朱　燕　句容市科技局局长，工商联主席。2022年1月任句容市政协副主席。

1976年1月生，汉族，江苏句容人，2001年8月参加工作，党外知识分子，大学学历、学士学位。

2001年8月以来，历任句容市广播电视局记者、办公室副主任，华阳镇政府镇长助理，2005年2月以来，历任句容市纪委科员、办公室副主任，2005年8月以来，历任句容市监察局副局级监察员、句容市监察局副局长，2008年11月任句容市科技局副局长（其间：2017年3月至2019年6月任农科园管委会副主任）、2019年6月任句容茅山湖旅游度假区管理办公室副主任、2021年5月任句容市科技局局长，2021年12月任句容市科技局局长、工商联主席。

唐东升　句容市人民法院党组书记、副院长、代理院长、三级高级法官。2022年1月任句容市人民法院院长。

1972年7月生，汉族，江苏句容人，1994年7月参加工作，1994年6月加入中国共产党，研究生学历。

1994年7月以来，历任镇江市中级人民法院民庭书记员、助审员、审判员、民一庭副庭长（副科职）、监察室副主任、研究室主任（正科级）、法庭指导办主任、民四庭庭长、行政审判庭庭长，2015年9月任丹阳市人民法院院长（其间：2020年7月晋升三级高级法官），2021年11月任句容市人民法院院长候选人提名人选、三级高级法官，2021年12月任句容市人民法院党组书记、副院长、代理院长、三级高级法官。

陈东旭　句容市人民检察院党组书记、副检察长、代理检察长、四级高级检察官。2022年1月任句容市人民检察院检察长。

1972年12月生，汉族，江苏阜宁人，1994年8月参加工作，1999年8月加入中国共产党，大学学历。

1994年8月以来，历任镇江市人民检察院反贪污贿赂局科员级书记员、助理检察员、副科级检察员、指挥办副主任、检察员、民事行政检察处副处长、检察员（其间：2014年2月至2014年3

月，任丹徒区人民检察院党组成员，2014年3月至2016年2月，任丹徒区人民检察院党组成员、副检察长、检察委员会委员），2016年2月任丹徒区人民检察院党组成员、副检察长、检察委员会委员（其间：2016年2月明确正科级，2016年10月任一级检察官），2017年11月任丹徒区人民检察院党组副书记、副检察长、一级检察官、检察委员会委员，2019年3月以来，历任镇江市人民检察院监所检察处副处长、第四检察部副主任（主持工作）、第四检察部主任、四级高级检察官，2021年1月任京口区人民检察院检察长、四级高级检察官，2021年11月任句容市人民检察院检察长候选人、四级高级检察官，2021年12月任句容市人民检察院党组书记、副检察长、代理检察长、四级高级检察官。（组织部）

模范人物简介

叶希珈　江苏农林职业技术学院风景园林学院教师。2022年3月获评全国轻工技术能手。

1997年4月生，男，浙江温岭人，中共党员。2015年9月至2018年6月就读于江苏农林职业技术学院。工作中致力于木业产品设计与制造专业的发展以及对于学生专业技能的培养，依据岗位能力需求和课程标准，对接专业技能大赛，制定教学中专业技能标准以及参与世界技能大赛精细木工项目的制作标准。2016年参加第44届世界技能大赛全国选拔赛精细木工项目获得全国第一并成功进入中国国家集训队。2017年参加第2届全国职业院校林草技能大赛精细木工项目获得第一。2018年获得“江苏省技术能手”称号。2020年指导学生参加全国“家具制作”项目职业技能交流赛获二等奖。2021年指导学生参加第四届全国职业院校技能大赛高职组精细木工比赛第一；以教师身份参加全国工业设计大赛家具设计师项目全国总决赛中获得全国冠军。2022年获得“全国技术能手”“全国轻工技术能手”“江苏省五一劳动奖章”和“江苏省五一创新能手”“镇江市青年岗位能手”荣誉称号。

（农林学院）

王　平　句容市计划生育协会秘书长，2022年4月获评2021年中国计划生育协会“中国老年健康和家庭幸福影响因素跟踪调查”先进个人。

1969年12月出生，汉族，江苏句容人，中共党员，1986年11月至2000年11月在福建省服役，2000年11月至2001年11月在句容市计划生育指导站工作，2001年12月至2003年3月在句容市人口计生委办公室工作，2003年4月至2014年6月任句容市人口计生委办公室副主任，2014年7月至2015年10月任句容市人口计生委监察室主任，2015年11月至2019年11月任句容市卫生计生委计划生育家庭发展科科长，2009年6月至今，任句容市计划生育协会秘书长。

2021年度获评镇江市家庭健康保障工作先进个人（镇江市计划生育协会）；2022年度获评镇江市家庭健康保障工作先进个人（镇江市计划生育协会）。

（卫健委）

刘学平　句容市科技局原农村科技和社会发展科科长。2022年5月被中央文明办授予2022年度第一季度“中国好人榜”敬业奉献好人荣誉称号。

1963年出生，中共党员。1996年以来，刘学平积极投身农业科技事业，常年带领团队深入企业开展调研，走访各乡镇摸排农户技术需求，征集科技下乡项目，邀请技术专家为农户答疑解难。他主动为高校、科研院所和农业企业搭建对接平台，“十三五”期间，由他推动促成签订的产学研合作协议共70多项，近1500名农民受益走上致富道路。2021年5月9日，刘学平因病医治无效去世。2021年10月，刘学平获“江苏好人榜”敬业奉献奖。

（科技局）

刘　勇　句容市森林派出所教导员，2022年10月获评“全国公安机关疫情防控工作成绩突出个人”。

1975年10月出生，汉族，江苏句容人，中共党员。1996年6月参加工作，先后任句容市宝华派出所副所长、句容市天王派出所副所长、句容市白兔派出所副所长、句容市公安局治安大队副大队长、句容市森林派出所教导员等职务。2018年获评省公安厅“2018年全‘两会’安保维稳参加突出个人”；2021年获中华人民共和国司法部个人嘉奖；2021年获评“2019—2020年度社会治安综合治理先进个人”；2022年获评“全国公安机关疫情防控工作成绩突出个人”。

沈春雷　江苏广兴集团有限公司首席技师。2022年11月被中央文明办授予2022年第三季度“中国好人榜”敬业奉献好人荣誉称号。

简介见《句容年鉴（2021）》。

（史志办）

先进人物名录

2022年句容市获省条线以上荣誉人物一览表

表22

姓名	单位	荣誉称号	授予单位	授予时间
吴　霜	句容市民政局	江苏省“安康关爱行动”先进个人	江苏省老龄工作委员会办公室	2022年1月
芮东明	镇江市农业科学院	2022年1月“江苏好人”	江苏省文明办	2022年2月
李书颜	崇明小学文昌路校区	江苏省优秀少先队员	共青团江苏省委、江苏省教育厅、江苏省少工委	2022年2月
赵宏荷	崇明小学	江苏省优秀少先队辅导员	共青团江苏省委、江苏省教育厅、江苏省少工委	2022年2月
房海明	边城镇双杨村团支部	2022年3月“江苏好人”	江苏省文明办	2022年3月
叶希珈	江苏农林职业技术学院	全国轻工技术能手	中国轻工业联合会	2022年3月
苏青峰	江苏山水环境建设集团股份有限公司	江苏省五一劳动奖章	江苏省总工会	2022年4月
程　明	句容市白兔中心小学	江苏省文明职工	江苏省委宣传部江苏省文明办、江苏省总工会	2022年4月
范亚君	江苏伊斯贝拉生态农业科技有限公司	江苏省三八红旗手	江苏省妇女联合会	2022年4月
王　平	句容市卫健委	中国老年健康和家庭幸福影响因素跟踪调查表现突出个人	中国计划生育协会	2022年4月
刘学平	句容市科技局	2022年第一季度“中国好人”	中央文明办	2022年5月
章荣平	句容市疾病预防控制中心	2022年4月“江苏好人”	江苏省文明办	2022年4月
朱杨兴	江苏省句容中等专业学校	江苏省职业教育“双师型”名师工作室	江苏省教育厅	2022年5月
张　虎	江苏农林职业技术学院	江苏省技能大师工作室领办人	江苏省人力资源和社会保障厅	2022年5月

续表 22

姓名	单位	荣誉称号	授予单位	授予时间
阎艳齐	中共句容市委组织部	江苏省“十行百星”巾帼　创业创新典型——巾帼公仆之星	江苏省城镇妇女“巾帼建功”活动领导小组	2022 年 7 月
徐　芬	句容市后白镇西冯村	江苏省巾帼建功标兵	江苏省城镇妇女“巾帼建功”活动领导小组	2022 年 7 月
史培华	江苏农林职业技术学院	江苏高校“青蓝工程”中青年学术带头人	江苏省教育厅	2022 年 7 月
凡军民	江苏农林职业技术学院	江苏高校“青蓝工程”中青年学术带头人	江苏省教育厅	2022 年 7 月
陈佳佳	江苏农林职业技术学院	江苏高校“青蓝工程”优秀青年骨干教师	江苏省教育厅	2022 年 7 月
刘晓宇	江苏农林职业技术学院	江苏高校“青蓝工程”优秀青年骨干教师	江苏省教育厅	2022 年 7 月
李　娜	江苏农林职业技术学院	江苏高校“青蓝工程”优秀青年骨干教师	江苏省教育厅	2022 年 7 月
曹　淼	江苏农林职业技术学院	江苏高校“青蓝工程”优秀青年骨干教师	江苏省教育厅	2022 年 7 月
裔玉诚	句容市公安局	全省优秀人民警察	江苏省人力资源和社会保障厅、江苏省公安局	2022 年 7 月
王　珊	句容市公安局	全省优秀人民警察	江苏省人力资源和社会保障厅、江苏省公安局	2022 年 7 月
赵　媛	国网句容市供电公司	2022 年 8 月“江苏好人”	江苏省文明办	2022 年 8 月
滕永辉	边城镇	优秀“四会”教练员	省军区	2022 年 8 月
张　胜	句容市第三中学	全国青少年“科创强国　筑梦未来”读书教育活动“优秀指导奖”	全国青少年读书教育活动组织委员会	2022 年 8 月
李柏然	崇明小学	新时代江苏好少年	江苏省文明办	2022 年 9 月
蔡晓伟	句容市第三中学	2022 江苏教师年度人物	江苏省教育厅江苏省总工会	2022 年 9 月
李师柯	句容市人民法院后白人民法庭	第三届“江苏最美法官”	江苏省人民法院	2022 年 9 月
刘　勇	句容市森林派出所	全国公安机关疫情防控工作成绩突出个人	公安部	2022 年 10 月
孙小根	句容市教育信息技术与装备管理中心	江苏省首届中小学生实验操作大赛组织工作先进个人	江苏省教育厅办公室	2022 年 10 月
胡明喜	句容市下蜀中心小学校	首届中小学生实验操作大赛组织工作“先进个人”	江苏省教育厅	2022 年 10 月

续表 22

姓名	单位	荣誉称号	授予单位	授予时间
尤锁美	句容市茅山镇南头岗自然村	2022 年 10 月“江苏好人”	江苏省文明办	2022 年 10 月
沈春雷	江苏广兴集团有限公司	2022 年第三季度“中国好人”	中央文明办	2022 年 11 月
梅　霞	江苏农林职业技术学院	江苏省教学名师	江苏省教育厅	2022 年 11 月
孟富林	句容市第二中学	江苏省教科研先进个人	江苏省教育科学研究院	2022 年 11 月
蒋其友	江苏农林职业技术学院	江苏技术能手	江苏省人力资源和社会保障厅	2022 年 12 月
刘海洋	江苏农林职业技术学院	江苏技术能手	江苏省人力资源和社会保障厅	2022 年 12 月
陈　欣	句容市委老干部局	江苏省老干部工作先进工作者	江苏省委组织部、江苏省委老干部局、江苏省人力资源和社会保障厅	2022 年 12 月
陈雪雯	郭庄镇人民政府	2022 年度全省妇联优秀妇女工作通讯员	江苏省妇女联合会	2022 年 12 月
刘　峰	江苏省句容中等专业学校	江苏省技术能手	江苏省人社厅	2022 年 12 月
陈兴国	江苏省句容中等专业学校	江苏省技术能手	江苏省人社厅	2022 年 12 月
周秀斌	句容市茅山风景区社区教育中心	2021 年度江苏省社会教育宣传“先进个人”	江苏省社会教育服务指导中心	2022 年 12 月

注：收录时间以证书或发文日期为准，2022 年 1 月 1 日至 12 月 31 日止

先进集体名录

2022 年句容市获省条线以上先进集体一览表

表 23

单位（全称）	荣誉名称	授予单位	授予时间
句容市供销合作总社	二十强县级供销合作社	江苏省供销合作总社	2022 年 1 月
后白镇	2019—2021 年度江苏省文明乡镇	江苏省精神文明建设指导委员会	2022 年 1 月
下蜀镇	2019—2021 年度江苏省文明乡镇	江苏省精神文明建设指导委员会	2022 年 1 月
天王镇	2019—2021 年度江苏省文明乡镇	江苏省精神文明建设指导委员会	2022 年 1 月
郭庄镇	2019—2021 年度江苏省文明乡镇	江苏省精神文明建设指导委员会	2022 年 1 月
句容市融媒体中心	2019—2021 年度江苏省文明单位	江苏省精神文明建设指导委员会	2022 年 1 月
中国移动江苏公司句容分公司	2019—2022 江苏省文明单位	江苏省精神文明建设指导委员会	2022 年 1 月

续表 23

单位（全称）	荣誉名称	授予单位	授予时间
句容市第三中学	江苏省青少年科技教育先进学校	江苏省教育厅、江苏省科学技术学会、江苏省精神文明建设指导委员会办公室、江苏省科学技术厅	2022 年 1 月
句容市第三中学	2019—2021 年度江苏省文明校园	江苏省精神文明建设指导委员会	2022 年 1 月
句容市崇明小学	2019—2021 年度江苏省文明校园	江苏省精神文明建设指导委员会	2022 年 1 月
句容市后白镇中心小学校	2019—2021 年度江苏省文明校园	江苏省精神文明建设指导委员会	2022 年 1 月
句容市实验幼儿园	江苏省文明单位	江苏省精神文明建设指导委员会	2022 年 1 月
句容市水产站	2021 年度江苏省水产技术推广系统先进集体	江苏省渔业技术推广中心	2022 年 1 月
茅山镇丁庄村	全省“共同富裕　百村实践”新型农村集体经济发展典型案例	江苏省农业农村厅	2022 年 2 月
句容市实验小学少先队大队	江苏省优秀少先队集体	共青团江苏省委、江苏省教育厅、江苏省少工委	2022 年 2 月
句容市天王小学五（1）亚夫中队	江苏省优秀少先队集体	共青团江苏省委、江苏省教育厅、江苏省少工委	2022 年 2 月
句容市农业农村局	2021 年全省高标准农田建设成效显著单位	江苏省农业农村厅	2022 年 3 月
江苏农林职业技术学院	2021 年高校毕业生就业工作量化督导 A 等高校	江苏省教育厅	2022 年 3 月
江苏农林职业技术学院	江苏教育新闻宣传工作优秀单位	江苏省教育厅	2022 年 3 月
句容市郭庄镇中心小学	江苏省文明校园	江苏省文明委	2022 年 3 月
句容市消防救援大队华阳消防救援站	江苏省工人先锋号	江苏省总工会	2022 年 4 月
句容协鑫光伏科技有限公司十四车间	江苏省工人先锋号	江苏省总工会	2022 年 4 月
江苏农林职业技术学院	江苏省文明校园	省精神文明建设指导委员会	2022 年 5 月
江苏省句容中等专业学校	2020—2021 年度江苏省教科研工作先进集体	江苏省教育科学研究院	2022 年 5 月
句容市崇明中学	江苏省五四红旗团委	共青团江苏省委	2022 年 5 月
江苏句容现代农业产业示范园	第二批省级现代农业产业示范园	江苏省农业农村厅、江苏省财政厅	2022 年 5 月
句容市白兔镇农产品质量安全监管服务站	五星级乡镇农产品质量安全监管机构	江苏省农业农村厅办公室	2022 年 6 月
丁庄老方葡萄专业合作社	首批 100 个全国农作物病虫害绿色防控示范基地	全国农技中心	2022 年 7 月

续表23

单位（全称）	荣誉名称	授予单位	授予时间
句容市丁庄万亩葡萄专业合作联社	江苏省现代农业全产业链标准化基地	江苏省农业农村厅	2022年7月
句容市妇女联合会	江苏省巾帼建功先进集体	江苏省城镇妇女“巾帼建功”活动领导小组	2022年7月
江苏天晟药业股份有限公司研发中心QC小组	江苏省巾帼文明岗	江苏省城镇妇女“巾帼建功”活动领导小组	2022年7月
句容市	江苏省第十二届双拥模范城	省委、省政府、省军区	2022年8月
西冯村	国家级美丽休闲乡村	农业农村部	2022年8月
句容市工商联	全国“五好”标杆县级工商联	全国工商联	2022年8月
后白镇道兵家庭农场	江苏“百佳家庭农场”	省农业农村厅	2022年9月
茅山风景区如花家庭农场	江苏“百佳家庭农场”	省农业农村厅	2022年9月
兴农家庭农场发展联盟	江苏“十佳家庭农场服务联盟”	省农业农村厅	2022年9月
句容市供销合作总社	全国“节约型机关”	国家机关事务管理局	2022年10月
句容市融媒体中心	全国节约型机关	国家机关事务管理局	2022年10月
句容市萱草花志愿服务中心文明实践巾帼志愿阳光站	江苏省“在你身边”文明实践巾帼志愿阳光站	江苏省妇女联合会	2022年10月
句容市袁巷中心小学	全省教育系统优秀家长学校	江苏省关工委	2022年10月
句容市镇江市志宏物流园	省级重点物流基地	省发改委	2022年10月
句容市	全省民族团结进步示范区	江苏省民族宗教事务委员会	2022年11月
江苏农林职业技术学院	2022年江苏省大中专学生志愿者暑期文化卫生“三下乡”社会实践活动先进集体	中共江苏省委宣传部、省文明办、省教育厅等	2022年11月
白兔镇中心村	全国“一村一品”示范村	农业农村部	2022年11月
黄梅街道凤凰城幼儿园	江苏省优质幼儿园	省教育厅	2022年11月
勤学路幼儿园	江苏省优质幼儿园	省教育厅	2022年11月
句容市下蜀镇中心幼儿园	江苏省教科研工作先进集体	江苏省教育科学研究院	2022年11月
后白镇西冯村	2022年中国美丽休闲乡村农家乐特色村	农业农村部	2022年11月
句容市江苏兆鋆新材料股份有限公司	江苏省信用管理示范企业	省发改委	2022年11月
白兔镇唐庄村	2022年全国乡村特色产业超十亿元镇亿元村	农业农村部	2022年11月
白兔镇白兔村	2022年全国乡村特色产业超十亿元镇亿元村	农业农村部	2022年11月

续表 23

单位（全称）	荣誉名称	授予单位	授予时间
茅山镇丁家边村	2022 年全国乡村特色产业超十亿元镇亿元村	农业农村部	2022 年 11 月
茅山镇丁庄村	2022 年全国乡村特色产业超十亿元镇亿元村	农业农村部	2022 年 11 月
茅山镇永兴村	2022 年全国乡村特色产业超十亿元镇亿元村	农业农村部	2022 年 11 月
后白镇西冯村	2022 年全国乡村特色产业超十亿元镇亿元村	农业农村部	2022 年 11 月
天王镇唐陵村	2022 年全国乡村特色产业超十亿元镇亿元村	农业农村部	2022 年 11 月
句容市茅山镇东霞土地股份合作社	省级农民合作社示范社	江苏省农业农村厅	2022 年 11 月
句容市后白草坪专业合作联社	省级农民合作社示范社	江苏省农业农村厅	2022 年 11 月
句容市茅山风景区陈庄自然农法农副产品合作社	省级农民合作社示范社	江苏省农业农村厅	2022 年 11 月
句容市肖庐山茶叶专业合作社	省级农民合作社示范社	江苏省农业农村厅	2022 年 11 月
茅山镇东霞土地股份合作社	2022 年江苏省省级农民合作社示范社	江苏省农业农村厅	2022 年 11 月
句容市	首批“幸福家园”工程全国联动区域慈善协同创建示范县	中华慈善总会	2022 年 12 月
句容市档案馆	江苏省“规范档案馆”	省档案馆	2022 年 12 月
句容市农业农村局	江苏省“六好”离退休干部示范党支部	江苏省委老干部局	2022 年 12 月
句容市白兔镇柏生草莓专业合作社	国家级生态农场	农业农村部生态与资源保护总站、中国农业生态保护协会	2022 年 12 月
句容市丁庄万亩葡萄专业合作联社	2022 年度江苏省“十家电商农民合作社十个网络畅销产品品牌”	江苏省农业农村厅	2022 年 12 月
句容市妇联	第四届江苏女性融媒体创意大赛优秀组织奖	江苏省妇女联合会	2022 年 12 月
句容计生协	中国老年健康和家庭幸福影响因素跟踪调查表现突出单位	中国计划生育协会	2022 年 12 月
句容市白兔中心卫生院白兔分院	省老年友善医疗机构	江苏省卫健委、中医药管理局	2022 年 12 月

续表 23

单位（全称）	荣誉名称	授予单位	授予时间
句容市崇明社区卫生服务中心	省老年友善医疗机构	江苏省卫健委、中医药管理局	2022年12月
句容市后白卫生院二圣分院	省老年友善医疗机构	江苏省卫健委　中医药管理局	2022年12月
句容市后白卫生院	省老年友善医疗机构	江苏省卫健委、中医药管理局	2022年12月
句容市黄梅社区卫生服务中心	省老年友善医疗机构	江苏省卫健委、中医药管理局	2022年12月
句容市茅山风景区社区卫生服务中心	省老年友善医疗机构	江苏省卫健委、中医药管理局	2022年12月
句容市石狮社区卫生服务中心	省老年友善医疗机构	江苏省卫健委、中医药管理局	2022年12月
句容市人民医院	省老年友善医疗机构优秀单位	江苏省卫健委、中医药管理局	2022年12月
句容市中医院	省老年友善医疗机构优秀单位	江苏省卫健委、中医药管理局	2022年12月
句容市疾病预防控制中心	省疟疾和重点寄生虫病监测工作先进集体	江苏省血吸虫病防治研究所、江苏省寄生虫病防治研究所	2022年12月
句容市疾病预防控制中心	省查灭螺及防急感工作先进集体	江苏省血吸虫病防治研究所、江苏省寄生虫病防治研究所	2022年12月
江苏省句容中等专业学校	江苏省优秀中等职业学校建设单位	江苏省教育厅	2022年12月

注：收录时间以证书或发文日期为准，2022年1月1日至12月31日止

正高级专业技术人员名录

2022年句容市正高级专业技术人员一览表

表24

姓名	单位	职称	批准时间
束华琴	句容市农业农村局	正高级农艺师	2022年11月
李　瑛	句容市农业农村局	正高级畜牧兽医师	2022年11月
陈志农	句容市农业农村局	正高级经济师	2022年12月
戴　嘉	句容市下蜀中心卫生院	社区主任中医师	2022年12月
赵海英	句容市白兔中心卫生院	社区主任中医师	2022年12月
陈　志	句容市后白卫生院	社区主任中医师	2022年12月
向庆龙	句容市天王中心卫生院	社区主任医师	2022年12月
姚文刚	句容市下蜀中心卫生院	社区主任医师	2022年12月
殷久伟	句容市华阳社区卫生服务中心	社区主任医师	2022年12月

续表 24

姓名	单位	职称	批准时间
胡　伟	句容市下蜀中心卫生院	社区主任医师	2022 年 12 月
徐圣贵	句容市石狮社区卫生服务中心	社区主任医师	2022 年 12 月
宫学梅	句容市石狮社区卫生服务中心	社区主任医师	2022 年 12 月
章小霞	句容市下蜀中心卫生院	社区主任医师	2022 年 12 月
张　明	句容市黄梅社区卫生服务中心	社区主任医师	2022 年 12 月
葛　俊	句容市下蜀中心卫生院	社区主任医师	2022 年 12 月
汪　霞	句容市郭庄中心卫生院	社区主任医师	2022 年 12 月
梅云凤	句容市边城卫生院	社区主任药师	2022 年 12 月
周献词	句容市黄梅社区卫生服务中心	社区主任中药师	2022 年 12 月
文　静	句容市崇明社区卫生服务中心	社区主任技师	2022 年 12 月
陈　霞	句容市白兔中心卫生院白兔分院	社区主任技师	2022 年 12 月
沈建强	句容市黄梅社区卫生服务中心	社区主任医师	2022 年 12 月
张明亮	句容市后白卫生院	社区主任医师	2022 年 12 月
徐　莉	句容市崇明社区卫生服务中心	社区主任护师	2022 年 12 月
凌孔兰	句容市下蜀中心卫生院	社区主任护师	2022 年 12 月
何春梅	句容市茅山卫生院	社区主任护师	2022 年 12 月
张远红	句容市石狮社区卫生服务中心	社区主任护师	2022 年 12 月
王美丽	句容市后白卫生院	社区主任护师	2022 年 12 月
唐琴勤	句容市茅山卫生院	社区主任护师	2022 年 12 月
吴　松	句容市人民医院	主任医师	2022 年 12 月
王　剑	句容市人民医院	主任医师	2022 年 12 月
周　娟	句容市人民医院	主任医师	2022 年 12 月
施姝莉	句容市人民医院	主任技师	2022 年 12 月
胡　芳	句容市人民医院	主任药师	2022 年 12 月
彭国庆	句容市人民医院	主任医师	2022 年 12 月
刘　丽	句容市中医院	主任药师	2022 年 12 月
李志群	句容市妇幼保健院	主任医师	2022 年 12 月
陆海珍	句容市妇幼保健院	主任医师	2022 年 12 月
王翠花	句容市人民医院	主任护师	2022 年 12 月
杨俊霞	句容市人民医院	主任护师	2022 年 12 月
陈明红	句容市人民医院	主任护师	2022 年 12 月
孙建中	句容市实验高级中学	正高级教师	2022 年 12 月

注：收录时间以证书或发文日期为准，2022 年 1 月 1 日至 12 月 31 日止

坚定信心　敢为善为
以党的二十大精神引领
中国式现代化句容新实践

——在市委十三届三次全会上的讲话（摘要）

周必松

（2022年12月31日）

一、坚定拥护“两个确立”、坚决做到“两个维护”，坚决以党的二十大精神统一思想、统一意志、统一行动

学习宣传贯彻党的二十大精神，事关党和国家事业继往开来，事关中国特色社会主义前途命运，事关中华民族伟大复兴，是当前和今后一个时期的首要政治任务。我们要在全市上下已经兴起学习宣传贯彻热潮的基础上，按照习近平总书记“五个牢牢把握”和“全面学习、全面把握、全面落实”的重要指示，更加深刻领会党的二十大主题和主要成果，深刻领会新时代十年伟大变革的深远历史意义，深刻领会习近平新时代中国特色社会主义思想的世界观方法论和贯穿其中的立场观点方法，深刻领会中国式现代化的中国特色和本质要求，深刻领会党的中心任务和未来五年的重大部署，深刻领会以党的自我革命引领社会革命的重要要求，深刻领会江山就是人民、人民就是江山的根本立场，深刻领会“三个务必”的谆谆教导和团结奋斗的时代要求，持续推动党的二十大精神付诸句容高质量发展的具体行动，见之于句容现代化建设的实际成效。

（一）学习宣传贯彻党的二十大精神，最根本的是要深刻领会“两个确立”的决定性意义。当前，世界百年未有之大变局加速演进，世界之变、时代之变、历史之变的特征更加明显。习近平总书记在风云变幻中举旗定向、掌舵领航，在大战大考中指挥若定、运筹帷幄，在惊涛骇浪中力挽狂澜、砥柱中流，充分彰显了作为马克思主义政治家的远见卓识和雄韬伟略。党的十八大以来，句容发展取得的一切成绩，根本在于以习近平同志为核心的党中央坚强领导，根本在于习近平新时代中国特色社会主义思想科学指引。我们要深刻体悟到，“两个确立”是党在新时代取得的最大政治成果、最重要历史经验、最客观实践结论，是新时代引领党和国家事业从胜利走向新的胜利的政治保证，是战胜一切艰难险阻、应对一切不确定性的最大确定性、最大底气、最大保证，必将为我们在新征程上赢得主动、赢得优势、赢得未来提供根本保证。

*（二）学习宣传贯彻党的二十大精神，最首要的是要推动新时代党的创新理论入脑入心。*习近平新时代中国特色社会主义思想，把马克思主义基本原理同中国具体实际相结合、同中华优秀传统文化相结合，以一系列原创性治国理政新理念新思想新战略，回答了中国之问、世界之问、人民之问、时代之问，实现了马克思主义中国化时代化新的飞跃。党的十九大、十九届六中全会提出的“十个明确”“十四个坚持”“十三个方面成就”概括了这一思想的主要内容。党的二十大又对习近平新时代中国特色社会主义思想的世界观、方法论和贯穿其中的立场观点方法作出系统阐释和精辟概括，集中体现为“两个结合”和“六个必须坚持”。我们要始终把习近平新时代中国特色社会主义思想作为总指引、总遵循，深入领会蕴含其中的道理学理哲理，做到知其言更知其义、知其然更知其所以然，以思想的力量激扬奋进的力量，以理论的主动把握历史的主动，切实把党的创新理论贯穿到句容现代化建设的各领域各方面各环节，转化为推动事业发展的澎湃动力。

*（三）学习宣传贯彻党的二十大精神，最关键的是要撸起袖子加油干，把各项决策部署付诸于行、见之于效。*学习党的二十大精神的最终目的，是将其转化为坚定理想、锤炼党性和指导实践、推动工作的强大力量。党的二十大确定的目标任务有近期、中期的，也有未来、长期的，要分清轻重缓急，既要全面推进又要突出重点，既要狠抓当前又要着眼长远。当前，句容面临长三角、宁镇扬一体化等多重战略机遇，同时也面临发展过度依赖房地产、实体经济短板突出、经济运行处于低谷、全面从严治党宽松软等困难挑战，我们必须自觉用党的二十大精神对标对表，及时纠正理念偏差、思维偏差、方法偏差，树牢正确政绩观，正确处理好速度和质量、发展和安全、发展和环保、发展和化债等重大关系，切实从党中央提出的战略部署中找到自己应该做什么、能够做什么，想好准备怎么做，始终用真抓的实劲、善抓的巧劲、常抓的韧劲，制定任务书、绘好路线图、明确时间表，在高质量发展中推进中国式现代化句容新实践。

二、紧扣党的中心任务和党的二十大作出的战略部署，在新征程上全面推进中国式现代化句容新实践

党的二十大庄严宣示：从现在起，中国共产党的中心任务就是团结带领全国各族人民全面建成社会主义现代化强国、实现第二个百年奋斗目标，以中国式现代化全面推进中华民族伟大复兴。党的二十大深刻阐释了中国式现代化的五个鲜明特征和九个本质要求，作出了“两步走”的战略安排，明确了未来五年“五位一体”总体布局和“四个全面”战略布局的目标任务。实现社会主义现代化是长期而重大的历史任务，既要把握实践发展的连续性，又要把握时代发展的阶段性，在战略安排上步步推进。推进中国式现代化句容新实践，必须深刻对标对表党的二十大精神，完善工作部署、细化工作举措，咬定目标、接续奋斗，让中国式现代化在句容大地上充分展现可观可感的现实图景。

*要在担当作为、勇挑大梁中推进中国式现代化句容新实践。*当前，经济恢复的基础尚不牢固，需求收缩、供给冲击、预期转弱三重压力仍然较大，发展环境的复杂性、不稳定性、不确定性持续加大。发展是硬道理，也是解决一切问题的基础和关键。句容国土面积占镇江市36%，人口占20%，经济总量占15%，是镇江经济社会高质量发展的重要一极，理应担当作为、勇挑大梁。我们必须深刻把握发展是党执政兴国的第一要务，深刻认识当前“不进则退、慢进也是退”的激烈区域竞争态势，深刻认识句容发展不平衡不充分的最大市情，知难而进、迎难而上，绝不能因为困难挑战多就把抓发展的状态心态搞垮了。坚持一张蓝图绘到底，不提新口号、不翻烧饼，多为句容的发展尽心尽力尽责，充分调动企业家、干部、群众积极性，让干部敢为、地方敢闯、企业敢干、群众敢首创，推动句容现代化建设行稳致远。

*要在坚定信心、抢抓机遇中推进中国式现代化句容新实践。*中央经济工作会议指出，我国经济韧性强、潜力大、活力足，各项政策效果持续显现，明年经济运行有望总体回升。随着中央和省市各项利好政策接踵落地、集聚释能，组合式税费支持新政、房地产行业“三支箭”等政策释放了积极信号、提振了市场信心。当前，长三角、宁镇扬一体化深入推进，

句容的区位、交通、生态综合比较优势更加凸显。我们要坚定信心决心，保持敏锐捕捉机遇的眼光，多想抓住用好机遇的高招，把句容发展置身于长三角大坐标系中考量，在南京都市圈中找准定位、扬优展长，更加坚定地“融入南京、接力镇江”，坚决依靠南京、服务南京、做强自己，推动句容在融合发展大势中借船出海、借梯登高。

要在正视问题、解决问题中推进中国式现代化句容新实践。今年以来的省委巡视、省委审计委员会“两个责任”审计，暴露出我们在产业发展、工程建设、招商奖补、平台融资和干部的纪律规矩意识等方面存在不少突出问题。未来前进道路上，只有“刮骨疗毒”，才能避免“带病发展”。我们必须坚持问题导向，勇于正视问题、善于解决问题，高标准高质量抓好省委巡视、省委审计委员会“两个责任”审计整改“后半篇文章”，不为指标波动所惊慌、不为短期变化所干扰、不为问题困难所畏惧、不为外部议论所迷茫，持续补短板强弱项，持续提升按规律办事、按规矩做事的能力水平，确保各项工作始终在法治轨道上进行。

明年工作的总体要求是：**坚持以习近平新时代中国特色社会主义思想为指导，深入贯彻党的二十大、中央经济工作会议精神，按照省委、镇江市委全会部署，坚持稳字当头、稳中求进，完整、准确、全面贯彻新发展理念，融入服务构建新发展格局，着力推动高质量发展，更好统筹疫情防控和经济社会发展，更好统筹发展和安全，大力提振市场信心，突出做好稳增长、稳就业、稳物价工作，有效防范化解重大风险，推动经济运行整体好转，确保中国式现代化句容新实践开好局、起好步。**

明年经济社会发展的主要目标是：地区生产总值增长6%；固定资产投资完成镇江下达任务；全体居民人均可支配收入增长与经济增长保持同步；全面完成安全、环保等约束性指标。重点抓好以下五个方面的工作：

（一）坚定不移推进产业强市，夯实现代化建设基础。坚持把发展经济的着力点放在实体经济上，切实扭转经济对房地产过度依赖的问题，推动经济实现质的有效提升和量的合理增长。**一要建强园区阵地**。用好优化整合后的“一区四园一片区”，重点打造毗邻南京的省级经济开发区智能制造产业园、下蜀高新技术产业园、郭庄新能源科技产业园，编制出台G312沿线和宁句城际轨道沿线产业发展规划，推动70%的工业项目入园集聚集约发展。聚焦建设枢纽经济核心区，加快推进中电光谷项目，着力打造数字经济产业园。加快盘活国家级众创产业园、清华启迪数字科技城等低效闲置资源，有序推进闲置低效用地和厂房“二次开发”。**二要狠抓项目支撑**。树牢“项目为王”导向，围绕南京“五标八链”和镇江“四群八链”，进一步深挖投资信息、延伸招商触角、拓宽引资渠道，加快打造一批爱句容、懂产业、善钻研、肯吃苦的专业化招商队伍。紧盯南京地区驻点招商、着眼产业链靶向招商、瞄准优质企业上门请商，强化算账意识、合同意识，招引更多会“下蛋”的优质企业。筹划成立市重大项目办公室，持续完善全环节跟进、全过程服务机制，加快推进石砀山抽水蓄能电站等重大项目建设，更好发挥重大产业项目在稳投资、促增长、调结构上的支撑作用。**三要强化创新引领**。以争创省级创新型示范市为引领，深入实施“人才强市”战略，优化创新指标考核，深入实施“福地句才”工程，推进青年人才“金燕来巢”计划，全面优化创新创业环境，推动创新主体扩量、科创平台提质、人才引育加速，激发高质量发展新动能。**四要持续优化环境**。坚持把优化营商环境作为“永不竣工的工程”，推进“一照多址”改革等便企举措，进一步简化项目准入准营流程，推出新一批“一件事”清单，持续擦亮“句满意”营商环境品牌。深刻认识“寒冬落魄你不在、春暖花开你是谁”，坚持亲而有度、清而有为，建立常态化政企沟通机制，真心实意为企业家服务，依法依规帮助企业解决实际问题，全力保护企业家权益，不断浓厚尊重理解企业家的氛围，鼓励支持企业家深耕句容、发展壮大。

（二）坚定不移推进融合发展，提升现代化建设品质。坚持从全局谋划一域、以一域服务全局，按照党的二十大报告中“以城市群、都市圈为依托构建大中小城市协调发展格局，推进以县城为重要载体的城镇化建设”的部署要求，努力实现城市让生活更美好、乡村让人们更向往。**一要提升城市能级**。深入推进更高水平文明城市建设，加快补齐城市建设基础设施短板，推进城市管理智慧化精细化长效化，着力打造宜居、韧性、智慧城市。加快完善立体综合交通体系，统筹抓好句容综合枢纽建设、南沿江城际铁路“轨通”、扬马城际铁路先导段开工准备、G312句容段快速化改造、仪禄高速项目前期工作，全面构建内畅外联“主动脉”“微循环”。加强城乡水旱灾害防御能力建设，既防止“城市看海”，又保住源头活水。坚持“两降两提”，支持刚性和改善性住房需求，推动房地产业高质量发展。**二要全面推进乡村振兴**。坚决扛起粮食安全重大政治责任，规范耕地占补平衡，坚决遏制耕地“非农化”、基本农田“非粮化”。发挥农业大市优势，进一步做大做强做优鲜果、茶叶、稻米等优势产业，大力发展“一村一品”和特色产业，积极培育农产品区域公共品牌和地理标志。加快推进全国农业科技先行县建设，加强与江苏农林职业技术学院等院所的校地战略合作，不断提升农业科技化水平。深入开展农村人居环境整治提升，加强农村清洁型小流域和生态河道建设等工作，打造宜居宜业和美乡村。**三要促进融合发展**。以创建国家文化和旅游融合发展示范区建设为抓手，深入推进农业、旅游、文化融合发展，打造“中国句容茅山文化旅游节”品牌，加快推进仑山湖—高骊山省级旅游度假区创建工作。挖掘句容传统文化、乡村文化，植入旅游元素，持续擦亮重点田园村庄名片，集全市之力整合资源，推动文化和旅游资源向文化和旅游产品转化，打造拳头产品，形成农业、旅游“句容品牌”、唱响“句容声音”。

（三）坚定不移推进绿色发展，彰显现代化建设底色。坚定不移走生态优先、绿色发展之路，协同推进降碳、减污、扩绿、增长，让绿色成为句容现代化建设的鲜明底色。**一要强化生态治理**。坚持举一反三、突出标本兼治，全面复盘中央环保督察反馈问题和突出环境问题，坚决杜绝问题反弹。统筹好减污与降碳、$PM_{2.5}$和臭氧、水环境治理与水生态保护、新污染物治理与传统污染物防治等工作，实施定量化减排，推进城镇污水治理提质增效，加强固废污染治理，深入打好污染治理攻坚战，让句容天更蓝、水更清、地更绿、空气更清新。**二要践行绿色理念**。坚持淘汰落后产能与促进产业升级相结合，严格落实产业准入负面清单，引导传统产业技改增效、超净排放，改变产业结构偏重、空间布局偏乱的现状，走出一条产业转型升级和减污降碳双赢的新路。深入推进“无废城市”建设，倡导低碳生活理念，推进垃圾分类试点工作。**三要创新生态保护**。坚持敬畏历史、敬畏文化、敬畏生态，编制完成句容市国土空间总体规划，助推国土空间资源高效管控和有效配置，善于战略留白，规划好、守护好、利用好句容的绿水青山，坚决避免“做西装的面料做成了围裙”。积极探索生态保护和生态产品价值实现机制，健全完善多元化生态保护补偿机制，有效调动全社会参与生态环境保护的积极性。

（四）坚定不移推进共同富裕，共享现代化建设成果。坚持将实现人民对美好生活的向往作为现代化建设的出发点和落脚点，坚持尽力而为、量力而行，在高质量发展中创造高品质生活、在共同奋斗中促进共同富裕。**一要加快富民增收步伐**。把就业作为最基本的民生，健全就业公共服务体系，突出抓好高校毕业生、农民工、困难人员等重点群体就业帮扶，支持企业稳岗扩岗，多举措促创业稳就业，坚决端稳老百姓“有活干、有钱赚”的饭碗。全面落实省定中等收入群体壮大行动和农民收入十年倍增计划，持续拓宽增收渠道，加快充实群众口袋。**二要强化公共服务供给**。深入开展健康句容建设，推进市人民医院医疗集团和市中医院医疗集团实质化运行，启动将老人民医院改建成市中医院工程，再建成一家农村区域性医疗卫生中心，更好地为群众提供高质量健康服务。精准落实“双减”政策，持续深化“县管校聘”人事制度改革和集团化办学改革，有序推动省句中异地新建等教育重点工程建设，办好人民满意的教育。**三要兜牢基本民生底线**。健全覆盖全民、统筹城乡、公平统一、安全规范、可持续的多层次社会保障体系，统筹做好社会救助、社会福利、住房保障、退役军人服务保障、妇女儿童权益保障和残疾人福利保障等工作。加快构建多层次多样化养老抚幼服务体系，稳妥推进农村区域性养老服务中心建设、标准化城市社区居家养老服务中心连锁化运营等工作，落实完善生育支持政策举措，不断托起“一老一幼”稳稳的幸福。

（五）坚定不移统筹发展和安全，筑牢现代化建设底线。坚持底线思维，增强忧患意识，全面落实总体国家安全观，始终保持“时时放心不下”的责任感，筑牢现代化建设的安全底线。**一要坚决维护国家安全**。聚焦“国家安全、社会安定、人民安宁”总要求，严格落实党委（党组）国家安全责任制，更加注重协同高效、法治思维、科技赋能、基层基础，加强重点领域安全能力建设，坚决遏制各类矛盾问题交叉感染叠加升级产生的变量问题，确保风险不累积、不扩散、不升级，坚定维护政权安全、制度安全和意识形态安全。**二要切实保障生命安全**。坚决贯彻落实中央优化调整疫情防控的决策部署，将工作重点由“防感染”转变到“保健康、防重症”上来，充分考虑“乙类乙管”后可能出现的各种复杂和困难情况，强化底线思维、极限思维，加快推进亚定点医院建设，抓好医疗资源准备和救治、涉疫舆情引导和社会稳定、春运疫情防控、药品供应等各项工作，保证群众就医需求、生活正常，确保稳步实现“压峰”转段、顺利渡过流行期。树牢“隐患就是事故”的理念，系统排查整治建筑施工、交通运输、城镇燃气、高层消防等重点领域风险，坚决遏制重特大事故发生。**三要有效防范化解重大经济金融风险**。树牢过“紧日子”思想，严格执行融资平台压减和经营性债务成本、规模管控方案，守牢债务率不返红的底线。立足句容实际，时刻保持理性，突出招商引资的专业化、精准化，强化项目招引跟踪问效，有效防范重大产业项目招引中的风险隐患。坚持“一楼一策”，优化完善问题楼盘处置化解方案，用足用活用好现有政策和保交楼资金，多措并举实现“保交楼、稳民生”。**四要提升社会治理效能**。健全完善信访和安全稳定形势分析研判及定期报告制度，深化信访积案包案化解，常态化开展扫黑除恶斗争，严打电信网络诈骗等违法犯罪，让人民群众安全感更加充实、更有保障、更可持续。坚持和发展新时代“枫桥经验”，建设市域社会治理现代化指挥中心，完善网格化管理、精细化服务、信息化支撑的基层治理平台，推动问题在一线发现、矛盾在一线解决。

三、深入推进新时代党的建设新的伟大工程，为推进中国式现代化句容新实践提供坚强保证

党的二十大指出，全面建设社会主义现代化国家、全面推进中华民族伟大复兴，关键在党。必须牢记“两个永远在路上”，深入推进新时代党的建设新的伟大工程，纵深推进全面从严治党，为推进中国式现代化句容新实践提供坚强保证。

（一）铸就绝对忠诚的政治品格。抓牢政治建设这个根本性建设，把坚定拥护“两个确立”、坚决做到“两个维护”作为最坚定的政治立场、最鲜明的政治方向、最牢固的政治信念，不断提高政治判断力、政治领悟力、政治执行力，更加坚定自觉地忠诚核心、信赖核心、紧跟核心、维护核心。充分发挥市委总揽全局、协调各方的作用，严格执行民主集中制，健全科学民主依法决策机制，高度重视、广泛调动一切积极因素，全力支持市人大依法履职、市政府依法行政、市政协参政议政，坚持大统战格局，利用好句容籍在外乡贤资源，巩固心往一处想、劲往一处使的良好局面。

（二）筑牢紧跟紧随的坚定信念。坚定不移用习近平新时代中国特色社会主义思想凝心铸魂，全面学习、全面把握、全面落实党的二十大精神，持续在新的广度和深度上增进政治认同、思想认同、情感认同。深化社会主义核心价值观建设，推进媒体融合发展，唱响句容声音，大力选树先进典型，以典型为榜样、用典型育风尚。建好建强江苏省习近平新时代中国特色社会主义思想研究中心句容实践调研基地，在生动火热的实践中研究新问题、总结新经验。压紧压实意识形态工作责任，强化对党外代表人士的思想政治引领，推进舆情处置与网络安全监测一体化平台建设，增强舆情和网络安全事件发现力、引导力、处置力，坚决守住不发生重大负面舆情的底线。

（三）高质量完成巡视审计整改任务。坚持把省委巡视和省委审计委员会“两个责任”审计反馈问题整改摆在突出位置，主要负责同志认真履行第一责任人职责，班子成员履行“一岗双责”，坚决扛起整改责任、落实整改任务、督办急难事项，细化源头治理的举措，深入剖析问题背后的体制性障碍、机制性梗阻、制度性漏洞，做到查处一个问题、总结一类规律、治理一个领域，全面做好省委巡视、审计整改“后半篇文章”。要强化整改成果运用，切实将整改成效体现到推动标本兼治、增进民生福祉、推进全面从严治党等全过程、各方面，切实通过巡视、审计整改不断提升全市上下按规律办事、按规矩做事的能力水平。

（四）锻造勇挑大梁的中坚力量。围绕建设“政治过硬、适应新时代要求、具备领导现代化建设能力的干部队伍”总目标，深化综合分析研判，优化考察识别方法，注重在产业强市主战场、急难险重第一线发现使用干部，切实将吃得了苦、受得了累、经得了事的干部选出来、用起来。一体推进干部年轻化、专业化建设，做好年轻干部、专业化干部分类储备、递进培养、梯次配备，统筹用好各年龄段干部。坚持严管厚爱结合、激励约束并重，深入落实《关于激励干部敢为善为勇挑大梁的十五条举措》，进一步增强“三项机制”的引领力、穿透力，真正为担当者担当、为负责者负责，形成能者上、优者奖、庸者下、劣者汰的良好局面。

（五）打造全面过硬的战斗堡垒。牢固树立大抓基层的鲜明导向，实施基层党建“红色‘句’力”五年行动计划，压紧压实党建工作责任，推动基层党建高质量发展。持续加强新经济组织、新社会组织、新就业群体党的建设，开展补短板、固底板专项整顿和党群服务中心效用专项提升行动，推动基层党组织全面过硬、全面提升。深入实施园区党建整体跃升行动，积极打造宁镇区域党建合作示范区，切实把组织优势、资源优势、区位优势等转化为发展胜势。

（六）巩固风清气正的政治生态。始终保持严的主基调不动摇，锲而不舍落实中央八项规定及其实施细则精神，聚焦工程建设、招投标、融资平台等重点领域开展专项治理，发现一起严查一起，总结共性规律，堵塞制度漏洞。增强对“一把手”和领导班子监督实效，领导干部要带头严于律己、严负其责、严管所辖，从严加强对干部教育监督管理，促使干部习惯在“聚光灯”下行使权力、在“放大镜”下开展工作，不断提升纪律规矩意识。千条万条，不抓落实都是白条，要大力弘扬马上就办、事不过夜的工作作风，坚决纠治选择性无视、及格式满足、习惯性躺平，努力把小事做好、大事做实。

政府工作报告（摘要）

——在句容市第十七届人民代表大会第二次会议上的讲话

束克之

（2023年1月2日）

一、2022年工作回顾

刚刚过去的一年，是党的二十大胜利召开之年，是新一届政府依法履职的第一年。面对世纪疫情和房地产下行的叠加影响，我们始终坚持以习近平新时代中国特色社会主义思想为指导，在镇江市委、市政府和句容市委的坚强领导下，在市人大、市政协的监督支持下，紧密团结和依靠全市人民，始终坚定“融入南京、接力镇江”，保持战略定力，坚持系统观念，统筹抓好改革发展稳定各项工作，全市经济社会发展呈现稳中有进、稳中向好的良好态势。预计实现地区生产总值760亿元，完成同口径一般公共预算收入49亿元，社会消费品零售总额180亿元，列全国百强县排名第48位、全国投资潜力百强县第39位、中国县级市基本现代化指数第36位。

这一年，我们主要做了以下几个方面工作：

一、坚定不移推进产业强市。项目招引更加精准。深度分析自身产业结构特点，推动全市每个板块对接一个南京市辖区域，围绕南京积极开展驻点招商、专题招商活动。组建地铁沿线招商工作专班，持续提升招商工作专业化、市场化水平。全年累计举办招商活动13场，获得有效项目投资信息89条，新签约投资亿元以上产业类项目61个，总投资149亿元。**项目推进更具力度。**持续深化产业项目“双百工程”，完善项目推进专班服务机制，全市141个市重大产业项目完成年度投资136亿元。总投资80亿元的石砀山抽水蓄能电站完成预可研，高光半导体、世泰诊断、澳博阳等一批项目加快建设。新能源国民车项目正式投产，首批110辆新能源车9月份实现交付。预计全年完成固定资产投资220亿元，实现工业应税销售637亿元。**企业培扶更显成效**。加快培育发展优质企业，打造领头型、标杆型、创新型、成长型企业梯队。建华建材列“2022中国民营企业500强”第277位、江苏百强企业第57位，获评首届省科技创新发展奖、镇江市市长质量奖。北新建材、台泥水泥获评2022年度江苏省绿色发展领军企业，苏博特、江苏和正特种设备、联博精密被认定省瞪羚企业，获批2022年省级战略性新兴产业重点项目。兆鋆新材料、金合能源创成国家级专精特新“小巨人”企业。天工股份、联博精密进入辅导阶段，企业上市步伐进一步加快。**助企纾困更添温情**。深入开展“助企纾困、护航发展”走访活动，市领导带队走进企业，倾听企业心声、回应发展诉求、解决实际困难，共走访100家企业、12家商会，收集158条意见全部反馈销号。召开金融赋能句容高质量发展大会，推动构建新型政银企合作关系，助力产业强市“一号战略”。汇编上级助企纾困政策形成“一览表”28条，落实各项“稳增长”政策资金共计38.48亿元，兑现2021年度扶持实体经济发展资金项目124个，下达资金6267.64万元。落实减税降费系列政策，全年完成地方级留抵退税达9.39亿元。

二、锲而不舍释放发展活力。**产业布局持续优化**。制定出台《句容市开发园区整合优化提升实施方案》，初步形成“1+4+1”的开发园区（片区）布局，淘汰撤销发展空间有限的6个园区，产业发展集聚度进一步增强。将句容下蜀临港产业园更名为句容下蜀高新技术产业园，进一步聚焦高端方向，持续推动产业转型升级。**深化改革持续推进**。纵深落实“放管服”改革要求，接续推出“句满意”2.0版，提档升级16项措施，企业设立登记等6个环节实现半日办结。常态化开展“拿地即开工”审批模式，全年高效办结13项企业申请，刷新项目审批速度新纪录。在全省率先推行信用修复“三次告知”新模式，修复率比去年同期上涨43.8%，成功入选首批省级创新信用管理与服务试点。**创新转型持续加速**。大力推动G312产业创新走廊建设，签订各类产学研合作协议40项。全年新认定国家高新技术企业59家、同比增长73.5%，全市高企总数达141家。有307家科技型中小企业实现入库评价，富达创客吧获批国家级众创空间。成立数字经济工作领导小组，支持企业“智改数转”，为60家企业提供免费诊断服务，一马先包装、圣通电力、博远电子、大华激光等4家企业通过国家级两化融合管理体系评定。协鑫光伏获评省级“五星级上云企业”荣誉称号。全年有效申报国家启明计划39人，同比增长380%，苏博特、海田电子引进的2名海外人才成功入选，实现我市国家级人才项目自主申报“零”的突破。入选省“双创计划”1人、镇江“金山英才”8人。获批国家知识产权强县建设试点县，创新驱动力进一步增强。

三、精益求精提升城乡品质。**城市功能不断完善**。南沿江城际铁路句容段主体工程全部完成，“句容站”站房铭牌安装到位，装修工程总体完工，电铁配套工程句容段全线贯通，立体综合交通枢纽相关工程正加快建设。扬镇宁马城际铁路完成工可编制，312国道句容段改扩建工程稳步推进。50个老旧小区全部改造完成，惠及131栋、3416户居民。华阳西路、人民路两侧老旧建筑改造工程完成进度80%。新改建城区公厕4座，创成省级垃圾分类达标小区12个。新建5G基站609个，新增非机动车停车泊位1900个，新增城市共享电动车2000辆。积极应对高温、干旱、台风等极端天气，全年抗旱翻水6200万立方米。**乡村振兴不断深入**。坚决扛稳粮食安全重任，新建高标准农田1.3万亩，疏浚农村河道河塘50万立方米，原粮储备新增136.1%，成品粮油储备新增66.7%。句容市入选农业农村部农产品产地冷藏保鲜整县推进实施县名单，句容市现代农业产业示范园通过省级认定。何庄村乡村振兴历时四年，完成各项试点任务，村民有序选房回迁。农产品区域公用品牌建设成果丰硕，“白兔草莓”国家农产品地理标志通过评审，荣获首届中国草莓品牌大会2项金奖，成功入选“2022年度受市场欢迎草莓区域公用品牌榜”；“茅山长青”、边城“紫云英”、边城“句华”成功入选2022年省级品牌目录。新增省级示范家庭农场8家，新增国家级示范社4家、省级示范社4家。白兔镇唐庄村等7个村成功入选全国乡村特色产业超亿元村，后白镇国家草坪产业标准化示范区项目获国家标准委公示，下蜀镇空青村被评为国家级民主法治示范村。农业融资担保新增在保余额近亿元，增幅超15%，成功入选全省首批金融服务乡村振兴示范区。**农文旅特色不断彰显**。创成首批省级文化和旅游产业融合发展示范区，承办全省民宿高质量发展大会和省第十五届“五星工程奖”终评活动。成功举办中国句容第十三届丁庄葡萄节，并荣获江苏十佳丰收节庆特色活动。宝华山千华古村入选首批省级“无限定空间非遗进景区”示范项目和第二批省级夜间文化和旅游消费集聚区。“脱贫攻坚　时代楷模”线路入选“喜迎二十大　见证新江苏”红色旅游精品线路。西冯村入选中国美丽休闲乡村，赤山湖、磨盘山森林步道获批省级森林步道项目，白兔跃进小流域创成省级生态清洁型小流域。

四、持之以恒增进民生福祉。**兜底保障稳步提升**。稳步提升养老待遇，企业退休人员养老金实现“十八连增”。上线运行国家医疗保障信息平台，实现镇江市范围内参保人员同人同城同待遇。严格落实第七批国家药品和耗材集中带量采购，药品价格大幅下降。举办线下“春风行动”、线上直播带岗等32场次，提供就业岗位4.6万个，全市城镇新增就业1.4万人，城镇登记失业率1.27%。举办句容市首届退役军人创业创新大赛，依法维护退役军人合法权益。建成句容市养老护理院、救助站及未成年人救助保护中心。实施居家适老化改造155户，每月为20445名80岁以上老人免费提供上门服务。加快推进安置房办证工作，已发证41240本。**社会事业加快发展**。继续深化“县管校聘”人事制度改革和集团化办学改革，教育质量稳步提升，今年我市高考3人被北京大学录取，1人为江苏省理科第二名，C9达线33人，985达线82人，重点本科达线率35.4%。市实验小学福地校区建成交付使用，福地路幼儿园建设有序推进。全面推进市域内医共体建设，成立市人民医院医疗集团、市中医院医疗集团。搭建完成191个三级人社虚拟大厅，群众办事更加快捷。举办句容市第九届运动会，参赛规模超5000人次。句容健儿在省第二十届运动会斩获2金5银2铜的历史佳绩。**社会大局更加和谐**。圆满完成安全生产三年专项整治工作，事故起数和死亡人数实现双下降。抓获电诈犯罪嫌疑人468名，捣毁电诈团伙18个，本地电诈案件发案率同步下降23%，群众财产安全更有保障。扎实开展“信访突出问题攻坚化解年”行动。广泛开展防范非法集资宣传活动。精准实施“八五”普法，开展“送法八进”系列普法活动320余场次，培育法律明白人1578人，实现全市基层网格全覆盖。建立宁句跨区域宗教合作交流机制，创成全省首批民族团结进步示范市。开展2022年“福地句容杯”诗词大赛，建成崇明公园和义台街2家城市书房，启动句容市第八届“文昌阅读节”，城市更具“人文范”“书香味”。刘学平、沈春雷入选“中国好人榜”，新增“江苏好人”5人、“镇江好人”6人，公民道德建设取得新进展。

五、坚定不移守稳安全发展底线。**疫情防控防线稳固**。始终坚持人民至上、生命至上，科学有效应对疫情扩散蔓延风险。面对宝华“3·15”“4·8”连续两轮疫情，我们始终坚持“动态清零”总方针，举全市之力支援宝华抗疫，8400余名志愿者无畏逆行，在宝华人民的积极配合下，分别在2天、4天内实现了社会面“清零”，圆满完成省委、省政府主要领导调研指导要求。市新冠疫情防控应急领导指挥体系持续完善，通过及时总结宝华防疫经验，形成了首个与南京跨区域的有效联防联控机制。全力补齐疫情防控短板弱项，进一步强化疫情防控能力建设。**生态底色不断擦亮**。全力抓好第二轮中央生态环境保护督察反馈问题及交办信访整改，32件信访件已整改完成29件，办结率90%，其余阶段性办结。“12336”林长制工作体系典型做法入选2022年度长三角地区改革十大案例。整治完成散乱污企业81家。落实河（湖）长制，完成15个“两违三乱”整治任务，打捞水生植物9500多吨。完成农村生活污水治理9000户。全年$PM_{2.5}$平均浓度32.8微克/立方米，同比下降4.4%；优良天数比率达76.2%。13个国省考断面优Ⅲ比例均为100%。土壤环境质量总体稳定，土壤污染地块安全利用率稳定达100%。**重大风险有效防范**。按照省政府下达的橙色地区政府性债务率年度要求，做好政府隐性债务化解年度任务分解及落实工作，加大非财政性资金用于化债各项工作的研究和落实，推进行政事业单位、平台公司资产变现等工作取得新突破。成功争取政府债券资金41.81亿元，有力支撑重点项目建设顺利推进。推进平台公司数量管控与市场化转型工作，实施乡镇级融资平台公司提级管理。坚持“保交楼、保民生、保稳定”，全面梳理和排查在建房地产项目风险，成立市问题楼盘处置工作专班，“一地一策”“一楼一策”，向上争取第一批

"保交楼"专项借款6.561亿元，泰禾金尊府、恒大云栖雅筑、恒大世纪梦幻城等问题楼盘全面复工，首批831套住宅实现交付即办证。

过去的一年，我们坚持把政治建设摆在首位，持续巩固和深化"不忘初心、牢记使命"主题教育和党史学习教育成果，坚决贯彻落实上级和市委各项决策部署。深入推进法治政府建设主体工程，行政效率和公信力进一步提升，制定出台法治政府建设五年纲要实施方案，完成重要文件合同合法性审查110件。认真执行市人大及其常委会的各项决议，定期向市人大报告工作、向市政协通报情况，办理人大代表建议122件、政协委员提案133件。办理国务院大督查交办件2件，一般答复件637件，办结率100%。"12345"政务热线高效运转，受理市民诉求16.8万件，满意率达99%以上。坚持问需于民、问计于民，守住廉洁底线，树立了风清气正的政府形象。民族宗教、审计、统计、外事、对台事务、机关事务、文史、档案、地方志、防震、气象、供销、科普等工作实现新进展，老龄、妇女儿童、青少年、残疾人、工会、红十字、慈善、关心下一代、见义勇为等事业得到新提升，国家安全、国防动员、双拥共建、退役军人事务、人民防空、对口支援和科技镇长团等工作取得新成绩。

过去的一年，各个板块以及句投集团克服困难、坚定信心，在高质量发展的新征程中共同书写了不平凡的篇章：**经济开发区、黄梅街道**勇挑全市经济发展大梁，举办招商"云推进"活动，新签约项目数量和质效创历史新高，转型升级创新发展成效明显，受省政府督查激励。**茅山风景区、茅山湖**深入挖掘特色红色资源，"铁军东进战地　茅山红色传承"项目入选第一批江苏省红色旅游融合发展示范项目名单。**下蜀镇**坚持"招商扩源"与"存量挖潜"双向发力，全年招引亿元以上产业项目15个，新增省市专精特新企业、企业技术中心11家。**宝华镇、宝华山**积极融入G312产业创新走廊，形成"双创"园区与凤坛创新社区创新"双驱动"的产业新格局，宝华镇成为全省首批经济发达镇培育对象。**边城镇**坚持"双招双引"，成功承办句容市首届海外人才创业大赛，申报国家级人才项目6个，储备海外人才项目10个。**白兔镇**坚持因地制宜、错位发展，努力培植农村特色产业，中心村荣获全国"一村一品"示范村。**郭庄镇、赤山湖**紧紧围绕园区建设出实招、见实效，10个优质入园项目集中签约，新能源科技产业园实现纳税亿元工业企业"零"的突破。**后白镇**积极发挥乡贤作用，开展"迎老乡、回故乡、建家乡"活动，引进返乡创业项目5个，总投资超7亿元。**天王镇**全面推进乡村振兴战略落地落实，成为国家农业产业强镇、省级乡村公益医疗互助项目试点镇。**茅山镇**高效农业更具活力，句容市丁庄万亩葡萄专业合作联社成为首批"江苏省现代农业全产业链标准化基地"。**华阳街道**中电光谷（句容）数字经济产业园项目正式签约，即将开工建设，产业转型迈出坚实步伐。**崇明街道**实施城市"睦邻党建"引领城市基层治理，持续用力推进城市微更新、社区微整治、小区微提升、网格微治理，城市文明气质和宜居品质不断提升。**句投集团**国企改革三年行动圆满收官，市场化程度进一步提高。

二、2023年主要工作安排

今年工作的总体要求是：**以习近平新时代中国特色社会主义思想为指导，全面贯彻落实党的二十大精神，坚持稳中求进工作总基调，完整、准确、全面贯彻新发展理念，更好统筹疫情防控和经济社会发展，更好统筹发展和安全，坚定"融入南京、接力镇江"，切实扛起"争当表率、争做示范、走在前列"的光荣使命，勇挑大梁，敢为善为，奋力推进中国式现代化句容新实践。**

今年全市经济社会发展的主要预期目标是：地区生产总值增长5%左右，一般公共预算收入增长5%，城乡居民可支配收入增长与经济增长保持同步，生态环境持续好转，本质安全水平加快提升。

今年将重点抓好五个方面工作：

一、突出量质并举，强化高质量发展的产业支撑。加快产业集聚。深入推进开发园区整合优化提升工作，完善基础设施建设和公共服务配套，产业扶持政策向园区倾斜，新建产业项目一律进园区，园区外原则上不再新增工业用地，园区内产业项目投资占全市产业投资总量比重达70%以上，真正做到项目向园区集中、产业向园区集聚。进一步加强对全市老旧厂房、闲置土地、门市物业等存量资产的摸排和盘活力度，推动资源集约高效，实现要素整合提升。牢固树立"亩均论英雄"导向，深化工业企业资源集约利用综合评价，围绕亩均投资强度、亩均税收等核心指标，落实投资发展监管。推广完善“飞地模式”，积极构建利益分享和投入分担机制，进一步推动资源优化配置、项目合理布局，实现镇区资源互补、经济协调发展。探索设立政府引导基金，吸引股权投资基金入驻，争取政策性金融工具，形成产业资金多元汇集，加速推动园区内产业集聚壮大。**狠抓项目建设**。进一步完善驻点南京招商工作机制，紧紧围绕南京五大地标产业、八大产业链，继续深入开展“重大项目突破年”活动，举办一系列高质量、有特色的品牌招商活动，招引一批符合句容产业规划、符合句容地域特色、符合高端产业方向的重大产业项目。全年开展专题招商10场次以上，力争引进亿元以上产业类项目60个。筹划成立市重大项目办公室，推进项目全生命周期管理服务。严把项目质量关，加快项目前期手续办理，确保新签约项目入库列统率和入库列统投资额双提升，切实提高重大项目成熟度，推动尽快形成实物工作量。强化项目对稳增长、促转型的重要支撑作用，完善落实项目调度会办机制，全力推进全市119个重点产业项目建设，全年制造业投资增长15%以上，确保立邦新型材料华东区域生产基地、氢能源主题产业园等项目实现竣工投产。**深化创新引领**。以争创省级创新型示范市和人才友好型城市为重要抓手，深入实施创新驱动和人才强市战略，塑造发展新动能。开展创新主体培育攻坚行动，努力构建从创业到高企的梯次培育机制，推动科技企业“双倍增、双迈进”，形成更多新的创新主体增长点。实施创新载体建优提升工程，依托省产业研究院创新资源，加速重点实验室、联合创新平台、院士工作站等建设，挂牌联合创新中心2家。发挥数字经济领导小组作用，大力培育数字经济核心产业，强化数字赋能，开展标杆企业、企业上云、智能制造等试点示范建设，争取新增“两化融合”贯标企业5家。利用南京都市圈创新人才外溢效应，深入实施“福地句才”和青年人才“金燕来巢”计划，加速吸纳创新人才，力争新增产业强市领军人才30人以上，引进大专以上人才4000人以上。**优化营商环境**。深化“放管服”改革，简化项目准入准营流程，深化“证照分离”“一照多址”“一证多址”等改革，以“前置”“并联”“容缺”实现快审、快批、快办。坚持“两个毫不动摇”，着力构建亲清新型政商关系，开展经济高质量发展评选表彰，充分发挥企业家作用，进一步提振企业发展的信心。聚焦市场主体“急难愁盼”，建立常态化政企沟通渠道，定期召开企业家座谈会，切实帮助企业缓解用工、用地、融资、安全、环保等各方面问题，全力支持企业坚守实业、做强主业。研究落实招商引荐奖励办法，发挥在句企业家、在外乡贤信息资源优势，不断拓展项目信息源，营造共建家乡、共谋发展的良好氛围。

二、突出美丽宜居，丰富高质量发展的城市内涵。**提升配套功能**。坚持敬畏历史、敬畏文化、敬畏生态，高质量编制国土空间总体规划，更好发挥国土空间规划在国土空间开发保护中的战略引领和刚性管控作用，确保“一张蓝图绘到底”。加快推进句容综合交通枢纽建设，重点做好南沿江城际铁路联调联试前的施工验收准备工作，确保南沿江城际铁路2023年8月份具备开通条件。聚焦宁句同城化发展，进一步打通跨界的“断头路”、拓宽“瓶颈路”。推进城乡公交一体化改革，深化城市公交多中心建设，优化全市交通路网，促进“公铁”运输有机衔接。实施城市污水收集处理率提升工程，开展老旧管网改造修复2公里以上。**提升建管水平**。持续聚人气、促消费，加快1912文化商业街区建设，让城市更具“烟火气”“生活味”。扎实开展提质增效达标区建设，完成3个达标区共计4.96平方公里。有序推进老旧小区改造工程，对137栋居民楼实施综合整治，打造舒适、整洁、安全的居住环境。深化海绵城市建设，实施玉清河上游及葛洪路排口片区雨污分流改造续建工程。深化“智慧停车”项目，对主城区范围内停车位分步、分级进行智能化改造，建立城市停车收费管理系统。实施城市绿道工程，建设以自然要素为依托和构成基础，串联城市游憩、休闲等绿色开敞空间。**提升生态环境**。积极推进大气污染联防联治，强化工业企业废气治理，控减城市施工扬尘、道路扬尘，强力治理餐饮企业油烟，推动空气质量持续改善，努力实现$PM_{2.5}$和臭氧浓度“双控双减”，全市空气质量优良天数持续增加。全面深化落实“河湖长制”，切实抓好城乡骨干河道治理、城乡黑臭水体治理和饮用水安全保障等各项工作，加快推进城区雨污分流建设，推动城区、宝华污水处理厂扩建以及开发区工业污水处理厂建设，实现水环境持续向好。加强宁句水环境联保共治，全面完成太湖流域涉磷企业规范化整治工作。持续推进固废专项治理，强化重点行业、重点领域、重点企业用地土壤污染状况调查，加强历史遗留污染地块管控修复，切实保障土壤安全。

三、突出优先发展，打造高质量发展的和美乡村。**推动产业振兴**。全方位夯实粮食安全根基，全面落实粮食安全党政同责，牢牢守住耕地红线，改造提升高标准农田1.2万亩，严防耕地“非农化”“非粮化”。全力推进全国农业科技先行县建设，建设一批具有较高水平的特色农业机械化示范基地，推进农业龙头企业在江苏股权交易中心农业板挂牌工作，建设省级现代农业产业技术体系示范基地5家。全面深化与江苏农林职业技术学院深度合作，为句容农业发展提供更强技术支撑、更多人才保障。申报绿色食品、有机农产品认证2万亩，全市绿色优质农产品比重达到70%以上。评定追溯示范基地30家以上，规模农产品生产主体可追溯率达85%以上。完成陈武成品粮油库和物资储备库改建项目。组建农业集团，以全市茶产业资源整合为突破口，构建全产业链现代化茶产业体系，同步促进粮食、鲜果、蔬菜产业全产业链提升。**加快产业融合**。以创建国家红色旅游融合发展示范项目为抓手，全力打造“中国句容茅山文化旅游节”节庆品牌，统筹开展全季、全景、全域各项旅游活动，让句容成为长三角更具吸引力的旅游目的地。开展“体育嘉年华”系列活动，承办江苏省智力运动会，逐步恢复举办马拉松赛、铁人三项比赛和国际路亚大奖赛等高级别赛事。选拔培养“新农英才”，建设一支带领技艺传承、带强产业发展、带动群众致富的乡土人才队伍。**优化人居环境**。做好2023年中国美丽休闲乡村创建工作，力争培育全国休闲农业与乡村旅游星级企业1家，力争创建省级特色田园乡村2个、“一村一品”示范村镇1个。疏浚农村河道河塘45万方土方，建设完成8条农村生态河道，创成1个省级生态清洁型小流域。围绕打造人民幸福河湖这一主线，加大北山水库、句容水库等一批幸福河湖建设推进力度。

四、突出人民至上，厚植高质量发展的民生底色。**深化就业创业**。实施就业优先战略，畅通线上线下求职渠道，加强零工市场建设，确保城镇新增就业9000人。做好就业困难群体帮扶，开展就业援助月等主题活动，建设2个“家门口”社区就业服务站，全年帮扶就业1700人。实施创业扶持，发放创业担保贷款1.5亿元，激发创业创新活力，释放创业带动就业“倍增效应”。推进技能培训，坚持内培外引，开展培训80期、培训4000人次，满足个性化的培训需求，优化企业技能人才结构。**兜牢民生底线**。扩大城乡居民养老保险续保缴费成果，确保完成全年新增参保任务，续保缴费率达80%以上。稳步提高居家上门服务覆盖面，上门服务覆盖率不低于95%。优化智慧养老中心建设，持续推进农村区域性养老服务中心建设、标准化城镇街道综合性养老服务中心连锁化运营等工作。不断提升退役军人服务保障水平，大力营造拥军优属浓厚氛围。建设智慧殡葬中心，做好婚俗改革试点验收，大力选树婚俗改革典型。**发展社会事业**。聚焦立德树人，认真执行“双减”政策，全力促进教育高质量发展。有序推动省句中异地新建、宝华中心小学教学楼、宝华新城小学、福地路幼儿园等工程。在文昌中学建设体育专业学校，培养体育后备人才。深化推进市人民医院医疗集团和市中医院医疗集团实质化运行，启动将老人民医院改建成市中医院工程。加强基层医疗能力建设，新增一家服务能力达国家推荐标准的基层医疗卫生机构，提升基层专病服务能力。深化“15分钟医保服务圈”建设，实现村级平台100%全覆盖，打造具有特色的村级示范点。加快体育场地设施建设，新建1座体育公园、10个乒乓球场、10个篮球场。深入落实“乡村文艺播种计划”，强化对文艺团队的专业扶持，力争创成2个省级最美公共文化空间。

五、突出安全稳定，巩固高质量发展的坚强保障。**深化安全生产整治**。始终紧绷安全生产这根弦，坚决压实属地管理责任、部门监管责任和企业主体责任。全面开展安全生产大检查、大整治，重点加大生产安全、道路交通安全、食品安全、景区景点安全专项检查力度。坚决遏制重特大事故发生，大幅度减少安全生产事故起数和死亡人数，全面提升本质安全水平。提高防灾减灾救灾和重大突发公共事件处置保障能力，加强应急力量建设。**防范化解重大风险**。全面排查化解、及时处置金融、环保、稳定等各领域重大风险隐患，坚决防止“黑天鹅”“灰犀牛”事件。坚持房子是用来住的，不是用来炒的定位，进一步稳地价、稳房价、稳预期，促进房地产市场平稳健康发展。推进国有企业优化整合，高效配置资源，积极盘活资产，持续深化平台公司市场化转型。多渠道破解债务化解难题，全力完成2023全年化债任务。**加强创新社会治理**。深化网格化社会治理机制创新，完善共建共治共享的社会治理制度，不断提升社会治理现代化水平。健全矛盾纠纷多元化解、联动处置机制，加强重点信访矛盾化解攻坚，及时把矛盾纠纷化解在基层、化解在萌芽状态。加强食品药品安全监管，全面提升市场监管水平。纵深推进扫黑除恶常态化，依法严惩群众反映强烈的各类违法犯罪活动，加快构建全覆盖智能化精确度的社会治安防控体系。深化国家级、省级民主法治示范村（社区）创建，扎实开展法治文化特色小镇培育，深入推进涉企公共法律服务，构筑良好的法治化营商环境。

三、全面加强政府自身建设

切实加强政治建设。坚持以学习贯彻党的二十大精神为主线，深入学、反复学，读原文、悟原理，不断增强政治判断力、政治领悟力、政治执行力。时刻心系“国之大者”，衷心拥护“两个确立”、忠诚践行“两个维护”，做到政治上绝对忠诚、思想上高度统一、意志上更加坚韧、行动上坚决有力，确保党中央、国务院大政方针和省委、镇江市委、句容市委各项决策部署不折不扣落地见效。对照省委巡视、审计委员会审计、专项巡察反馈意见，以最坚决的态度、最有力的措施、最严格的要求，确保不折不扣整改到位，并举一反三、标本兼治、建章立制，从源头上堵塞漏洞。认真履行全面从严治党主体责任，落实意识形态工作责任制，严格执行民主集中制、“三重一大”决策程序、重大事项请示报告等制度，自觉把党的领导贯穿到政府工作全领域、全过程。

深入推进依法行政。牢固树立法治思维，强化尊法、学法、守法、用法意识，形成办事依法、遇事找法、解决问题用法、化解矛盾靠法的良好环境。坚持用法治思维和法治方式推进工作，强化合法性审查的制度刚性，落实重大决策出台前向人大报告的相关规定，严格按照法定权限和程序行使权力。积极办好人大代表建议和政协委员提案，自觉接受人大法律监督、政协民主监督，主动接受社会监督和舆论监督，深入推进权力运行依据、过程、结果公开，让权力在阳光下运行，用法治的缰绳驾驭权力。

始终坚持奋进务实。时刻保持“本领恐慌”，切实加强理论学习，厚实理论功底，自觉用新时代党的创新理论观察新形势、研究新情况、解决新问题。坚持在实践中锻炼，在斗争中磨砺，切实增强推动高质量发展本领、服务群众本领、防范化解风险本领。坚持江山就是人民、人民就是江山的根本政治立场，树立和践行正确的政绩观，以“功成不必在我、功成必定有我”的胸怀担当作为，在新时代新征程上真抓实干、敢为善为。坚持问题导向，健全政府系统推进、协调、督查机制，开展“不作为、慢作为、乱作为”专项整治，以“硬约束”打通“中梗阻”，切实提高行政效能。

坚决保持清正廉洁。锲而不舍落实中央八项规定精神，驰而不息纠治“四风”，重点纠治形式主义、官僚主义，强化廉政风险防控，坚决保持反腐败高压态势，使清正、清廉、清明成为政府的鲜明底色。大力弘扬艰苦奋斗作风，坚持勤俭节约、节用裕民，把政府“过紧日子”作为常态化纪律要求，严肃财经纪律，严控“三公”经费和一般性支出，确保有限财力用在刀刃上、用到关键处。

组织机构及领导干部

（姓名后标注＊的为兼任）

·中共句容市委员会·

书记

潘　群（—2022.11）
周必松（2022.11—）

副书记

周必松（—2022.11）
束克之（2022.12—）
贾云亮

常委

赵树锋
查兆娣（女）
陈志勇
汪丹宁（—2022.09）
侯华锋
蔡　璟
高发巧
郭　江
周永祥
王红芳（女，挂职）

办公室

主任

徐哲迅

副主任

丁邦元＊（—2022.06）
孔凡峰＊（2022.06—）
孙仁军
张广铧＊
冯朝柱
戴　伟（—2022.06）
李文永
郑　超（女）

深改办副主任

赵忠源

市委研究室主任

孙仁军

副主任

李文永

市档案局局长

徐哲迅＊（2022.06—）

市委机要局

副局长

张广铧
吴　炜（女）

合作交流中心

主任

戴　伟（2022.06—）

副主任

尹小妹（女）

组织部

部长

汪丹宁＊（—2022.09）
周永祥＊（2022.09—）

常务副部长

孙太元

副部长

耿　忠
阎艳齐（女）
方春喜

市考核办副主任

市人才办专职副主任

副主任

陈伟辰（挂职）
满　毅（挂职，2022.08—）

市电教中心主任

赵　鑫

党建工作领导小组办公室

（在市委组织部挂牌）

主任

孔　飞

非公有制企业和社会组织工作委员会

（在市委组织部挂牌）

书记

阎艳齐＊（女）

副书记

杨　鹏

公务员局

（在市委组织部挂牌）

局长

孙太元＊

市级机关党工委

（在市委组织部挂牌）

书记

吴宗新

宣传部

部长

查兆娣＊（女）

常务副部长

翟德润

副部长

张红星
刘　军

宣传指导员

纪　萍（女）

新闻办副主任

谢志春

精神文明建设指导委员会办公室

（在市委宣传部挂牌）

主任

刘　军

副主任
陈利元

市委网络安全和信息化委员会办公室
（设在市委宣传部）

主任
张红星**副主任**

统一战线工作部

部长
高发巧
常务副部长
严建华
副部长
王发顺
周　伟＊
张恒敏（挂职，2022.08—）

台湾工作办公室
（在市委统战部挂牌）

主任
唐广智＊
副主任
石少华

民族宗教事务局
（在市委统战部挂牌）

局长
严建华＊
副局长
张晓晖（女）

政法委员会

书记
侯华锋
常务副书记
经　军
副书记
吴明成＊（—2022.08）
景建国＊（2022.08—）
汪四红（—2022.06）
吴凌华（—2022.06）
倪　儒
政治处主任
章志江

市社会治安综合治理中心

主任
韦　丹

机构编制委员会办公室

主任
耿　忠
副主任
吴孝海
徐国华（女）
夏文华

机构编制政务管理中心

主任

市委巡察机构

巡察办主任
李兴国
巡察办专职副主任
孙　晨（女）
曹　伟
巡察组组长
许发毅（—2022.06）
袁　健
余立超
朱　健＊（2022.12—）
巡察组专职副组长
王庆涛
问丽萍（女）
程海荣
笪雷（女）
吴荣燕
唐　慧（女）
刘吉花（女）

老干部局

局长
方春喜（—2022.12）
副局长
贡道金
纪项迪

离退休干部工作委员会
（在市委老干部局挂牌）

书记
方春喜＊（—2022.12）
副书记
陆　萍（女）

党校
（挂行政干部（行政）学校牌子）

校长
汪丹宁＊（—2022.12）
周永祥＊（2022.12—）
行干校（行政校）校长
汪丹宁＊（—2022.12）
周永祥＊（2022.12—）
常务副校长
谢庚明
副校长
徐　进
刘小青（女）
许　婷（女，2022.06—）

史志办
（挂市委党史工作办公室牌子）

主任
张　俊
副主任
倪定胜＊（—2022.06）
徐彬彬（女）

档案馆

馆长
戴晓伟
副馆长
陈东方（2022.06—）

赵　宏（女，—2022. 06）

融媒体中心

党委书记、主任

庞　勇

总编辑

王　芸（女）

副主任

杨言宏

张　玮

吴名建

移军霞（女）

党委委员

杨言宏*

王　芸*（女）

张　玮*

吴名建*

移军霞*（女）

张冬俊

·句容市人民代表大会常务委员会·

主任

文雁才

党组书记

高庆华

党组副书记

姚　华

周春芳

副主任

高庆华

姚　华

周春芳

石继刚

黄　培

刘志鹏

党组成员

石继刚*

徐胜宝

刘志鹏*

俞小俊*

刘　宁*

李爱林*

办公室

主任

俞小俊

副主任

张金网

韩维娜（女）

信访室主任

张　瑾（女）

人事代表联络委员会

主任

刘　宁

副主任

张广新

监察和司法工作委员会

主任

步　玲（女）

副主任

贡永芳（女）

财政经济委员会

主任

李爱林

副主任

包宁华（女）

农业和农村经济委员会

主任

许家荣

副主任

李海涛

社会事业委员会

主任

杨冬梅

副主任

凌建林

环境资源城乡建设委员会

主任

李晓军

副主任

任　振

华阳街道人大工委

主任

秦华成

崇明街道人大工委

主任

丁学平

黄梅街道人大工委

主任

方道宏

·句容市人民政府·

市长

周必松

束克之（提名人选 2022. 12—）

党组书记

周必松*（—2022. 12）

束克之（2022. 12—）

常务副市长

赵树锋

党组副书记

赵树锋*

副市长

郭　江

吴明成（—2022. 08）

凌　华（女）

闵　佳

徐　飞

张　凯

吴亚芹（女，挂职）

张德超（挂职）

党组成员

郭　江*

吴明成*（—2022. 08）

景建国＊（2022.08—）
闵　佳＊
徐　飞＊
张　凯＊
贾良旭
贾卫东（2022.12—）
高志祥＊

办公室

主任
高志祥
党组书记
高志祥
副主任
李　玮
赵　文
巫建林
陈　冬
常　云
秦　川（2022.06—）
党组成员
李　玮＊
赵　文＊
巫建林＊
陈　冬＊
常　云＊
秦　川＊（2022.06—）

外事办公室
（在市政府办公室挂牌）

主任
高志祥＊（2022.06—）
副主任

大数据管理局
（在市政府办公室挂牌）

副局长
王中明

侨务办公室

主任
王发顺＊

发展和改革委员会

主任
纪文华
党委书记
纪文华

党委副书记

副主任
徐小明
李云鹏
钱　勇
王　军（挂职，2022.12—）
党委委员
段续文＊
徐小明＊
李云鹏＊
钱　勇＊
王　军（挂职，2022.12—）

粮食和物资储备局
（在市发展和改革委员会挂牌）

局长
段续文＊

粮食收储中心
（2021.10调整为
市发改委下属事业单位）

党委书记、主任
段续文
副主任
谭红军
朱玉刚
纪委书记
熊金霞（女，—2022.06）
赵　宏＊（女，2022.06—）
党委委员
谭红军＊
朱玉刚＊
熊金霞＊（女，—2022.06）
赵　宏＊（女，2022.06—）

教育局

局长
高宏斌
党委书记
高宏斌
党委副书记
杨　钢＊
副局长
徐　燕（女）
谭玉芬（女）
房家义
孔庆俊
党委委员
徐　燕＊（女）
谭玉芬＊（女）
房家义＊
孔庆俊＊
经庆录＊
刘后成＊

市委教育工作委员会
（在市教育局挂牌）

书记
高宏斌＊

市政府教育督导室
（在市教育局挂牌）

主任
王泰山
副主任
杨　钢
金　荣＊

市教师发展中心

主任
刘后成

江苏省句容高级中学

党总支副书记
经庆录
常务副校长
经庆录

副校长

汪　涛

胡文靖

年级部主任

张永才

解永平

宣　进

实验高级中学

校长

刘瑞宏

党总支书记

刘瑞宏＊

党总支副书记

副校长

冯义平

薛国强

曾　玮

江苏省句容中等专业学校

校长

赵健康

党总支书记

孔祥富

党总支副书记

赵健康＊

副校长

孔祥富＊

张正珏

陈春华

金　荣

第二中学

党总支书记、校长

蒋　明

副校长

朱建光

徐飞燕

第三中学

校长

蒋龙贵

党总支书记

蒋龙贵

党总支副书记

副校长

严　飞

陈　敏

张　春

实验小学

校长

汤爱军

党总支书记

陈远勇

科学技术局

局长

朱　燕（女）

党组书记

陈　华

副局长

戴　俊

杜永刚

包文谦（女）

邹宗峰（挂职）

党组成员

戴　俊＊

杜永刚＊

包文谦＊（女）

王慧慧（女）

李　超（2022.06—）

张　祯（女，挂职，2022.08—）

工业和信息化局

党组书记、局长

孙良俊

党组副书记

罗元清（—2022.08）

副局长

罗元清＊（—2022.08）

王吉军

陈高祥

杨　勇

党组成员

王吉军＊

陈高祥＊

杨　勇＊

姚淦橙

公安局

局长

吴明成＊（—2022.08）

景建国＊（2022.08—）

党委书记

吴明成＊（—2022.08）

景建国＊（2022.08—）

督察长

吴明成＊（—2022.08）

景建国＊（2022.08—）

政委

裔玉诚（—2022.08）

卞为民（2022.08—）

党委副书记

卞为民（2022.08—）

裔玉诚

副局长

章丽明

梅新贤

邵兴林

易善智

潘良军

党委委员

章丽明＊

王世界＊

梅新贤＊

邵兴林＊

易善智＊

潘良军＊

王志平＊

刘卫明＊

刘华国＊

孔庆辉＊

贾　臣＊
汪　龙＊（2022. 06—）

公安局政治处

主任
孔庆辉

公安局情报指挥中心

主任
居　斐
教导员
王泽举

公安局政治安全保卫大队

大队长
程　飞
教导员
焦　润

公安局治安警察大队
（挂水上警察大队牌子）

大队长
王克钉（2022. 06—）
教导员
许永兵

公安局交通警察大队

大队长
汪　龙
教导员
王荣金

公安局刑事警察大队

大队长
潘林桢
教导员
余　伟

公安局经济犯罪侦查大队

大队长
丁义新
教导员
陈明政

公安局禁毒大队

大队长
杜伦国
教导员
陈治佳

公安局出入境管理大队
（挂政务服务大队牌子）

大队长
黄庆远
教导员
陈义芳（女）

公安局网络安全保卫大队

大队长
余大伟
教导员
蒋中敏

公安局国内安全保卫大队

大队长
教导员

公安局法制大队

大队长
刘华国
教导员
王　慧

公安局警务督察大队

大队长
刘卫明
教导员
吴世红

食品药品和环境犯罪侦查大队

大队长
史明春
教导员
乔　飞

看守所

所长
张元祥
教导员
吴小军

华阳派出所

所长
贾　臣
教导员
陈启宏

下蜀派出所

所长
王克钉（—2022. 06）
袁　飞（2022. 06—）
教导员
陈顺祥

宝华派出所

所长
杨国正
教导员
巫程刚

边城派出所

所长
张方军
教导员
肖兆波

白兔派出所

所长
琚卫军
教导员
陈　诚

茅山派出所

所长
徐　伟（—2022. 06）

朱春桥（2022.06—）
教导员
丁　晨

郭庄派出所
所长
叶　宁
教导员
吴　坚

后白派出所
所长
吴新龙（—2022.06）
徐　伟（2022.06—）
教导员
唐慧琦

天王派出所
所长
朱华静
教导员
袁　飞（2022.06—）

开发区派出所
所长
贾晓光
教导员
桂　飞

茅山风景区派出所
所长
王世界
教导员
郭　庆

赤山湖派出所
所长
魏旺荣（—2022.06）
闫晓星（女，2022.06—）
教导员
姜晶晶

黄梅派出所
所长
陈兴贵（—2022.06）
吴新龙（2022.06—）
教导员
冯　勇

石狮派出所
所长
闫晓星（女，—2022.06）
魏旺荣（2022.06—）
教导员
蒋瑞银

直属派出所
所长
陈兴贵（2022.06—）
朱春桥（—2022.06）
教导员
张宗周

森林派出所
所长
毕海银
教导员
刘　勇

民政局
党委书记、局长
唐富祥
党委副书记
周大庆
副局长
周大庆
徐　玮（女）
武益飞
吴　笠
党委委员
徐　玮*（女）
武益飞*
吴　笠*
徐贝才*
福利中心主任
徐贝才（2021.05—）

司法局
党组书记、局长
张　晶
副书记
吴凌华*（2022.06—）
副局长
吴凌华*（2022.06—）
袁继宏
杨海平
张传军
罗建军
黎立青
党组成员
杨海平*
张传军*
罗建军*
黎立青*
余　蕾（2022.06—）

财政局
党委书记、局长
巫维国
党委副书记
朱　峰*（2022.06—）
副局长
许明生
朱　峰
蔡　伟
段芙蓉*（2022.06—）
党委委员
许明生*
蔡　伟*
刘　沙*（女）
段芙蓉*（2022.06—）
王海燕*（2022.06—）

国有资产监督管理办公室
主任
巫维国*

副主任
陆　卫＊
刘　沙（女）

镇江市住房公积金管理中心句容分中心

主任
王海燕＊（2022.06—）

人力资源和社会保障局

党委书记、局长
赵　军
党委副书记
滕　静（女）
副局长
滕　静（女）
胡继发
戴志勇
陈　健
吴　磊（挂职）

人才服务中心

主任
邹志琴（女）
副主任
满　毅（挂职，2022.08—）

社会劳动保险基金管理中心

主任
卜　俊

劳动就业管理中心

主任
任玉军

住房和城乡建设局

局长
邵国一（—2022.06）
丁邦元（2022.06—）
党委书记
丁邦元（2022.06—）
邵国一（—2022.06）
党委副书记
副局长
李本春（—2022.06）
徐正春
许厚春
魏胜亚
许文雯＊（女，2022.08—）
党委委员
李本春＊（—2022.06）
徐正春＊
许厚春＊
魏胜亚＊
笪斐斐＊（女）
施金玉
许文雯＊（女，2022.08—）

地震局
（在市住房和城乡建设局挂牌）

副局长
笪斐斐（女）

人民防空办公室
（在市住房和城乡建设局挂牌）

主任
丁邦元＊（2022.06—）
邵国一（—2022.06）

市政公用事业服务中心

主任
笪兴柏

拆迁安置服务中心

主任
汤思锋

房产业发展服务中心

主任
赵鹏飞

城市管理局

党委书记、局长
严道顺
党委副书记
王　军
副局长
王　军
陈才俊
陈抗震（—2022.06）
张建华
赵文超
党委委员
陈才俊＊
陈抗震＊（—2022.06）
张建华＊
赵文超＊
潘良栋＊
樊苏春

城市管理城区行政执法大队

大队长
潘良栋

城市管理乡镇行政执法大队

大队长
贡　群

交通运输局

党委书记、局长
彭长江
党委副书记
副局长
吴迎春
秦　健
杨正军
陈　松（2022.08—）
党委委员
吴迎春＊
秦　健＊
杨正军＊
陈　松＊
黄庆平＊
王爱云＊
郭　鑫

公路事业发展中心

主任

陈　松（—2022.08）

运输管理处

处长

黄庆平（援陕）

党总支书记

黄庆平（援陕）

交通运输综合行政执法大队

处长

港航事业发展中心

主任

王爱云

航道管理处

处长

水利局

党委书记、局长

包俊华

党委副书记

刘明祥（—2022.06）

副局长

陈智彬

文　伟

杜开连

党委委员

陈智彬*

文　伟*

杜开连*

张雨路

长江提水站管理处

主任

刘明祥（—2022.06）

副主任

方　雷

农业农村局

党委书记、局长

袁　民

党委副书记

王　勇

副局长

李　祥

张柯华

赵德生

李　艳（女）

党委委员

李　祥*

张柯华*

赵德生*

赵九红*（女）

陈　胜*

束华琴*（女）

夏前德

市政府扶贫工作办公室

（2021年6月更名为

市乡村振兴局，

在市农业农村局挂牌）

主任

局长

袁　民*

副主任

副局长

陈　胜

市委农村工作领导小组办公室

主任

袁　民*

副主任

王　勇

农业综合行政执法大队

大队长

赵九红（女）

农业技术推广中心

主任

束华琴（女）

商务局

党组书记、局长

潘　云

党组副书记

戴　蓉（女）

副局长

戴　蓉（女）

吴　珏（女）

党组成员

吴　珏*（女）

王　斌

招商中心

主任

王　斌*（2022.06—）

文体广电和旅游局

党委书记、局长

张世军

副书记

杨　玲（女）

副局长

杨　玲（女）

王惠宇

陈巧根

王海明

蒋苏娜*（女）

党委委员

王惠宇*

陈巧根*

王海明*

刘赛民*

钱静（女，挂职，2022.08—）

文化市场综合行政执法大队

大队长

刘赛民

卫生健康委员会

党委书记、主任

杨春光

副主任

王　丽（女）

梅学伟
曾称荣
蒋雪平

党委委员

梅学伟＊
曾称荣＊
蒋雪平＊
王　霞（女）
王　波
陈厚月（女）
凌　凯（女）

疾病预防控制中心

主任

刘　敏

人民医院

院长

孔连宝（外聘，—2022.08）
丁永斌（2022.08—）

党委书记

杨春光＊

党委副书记

孔连宝＊（—2022.08）
吴晓军

副院长

吴晓军＊
沈　斌（外聘）
刘庆伟
刘业锋
陆振华
刘丽华（女）

中医院

院长

副院长

李　勇
张传飞
宋应群（女）

退役军人事务局

党组书记、局长

李文富

副局长

牛风华
朱　宾
徐胜松
潘海风（女）
马　明（2022.12—）

党组成员

牛风华＊
朱　宾＊
徐胜松＊
潘海风＊（女）
黄　静（女）
马　明（2022.12—）

应急管理局

党组书记、局长

贾良明

副局长

雍　军
周正辉
刘功华
陶贺龙

党组成员

雍　军＊
周正辉＊
刘功华＊
陶贺龙＊
朱　波＊
杨　凌＊

安全生产监督执法大队

大队长

杨　凌

安全生产委员会办公室

专职副主任

朱　波＊

行政审批局

党组书记、局长

黄建清

党组副书记

周　云＊（女）

副局长

周　云＊（女）
俞　伟
武　莉（女）
裔建祥
王　政

党组成员

俞　伟＊
武　莉＊（女）
裔建祥＊
王　政＊
邹　越＊

公共资源交易中心

主任

周　云（女）

副主任

金　菊（女）
郭　旋

政务服务中心

主任

邹　越

市场监督管理局

党委书记、局长

沈雪琦

副书记

盛金玉

副局长

盛金玉
陶显忠
王　昕（女）
张　云
夏培龙

党委委员

陶显忠＊
王　昕＊（女）
张　云＊
夏培龙＊

华阳分局局长

姜浩林

下蜀分局局长

王圣叶

边城分局局长

周峻玲（女）

白兔分局局长

杭新宇

郭庄分局局长

朱　斌

后白分局局长

张　勇

天王分局局长

茅山分局局长

洪泉辉

黄梅分局局长

王秀安

宝华分局局长

邵国滨

统计局

党组书记、局长

刘　刚

副书记

焦一明

副局长

焦一明

陈太军

王　荣（女）

胡　炜

党组成员

陈太军*

王　荣*（女）

胡　炜*

医疗保障局

党组书记、局长

欧红卫

党组副书记

张芬清

副局长

张芬清

王　伦

刘丽华*（女）

党组成员

王　伦*

彭　忠*

李　俊（2022.06—）

医疗保险基金管理中心

主任

彭　忠

市信访局

党组书记、局长

丁邦元（—2022.06）

孔凡峰（2022.06—）

副局长

刘寿根

聂家勇

文丰华

党委委员

刘寿根*

聂家勇*

文丰华*

王仕健

地方金融监督管理局

（挂市政府金融工作办公室牌子）

党组书记、局长

胡文成

副局长

王小军

张金先

赵　虎

党组成员

王小军*

张金先*

赵　虎*

方　伟

供销合作总社

主任

谭素平*（—2022.06）

王　勇*（2022.06—）

党委书记

王　勇

副主任

高　昕

王　波

陈崇磊

党委委员

高　昕*

王　波*

陈崇磊*

机关服务中心

党组书记、主任

周法祥

副主任

冯宏国

张传轶

杨雪静（女）

纪检组长

葛　娅（女）

党组成员

冯宏国*

葛　娅*（女）

张传轶*

杨雪静*（女）

张小利

市属国有资产管理中心

党委书记、主任

陆　卫

党委书记、总经理

副主任

程　刚

朱　军

贡俊丹*（女，2022.06—）

副总经理

纪委书记

贡俊丹（女，—2022.06）

熊金霞（女，2022.06—）

党委委员
程　刚＊
朱　军＊
贡俊丹＊（女，—2022.06）
夏卫平
熊金霞（女，2022.06—）

镇江国家农业科技园区

党工委书记
朱庆峰
主任
袁功前
党工委副书记
袁功前＊
许仪震
副主任
许仪震
周雪松
戴显斌＊
樊　磊＊
李　艳（女）
党工委委员
周雪松＊

审计局

党组书记、局长
马志勇
党组副书记
副局长
梁　涛
吴心敏
王　群（女）
总审计师
吴心敏
党组成员
王万青
梁　涛
吴心敏

句容生态环境局

党组书记、局长
罗　荣
副局长
张玉春
王　明
尤红光
马万荣
党组成员
张玉春＊
王　明＊
尤红光＊

句容生态环境综合行政执法局

局长
汤　杰

自然资源和规划局

局长
涂长坤（—2022.09）
金　宇（—2022.09）
党组书记
涂长坤（—2022.09）
金　宇（—2022.09）
党组副书记
程　勇
副局长
程　勇
经　政
王蕴雷
刘　聪
邹云峰
王　洪
余立荣
李新芝（女，挂职）
党组成员
曹晓波＊
经　政＊
王蕴雷＊
刘　聪＊
邹云峰＊
王　洪＊
余立荣＊
许文雯＊（女，—2022.08）
朱　辉＊
宝华中心所所长
纪春青
下蜀中心所所长
吕守坤
后白中心所所长
刘　敏
郭庄中心所所长
张　乐
开发区中心所所长
费江泳
华阳中心所所长
陈　刚
土地收储中心主任
严　军
自规监察大队大队长
朱　辉
不动产登记中心主任
严生新

市公益林管理中心

主任
曹晓波
副主任
许文雯＊（女，—2022.08）
于秉喜
吴　越

江苏句容投资集团有限公司

党委书记、董事长
笪爱华（2022.12—）
党委副书记
笪爱华＊（—2022.12）
总经理
笪爱华（—2022.12）
副总经理
周隆进
韩　强
彭　文
纪委书记
杜　鹃（女）
监察专员
杜　鹃＊（女）

党委委员

周隆进 *

杜　鹃 * （女）

郭　嘉

江苏句容新农控股集团有限公司

董事长

王余进

总经理

吴　玮

纪检监察组组长

徐　萌

副总经理

朱俊伟

茅山风景区

党工委书记

贡月明

管委会主任

桑学军

党工委副书记

贡月明

陈　敏（2022. 06—）

桑学军 *

吴　清（—2022. 06）

管委会副主任

万　震（女）

金　峰

杨世祥

洪　浩

王世界

党工委委员、纪工委书记

朱孝成

党工委委员

万　震（女）

金　峰

杨世祥

洪　浩 *

王世界 *

吴玉伟 *

张　楠 * （女）

经子腾（挂职）

办公室主任

吴玉伟

党群工作部部长

张　楠（女）

经济发展部部长

程双双（女）

规划建设部部长

姚　芬（女）

景区运营部部长

刘　洋（女）

社会事务部部长

王　丽（女）

财务部部长

周龙喜

江苏省句容茅山湖

旅游度假区管理办公室

党组书记

贡月明

主任

党组副书记

副主任

张　俊

胡基兵

李迎节

张映旭

韩志成（援藏，2022. 06—）

党组成员

张　俊 *

胡基兵 *

李迎节 *

张映旭 *

韩志成（援藏，2022. 06—）

旅游发展部部长

周　瑞（2022. 06—）

综合服务部部长

李智婕（2022. 12—）

宝华山国家森林公园

党工委书记

卞云峰 * （—2022. 12）

方春喜 * （2022. 12—）

管委会主任

沈　政

副书记

李新芝（女，挂职，—2022. 08）

管委会副主任

李建权

张远云

韩志成（援藏，—2022. 06）

王　欣（女）

党工委委员

李建权

张远云

韩志成（援藏，—2022. 06）

王　欣（女）

李新芝（女，挂职，2022. 08—）

赤山湖

党工委书记

谢　兵 *

管委会主任

吕兴齐

党工委副书记

吕兴齐 *

管委会副主任

张　琦

高　翔

万　笑（女）

党工委委员

张　琦

高　翔

江苏省句容经济开发区

党工委书记

周　俊

管委会主任

吕长江（2022. 09—）

党工委副书记

宋念东

邹宗峰（挂职）

吕长江（2022. 12—）

管委会副主任

陈　敏（—2022. 06）

陈兴荣（2022.06—）
李本春＊（2022.06—）
孔凡峰（—2022.06）
徐　进

党工委委员、纪工委书记
杨　华

党工委委员
许能祥＊
姜雯荣＊
王余进＊（2022.06—）

财政分局局长
姜小网

资产管理中心主任
王　钺

投资促进中心主任
杨兆鹏

黄梅街道

党工委书记
周　俊＊

办事处主任
许能祥

党工委副书记
许能祥＊
熊满胜

纪工委书记
杨　华＊

办事处副主任
刘　迎（女）
万　俊
张东旭

党工委组织委员
邰广平（女）

党工委宣统委员
高　然

党工委委员
段芙蓉（女，挂职，—2022.06）
鱼江涛（挂职，2022.12—）

华阳街道

党工委书记
桑　毅

办事处主任
杨　勇

党工委副书记
杨　勇＊
徐　峰（2022.06—）
陈兴荣（—2022.06）
许文雯（女，挂职，—2022.08）

党工委委员、纪工委书记
许　俊

办事处副主任
吴小蕾（女）
徐　峰＊（—2022.06）
夏　永
杨建勋
王　益（女）
张金陵
欧巍巍（女，挂职）
郭　阳（挂职，2022.12—）

党工委组织委员
魏粮川

党工委宣统委员
吴　敏（女）

崇明街道

党工委书记
戴红梅（女，—2022.06）
佘　俊（2022.06—）

办事处主任
佘　俊（—2022.06）

党工委副书记
佘　俊＊（—2022.06）
杨　军

党工委委员、纪工委书记
盛振华

办事处副主任
吴　文
陈国民
王广成

党工委组织委员
张佩佩（女）

党工委宣统委员
宋康文

·中国人民政治协商会议句容市委员会·

主席
章壮钧

党组书记
章壮钧

党组副书记
高发巧＊
商　震

副主席
商　震
吴小香（女）
倪定胜
王道银（女）
胡现龙
谭素平（2022.01—）

秘书长
王仁俊

党组成员
胡现龙＊
吴兴春
王素俊
王仁俊＊

办公室

主任
王仁俊

副主任
张明中
文　飞

提案联络委员会

主任
糜　艺

副主任
凌　麓（女）

学习和文史委员会

主任
王　丽（女）

副主任

巫　燕（女）

经济科技委员会

主任

陈　健

副主任

窦鹏飞

社会事业委员会

主任

金　伟

副主任

曹　丽（女）

港澳台侨和民族宗教委员会

主任

文德忠

副主任

张金豹

·中共句容市纪律检查委员会·

书记

蔡　璟　（女）

副书记

张世海

滕振林

纪委常委

李兴国

韩学明

王轶群（女）

陈抗震（2022.06—）

办公室主任

夏　蕾（女）

干部管理监督室主任

宣教室主任

黄　伟

案件审理室主任

王天婷（女）

党风政风监督室主任

赵　祥

信访室主任

案件监督管理室主任

孙思佳

第一审查调查室主任

陈　勇（2022.06—）

第二审查调查室主任

王白云（2022.06—）

第三审查调查室主任

郝　杨（2022.06—）

第四审查调查室主任

第五监督检查室主任

李　波（2022.06—）

第六监督检查室主任

谢　晨（2022.06—）

第七监督检查室主任

黄　超（2022.06—）

第八监督检查室主任

监察委员会

（与市纪委合署）

主任

代理主任

蔡　璟（女）

副主任

蔡　璟*（女）

张世海

滕振林

委员

李兴国

韩学明

张爱萍（女）

崔海峰

第一派出监察员办公室主任

李　波*

第二派出监察员办公室主任

谢　晨（2022.06—）

第三派出监察员办公室主任

黄　超*（2022.06—）

派驻机构

市委办纪检监察组组长

程　伟

市委办纪检监察组第一副组长

王　琴（女）

人大政协机关纪检监察组组长

张秀花（女）

政府办纪检监察组组长

赵泓宇

组织部纪检监察组组长

冯　丹（2022.06—）

宣传部纪检监察组组长

邰小雪（女）

政法委机关纪检监察组组长

陈　鑫

发改委纪检监察组组长

孙平国（2022.06—）

发改纪检监察组第一副组长

石学兵

住建局纪检监察组组长

王　挺

住建局纪检监察组第一副组长

伍扣才

农业农村局纪检监察组组长

杜雪美（女）

市监局纪检监察组组长

袁根富

市监局纪检监察组第一副组长

顾冬云（女）

公安局纪检监察组组长

王志平

综合监督纪检监察组组长

傅明进

·句容市人民法院·

院　长

代理院长

唐东升

党组书记

唐东升

副书记
张　路
副院长
唐东升＊
张　路
严卫东
党组成员
严卫东＊
陈　琴＊（女）
谭江宇＊
王　丽＊（女）
政治部主任
王丽（女）
审判委员会专职委员
谭江宇
卞英明
执行局局长
赵瑾俊

·句容市人民检察院·

检察长
代理检察长
陈东旭
党组书记
陈东旭
党组副书记
鸦连军
副检察长
陈东旭
鸦连军
徐光云（女）
党组成员
徐光云＊（女）
朱凌雁＊（女）
张红兴＊
刘昌云＊
政治部主任
刘昌云
检察委员会专职委员
朱凌雁（女）
张红兴
后白检察室

·社会团体·

总工会

主席
徐胜宝＊
党组书记
陈一江
副主席
陈一江＊
张　健
方海军
张元慧（女）
胡继发＊
薛　文＊
沈春雷（挂职）
党组成员
张　健＊
方海军＊
张元慧＊（女）

共青团句容市委员会

书记
姜雯荣
副书记
文　超
吕小步（挂职）
高　津＊
汪厚俊＊

妇女联合会

党组书记、主席
尹小计（女）
副主席
陈　梅（女）
夏　敏（女）
华梦丽（女，挂职）
孙　瑜＊（女）
罗先霞＊（女）
党组成员
陈梅＊（女）
夏　敏＊（女）
张玉红（女）

科学技术协会

主席
高庆松
党组书记
高庆松
副主席
张德成
施江华
李　祥＊
房家义＊
蒋雪平＊
党组成员
张德成＊
施江华＊

工商业联合会

主席
朱　燕（女）
党组书记
周　伟
驻会副主席
蒋苏娜（女）
冯　俊
党组成员
冯　俊＊
祝震宇（2022.06—）
不驻会副主席
虞育号
刘树安
鲁平才
季　浩
张秀凤（女）
姚锁平
汤　槿（女）

文学艺术界联合会

主席
吴　清＊（2022.06—）

副主席

徐　燕（女）

红十字会

会长

凌　华＊（女）

常务副会长

王　霞（女）

副会长

王立宇（女）

残疾人联合会

主席

徐　飞＊（—2022.06）

闵　佳＊（2022.06—）

党组书记

张业华（女）

副主席、理事长

张业华（女）

副理事长

汤继红（女）

张光兵

党组成员

汤继红＊（女）

张光兵＊

归侨侨眷联合会

主席

文德忠

副主席

郑长明（不驻会）

汪海滨（不驻会）

人口和计划生育协会

会长

凌　华＊（女）

·各镇党委、人大、政府·

下蜀镇

党委书记

陈　斌

党委副书记

徐　明＊

朱　斌

陈健兵

陈伟辰（挂职）

党委委员、纪委书记

殷文宏

党委组织委员

张　馨（女）

党委宣传委员

夏建玲（女）

党委统战委员

胥文雯（女）

党委政法委员

董存玉

党委委员

杨　健＊

党委委员

张　祯＊（女，挂职，2022.08—）

人大主席

戴兆方

镇长

徐　明

副镇长

杨　健

陈　勇（援疆）

丁卫民

冯正平

张波静

许学智

郑晓虎

经济发展局局长

徐　洲

财政和资产管理局局长

雍　慧（2022.06—）

行政审批局局长

王志敏（2022.06—）

宝华镇

党委书记

卞云峰

党委副书记

金　宇（—2022.12）

方春喜＊（2022.12—）

孙洪钰

张录军（挂职，—2022.08）

党委委员、纪委书记

任凌云

党委组织委员

毕道杰

党委宣传委员

郭心悦（女）

党委统战委员

王　欣＊（女）

党委委员

戴　裔（援疆）

宋贤飞＊

张录军（挂职，2022.08—）

人大主席

冯义进

镇长

方春喜＊（2022，12）

金　宇＊（—2022.12）

副镇长

戴　裔（援疆）

宋贤飞

朱宏琴（女）

陈　平

李　晶

马国兵

政法和社会事业局局长

戴邦国（2022.12—）

边城镇

党委书记

吕长江（—2022.12）

吴　勇＊（2022.12—）

党委副书记

吴　勇＊（—2022.12）

周菲菲（女）

钱　静（女，挂职，—2022.08）

党委委员、纪委书记

刘　浩

党委组织委员
章　伟
党委宣传委员
笪倩倩（女）
党委统战委员
巫玉倩（女）
党委委员
刘　凯＊
钱　静（女，挂职，2022.08—）
人大主席
张　虎
镇长
吴　勇（—2022.12）
副镇长
刘　凯
陈和平
许　平
沈　晨

白兔镇

党委书记
闵　佳＊（2022.01—）
党委副书记
朱庆峰＊
戴荣国
党委委员、纪委书记
徐　钧
党委组织委员
卢　力
党委宣传委员
庄　瑜
党委统战委员
施佳敏
党委政法委员
朱小洪
党委委员
樊　磊＊
人大主席
董　群
镇长
朱庆峰
副镇长
樊　磊
刘长珍（女）
侯建忠
成　帅

茅山镇

党委书记
郭　露
党委副书记
蔡　艳＊（女）
钱　莉
党委委员、纪委书记
喻　萍（女）
党委组织委员
潘道政
党委宣传委员
刘　亚
党委统战委员
朱明海
党委政法委员
方　静
党委委员
刘富金＊
人大主席
戴显斌
镇长
蔡　艳（女）
副镇长
刘富金
陈　杰
孙怀建
束　泉

后白镇

党委书记
张明飞
党委副书记
任　刚＊
余　兵
于景金（挂职）
党委委员、纪委书记
沈信志
党委组织委员
余　俊
党委宣传委员
周钰明
党委统战委员
王　媛（女）
党委政法委员
马　杰
党委委员
靳春亮＊
庄黎丽（女，挂职，2022.08—）
人大主席
张　博
镇长
任　刚
副镇长
靳春亮
张　巍（女）
王　伟
樊旭华（女）

天王镇

党委书记
侯　伟
党委副书记
丁国睿＊
鲁学谦
党委委员、纪委书记
孔　叶
党委组织委员
方　晶
党委宣传委员
张映钢
党委统战委员
姚伟超
党委政法委员
陈江涛
党委委员
范迎春＊

人大主席

韦　刚

镇长

丁国睿

副镇长

范迎春

王　莉（女）

张昌华

时　效

郭庄镇

党委书记

谢　兵

党委副书记

洪礼荣＊

毛海洋

袁友新

吴　磊（挂职）

党委委员、纪委书记

朱　健（—2022.12）

党委组织委员

肖　川

党委宣传委员

薛珊珊（女）

党委统战委员

沈军伟

党委政法委员

徐原雷

党委委员

夏兴华＊

米　玉＊

王丹凤（2022.08—）

人大主席

朱华伟

镇长

洪礼荣

副镇长

夏兴华

毛可进

杨青松

孙　青（女）

杨　荣

综合行政执法局局长

王　玮（2022.06—）

索　　引

说　明

一、本索引采用主题分析方法编制。标引词按第一字汉语拼音音序排列；第一字相同，按第二字排列，依次类推。

二、类目、分目（次分目上）名称用黑体字标明。标引词后的阿拉伯数字表示内容所在的页码，数字后的拉丁字母 a、b、c 表示从左至右第一、二、三栏。标引词后第二个页码起，表示该索引参见内容所在位置。

三、彩色画页未编索引。

A

B

C

H

J

Z

图书在版编目（CIP）数据

句容年鉴. 2023 / 句容市史志办公室编. —北京 ：方志出版社，2023. 12
ISBN 978-7-5144-5870-1

Ⅰ. ①句… Ⅱ. ①句… Ⅲ. ①句容-2023-年鉴 Ⅳ. ①Z525. 34

中国国家版本馆 CIP 数据核字（2023）第 219497 号

编　　者：句容市史志办公室
责任编辑：刘　芳
责任校对：张玉霞
责任印制：梅中英
出 版 者：方志出版社
地　　址：北京市朝阳区潘家园东里 9 号（国家方志馆 4 层）
邮　　编：100021
网　　址：http：//www. zgfzcb. org
发　　行：方志出版社图书经销中心（010-67110500）
印　　刷：镇江文苑制版印刷有限责任公司
开　　本：889 mm×1194 mm　1/16
印　　张：19. 75　**插页**：11
字　　数：622 千字
版　　次：2023 年 12 月第 1 版
印　　次：2023 年 12 月第 1 次印刷
定　　价：280. 00 元